韓國古代史學史

A Historiography of Ancient Korea

by

Chung, Ku-bok

韓國古代史學史

鄭求福

景仁文化社

서 문

나는 한국사학사를 일생동안 연구하여 왔다. 실학의 창시자라고 할수 있는 유형원(1622～1673)이 쓴 『반계수록』에 나타난 그의 사회개혁사상을 석사학위 논문으로 쓴 것이 계기가 되었다. 그리고 은사이신 김용섭 교수께서 사학사 분야를 개척해보라는 권고도 큰 힘이 되었다. 규장각에서 조선후기의 역사서를 꺼내 읽어 보았으나 그 종지를 잡을 수가 없었다. 그래서 조선 초기의 역사서를 읽기 시작하여 몇 편의 논문을 썼다. 그러나 조선 초기의 역사학은 고려 시대의 역사학을 이해하지 않고는 그 성격을 제대로 파악할 수 없어 김부식의 『삼국사기』를 연구하여 박사학위를 받았다.

『삼국사기』는 우리나라 고대사를 다룬 가장 기초적인 자료로 이용되고 있다. 그러나 이 책은 고대사의 전모를 제대로 보여주고 있지 못하다. 삼국의 시작에서부터 삼국의 멸망까지를 다룬 사서이고 유교적 관점에서 서술되었기 때문이다. 삼국 이전의 역사에 대하여는 전혀 다루고 있지 않다. 이를 보완하여 주는 책이 일연의 『삼국유사』이지만, 상고사와 고대의 역사내용을 보여주기에는 자료로서 한계가 있다.

나는 사학사 연구는 당대인들의 역사의식을 연구할 때에 그 폭을 넓힐 수 있고, 그 역사서를 이해할 수 있다고 생각했다. 역사의식은 역사인식과는 다른 의미를 가진다. 역사의식이란 과거의 역사에 대한 이해보다는 오히려 당시에 해결하여야 할 역사적 과제가 무엇인가를 생각하고 이를 해결하려는 의식을 말한다. 여기에는 실천적 노력이 가해진다. 이에 반하여 역사인식이라고 함은 자기의 현실이 어떤 역사적 과정을 통해서 만들어진 것인가에 대한 지식 체계라고 할 수 있다.

역사의식과 역사인식을 이렇게 구분할 때 역사인식은 역사가나 철학자, 역사에서 주도적 역할을 한 사람들에게서 주로 찾을 수 있다. 예컨대 고구려나 백제에서 왕계를 수정할 때에는 역사인식보다는 역사의식이 크게 작용했다고 생각한다. 고구려의 출자가 동부여인가, 북부여인가를 정리한 것은 역사의식이라고 할 수 있다. 또한 역사의식은 모든 사람에게서 찾을 수 있다.

역사를 만드는 일은 그 시대에 살았던 모든 사람의 노력과 의지의 산물이라고 생각한다. 그러나 전근대의 역사학에서는 역사가 지배층의 공로로 서술되어 일반 사람들의 노력과 의지는 그들의 공과 속에 숨겨져 있다. 내가 특히 역사의식을 강조하는 것은 지배층의 기록을 통해서 일반인들이 역사 창조에 기여한 점을 찾을 수 있다고 생각하기 때문이다. 앞으로 한국사 서술에서 모든 사람이 함께 참여하여 만들어 온 역사의 과정을 밝히는 것이 올바른 역사관이라고 생각한다. 한국 고대 성읍국가의 국중대회는 바로 모든 사람이 참여하여 역사를 만들었다는 것을 보여주는 하나의 예이다.

사학사는 역사관과 역사방법론의 발전을 연구하는 학문이다. 한국사학사의 현주소는 이제 학문적으로 체계화되는 기초단계에 있다. 한국사학사의 근대적 출발은 단재 신채호(1880~1936)에 의하여 시작되었다. 그는 이전의 역사서를 비판하는 최초의 견해를 표명하였다. 그는 김부식의 『삼국사기』 편찬을 극히 부정적으로 인식하여 조선조의 역사와 역사서를 부정적으로 파악하였다. 단지 안정복(1712~1791)의 『동사강목』과 북방사를 중심으로 파악한 이종휘(1731~1797)의 『東史』만을 인정하였을 뿐이다.

신채호의 역사관은 조국이 일본 식민지로 전락하는 시기에 형성되어 철저한 배타주의적 민족주의 성향을 띠었다. 그는 종래의 역사서를 '자주'와 '사대'라는 관점에서 평가했다. 그는 역사를 투쟁의 역사로 보았다. 그는 역사의 관심을 고대에 두었고 중세 이후의 역사를 부정하는 시각에 섰다. 그는 치열한 독립운동을 전개하면서 정신적 구심점을 고대의 고유한 사상에서 찾으려 했다. 위대한 민족정신을 고대에서 찾아내려고 무던 애를 섰다. 그러나 그 결과는 끝내 이루지 못했다. 그의 시대는 기록자료 중심의 사학에서 해석과 서술 중심의 서양 역사학이 도입되어 전통사학으로부터 일대 대전환을 하던 시기이기도 하였다. 그가 이런 서양 역사학의 방법을 통해 한국의 근대사학의 기초를 쌓은 공로는 누구도 부정할 수 없다.

고대인의 역사관을 한 마디로 정의한다면 무엇이라고 할 것인가. 이기백 교수는 신이사관이라고 하였다. 그러나 이는 『삼국유사』 기이편을 서술하면서 내린 것이지 고대 사학을 총체적으로 규정한 것은 아니다. 신이사관이란 말은 『삼국유사』 기이편의 역사관을 지적한 것으로 역사관으로서는 적절한 용어가 아니라고 생각한다. 신채호는 **仙家 사상**이라 했다. 이는 고구려 조의선인 등의 말에서 힌트를 얻은 것이다. 선가 사상은 신라에서 화랑 사상과도 통하지만 이런 역사관의 특징을 한국고대사에서 두루 찾아 입론하기에는 아직 자료의 부족을 느낀다.

우리의 원초적인 사상은 무교였다. 그렇다고 이를 무교사관이라고 하기에는 이미 유교, 불교, 도교의 역사관이 들어와 무교의 기능을 대신하는 현상이 고대에 확연히 나타나기 때문에 적절하지 않다. 김철준 교수는 고려 전기에 있었던 국풍파의 기록에 관심을 가졌다. 중국으로부터 사상을 유입하되 우리의 관습과 의복 등은 우리 것을 지키자는 주장이라고 했다. 그러나 우리의 관습이 무엇인지를 구체화하지 못했다. 고려 초기 국풍파의 사상은 중국학의 수용에 대한 반응으로 나타난 것이고, 고려 성종의 유교화 정책인 팔관회와 연등회의 폐지에 반발하였다.

한국 고대의 사학은 한자문화의 도입과 더불어 시작된다고 할 수 있다. 한자문화의 수용은 자연 중국의 유교, 도교, 불교, 제자백가의 수용으로 이어졌다. 한국의 고유한 독자적 문화는 이들 외래문화를 수용하면서 더욱 발전하였다고 할 수 있다. 그러나 고대에 쓰여진 기록은 불행하게도 우리에게 전하여지지 않고 있다. 이를 알 수 있는 금석문이 발견되고 있으나 당시의 역사학을 알 수 있는 자료로는 턱없이 부족하다.

『삼국사기』와 금석문을 통해서 확인할 수 있는 고대인의 역사의식은 유교, 불교, 도교와 전통적인 무교, 그리고 병가 등의 사상이 따로 따로 구분되지 않고 통합적으로 나타났다는 점을 특징으로 들 수 있다. 오늘날 학자들이 유교, 불교, 도교 식으로 나누어 보지만 당시에는 이런 구분이 없이 모두 함께 통용되었다. 이런 선진문화를 수용하기 이전 우리의 고유문화는 일정한 학문체계를 이룩할 정도로는 발전하지 못했다. 그러나 이런 선진문화를 수용할 수 있는 문화적 기반이 있었던 것은 사실이다.

이런 고유문화를 굳이 명명한다면 天道문화라 할 수 있다. 이는 중국의 上帝 개념과 다르다. 고구려와 백제, 신라에서 하늘이나 산에 제사를 올린 것이 유교문화를 수용한 결과가 아니라 국중대회의 제천대회를 계승한 것이다. 그리고 고구려와 백제에서 동명의 사당에 제사를 지냈다는 것도 하나의 신궁체제였다고 이해된다. 신라에서도 신궁이 있어 오다가 중국의 종묘제도 수용으로 쇠퇴하고 말았다. 신궁에서 제사 대상은 천신과 지신이었다고 한다. 천신과 지신은 하늘님의 신앙과 깊은 관련을 가진다. 광개토대왕의 비문에는 하늘과의 관계가 첫머리에 강조되어 서술되고 '以道興治'라고 하여 천도로써 다스림이 천명되어 있고, 진흥왕의 순수비에도 '乾道' 즉 천도로 다스린다고 했다. 이 경우 천도가 중국의 유교적 개념은 아니었다. 단군신화로부터 부여족, 고구려, 백제, 신라, 가야의 시조가 하늘로부터 내려왔다는 신화구조를 가지고 있다. 이러한 천도사상은 거대한 지석묘, 고구려 벽화, 백제 무령왕릉, 신라 천마총에서 찾을 수 있다.

우리 민족은 하늘님의 후손이라는 자부심을 가지고 있었기 때문에 삼국의 700여년의 역사를 자주적으로 이룩했다. 고려 초 고구려의 전통을 이어 받아 형성되고 500년간 유지된 전국적인 축제인 팔관회도 천신과 지신에 대한 제사였다. 하늘님에 대한 신앙은 고려 말 성리학의 수용으로 가려지게 되었다. 성리학은 중국인에 의하여 유교를 철학화한 이론이다. 성리학은 하늘의 도와 땅의 이치가 인간의 윤리와 일치한다는 사상으로 전통적인 하늘님의 천도사상과 친연성을 가지고 있다. 한국 고대의 하늘님에 대한 신앙은 한국인의 원초적인 사상으로 민중에게 남아 있다. 최제우에 의해 창안된 동학이나 대종교의 핵심도 하늘님의 사상에 기초한 것이다. 서양의 가톨릭을 천주교라고 칭해서 우리에게 친근감을 주는 것도 하늘님에 대한 전통사상과 연관이 있다고 본다.

하늘님의 후손이란 의식은 자신에 대한 자부심을 강하게 가지고 있되 좋은 외래의 선진문화를 적극적으로 수용하는 바탕이 되었다. 초기 유교 문화를 수용함에 우리 고대문화와 일치하는 문화적 친연성이 있었고, 불교가 수용될 때에도 하늘님의 사상과 일치하는 친연성이 있었으며 도교의 무위자연의 이치도 수용될 수 있었다. 그리고 하늘님의 후손이라는 신앙은 신선 사상과도 통한다. 고구려의 仙人, 화랑도의 낭가사상도 이와 통한다. 최치원이 나라에 현묘한 도가 있다고 한 것도 天道사상이라고 할 수 있다.

삼국에서는 자주적이며 독자적인 국가운영 방식을 가졌다. 관리제도와 통치제도의 명칭도 스스로 발전시켜 온 체제였다. 또한 독자적인 세계관과 국가관을 가질 수 있었다. 이와 같은 한국고대의 천도사상은 김유신에게서 구체적으로 찾아진다. 이는 한국 유교와 불교의 보편주의적 관점에서 우리의 역사를 해석한 중세사학과 크게 구별되는 점이라 할 수 있다.

본서에는 수십 년 전에 쓴 글과 최근에 쓴 글을 모두 묶어 한국 고대사학사라는 제목을 붙였다. 그러나 그간의 글 중 워낙 진부한 것은 다시 손을 보았지만 하나의 저서라고 보기에는 부끄러운 점이 너무 많다. 원고 모두를 버릴까도 생각을 했다. 그러나 한두 군데에서라도 한국고대사의 역사학 발달과 이해에 도움을 줄 수 있는 부분도 없지 않을 것 같아 출간하기로 결심하였다. 한국사학사의 이해와 체계화에 조그만 점에서라도 보탬이 되었으면 좋겠다.

지금까지 내가 썼던 글을 권덕영 교수가 편집을 해주었다. 이 중 영일 냉수리신라비의 글은 너무나 그 글의 판독에 치우쳐 쓴 글이기에 본고에서 삭제하였다. 또한 호족시대의 지방미술이라는 전북지방 마애불을 다룬 논문도 지방인의 역사의식을 찾으려 한 점과 굳이 연결시킨다면 시킬 수 있으나 당시에 찍은 사진 자료를 찾을 수 없어 본고에서 삭제하였다. 본서의 입력과 편집을 해준 권 교수와 교정을 보아준 문은순 박사, 이정자 박사, 김진광 박사에게 심심한 감사를 드린다. 그리고 본서를 출판해준 경인문화사와 편집진에게도 감사를 드린다.

2008년 7월 일
한남정맥 청계산 아래
한국학중앙연구원 학현관 연구실에서

일러두기 —————————————

1. 본서에서는 한글 중심으로 쓰되 금석문 등 원문인용이 많은 부분에서는 국한문 혼용으로 썼다.
2. 본서에 실린 글의 출전은 다음과 같다.

제1장과 2장 『한국인의 역사의식 – 고대편』, 고려원, 1989.

제3장 1절 「삼국시대 유학과 역사학」 『한국사』 8, 국사편찬위원회 1998.

    2절 「백제의 유학」 『백제문화사대계』 13, 충청남도역사문화연구원, 2007.

    3절 「삼국사기의 원전 자료」 『三國史記의 原典檢討』, 한국정신문화연구원, 1995

제4장 1절 「삼국사기의 원전 자료와 사료비판」 『한국고대사연구』 42, 2006.

    2절 「高句麗의 高麗 國號개칭」 『湖西史學』 19-20, 荷西鄭起燉敎授 停年紀念論叢 湖西史學會, 1992.

    3절 「고대인의 정신세계 – 김유신을 중심으로」 『淸溪史學』 16·17 합집, 청계사학회, 강인구교수정년기념논총, 2002.

제5장 1절 「丹陽新羅赤城碑 내용에 대한 一考」 『史學志』 제12, 단국대 사학회, 1978.

    2절 「武寧王陵 誌石 형태와 내용」 『百濟武寧王陵』, 公州大百濟文化研究所, 1991.

<목 차>

서 문

제1장

사학사의 기초지식

제1절 역사란 무엇인가?

1. 역사의 어원

오늘날 흔히 사용하고 있는 역사라는 용어는 19세기 말 일본에서 서양의 히스토리(history)라는 단어를 번역한 것이다. 서양의 역사서술 방법이 동양의 전통적인 것과는 크게 달라 이를 번역하면서 전통적인 '史'라는 말에 지낼 '歷' 자를 덧붙인 것이다.[1] 동양에서 역사의 개념으로서 근대까지 주로 널리 사용된 용어는 '史'였다.

'史'자의 어원에 대하여 후한의 許愼(30~124)은 『說文解字』에서 "史(类)는 일을 기록하는 사람"을 뜻하며, 이 글자는 손[手][2]으로 가운데[中] 자를 잡은 것을 상형한 것이며, '中'은 곧 正이다"라고 풀이하였다.[3] 그러나 이 주장은 청대 이후 고증학자들에 의하여 흔들리기 시작하였다. 허신의 주장에 대한 문제점으로 첫째, '史'자의 형상이 과연 손으로 '中'을 잡는 데서 유래되었는가 하는 것이고 둘째, '中'의 뜻으로 '正'이라는 도덕관념이 문자 형성 초기부터 생길 수 있는가 하는 점이다. 청대 이후 고증학자들과 20세기 갑골문 연구자들은 이러한 문제점을 구명하기 위해 갑골문, 금문, 고전 등에서 증거를 찾아 자신의 의견을 다양하게 제시하였다.

段玉裁(1735~1815)는 '中' 자에 주석을 내면서 '中'이 '屮'에서 유래

---

1) 중국에서 '歷史'란 용어가 처음 사용된 것은 宋初 裵松之가 주석한 『三國志』 吳志에 보이고 明末 袁黃이 찬한 『歷史綱鑑補』 등에서 확인된다.

2) 여기서 彐는 手의 고자인 屮의 반대 형태로 右手의 뜻으로 풀이되고 있다. 杜維運·黃進興 編, 1976, 『中國史學史論文選集』 1, 華世出版社, 31쪽.

3) 彐 : 記事者也 以手持中 中 正也. 그런데 中을 正이라 한 것은 公正의 뜻으로, 역사를 기록하는 자는 공정하여야 한다는 뜻으로 해석된다.

되었다는 설은 잘못이고 '中'자는 원래 '史'임을 확인하였다. 즉 종래부터 '史'자의 고자는 '史'자였고 '史'의 형태는 없었으므로 '史'자의 어원이 '史'자에 있지 않음을 알 수 있다고 하였다.[4] '史'자는 장부[簿書], 글씨를 썼던 竹簡, 화살을 담는 그릇[箭筒], 弓鑽, 필기도구[筆] 등을 상형하였다는 의견이 있다.[5] 이들은 모두 어떤 물체를 손으로 잡은 사람이라는 뜻으로 史의 어원을 설명하였다.

王國維(1877~1927)는『주례』에서 '大史職', '大射儀' 등의 문구를 인용하면서 '史'자는 古禮에서 활을 쏘거나 投壺 놀이를 할 때 사용하는 화살을 꽂아 두는 동물 모양의 통을 말하며, 그 통을 만들기 위해 등 쪽을 팔 때 생긴 모양 '史'과 그 구멍을 꿰뚫는 막대를 본떠 '史'자의 형태가 이루어졌다고 하였다.[6] 그리고 '中'의 고자는 갑골문에서 '史'자가 아니라 史, 史, 史 등으로 쓰였음이 확인됨으로써[7] '史'자의 형태에 대한 독자적인 설명이 필요하다. 또한 '史'자는 별도의 글자에서 어원을 찾아야 하며, '史'자 자체의 쓰임새와도 밀접하게 연결될 수 있어야 설득력을 가질 수 있을 것이라 하였다.

한편 이와 같은 점을 비판하면서 대만의 현대 역사학자 勞榦은 '史'을 등이 밑으로 향한 활의 모양을 본뜬 것이라 하여, 등이 아래로 향한 것은 나무를 뚫어 불을 일으키는 도구, 즉 弓鑽을 상형한 것이라고 하였다.[8] 또한 '吏', '事' 자도 '史'와 마찬가지로 궁찬에서 유래되었다고 하였다. 그리고 궁찬은 나무를 뚫어 불을 얻기 위한 도구이며, 또한 불은 점치는 일과 밀접한 관련을 맺었으므로 사관의 본래 직분은 점복을 관장

---

4) 杜維運·黃進興 編, 1976, 앞의 책, 30~31쪽 재인용.
5) 杜維運·黃進興 編, 1976, 앞의 책, 1~16쪽.
6) 杜維運·黃進興 編, 1976, 앞의 책, 33쪽 재인용.
7) 王國維는 갑골문에서 '中' 자로 史·史·史·史·史·史의 여러 형태를 제시하였다. 李孝定 編述,『甲骨文字集釋』3, 中央研究院, 953쪽.
8) 勞榦, 1957,「史字的結構及史官的原始職務」『大陸雜誌』14-3 ; 杜維運·黃進興 編, 1976, 앞의 책, 34~39쪽.

하는 사람이었다고 하였다9)

그리고 최근 戴君仁은 사관이 잡는 '中'자는 손잡이가 있는 책의 형태를 표시하며, '史'의 직무는 巫라 하였다.10) 그리고 李宗侗은 노간이 말한 궁찬은 점복을 위한 도구로만 쓴 것이 아니라 구멍을 뚫어 불을 붙이는 도구이므로 사관의 임무는 火政과 관계가 있다고 하였다.11)

이 외에도 사관의 직무에 대해서는 문서 작성, 화살의 적중수를 기록하는 것, 인사명령을 기록하는 것, 씨족의 계보를 작성하는 것이라는 등의 다양한 의견이 있다.12) 그리고 사관의 여러 직무와 함께 사관의 명칭도 일정하지 않다.13) 또한 사관이 도덕률을 가지고 공정한 입장을 취하여야 한다는 '正'의 의미는 사관이 설치된 후 권력과의 친분, 매수 등에 의하여 공정하게 사실을 기록하지 않게 되는 폐단이 생긴 이후에 나왔다고 보는 것이 온당할 것이므로 '사'의 어원적 의미라고 해석함은 옳지 않다.

이처럼 '史'는 상고시대에 太史, 左史, 右史 등으로 국가의 관리로서 왕의 측근에서 이루어지는 모든 政事에 관하여 그 시말을 기록하는 사람이었음을 알 수 있다. 그런데 이 '史'자는 일을 기록하는 사관이라는 뜻에서 그 사관이 기록한 기록물이라는 뜻으로 바뀌었다. 즉 사마천의 저서인 『史記』는 '太史公이 기록한 책'이라는 뜻으로 사용되었다.

한편, '歷'자는 시간의 경과나 사건의 추이를 의미한다. 이와 같은 시간적 경과로서의 '역'과 기록물로서의 '사'가 결합하여 '역사'가 된 것이다.

---

9) 勞榦, 1957, 앞 논문, 40쪽.
10) 戴君仁, 1963,「釋史」『臺灣大學 文史哲學報』12 ; 杜維運·黃進興 編, 1976, 앞의 책, 29쪽.
11) 李宗侗 作·朴漢濟 譯, 1985,「中國 古代의 史官制度」『中國의 歷史認識』上, 創作과 批評社, 126~131쪽.
12) 徐復觀, 1977,「原史」『中國史學史論文選集』3, 華世出版社, 7~9쪽.
13) 『周禮』와 『左傳』등을 통해 보면 內史·外史·大史·小史·左史·右史·女史·相史·御史 등의 명칭이 보인다.

서양의 언어에서 역사에 해당하는 단어의 어원을 살펴보면 다음과 같다. 그리스의 'Historia'는 그리스 사람들이 지식의 탐구·조사의 뜻으로 사용한 데서 비롯하여, 그 후 이것은 서양 역사의 아버지라 불리는 헤로도투스(Herodotus, 484~425 B.C.)가 쓴 페르시아전쟁사의 책이름이기도 하다. 그리고 그는 탐구 조사라는 의미로 이 용어를 쓴 첫 사람이라 할 수 있다.14) 그의 저술 목적은 페르시아 전쟁에서 그리스 소도시 연맹이 페르시아 대제국을 이길 수 있었던 원인을 정확하게 찾으려는 것이었다.15)

한편 라틴어의 'Historea'는 Hi(쓰다) + Storea(이야기거리)의 합성어로 이 말은 이야기를 쓰는 것, 즉 역사서술의 뜻으로 사용되었다. 유럽 각국의 언어 및 영어의 History라는 단어의 어원은 그리스와 라틴어의 이런 개념이 복합되어 이루어진 것이다.

독일어에는 역사라는 말에 'Geschichte'가 있는데 이는 독일 고유의 말인 geschechen, 즉 어떤 사건이 발생한다는 동사가 명사화한 것으로 그 뜻은 일어난 사건·사실을 뜻한다.16) 한편 산스크리트어에서는 역사를 '밤사(Bamsa)'라 하는데 이는 가족의 家系, 系譜를 뜻한다.17)

이상에서와 살펴본 바와 같이 동·서양에 있어서 역사라는 말의 개념은 초기부터 다른 의미로 출발하였다. 이러한 어원의 개념 차이는 이후 역사학의 발전에 영향을 미쳤다. 즉 동양의 한자 문화권에서는 당대의 기록을 남기는 것이 강조되었고, 서양에서는 인과를 분석하는 사건 중심적 역사서술이 발달한 것과 관계가 있다고 생각한다. 즉 서양의 역사학은 저자의 해석과 저술이 근본 개념이 되어 서양 역사학이 전래하자 전통적인 동양의 사학과는 근본적으로 다른 것으로 이해되었다.

14) R.G. Collingwood, *The Idea of History*, Oxford University Press, 1961, pp.18~19.
15) 金鎭京, 1975, 「헤로도투스에 있어서의 歷史의 原因」 『西洋史論』 16, 25쪽.
16) E. 베른하임 저·趙璣濬 譯, 1976, 『歷史學入門』, 正音社, 9쪽.
17) 高柄翊, 1974, 『아시아의 歷史像』, 探究堂, 5쪽.

2. 역사의 개념

역사의 개념은 동·서양이 다를 뿐더러 시대적으로도 옛날부터 지금
까지 변해 왔다. 역사의 개념에는 크게 세 개의 범주가 있다. 첫째는
과거에 있었던 '사실 그대로'의 역사가 있다. 둘째는 역사의 기록물인
'역사서'를 역사라고 한다. 셋째는 후일에 재구성되는 의미의 '역사학'
을 말한다. 동·서양에서 이러한 개념이 어떻게 변화되어 왔는가를 살
펴보자.

앞에서 소개한 바와 같이 동양의 '史'는 역사의 기록자, 즉 사관이라
는 개념으로 통해 왔으나 그 후 변하여 사관의 기록물 또는 이를 정리한
책을 의미하였다.

동양의 한자문화권에서는 사실의 체계적인 기록물들을 '史'·'鑑'·'書'·
'記'라는 명칭으로 불러 왔다. 중국의 경우, 춘추시대 이전부터 여러 제
후국에 사관들이 있어 당시의 일을 기록하였는데, 그 기록물들의 이름으
로 晉나라의 『乘』, 楚나라의 『檮杌』, 魯나라의 『春秋』 등이 확인된다.[18]
『춘추』는 일년 사계절의 봄[春]과 가을[秋]을 역사서의 명칭으로 삼은
것으로 군주의 즉위·개원·조빙·전쟁·제사·재이 등을 연·월에 맞추어
기록한 노나라의 연대기이다. 근대 이전까지 『춘추』는 역사서로서보다
유학의 경서로서 존중되어왔다.

『춘추』는 전국시대 공자가 역사를 빌어 襃貶의 대의를 밝히기 위해
저술하였다는 의식이 공자의 문인들에 의해 고정화되면서 역사는 사실
과 도덕의 결합으로 생각하게 되었다.[19] 이 책은 이후 동양의 역사서술
에 지대한 영향을 미쳤으며, 역사가들이 역사를 기술하는 기본 정신으로
삼은 이른바 '춘추필법'[20]도 바로 『춘추』로부터 유래한다.

---

18) 『孟子』 離婁(下).
19) 增淵能夫, 『左傳の世界』 ; 윤혜영 편역, 1986, 『中國史』, 弘盛社, 54쪽.

역사가가 쓴 동양 최고의 역사서는 사마천의『사기』라 할 수 있다. 역사의 개념 문제에 있어서『사기』가 갖는 의의는 그것이 나옴으로써 史官을 의미하던 종래의 '史'의 개념이 '사관이 기록해 놓은 것'으로 바 뀌게 되었으며, 역사가는 비판적인 안목으로 역사를 기술하고 많은 사료 를 수집하여 쓴다는 전통을 수립하였고, 역사의 기술을 국왕과 신하의 활동, 국가의 통치제도, 자연현상, 지리 등을 중심으로 기술하는 왕조사 정리의 기전체 체재를 마련하는 새로운 전환을 가져왔다.[21]

송나라 사마광이 지은 편년체 사서인『資治通鑑』은 그때까지의 역사 의 개념에 큰 변화를 가져왔다. 왕조사를 뛰어 넘어 전 역사 기록을 연· 월·일의 순서로 편집하는 편년체로 기록함으로써 읽는 역사, 군주의 정 치적 교훈서로의 역사라는 의미를 강하게 띠었다. 즉 역사는 군주의 정 치를 위한 학문으로서 크게 부상되었다.

위정자로 하여금 과거의 사실을 정확히 알게 함으로써 교훈을 얻어 그것을 현실 정치에 활용할 수 있게 하자는 것이『자치통감』편찬의 주 된 목적이었다.[22] 이로써 역사의 개념이 단순히 과거의 기록물만을 의 미하지 않고 교훈적이고 실용적인 것으로 되었다. 그런데 사마광은 역사 를 기록에 의거하여 정확히 기술함으로써 그러한 목적을 달성할 수 있으 리라 믿었다. 옳은 역사는 찬자의 해석이나 비판에 의해서 이루어지기보

---

20)『춘추』는 개별적인 사실과 관련된 인물들에 대하여 각기 다른 의미를 가진 용어 를 사용하여 褒貶을 행하였고, 周나라 왕실의 권위를 받들고 外族을 배격하는 尊 王攘夷의 의식, 亂臣賊子의 엄징 등 사실 평가를 중요한 역사정신으로 표현하였 으며, 이를 春秋筆法이라 한다.

21) 물론『사기』는 그것이 나옴으로써 역사서에 있어서 문장력을 중시하게 되고, 당 대 인물상에 대한 자유분방한 평가가 시작되었다. 중국 정사의 전통적인 서술양 식인 紀傳體가 이때 비로소 완성되었다는 점에서 중요한 의미를 가진다.

22) 司馬光은『資治通鑑』進書表에서 "자신의 分을 생각지 않고, 冗長한 것은 깎고 주요한 점은 남겨 국가의 성쇠, 백성의 안부에 관한 일, 또 본받을 선한 일, 경계 해야 할 악한 일들을 오로지 다루었다"라고 찬수의 목적을 분명히 하였고 자신의 평가를 史論으로 붙여 논하였다.

다 사실의 정확한 기술에 의하여 가능한 것으로 보았던 것이다.[23]

그러나 송나라 주희는『자치통감』은 춘추필법적 성격이 미약하고 사실의 취사가 적절하지 못하다 하여, 綱과 目으로 나누어 기술하고 범례를 첨가하여『자치통감강목』을 만들었다. 이것은 도덕적 가치평가를 역사서술의 제일 중요한 목표로 삼은 것으로서,[24] 중국의 감계주의 역사서술의 전통을 따른 것이라 하겠다.

중국에서는 명나라 말기부터 사실의 진위를 밝히는 고증학이 발달하였다. 이는 청나라 초기에 더욱 발전하였는데, 이러한 학문의 발달 결과 지금까지 의심 없이 믿어 왔던 경서가 위서라는 것을 밝히기도 하였다. 또한 역사에 있어서 고증적인 논증이 중시되었다.

이상에서 동양에서의 역사의 개념 변화를 살펴보았는데, 이제 그 특징을 정리해 보면 다음과 같다. 첫째, 역사를 지배자의 입장에서 왕조사 중심으로 이해하는 경향이 짙었다. 따라서 역사서술의 순수성과 학문적 독립성이 결여되었으며, 결국은 위정자를 위한 정치사에 불과하다는 비판을 면하기 어렵게 되었다.

둘째, 역사를 통하여 도덕적 교훈을 주려는 유교적인 역사관이 오랫동안의 역사서술을 지배해 왔다. 유교적 역사관이란 유교경전의 원칙에 의거하여 역사적 사실을 평가하는 관점으로, 군주와 신하의 도덕적 행위, 어진 신하의 등용, 전쟁을 피하고 평화외교를 추진하는 것 등이 그 중요 내용이다. 도덕적 가치평가를 떠나 어떤 사건의 인과관계의 구명, 사건에 대한 의미의 해석 등은 미약하였다. 이는 서양의 역사학이 사건을 단위로 하여 보다 인과론적 설명에 충실하려 한 것과 대조를 이룬다.

셋째, 역사서술에 있어서 지나치게 원문 인용에 충실하려는 경향과

---

23) 田中謙二 作·白永瑞 譯, 1985,「資治通鑑의 이해」『中國의 歷史認識』上, 創作과 批評社, 323~325쪽.
24) 麓保孝 作·崔熙在 譯, 1985,「朱子의 歷史論」『中國의 歷史認識』下, 471~473쪽.

함께 자신의 견해를 서술에서 배제시키고 자기의 문장으로 작성하지 않으려는 이른바 술이부작의 태도를 견지해 왔다. 이는 동양 역사학의 편사학적인 큰 특징이었다. 사관의 자신의 견해는 본문의 서술과 달리 사론, 사평, 讚, 按 등으로 표시하였다. 이런 역사편찬자의 견해를 사론으로 통칭할 수 있다.

넷째, 역사서술의 대상은 왕조가 중심이었다. 관찬이던 사찬이던 간에 왕조 중심의 역사가 중시되었다. 따라서 국가의 흥망이 중요한 관심사였고, 한 왕조가 망하면 그 왕조에서 기록해 둔 자료를 정리해 앞 왕조의 역사를 편찬하였다. 이런 왕조사는 현재까지 전하는 가장 대표적인 역사서가 되었다. 여기서는 일반 평민이나 그 시대를 살아가는 광범위한 인간의 존재를 인식하지 못하였다.[25]

한편 서양에 있어서 역사 개념의 변화 과정을 살펴보자. 그리스의 헤로도투스 이래 근대에 이르기까지 역사의 개념은 상당히 변해 왔다.

먼저 헤로도투스의 『페르시아 전쟁사』는 서양의 전통적인 역사 개념에 있어 하나의 분수령을 이루었다. 이것이 나오기 전에는 이집트·헤브라이 등의 오리엔트 세계에 신정사가 있었는 바,[26] 그것은 인간의 행동보다 신의 행동을 기록했고, 그나마도 저자가 알고 있는 사실을 주장하는데 불과했다. 그러나 헤로도투스는 페르시아 대제국과 희랍 도시국가와의 전쟁에서 승패의 원인을 탐구한 결과, 서로 이질적인 동방문화와 서방문화, 전제사회와 민주사회의 차이에서 온 결과임을 밝혀냈다. 즉 그는 자신이 직접 객관적인 사실을 탐구하고 이에 의미를 부여하였다.[27]

---

25) 紀傳體의 열전조차도 人間史의 顯現보다도 오히려 帝王을 輔弼하여 王道를 잘 수행하게 하는 보조적 人物로서의 人間史라 하겠다.
26) Harry Elmmer Barnes, "*History, its rise and development*", Encyclopedia Americana, p.207.
27) 그러나 그는 사건을 기술하여 후세에 전하는 것을 역사가의 사명으로 생각함으로써 사물의 생성·인과 같은 것은 찾지 못하였다(李相鉉, 1981, 『西洋歷史思想史』, 대완도서출판사, 56~62쪽).

역사를 처음 과학적으로 서술한 사람은 투키디데스(Thucydides, 456~ 395 B.C.)였다. 그는 『Historia』에서 그리스 도시국가 간의 전쟁인 펠로폰네소스 전쟁(341~404 B.C.)을 다루면서 신화와 전설, 사이비 상상을 배격하고 사료의 수집에 의거하여 이를 합리적으로 해석하였다. 그는 정치사에서 정확한 탐구를 한다면 이는 앞으로 정치가에게 좋은 교훈을 줄 것으로 믿었다.

폴리비우스(Polybius, 198~117 B.C.)는 역사연구에서 얻은 지식들을 인간들의 행위의 귀감으로 삼으려 하였다는 점에서 역사를 교훈의 원천으로 보았음을 알 수 있다. 그는 역사를 배우는 목적을 인간의 행위에 실제로 도움이 되게 하는 데 있다고 주장함으로써 서양 역사에 실용적인 의미를 부여했다.[28]

서양 중세의 기독교적 역사관에서는 역사를 하나의 실체로 보고, 그 것은 천지간에 이루어지는 인간의 여러 행위를 통하여 신의 섭리가 실현되어 가는 과정으로 보았다.[29] 이 점에 있어서 서양 중세의 기독교적 역사학은 인간의 역사라기보다는 신의 역사였다. 그러나 기독교적 역사학은 순환론에서 벗어나 역사의 발전에 대한 시간의식에 중요한 변화를 가져왔다. 역사학자들에 의하여 그리스·로마 문화가 재연구되는 르네상스 시대에 와서 역사는 다시 신 중심의 역사로부터 인간중심의 역사가 되었다. 이러한 르네상스 시대의 대표적 역사가로 마키아벨리(N. Machiavelli, 1469~1527)를 들 수 있다.

마키아벨리는 『군주론』에서 세속적인 정치 투쟁의 실상을 분석적으로 서술하였다는 점에서 그의 역사 경향을 엿볼 수 있다. 18세기 합리주의 시대에는 이성이 역사를 지배하는 것으로 이해하였다. 이러한 입장에서는 역사에서 진보의 개념이 중시되었고, 그 결과 중세는 암흑의 시대

---

28) 李相信, 1984, 『西洋史學史』, 靑史, 42~49쪽.
29) 李相鉉, 1981, 앞의 책, 14쪽.

라는 견해가 강력하게 대두되었다.

그러나 19세기의 랑케주의 학파는 역사의 개념에서 사실의 역사와 가치평가의 역사를 명백히 구별하고자 하였다. 그들은 역사를 '있는 그대로 서술한다'는 원칙을 고수하였고, 그들에게 있어서 모든 시대는 그 나름대로의 독자적인 의미와 가치가 있다고 생각하였다. 어느 시대가 어느 시대를 위해 종속적으로 있는 것이 아니라는 것을 주장하였다.[30] 이러한 랑케주의의 태도는 오늘날에까지도 지속되고 있다.

이제 오늘날 역사학의 개념은 어떻게 설정되었는가에 대해서 살펴보자. 오늘날 역사의 개념은 인간이 과거로부터 느끼고 생각하고, 희구하며 행동해 온 모든 것을 탐구하여 재구성하는 학문으로 정의된다. 여기에서 역사는 인간을 주체로 삼고 있는 학문임을 알 수 있다. 역사에는 인간의 역사뿐만 아니라 개의 역사, 말의 역사, 소나무의 역사, 지구의 역사 등도 있지만 이러한 것은 역사의 중심 과제가 아니다. 그리고 인간의 행위에 대한 것을 역사의 대상으로 한다고 해도 사사로운 일상적인 인간의 행동도 역사라 할 수 있겠는가라는 의문이 제기된다. 평상적인 인간의 모든 것이 역사가 될 수 없음은 자명한 것이다.

그렇다면 역사란 무엇인가? 과거의 인간행위 중에서 그것의 영향이 한 개인에 그치지 않고 사회와 연관관계를 갖는 것이어야 역사라 할 수 있다. 어느 위대한 인물이 외딴 섬에 가서 깊은 학문을 달성하고 훌륭한 저술을 남겼으나 그 저술이 세상에 알려지지 않았다면 이는 철학사의 대상이 될지는 모르지만 역사의 대상으로 취급하기는 어렵다.

그러면 이러한 역사연구의 대상은 어떤 것인가를 좀 더 구체적으로 살펴보자. 역사연구의 대상으로 들 수 있는 것은 국가통치와 관련된 정치, 의식주 생활을 해결해 온 경제, 과학기술, 사회구성의 조직과 인간집단 간의 관련 등을 의미하는 사회활동, 인간의 의사를 표현한 언어·문

---

30) 李相鉉, 1981, 앞의 책, 276~277쪽.

학, 미를 추구해 온 예술, 현재의 상태를 초월자에게 기원해 온 종교활동, 학문을 발전시켜 온 학술활동 등이라 할 수 있다. 이런 인간의 사회적 모든 활동을 논리적으로 재구성하여 인간사회의 전개 과정을 밝히고 그 의미를 부여하는 학문이 역사라 할 것이다.

다음으로 역사학의 특성은 무엇인가를 살펴보자. 역사학은 사회의 실태와 사회변동을 추적하는 학문으로 그 논리는 근거 자료의 제시로 입증한다. 근거 자료는 주로 문헌자료에 의존한다. 그러나 문헌자료 중에서 그것을 기록한 시대가 당대라 하더라도 그 기록자의 편견이 작용했는가 또는 잘못 보고 기술한 것인가를 검토하여 이용하여야 할 것이다.

예를 들어 당대인이 기록한 화재나 전쟁과 같은 사건만 하더라도 일부만 보고 전체를 설명하려 한 것이라든지 또는 잘못 기록한 것이 얼마든지 있을 수 있다는 가능성을 상정할 수 있다. 따라서 정확한 역사기술은 많은 자료를 수집·비판·검토하여 기술하여야 올바른 것이 될 수 있다.

또한 역사사건에 대한 해석은 역사가의 입장과 사고능력, 문제의식, 보는 시각에 따라 얼마든지 새롭게 되기 때문에 과거의 역사 자체는 고정불변의 것이지만 역사는 부단히 새롭게 서술된다. 역사학은 사회변화에 어떤 요인이 어떻게 작용하였는가를 구명하여야 하고, 더 나아가 사회가 어떻게 변화되었는가를 살펴야 하는 것이다. 다시 말하면, 인간사회의 발달 과정과 사건의 인과관계를 밝히는 것이 역사학의 중심 과제라고 할 수 있다.

하나의 사건이 일어나게 되는데 이 요인이 몇 %의 역할을 하였는가를 밝힐 수는 없다. 따라서 어떤 원인이 '크게' 또는 '대단히' 작용하였다는 등의 표현으로 서술되지만 이러한 개념은 아주 모호한 표현이라 하지 않을 수 없다. 이 점은 역사학이 인문과학이기 때문에 어쩔 수 없는 것이다. 이를 보완하기 위한 계량사학이라는 것이 있다. 통계에 의하여 정확한 수치를 밝히는 것이다. 그러나 이런 계량화는 비록 설득력이 있지만 당시 자료에 대한 정확한 사료 비판이 전제되어야 한다.

역사에서 발전과정을 밝힌다고 하였지만 실제의 역사에서는 발전된 것만이 아니라 지속적인 요인이 강하게 작용함을 결코 경시할 수 없다. 이점을 고려할 때 역사에는 역사의 현상에는 실제 보이는 현상과 보이지 않는 역사의 흐름이 있다는 사실을 유의할 필요가 있다.

3. 역사학의 방법

앞에서 역사를 연구·서술하는 역사학은 증거 자료를 제시함으로써 논리의 타당성을 제고시킨다는 점을 이야기하였다. 그러나 역사의 실태와 사회의 변화는 문헌자료의 제시만으로는 과학적인 설명이 되지 않는다. 그래서 역사학을 보다 과학적으로 연구하기 위한 방안을 그동안 계속적으로 추구하여 왔다. 이러한 역사연구 방법의 발달을 살펴보자.

전통적인 역사연구의 방법을 살펴본다면 첫째, 기원 전·후로부터 13세기까지 서양의 역사학은 투키디데스(Thucydides)에 기원을 둔, 그리고 르네상스 시기에 개화한 서술적 역사학을 들 수 있다. 이러한 역사학은 사건의 인과관계를 규명하고 해석하려는 점에 있어서 동양의 역사학과 큰 차이가 있었다. 이에 대하여 동양에서는 일찍부터 정확한 기록을 남겼다는 점에서 서양의 역사학보다 월등하게 발전하여 고대 이래 국가, 정치, 제도, 인물에 대한 상세한 기록을 남겼다.

둘째, 14세기 이후 18세기까지 서양에서는 문헌비판적 역사학이 발달하였다. 이 시기의 역사학은 중세의 신 중심의 역사학에서 인간 중심의 역사학으로 변화하였으며 고대의 순환사관에서 탈피하여 역사발전의 일정한 방향을 주장하였고, 역사에서 인간의 자유라는 주제가 중요한 문제로 제시되었으며, 역사학은 정치학, 철학, 과학과 상호 밀접한 관련을 갖고 발전하였다.

그런데 동양에서는 역사편찬을 국가에서 주도하여 당나라 이후 史館이라는 관청에서 기록하였다. 왕이 죽은 후에 이들 자료를 기초로 하여 각왕의 실록을 편찬하고 그 실록을 바탕으로 왕조가 멸망한 후에는 기전체의 역사가 편찬되었다. 실록은 중국의 경우 당나라 시대부터, 한국에서는 고려시대부터 편찬되었다. 또한 이러한 기록 보존을 위한 역사편찬뿐만 아니라 읽기 위한 역사서인 『자치통감』, 『사략』, 『통감절요』가 편찬되어 교재로 쓰이기도 하였다. 17~18세기에는 고증학이 발달하여 역사사실의 진위가 밝혀지는 큰 발전을 가져왔다.

셋째, 19세기 이래의 과학적 역사서술의 시기로 랑케주의 문헌비판학과 역사주의의 문헌해석학, 콩트 류의 문헌비판학은 19세기 말 이래 많은 비판을 받고 있지만 아직도 일반적인 역사연구의 한 모델이 되고 있다.

19세기말 20세기 초에 마르크스의 유물사관론은 역사학계에 지대한 영향을 미쳤다. 유물사관은 역사에서 보편성을 가장 강조한 역사이론이다. 이 역사관에서는 법칙정립을 중시하고 기본 역사법칙으로 생산양식이라는 하부구조가 정치사상 등의 상부구조를 규정한다는 것을 법칙화하였다. 그리고 시대구분론에서 고대노예제사회, 중세봉건제사회, 근대자본주의사회, 현대공산주의사회로 발전한다는 것을 주장하였다. 이는 사회구성체론으로 해석되기도한다. 이는 도식적인 이론이고 역사에서 법칙이라는 것을 부정하는 점에서 비판되고 있으나 경제가 역사를 움직임에 중요함을 일깨워 준 역사이론이었다.

이 유물사관을 따르는 경향은 지금은 크게 쇠퇴하였으나 우리나라에서는 일제시기부터 새로운 역사이론으로 등장하였고, 이는 식민사관에 대항하는 의미도 띠었다. 그러나 민족의 분열 가져온다는 점에서 신민족주의 역사학자들에 의하여 비판되기도 하였다.

20세기, 특히 제2차 세계대전을 기점으로 역사에 대한 개념과 역사연구 방법에 있어서 새로운 시대가 시작되었다고 할 수 있다.[31) 여기서는

20세기 이후 다양하게 제시된 역사연구 방법 중 대표적인 프랑스의 구
조사와 독일의 사회사, 영국의 사회경제사, 미국의 지성사를 중심으로
살펴보고자 한다.[32] 이 시기의 공통적인 변화 양상은 각국의 역사가들
이 전통적인 정치사 중심의 사건 기술에서 벗어나 사회변화와의 관련을
중시하였으며, 국가사를 서술하면서도 세계사와의 관련을 고려하는 보
편성을 강조하고 있는 점이 중요한 특징이라 할 것이다.

1) 프랑스의 구조사

프랑스에서는 아날 학파(Annales)의 구조사가 역사학의 지배적인 경향
이 되었다. 아날 학파의 역사[33]는 당시 스트라스부르크(Strasbourg) 대학
의 교수였던 페브르(L. Febver, 1878~1955)와 블로흐(M. Bloch, 1886~
1944)가 1929년『경제사회사연보』를 발간한 데서 시작하여 이전의 베
르(H. Berr, 1863~1954), 시미앙(F. Simiand, 1873~1935), 뒤르켐(E.
Durkheim, 1858~1917) 등의 주장인 정서적 역사서술을 배제하고, 비교
학적·통계학적 방법의 도입 등을 계승하여 사회경제사적 연구를 강조하
였다. 제2차 세계대전 후에는 브로델(F. Braudel)을 중심으로 사회학적
연구를 더욱 강화하였다.

그들은 전체사를 추구하고 사회사를 중시하였으며 역사에서 장기 지

---

31) 이상의 전통적인 역사연구 방법은 Georg G. Iggers의 "*New Directions in European Historiography*" (Wesleyan university Press, 1975, pp.12~32)를 주로 참고해 요약하
였다.

32) 여기에 대해서는 국내에서도 활발히 소개가 되었다. 쉽게 구해 볼 수 있는 저서들
을 소개하면 조성윤 편, 1982,『現代社會史 理論과 歷史認識』, 청아출판사 ; 愼鏞
廈 編, 1992,『社會史와 社會學』, 創作과 批評社와 국내소개서로는 李光周·李敏鎬
編, 1981,『歷史와 社會科學』, 한길사 ; 李東潤, 1983,『프랑스의 新史學派』, 한길
사 ; 羅鍾一 外, 1984,『現代歷史理論의 照明』, 韓國精神文化研究院 등이 있다.

33) Georg G. Iggers, 1975, 앞의 책, 51~63쪽 ; 李東潤, 1985, 앞의 책, 127~135쪽
참조.

속적인 지리, 기후 등과 역사와의 관계를 구조적으로 밝히는 틀을 제시
하였다.34) 그러나 아날 학파는 지나치게 구조나 전체사를 강조함으로써
사회발전 관점에서의 인간의 역할을 무시하고 있으며, 포괄적인 사회변
화에 대한 이론을 놓치고 있다. 또한 정치적 요인을 너무 무시한 나머지
정치를 분석할 모델을 마련하지 못하여 정치 없는 역사가 되어버렸다.
그러나 아날 학파는 기존의 연구 경향에 획기적인 전환을 가져왔으며 이
후 전 세계 사학계에 큰 영향을 미쳤다.

2) 독일의 사회사

독일에서는 1950년대부터 전통적인 역사연구 태도를 극복해 나가기
시작하여 사회사적 연구에 발전을 가져왔다. 이때의 사회사는 정치사나
문화사를 배제한 좁은 의미의 사회사가 아니라 정치사는 물론 사회생활
의 모든 영역을 포괄하는 넓은 의미35)로 사용된 것이다. 1970년대에 들
어와서는 벨러(H. U. Wehler), 코카(J. Kocka)에 의해 사회사에 대한 이
론이 더욱 왕성하게 개발되어 사회사가 사회구조사라는 큰 테두리 안에
처리될 수 있다는 점이 강조되었다. 동시에 그들은 전통적인 연구 방법
도 최종적인 해석에는 도움을 줄 수 있다고 생각하고 있다. 그러나 그들
은 모든 역사적 현실에 구조와 사건을 지나치게 양분하고 있으며, 모든
역사적 현실에 구조가 존재하고 있는 것으로 파악하고 있으나 구조사가
정치사에서 이탈된 사회사의 전유물이 아니라는 점을 간과하고 있다.36)

34) 하르스고어(M. Harsgor)는 아날 학파의 3대 특성으로 구조주의(Structuralism), 기
능주의(Functionalism), 계열-계량주의(Serialism)를 들고 있다(吳主煥, 1979,「아
날 학파의 歷史와 史論」『慶北中學』1 ; 李光周·李敏鎬 編, 1981, 앞의 책, 37~
49쪽 참조).
35) 홉스바움 작, 조성윤 편역, 1982,「사회사에서 사회의 역사로」『現代社會史 理論
과 歷史認識』, 청아출판사, 15~46쪽.
36) 李敏鎬, 1979,「社會構造史學」『學術論叢』3 ; 李光周·李敏鎬 編, 1981, 앞의 책,

3) 영국의 사회경제사

영국에서는 1920년대에 역사연구 방법에서 커다란 변화를 보여 주고 있다. 이러한 변화는 기존의 연구가 정치사적·헌정사적 사건을 주로 인물 중심으로 다룬 데 대해 사회과학적 방법론이나 마르크스적 연구방법을 통해 사건들의 기저에 있는 구조나 사회조직에 관심을 기울인 것이었다. 그들은 현재적 관심을 중요시하고 마르크시즘과 사회과학의 융합을 통해 교조주의에서 벗어나 보다 합리적인 가설들을 제공하였다.[37] 그러나 그들은 해당 기술시대의 사회조건에 역사사건의 모든 원인을 전가하고 또한 정신의 자발적인 형성력을 소홀히 하였다.

4) 미국의 지성사

미국에서는 20세기 초 랑케주의 역사학에 懷疑를 가지고 역사는 현재의 실용성에 따라 연구되어야 함을 강조하였다. 로빈슨(James. H. Robinson, 1863~1931)은 역사학에서는 사상사를 포괄하는 넓은 영역을 다루어야 하며 사회과학의 방법과 개념의 도입을 주장하는 이른바 신사학[38]을 제창하였다. 이러한 주장은 베커(C. Becker, 1873~1954)와 비어드(C. Beard, 1874~1948), 바안스(H. Barnes 1889~?)로 계승되어 이른바 지성사적 연구태도의 전통을 확립하였다. 이후 미국의 지성사는 중요한 사상의 발생과 영향에 대한 발생학적 방법, 통계적 방법, 중심사상에 대한 분석학적 방법을 통해 많은 업적은 보여주고 있다. 그러나 지성사는 주로 엘리트들의 정신적인 가치기준을 반영하는 약점을 가지고 있으며, 대중문화에 대한 사회사적 연구를 결여하고 있다.

89~96쪽.

37) Georg G. Iggers, 1975, 앞의 책, 153~174쪽.

38) 로빈슨은 1912년 '신사학(New History)'이라는 논문을 발표하여 신사학에 대한 개념을 정립하고 있다.

이상과 같이 새로운 역사연구 방법은 프랑스, 독일, 영국, 미국 등의 나라에서 각기 다른 이름을 가지고 전개되었으나 대체로 각국은 사건보다는 사회와 구조를 중요시하고 역사의 모든 부문을 포괄적인 시야에서 조명하는 경향을 보이고 있다. 또한 제2차 세계대전이 끝난 뒤에는 여러 분야에서 보다 전문적이고 체계화된 이론과 방법을 쌓아가기 시작하였다. 특히 1960년 이후에는 계량사학, 심리사학, 신사회사학, 지성사, 신정치사, 여성사, 신경제사 등의 여러 분야에서 새로운 연구방법에 의해 역사연구를 시도하고 있다.[39]

제2차 세계대전 이후 역사연구의 추세로 두 가지 현상을 들 수 있다. 그 하나는 역사에서 보편성을 추구하려는 노력이 경주되고 있다. 이러한 추세는 한편으로 사회과학이 역사학 연구에 원용됨으로써 생긴 결과이기도 하며, 다른 한편으로는 역사서술을 세계사적 관점에서 서술하려는 경향의 결과이기도 하다. 이런 경향은 2차 세계대전 후부터 시작된 것이 아니라 이전부터 있어 온 추세이다. 그런데 이러한 추세는 2차 세계대전 후에 더욱 강조되었다. 이런 보편성을 강조하는 역사연구 추세는 선진국의 역사학에서 그 경향을 뚜렷이 하였다.

이에 대하여 2차 세계대전까지 열강의 식민지 상태에서 새로이 독립한 국가들에 있어서는 역사의 보편성보다는 자기 나라 역사의 특수성을 강조하는 경향이 일어나고 있다. 이런 경향은 민족주의의 부흥과 짝하는 것으로서, 자기 나라의 역사를 중심으로 그 특수성을 강조한다. 이러한 민족주의 사학의 경향은 역사이론이나 역사방법론에서 전자의 역사연구 추세에 뒤지는 것이고, 또한 비슷한 나라끼리의 학문적 유대도 맺고 있지 않지만 20세기 후반의 중요한 역사연구 추세의 하나이다.

현재 한국은 일본인 학자들이 구축한 식민주의 사관의 극복과 새로운 민족주의 사관의 확립이라는 민족적 과제를 안고 있다. 동시에 발전한

---

39) 朴成壽, 「新史學이란 무엇인가」, 李光周·李敏鎬 編, 1981, 앞의 책, 169~205쪽.

서양 역사학계의 연구방법에 맞추어 세계사와의 조화와 한국사의 객관
성 유지라는 문제를 동시에 안고 있다. 따라서 한국사를 세계사와 관련
시키는 것은 한민족의 역사에서 얻어진 어떠한 이론을 그대로 세계사에
적용하는 것이 아니라 구체적인 세계사적 역사연구 방법과 한국사를 조
화시킬 수 있는 포괄적인 연구방법을 한국인 스스로가 개척해 나가는 것
이라 할 수 있다.

현재의 우리 민족은 양분되어 있지만 민족통일을 위한 문화적 기반으
로서 민족의 역사를 과학적으로 연구하는 방법을 남북한 학자가 함께 모
색하여야 할 것이다. 따라서 민족사를 세계사의 일환으로 파악하는 사관
을 가지고, 사회과학적인 방법을 과감히 도입하여 한국 역사학의 수준을
높여야 한다.[40] 역사가는 국가중심주의적 역사관과 이를 정권 유지를
위해 정치적으로 이용하려는 세력과 힘겨운 투쟁을 하여야 할 것이다.

제2절 역사관과 역사인식

1. 역사의 주체와 방향

역사를 누가 만들고 이끌어 가는가에 대한 설명은 대체로 세 가지 관
점으로 나눌 수 있다. 첫째는 지도자 한 사람의 역량으로 역사가 만들어
진다는 영웅 중심의 관점이고, 둘째는 지도층 집단으로 파악하는 관점으
로 토인비(A. Toynbee)의 '소수의 창조자'라는 설을 들 수 있으며, 셋째
는 역사는 민중이 이끌어 간다는 관점이다.

이 세 가지 대립되는 관점 중에서 둘째의 개념은 중간적인 관점으로,

---

40) 鄭求福, 1986,「民族主義 史觀의 諸問題와 韓國史 研究의 方向」『國民思想 定立
에 있어서의 科學性과 理念性』, 韓國精神文化研究院, 193~195쪽.

'소수의 창조자' 또는 '왕실 주위의 귀족'은 영웅이나 왕과 밀착되었다는 점에서는 첫째의 관점과 깊은 연관을 가지며, 한 사람이 아니라 다수를 설정한다는 점에서는 셋째의 관점과 연결된다.

종래 역사는 정치사를 중심으로 편찬·서술되어 왔다. 따라서 역사는 바로 정치사라는 등식이 성립했다고 말해도 좋을 정도로 정치사가 전체 역사에서 차지하는 비율이 컸으며, 이러한 이유로 역사는 곧 정치의 기록으로 이해되어 왔다. 그리고 과거 동양의 전통적인 정치사는 지배층 중심, 즉 군주와 그 군주를 보필하는 신하들을 중심으로 이루어져 왔다.

백성을 국가의 근본으로 파악하는 관념은 유교의 영향을 받아 삼국시대에 이미 나타나며, 고려시대에도 강조되어 왔다.[41] 또한 조선 건국자들도 사대부·무신을 포함한 광범위한 지지기반 위에 국가건설을 도모하였다. 따라서 왕조의 개창자들은 백성을 구한다는 명분을 내걸었다. 국가의 근본은 백성이라는 말을 썼다고 하여 민본주의라고도 칭한다. 그러나 이때의 '民'은 그 개념이 단순하지 않았다. 민을 표방하면서도 민권에 대한 개념은 희박하였으며, 통치 대상의 총체로서 민이 강조되었으나 민을 구성하고 있는 개인에 대한 배려는 미약하였다.[42]

따라서 오늘날 우리가 흔히 사용하는 민중이란 말에 해당하는 일반 백성은 거의 주목받지 못하는 존재였다. 그들에게는 정치에 참여할 수 있는 참정권도 없었으며 단지 통치와 수탈의 대상으로만 존재하였다. 조선시대의 위정자들이 흔히 말하던 '민본'이니, '애민'이니, '인정'이니 하는 것들은 일반 백성을 주체로 본 것이 아니라, 단지 조세·군역·요역 등 각종 수취와 통치의 대상으로서 국가유지를 위해 백성이 강조된 것이

---

41) 民에 대한 강조는 孟子 이래 일찍부터 있어 왔다. 『三國史記』, 『高麗史』 등에서 民이 국가의 근본임을 논하고 있음을 쉽게 찾을 수 있다.
42) 역사 주체로서의 민을 의식하기 시작한 것은 조선 후기 실학파들이었다. 그러나 이들에게도 많은 한계를 가지고 있었다(丁若鏞의 「原牧」(1982, 『與猶堂全書』, 景仁文化社, 203~204쪽) 참조).

다.[43]

역사서의 체재에서도 지배층 중심의 의식을 엿볼 수 있다. 동양에서 사마천의 『사기』 이래 정사체로 불리어 온 기전체의 내용 중에서도 본기는 제왕의 언행 및 통치 내용에 관한 기사이고, 열전은 왕과 함께 통치에 관련된 인물들에 대한 기록이며, 지는 제왕이 행한 통치제도에 대한 자료를 분류하여 모아 놓은 것이다. 이러한 점은 편년체 사서에 있어서도 마찬가지로 형식상의 차이만 있을 뿐 통치자 중심의 관점에서 전혀 벗어나지 못하였다.

이러한 측면은 정도의 차이는 있지만, 서양에서도 마찬가지였다. 근대에 이르기까지 서양의 거의 모든 역사가들은 의도적이든 아니든 간에 정치사를 중심으로 서술해 왔다. 따라서 당연히 군주를 중심으로 한 지배층만의 역사가 될 수밖에 없었다.

역사에 대한 이와 같은 태도는 한 사람 혹은 소수의 지배층에 의하여 다수의 민이 억압당하는 것을 당연시하는 것이며 또한 정당화하는 것이기 때문에 여기에서 한 사람 혹은 소수의 영웅들에 의해 모든 역사가 이루어진다는 소위 영웅사관이 성립된다.

영웅을 역사발전의 유일한 동력으로 간주하는 영웅사관은 그 연원이 무척 오래되었다. 왜냐하면 역사를 영웅이 만들었다고 인식한 것은 고대와 중세의 특징적인 역사인식이기 때문이다.[44] 영웅사관이라는 용어는 새롭지만,[45] 정치사 중심의 역사에서 파생된 것이므로 정치사가 주류를 이루어 온 만큼 계속 지배적인 사관으로 군림하여 온 것이라 하겠다.

그런데 영웅사관은 여러 가지 형태로 나타났다. 『플루타아크 영웅전』과 같은 전기류나 기전체의 중국 역사서에 있는 열전 등은 왕 중심의

---

43) 鄭昌烈, 1982, 「백성의식·평민의식·민주의식」 『歷史와 人間』, 두레, 15쪽.
44) 朴成壽, 1977, 『歷史學槪論』, 三英社, 213쪽.
45) 근대 英雄主義 史觀을 일반화시킨 사람으로 카아라일(Caryle, 1795~1881)을 들 수 있다.

영웅사관을 직접적으로 적용하여 저술한 형태의 역사서이다. 또 하나의
형태는 영웅들의 이름을 시대의 상표로 채택한 것들을 수 있다.[46] '나폴
레옹 시대'나 '비스마르크 시대'라는 용어에서 우리는 단 한 사람의 영
웅이 그 시대를 이끌어 가고 있다는 인상을 받는다. 그만큼 영웅사관은
한 사람을 돋보이게 하기 위해 그 외의 대다수를 희생하고 있다. 따라서
현대 사학에서 영웅사관에 대한 비판적 검토는 필수적인 것이라 하겠다.

첫째, 영웅이 한 사건이나 시대의 공적을 독차지하고 있다는 점을 비
판함으로써 그 모순을 살필 수 있다. 그러한 예를 한두 가지 들어 보자.
과학사에서 적합한 예를 찾을 수 있는데, 뉴턴(I. Newton, 1642~1727)
이 만유인력의 법칙을 발견한 비슷한 시기에 다른 지역에서도 그와 비슷
한 결론을 도출해 내는 경우가 있었다는 것이다. 그러나 뉴턴이 만유인
력법칙의 발견자라는 공로를 독차지함으로써 그에 버금가던 부류의 사
람들은 역사에서 잊혀진 존재가 되었다. 한 전투에서 승리하였을 때 그
전투의 공을 지휘관 한 사람이 독차지하고 휘하의 많은 무명용사의 공로
가 잊혀지는 것도 그러한 예라 하겠다. 전쟁의 승리가 지휘자의 능력과
노 깊은 관계가 있는 것은 사실이지만, 한 사람만의 공로로 인정하는 것
은 너무도 잘못된 인식이다.

둘째, 소위 영웅들이 이루어 놓은 업적이라는 것도 그 한 사람의 역량
이라기보다는 그 사람이 활동할 수 있도록 한 제도·조직·기구 등이 있
었기 때문에 이루어진 것이다. 위대한 정치가가 역사발전을 비약시켰다
고 할 때에는 많은 권력이 그에게 집중된 정치형태를 예상할 수 있기
때문이다. 또한 모든 정치의 결단을 내리게 하는 부하 직원들의 숨은 공
로를 문헌자료에서는 남기지 않기 때문이다. 그렇다고 하여 영웅의 업적
을 완전히 무시하는 것은 아니다. 지도자 개인의 역량과 판단이 일의 성
공과 실패에 대단히 중요한 것임은 말할 것도 없지만 그 성패에 당시의

---

46) 朴成壽, 1977, 앞의 책, 217쪽.

전반적 상황이 서술되지 않고 오직 개인의 공로로만 서술되어서는 안 될 것이다. 모든 공로를 이른바 영웅 한 사람이 독차지하는 인식이 얼마나 불합리 한 것인가를 말할 뿐이다.

셋째, 한 개인이나 집단은 역사의 흐름이라는 차원에서 보면 사회를 움직여 간 모든 사실을 합리적으로 설명하는 데에 충분하지 못하다. 왜 냐하면, 영웅 중심의 역사서술로서는 사회를 구조적으로 파악하지 못할 뿐만 아니라 그와 관련이 적은 부분은 역사연구 대상에서 소홀히 여기기 때문이다. 따라서 역사의 주체를 한 개인으로 파악하는 것은 수준이 낮은 소박한 역사관이라 하지 않을 수 없다.

어떤 의미에서 이전의 정치사는 이제 시체나 다름없게 되었다. 그러나 일정한 정치사의 원리는 앞으로도 계속 필요할 것이며 영웅에 대한 전기도 마찬가지로 필요할 것이다.[47] 문제는 역사란 그렇게 간단하게 처리할 만큼 폭이 좁은 것이 아니며 또한 영웅만이 역사의 주체가 될 수는 없다는 점이다.

역사의 주체를 민중으로 보는 관점을 검토해 보자. 민중이란 개념을 어떻게 정의할 것인가에 대해서도 여러 가지 설이 있다. 몇 가지 대표적인 견해를 살펴보면, 민중은 지배층을 배제하고 지배를 당하는 하층민과 중류층까지를 포함시키는 견해가 있고, 지배층도 넓게는 민중 속에 포함된다는 견해가 있다. 전자는 민중운동, 민중혁명으로 쓰일 때 그 개념이 단적으로 표명되고 있다. 후자는 지배층 중에서도 일반 민중과 견해와 의식을 같이 자도 있을 수 있으며, 지배층도 민중에서 나온다는 의미로 해석한다. 이 두 개념이 비록 차이가 있기는 해도 과거에 인식되지 못하였던 대부분의 인간의 역할을 의식한다는 점에서 공통점을 갖는다.

역사의 주체를 민중으로 파악하는 관점에 설 때 비록 왕정, 귀족사회

---

47) J.르고프 작·조성윤 편역, 1982, 「역사학의 중심은 여전히 정치사인가」 『現代社會史 理論과 歷史認識』, 청아출판사, 186쪽.

에서 민중의 개인적인 역할이 적었다고 하더라도 그들의 존재나 활동 없
이 사회가 유지될 수 없다는 점에서 민중의 역할은 중시된다. 민중은 경
제활동의 주체였을 뿐만 아니라 언어 풍속도 이들에 대한 인식 없이는
이해될 수 없다. 과거의 지배층 중심의 정치사에서 이들의 역할에 대한
문헌자료를 찾기 어렵다. 그러나 역사가가 민중을 역사의 주체로 인식한
다면 지배층과 관련된 단편적인 자료에서도 그들의 의식과 활동을 유추
할 수 있을 것이다. 또한 그에 대한 문헌자료가 없다 하더라도 역사가는
인류학적 방법이나 사회학적·경제학적 이론을 통하여 그 역사를 재구성
할 수 있다.

  민중을 역사의 주체로 파악하는 역사관은 오랜 과거의 역사에 그대로
적용하기는 어려운 난점이 있다. 현재를 움직이는 역사 주체가 국민 모
두이고, 또 국민이 현대의 역사를 창조한다는 인식과 관련시켜 볼 때 영
웅사관이 소홀히 하였던 측면들을 새로이 개척할 수 있으리라 믿는다.
이런 관점에 서서 역사를 재해석, 재구성하는 작업이 특히 오늘날 한국
사에서 절실히 요망된다.

  모든 시대의 역사는 당시에 살았던 모든 인민이 함께 만들고 창조한
결과이다. 이를 전 인민이 만든 역사로 역사가들이 서술하여야 한다고
생각한다. 이는 전 인민에게 미래의 역사를 창조하는 주체의식을 심어주
기 위해서도 역사학은 과거로부터 그래왔다는 방식으로 서술됨이 올바
른 관점이라고 생각한다.

  역사는 어떤 방향으로 변하고 있는가에 대한 검토를 해보자. 이에 대
하여 역사는 반복된다는 소위 순환사관이 있고, 앞으로 발전한다는 진보
사관 혹은 발전사관이 있다.

  순환사관에는 한 왕조가 건국·융성·쇠퇴·멸망한다는 왕조 순환사관
이 있고, 비록 순환하지만 항상 똑같은 궤도를 반복하는 것이 아니라 나
선형으로 발전한다는 순환사관이 있다. 사회를 구성하고 있는 개인이 탄

생·소년·장년·노년·죽음을 반복하듯이 역사에도 순환하는 범주가 있는 것이 사실이다. 그러나 순환사관은 서양 중세의 기독교 사관에서 부정되었고, 인간 이성을 깊이 신뢰하던 합리주의에 의해 거부 또는 수정되었다. 기독교 사관에서 역사는 지상의 국가에서 신의 국가로 향한다는 발전 방향을 설정하였다. 그러나 기독교 사관은 종교적 신념이 크게 작용하였기 때문에 인간의 현실 역사를 적극적으로 해석하는 데 한계가 있었다.

합리주의가 풍미한 18세기에는 인간의 이성에 의하여 자연의 신비가 벗겨지기 시작하여 자연과학이 급속도로 발전하였으며, 역사도 무한한 진보가 있다고 믿는 진보사관이 발전하였다. 그 결과 순환사관을 나선형 순환사관으로 변질시켰다. 그러나 역사의 패턴이 순환한다고 볼 수 있는 경우도 있지만 순환하지 않는 부분도 있다. 예컨대 산업을 본다면 인류는 목축사회나 농경중심의 사회에서 1차 산업사회에서 중공업 중심의 2차 산업사회로, 그리고 정보, 통신, 문화 등의 3차 산업으로 발전해 왔다. 이는 엄청난 사회변화를 가져오는 요인이 되었으며 이는 다시 순환할 수 없는 영역이다. 이에도 순환하는 패턴을 발견할 수도 있겠지만 이는 하위의 작은 형태를 말할 때에 적용될 수 있을 것이다. 그리고 인권이 계속 신장되어 온 역사사실과 전 세계가 하나의 생활권으로 확장되어가는 큰 추세 등은 역사에서 결코 순환될 수 없는 경향이다.

진보주의 사관에서는 역사에는 퇴보와 진보가 있다고 믿어, 역사의 진행 방향에 대한 뚜렷한 인식을 하였다. 진보주의 역사관에서는 고전 고대의 문화가 중세에 퇴보하여 암흑기를 거쳐 근대에 들어와서 역사에 무한한 진보만이 있다고 믿었다. 이런 진보사관은 19세기 후반의 낭만주의 역사학에 의해 다시 수정되었다. 역사에서 과학, 기술, 경제 등의 측면에서는 진보하지만 예술, 종교적인 측면에서는 진보를 확신할 수 없음을 인식하였다. 또 낭만주의 시대의 역사가는 중세는 중세대로의 특성이 있으며, 중세는 서양 근대를 낳게 한 모체로 생각함으로써 합리주의 역사가와는 인식을 달리하였다.

오늘날 많은 사람들은 역사가 발전한다고 공통적으로 인식하고 있다. 앞 시대의 모순을 해결하면 비록 새로운 모순이 생기지만 이러한 문제점이 끊임없이 해결된다는 점에서 역사는 발전한다는 것이다. 그렇다면 발전사관에는 일정한 역사의 방향을 설정할 수 있지 않을까?

발전사관에서도 역사의 일정한 추세를 살필 수 있다. 발전사관의 몇 가지 유형을 살펴보자. 헤겔은 역사의 발전을 자유의 실현이 확대되는 것으로 파악하였다. 고대에는 군주 일인의 자유가 있었고, 중세에는 귀족의 자유가 있었고, 근대에는 만인의 자유가 실현되었다고 파악하였다. 이에 대하여 마르크스는 역사의 발전단계를 설정하여 원시공산사회, 고대노예제사회, 중세봉건사회, 근대자본주의사회, 공산사회로 도식화하였다. 이는 부의 분배와 생산수단의 소유관계를 주된 기준으로 파악한 것이다. 이러한 마르크스의 견해는 경제를 역사발전의 원동력으로 파악하였다 하여 유물사관으로 칭한다. 그런데 유물사관은 역사발전을 체계화하는데 혁명적인 기여를 하였지만 그 가설이 너무 도식적일 뿐만 아니라 결정적인 이론으로 제시되어 모든 역사의 적용에는 문제가 많음이 지적되고 있다. 또 각 단계의 사회적 성격은 생산관계에 의하여 규정된다는 일원론적인 결정론에 기초를 두고 있음이 지적되었다. 유물사관은 귀납법적으로 연구된 결과가 아니라 가설로서 제시된 역사발전 법칙으로서 이를 도입하여 한국사를 도식적으로 이해하는 데는 문제가 많다는 것은 주지의 사실이다.

이에 대하여 자유주의 사학에서는 역사에서 자유의 신장, 인간의 평등, 사회복지, 문화의 발전 등에 대하여 폭넓게 조명하면서 가설적인 역사발전 단계설이나, 헤겔 류의 사변적인 역사철학에서 벗어나 역사의 총체적인 이해를 위한 여러 가지 방법론의 모색에 몰두하였다. 이러한 방

법론이 위에서 이미 언급한 사회경제학, 구조사학, 지성사의 연구방법론
등이다.

끝으로 앞으로의 인간 역사가 계속적으로 발전할 것인가, 아니면 인
간의 역사가 파멸을 가져올 것인가의 문제는 인간 스스로의 노력과 문제
해결의 의지에 달린 것이라 여겨진다. 이 문제는 더 깊은 사색이 요구된
다. 과학과 기술의 발전은 역사의 중심축인 시간의 개념을 크게 단축시
켰다. 예를 들어 설명한다면 우리가 시간을 X축으로 역사의 발전을 Y축
으로 도표화한다고 할 때 현재의 역사발전의 상승 곡선이 너무 가파르게
올라가고 있다는 사실이다. 그 과학과 기술의 발달에 있어서 그 상승곡
선이 수학적으로 거의 직선에 이를 때가 온다고 예상할 수 있다.

역사발전에 있어서 완만한 곡선을 이루었던 선사시대로부터 역사시
대로 들어와서도 현재의 발전은 과연 인간 역사의 발전을 인간이 사회를
운영하는 사회윤리와 도덕이 조화를 이룰 수 없다는 사실이 이미 나타나
고 있다. 인간의 성적 전환, 신체의 이식, 유전자 변형을 위한 실험을 통
한 복제인간의 출현, 로버트의 발전을 통한 인간행위의 대체 가능성이
인간을 소외시키고 있다. 발전과 변화가 많은 시대를 사는 사람은 불안
한 것이다. 발전이 만능이라고 하여야 좋을 것인가 하는 심각한 문제가
머지않은 장래에 닥쳐올 것이다.

2. 역사의 법칙성

역사의 진행 과정이 일정한 법칙에 의해 설명될 수 있는가 아니면 탈
법칙적인가 라는 문제는 오랫동안 역사철학자들의 주된 논의의 대상이
되었다. 그런데 이러한 역사에 있어서의 일반적인 법칙의 존재 여부는
크게 실증주의와 관념론의 양론으로 나눌 수 있다.

실증주의는 역사학을 자연과학과 동일시하는 학자들의 주장이다. 이

들은 주어진 사실을 있는 그대로 받아들여 이것을 통해 역사를 지배하는 일반적인 법칙을 발견하려고 시도한다. 이들의 견해는 특히 다윈(C. R. Darwin. 1809~1882)의 진화론이 발표되어 역사학에 진화의 개념이 도입된 후 더욱 강화되었다.[48] 반면에 역사학을 자연과학과 구분하는 반실증주의자들은[49] 역사연구에 있어서 사실의 확인을 중시하며, 역사 속에서 법칙의 속성을 발견하기보다는 역사를 구체적인 사건의 점진적인 전개로 이해하였다.[50]

물리학자나 화학자는 과학이 법칙적인지 아닌지에 대하여 토론을 벌이지 않는다. 그것은 자연과학이 법칙에 따라 설명될 수 있기 때문이다. 그러나 역사학에서는 종종 동일한 상황에서 많은 역사가들이 대립되는 또는 상반된 의견을 내어놓고 있다. 왜냐하면 역사적 현상은 자유의지를 가진 인간의 주체적 노력에 의해 만들어지며 인간 자신들의 의지와 행동에 따라 역사의 방향을 바꾸기도 하기 때문이다.

따라서 역사에서 다루고 있는 과거의 복잡한 모든 사건들이 뉴턴의 물리학 법칙과 같은 일련의 과학적 법칙들에 의하여 설명될 수 있는 것은 아니다. 실제 역사적 상황에서는 매우 예측하기 어려운 인간적 요소를 지녔고, 또한 너무나 많은 복잡하고 다양한 요인들이 작용하고 있어 일상적인 과학적 법칙을 사용하기가 불가능하다. 자연과학에 비해 보편성이 약하며 모든 사건은 일회적이고 독특하다. 그래서 역사는 법칙에 의해 설명되기보다 사건의 완전한 서술에 의해 묘사되어야 한다고 주장

---

48) 실증주의 역사가로 콩트(Auguste Comte, 1798~1857)와 버클(H. T. Buckle, 1821~1862)을 들 수 있다. 콩트는 실증주의의 확립자로, 버클은 순수한 역사가의 입장에서 역사학을 과학화하려는 인물로 평가받고 있다(金榮漢, 1978, 「實證主義史觀」 『史觀의 現代的 照明』, 청람문화사, 62쪽 참조).
49) 역사학과 자연과학의 차이를 주장하는 觀念論은 딜타이(K. Dilthey, 1833~1911), 크로체(B. Croce, 1866~1952), 콜링우드(R. G. Collingwood, 1889~1943) 등에 의해 제기되었다.
50) R. G. 콜링우드 저·문학과 사회연구소 역, 1986, 『歷史哲學論』, 청하, 85쪽.

하는 역사학자들도 있다.

그러나 역사는 사건의 잡동사니를 모아 놓은 쓰레기장이어서는 안 된다. 즉 단순한 사실의 집적물이 아닌 역사의 고리를 찾아야 한다. 역사가 단순히 과거 사실의 나열에 그친다면 호고가의 호기심은 만족시킬 수 있으나, 적어도 역사에서 능동적인 자세로 현재적 의미를 해석하여 새로이 역사를 보고자하는 현대를 사는 지성인의 역사의식을 만족시켜 주지는 못할 것이다. 또한 인간의 자유의지는 법칙과 대립되는 것만은 아니다. 자유의지는 법칙으로 파악하기가 어려운 것이지만 이런 속성의 것을 유형화할 수도 있을 것이기 때문이다. 그리고 역사가가 아무리 사실의 고증에 전념한다고 하더라도 어떤 일반 개념으로 유형화하지 않으면[51] 역사기술은 무의미하게 되어 사실의 나열에 지나지 않게 된다.

그래서 역사가는 일반화 작업을 시도하게 된다. 그러나 역사가에 의해 이루어지는 일반화는 완벽한 인과율에 입각한 일반 법칙이 아니라 매우 제한된 의미의 이론에 불과하다. 예를 들어, 역사적 사실의 내적 연관 관계에 의한 도식적 이해로 봉건제도·자본주의·도시화·산업화와 같은 용어를 들 수 있다.[52]

이러한 의미에서 역사의 법칙성을 논할 때 우연과 필연은 먼저 생각해 보아야 할 개념이다. 모든 역사적 사건이 일어나게 된 것은 필연적이다. 모든 사건에는 그 사건이 일어나게 된 100%의 원인이 있기 때문이다. 그러나 일부의 원인을 들고 이로 인하여 다음의 사건이 필연적으로 발생한다는 설명은 많은 결함을 가지고 있다. 예컨대 자본주의의 다음 단계는 노동자의 혁명에 의하여 반드시 공산주의가 실현된다는 것이 그 것이다. 왜냐하면 역사는 인간의 의지와 노력에 의하여, 그리고 국제관

---

51) 역사가가 역사적 사실을 설명하려고 시도하는 이상 이러한 일반 개념을 사용하기 마련이다. 윌리암 드레이 저·黃文秀 譯, 1980, 『歷史哲學』, 文藝出版社, 25쪽.
52) 朴成壽, 1977, 앞의 책, 146~147쪽.

계, 많은 변수 등에 의하여 항상 변형될 가능성이 있기 때문이다.

그런데 역사적 사건은 우연히 일어나는 경우도 있다고 말한다. 비근한 예를 들어 보자. 어느 한 사람이 담배를 사러 가게에 가다가 뜻하지 않게 오랫동안 만나지 못했던 친구를 만나 이야기를 나누기 위해 술을 마시고 돌아오는 길에 차에 치여 교통사고를 당하였다고 하자. 두 친구가 만난 사실을 우연이라는 말로 보통 쓰고 있다. 교통사고를 당한 것은 만날 계획이나 뜻이 전혀 없었기 때문에 만난 사실을 우연이라고 할 뿐 그 사람이 만나게 된 것은 필연적인 것이다. 담배를 사러 가는 시간이 2~3분만 늦었어도 만날 수 없는 것이며, 그의 친구가 그 시간에 그 장소로 왔기 때문에 만날 수 있었던 것이다. 그래서 사건을 놓고 볼 때에 우연히 일어난 사건이란 있을 수 없는 것이다.

그렇다면 원인을 분석하는 데 역사의 법칙화가 가능한가를 생각해 보자. 결론부터 말한다면 그것은 불가능하다. 왜냐하면 모든 역사적 사건은 일회적인 유일한 것일 뿐만 아니라 그 원인을 정확하고 정밀하게 분석할 수 없기 때문이다. 그러나 역사를 유형적으로 파악하려는 노력이 계속적으로 해 왔다.

역사사실이 비록 일회적인 것이라 하더라도 이를 그냥 주위 모은다고 역사가 되지 않기 때문이며, 또한 역사를 과학화하려는 의도에서이다. 비록 역사의 법칙화가 불가능한 것이라 하더라도 역사를 유형적으로 이해하려는 것은 가설로서 적용될 수 있다. 그 예로 역사의 시대구분을 들 수 있다.

이러한 가설은 자료에 의하여 검증되고 또 항상 수정되어야 할 것이다. 그러나 역사를 어떠한 이론체계에 의하여 결정적인 방식으로 이해하려 한다면 이는 역사학이 아니라 이데올로기로서 변신해 버린다. 이런 이데올로기의 역사는 오랫동안 인간사회에 있어왔고, 지금도 완전히 벗어난 것은 아니다.

3. 역사관과 역사의식

'역사란 무엇인가'라는 물음에 대한 답이 여러 가지로 나올 수 있듯이 역사관의 개념에 대해서도 많은 견해가 제시될 수 있다. 우리가 늘 쓰는 '역사관'이라는 용어 속에는 역사의 개념에 대한 관념이라는 의미와 함께 막연히 역사를 보는 눈 혹은 역사의식이라는 광범위한 뜻도 포함하고 있다. 역사관의 구체적인 내용에는 역사의 개념, 역사의 발전 과정, 역사를 움직이는 동인, 역사의 주체에 대한 인식 및 역사학적 방법론 등이 포함된다. 역사관은 전문 역사학자만이 아니라 일반 사람도 가질 수 있다. 왜냐하면 일반 사람도 현대사를 창조하는 역사의 주체이기 때문이다.

역사학자의 경우, 역사관은 역사 과정에 대한 체계적인 지식을 구하는 노력의 결과이지만,[53] 이것은 역사의 원동력에 대한 자각을 의미할 뿐만 아니라 현실적인 의미로는 역사의 방향 설정의 기초가 되기도 한다. 또한 역사학자의 경우 역사관은 역사를 보는 많은 입장 중에서 하나의 입장을 택하게 하여 준다. 역사가는 자신이 연구하는 역사연구의 방법의 타당성에 대한 반성을 부단히 하여야 하는 바, 이는 실제로 중요한 것이다. 그런데 올바른 역사관은 전문 역사가에게는 잡다한 역사적 사실들을 일관성 있게 체계화하는데 도움을 주고, 일반인들에게는 과거의 역사를 통해 앞으로의 전망을 세우는 데에 많은 도움을 줄 수 있을 것이다.

서양에 있어서는 지난날을 이야기로서의 역사가 아니라 과정으로서의 역사로 파악하고, 그 과정이 인간생활의 변화로 이루어진다고 본 그리스의 헤시오도스(Hesiodos)에게서 역사관의 기원을 찾을 수 있다.[54] 그 이래로 여러 유형의 역사관이 많은 역사사상가에 의해 제시되었다.

---

53) 尹惠源, 1975, 『史學槪論』, 首都出版社, 84쪽.
54) 李相鉉, 1981, 앞의 책, 50쪽. 그럼에도 불구하고 古典古代 世界에 있어서는 歷史는 어떤 전체적 관점에서 보려는 역사정신은 미약하였다.

고대 희랍적 역사관은 역사 속에서 만물을 유전하는 상태로 파악하여 변화의 개념을 발견하였으나 그 변화는 자연계와 마찬가지로 시간의 경과 속에서 순환한다고 보았다.[55] 이러한 역사관은 역사 과정을 국가 흥망의 반복으로 본 마키아벨리(N. Machiavelli, 1469~1527)[56]나 역사를 반복되는 나선형적 형태의 순환으로 파악하는 비코(G. B. Vico, 1668~1744)[57] 여러 문명 혹은 문화의 비교연구를 통해 문명의 생성·소멸을 유기체적 상태에 비유한 슈펭글러(Spengler, 1880~1930)나 토인비(A. J. Toynbee, 1889~1975)[58]에게도 영향을 미치고 있다.

모든 역사적 사건을 창조와 종말이라는 직선적 과정에 의해 구성된 하나의 과정으로 이해하여 역사에 내재한 신의 계시를 파악하려는 중세 기독교적 역사관은 역사에 대한 목적론적 고찰을 가능하게 하였다. 이러한 역사관은 초기 기독교 역사가들 이래 아우구스티누스(A. Augustinus, 345~459)를 거쳐 중세의 지배적인 역사관이 되었다.[59]

근대 이후에는 사회발전과 더불어 역사관에 있어서도 많은 진전을 가져왔다. 그 대표적인 사관을 유형별로 살펴보면 ① 계몽주의 사상이 지닌 보편주의적 사고와 독일의 이상주의적 민족주의가 합류하여 인간사회의 원동력을 이념·정신·이성과 같은 관념적인 데서 구하는 관념론적 사관, ② 자연과학의 발달에 따라 역사를 자연과학적 방법으로 연구하여 인간의 정신 영역까지도 과학적 방법에 따라 본질을 발견하려고 노력하는 실증주의 사관, ③ 18세기 말 독일에서 시작하여 지금까지도 많은 영향을 미치고 있는 것으로, 모든 사건이 갖는 개별성의 가치를 중시하는 역사주의 사관, ④ 역사의 발전단계는 반드시 물질적 생활의 생산양

---

55) 洪漢裕, 1979, 「西洋의 歷史觀」『歷史란 무엇인가』, 高麗大出版部, 42쪽.
56) 李相信, 1984, 앞의 책, 192~198쪽.
57) 李相鉉, 1985, 『新理想主義歷史理論』, 대완도서출판사.
58) 盧明植, 1977, 「슈펭글러와 토인비」『西洋史學史論』, 法文社, 406쪽 및 413쪽.
59) 金成植, 1977, 「中世 그리스도교 사학」『西洋史學史論』, 法文社, 71~73쪽.

식에 의해 결정된다는 유물사관, ⑤ 과거의 인간행위를 추체험하여 역
사의 개념을 인간의 정신적 과정의 개념과 일치시키려 한 新理想主義
역사관 등이 있으며, 그 외에도 베어드의 상대주의 사관, 터너의 프런티
어 사관, 토인비의 문명사관, 브르크하르트의 문화사관 등 역사를 어떻
게 보아야 하는가에 대한 진지한 물음들이 있어 왔다.[60]

한편 동양의 역사관, 특히 중국에 있어서는 역사사실을 저자나 편자
자신의 가치판단에 따라 그 사실에 내재하는 연관관계나 그 사실 자체가
가지는 가치를 설명하려는 생각은 별로 나타나지 않았다. 그렇다고 하여
전통적 중국 사회에서 사관이 전혀 없었던 것은 아니다.

우선 중국인의 특징적인 역사의식으로 감계주의와 상고주의,[61] 중화
주의를 들 수 있다. 감계주의란 역사 속에서 인간행위의 규범을 찾아 그
것을 바탕으로 인간의 행동을 평가하는 도덕주의적 경향이 강하게 나타났
음을 뜻한다. 이는 공자의『춘추』, 사마천의『사기』이후 사마광의『자치
통감』, 주희의『자치통감강목』에 이르기까지 일관되게 작용한 관점으로
역사의 효용을 과거 역사를 통한 교훈으로 삼으려 한 것을 말한다.

상고주의는 하·은·주 상대의 문화를 성인이 다스린 결과로 보고 그
禮와 문화, 정치가 당시의 것보다 근본적으로 좋았다는 것으로 생각하는
주의이다. 이는 주대에 문화를 일으킨 여러 先賢을 숭상하는 제사 관행
이 이를 단적으로 말해 준다.『주례』에서 제사의 대상이 되고 있는 나라
를 일으킨 先君, 농업을 일으켰다고 하는 先農의 신으로 추대된 후직,
목축업을 처음으로 일으켰다고 여겨지는 先牧, 학문을 가르쳐 준 선생을
제사의 주요 대상으로 여겼다. 그리고 효를 신천했다고 하는 순 임금,
어진이를 자기 아들 대신 정권을 물려주었다고 칭송되는 요 임금의 정치

---

60) 이러한 歷史觀의 내용과 그 비판에 대해서는 吉玄謨·盧明植 編, 1977,『西洋史學
    史論』, 法文社 ; 車河淳 編, 1978,『史觀의 現代的 照明』; 李相鉉, 1981,『西洋
    歷史思想史』, 대완도서출판사 등 참조.
61) 全海宗, 1983,「中國人의 傳統的 歷史觀」『史觀이란 무엇인가』, 청람, 200~231쪽.

를 항상 값진 것으로 여겨 요순의 정치는 성인의 정치로 이상화되었다.[62] 상고주의적 경향은 역사지식을 존중하고 선례를 중시하게 되었다. 그러나 새로운 역사발전을 막는 사상이 되기도 하였다. 이는 역사적 기록을 많이 남기게 되는 전통을 만들기도 하였다.[63]

중화주의란 사마천에 의하여 시작된 것으로 중원의 국가는 항상 세계의 중심이고 문화의 나라이며 그 주변 사방의 나라는 문화가 발전하지 못한 야만인으로 취급하는 사상으로 근대 이전까지 지속되었다. 즉 동이, 서융, 남만, 북적이라 하여 외국열전을 쓰고 있으며 이들 외국과의 관계는 조공과 책봉이라는 체제로 유지되어 왔다. 물론 중국의 한민족보다 정치적으로 강한 국가로 군림할 때 중원국가가 조공을 바친 적은 있지만 책봉을 받지는 않았다. 그리고 때로는 이민족의 지배를 수 백년 동안 받아 왔으나 이들은 중국 문화 속에 포용시켜 버렸다. 이런 중화문화를 유지하게 된 것은 기원전 3000년부터 갑골문자를 거쳐 한자문화의 힘이었다. 그리고 전근대의 중국의 정치를 주도한 사상은 유교사상이라 할 수 있다. 유교사상 중에는 감계주의와 상고주의가 함께 강하게 표출되어 있다.

그리고 주기적으로 왕조의 교체를 겪으면서 왕조의 흥망에 대한 원리를 생각하게 됨에 따라, 일정한 기간을 두고 역사의 특징적 양상이 순환하게 된다는 순환사관이 널리 통용되었다. 예컨대 맹자는 치세와 난세가 순환적인 교체를 이루어 간다는 '일치일난설'을 주장하였다.[64] 또한 왕조 변화를 우주론적인 순환이론으로 설명하려는 '오덕종시설[65]'도 발달

---

62) 물론 옛날의 사상이 적합지 않다고 하여 『詩經』『書經』 등을 불태울 것을 주장한 한비자의 법가사상이 있으나 이는 정치사상으로 취택된 적이 없다.

63) 閔斗基, 1985, 「中國에서의 歷史意識의 展開」『中國의 歷史認識』上, 창작과 비평사, 54쪽.

64) 一治一亂說은 五百歲王者興說과 함께, 만약 帝王이 王命을 어기면 한 왕조가 다른 왕조로 바뀐다는 '革命' 이념의 기초가 되었으며, 성인이 나와서 노력하여야 난세가 치세로 변한다는 교훈적인 의도를 내포하고 있다.

65) 五德終始說은 자연계와 인간계의 모든 현상은 木·火·土·金·水의 五行의 상호 작

하였다.

중국인의 역사관에 있어서 순환사관이 지배적이긴 하였지만, 진보사관이라 부를 수 있는 사상도 없는 것은 아니었다.66) 한비자가 경제적 조건이 역사변천에 결정적인 의미를 갖는다고 강조한 것이나, 정치·문화상의 역사발전을 단계적으로 구분한 何休(129~182)의 '張三世說' 이래, 王充, 杜佑(735~218), 王夫之(1619~1692), 康有爲에 이르기 까지 사회의 변천에 깊은 관심을 표시하였다. 그러나 이러한 진보사관도 중국 역사관에서 예외적인 것에 속하였으며, 중국인의 지배적인 역사관의 경향은 순환사관이라 하겠다. 이런 순환사관의 철학적 근거는 『易』에 근거한 1음과 1양이 합하여져 도를 낸다는 사상이다. 이는 변화를 설명하는 이론이기도 하지만 순환하는 변화를 의미한다.

한편 역사의식이라 함은 과거의 역사에 대한 문제의식과 현재의 상황에 대한 문제의식, 그리고 기타의 역사에 대한 여러 관념을 포함한다. 따라서 역사의식은 과거 역사에 대한 인식의 차원을 넘어서 현재 자신이 처한 시대가 어떠한 역사적 위치에 있는가를 인식하고 현재 해결해야 할 문제가 무엇이며 앞으로 역사를 어떠한 방향으로 발전시켜 나갈 것인가라는 등의 의식이다. 따라서 역사의식이라 함은 실천적 성향을 강하게 띤다. 머릿속으로 인식하는 차원을 넘어서 이를 실현하려는 의지적 성향을 의미한다.

그런데 역사의식과 비슷한 개념으로 역사인식이란 말이 있다. 대체로 역사의식이 과거의 역사적 사실의 이해를 당대의 사조와 관련시켜 이해하는 것임에 대하여 역사인식은 과거의 사건에 대한 이해를 뜻한다는 점에서 전자는 후자보자 의미가 더 넓다고 할 수 있다.

용으로 이해하는 오행사상을 왕조의 변혁과정에 적용시킨 것이다.
66) 高柄翊, 1985,「儒敎思想에서의 進步觀」『中國의 歷史認識』上, 창작과 비평사, 82~87쪽.

한국 전통시대의 역사서에 나타난 역사의식을 살펴보면, 지배자 중심의 역사였고, 정치사·왕조사가 중심을 이루었기 때문에 역사에서 개인을 발견하지 못하였으며, 그 결과 하나의 사건에서 인과관계를 밝히려는 역사학적 연구가 소홀한 채 왕조의 흥망사에 치중하였다.[67] 그러나 한국사에 대한 의식은 시대마다 진전되어 국가와 민족의 역사를 유지·발전시키는 민족의식의 터전이 되었음을 간과할 수 없다. 한국사의 체계화를 위해서는 이러한 과거 역사에 대한 인식 문제와 그 시대 인간들이 해결하려는 시대적 과제가 무엇인가를 파악하는 역사의식의 연구가 필요하다. 역사가의 역사의식은 많은 과제 중 어떤 부분이나 어떤 분야를 연구 대상으로 택할 것인가를 결정해 주며 또한 역사를 보는 관점을 제시해 준다.

연대기적 역사는 이제 참된 역사라 할 수 없게 되었다. 그리고 단순히 과거의 사실만을 밝히려는 역사연구도 바람직 한 것이라 할 수 없다. 물론 이런 기초적인 역사가 반드시 연구되어야할 필요성은 말할 필요도 없다. 그러나 역사를 서술하는 역사가의 역사관과 역사의식이 있어야만 의미 있는 역사가 구성될 수 있다. 따라서 자신의 역사관과 역사의식으로 역사를 재창조하는 자만이 역사를 새롭게 재구성할 수 있는 것이다. 또한 일반인에게 있어서도 뚜렷한 역사관과 역사의식을 가진 경우에 역사의 주체로서 자신의 행위에 대하여 긍정적인 인식을 가질 수 있을 것이다.

4. 한국사의 시대구분

역사의 진행 과정을 체계적으로 이해하려고 시도할 때 역사가들은 시대구분의 문제에 직면하게 된다. 시대구분은 역사발전을 체계적으로 이

---

67) 鄭求福, 1983, 「傳統的 歷史意識과 歷史敍述」『韓國學入門』, 大韓民國學術院, 97쪽.

해하려고 할 때 생겨나는 하나의 인식 형태이다. 좀 더 쉽게 말하면, 시대구분은 계속되어 온 역사를 인위적으로 구분하는 것이다. 장구한 역사를 체계적으로 파악하기 위한 학문적 필요성에서 시대구분이 요구된다고 하겠다.

시대구분은 실로 역사를 연구하는 역사가들의 가장 중요한 과제일 뿐만 아니라 많은 사람에게 역사에 대한 이해를 돕게 하고, 더욱 정확한 역사적 지식을 갖게 하는 중요한 수단이 된다. 따라서 역사가가 시대구분을 외면하고서는 역사를 체계적으로 파악하는 것은 불가능할 것이며, 시대구분에 의해 역사적 사실에 논리적 체계와 역사적 발전의 계기성을 부여할 수 있다.

랑케는 역사를 '사실 그대로를 밝히는 것'이라 하였지만, 과거의 역사를 그대로 복원하는 것은 불가능할 뿐만 아니라 설령 그것이 가능하다고 하더라도 그 의미가 없다. 역사는 주관적 인식 하에서 파악될 수밖에 없으며, 이러한 파악은 역사가의 창조적 활동인 것이다. 시대구분론은 객관적 사실로서가 아니라 상대적 의미를 가진 주관적인 역사의식의 한 표현이다.

그러나 아무리 시대구분이 역사가의 주관적 판단에 의지한다고 하더라도 거기에는 보편타당성이 있어야 한다. 즉 시간적으로 구별할 수 있는 보편적이고 타당한 논거가 제시되어야 할 뿐만 아니라, 지역적 특성과 함께 세계사적인 보편성과의 관련을 생각하여야 한다. 그런데 여기서 반드시 고려하여야 할 것은 역사에 있어서 전환기적 변동이 있다고 하더라도 갑자기 한 시대가 무너지고 다른 시대가 성립되지 않는다는 점이다.68) 시대의 변화를 시대구분을 통해서 설명을 해도 역사에는 항상 새

---

68) 이러한 관점에서 크로체나 콜링우드 등의 이상주의 역사가들은 시대를 상세히 구분하기를 거부하고, 모든 것은 연속성 위에 있다고 하였다. 이는 역사의 사실과 그 가설에 대한 역사가의 해석을 혼동한 데서 왔지만, 시대구분이 가져오는 위험성에 대한 적절한 경고가 될 수 있다.

로운 변화만이 있는 것이 아니라 이전 시대로부터 지속적인 것이 더 압
도적으로 많다는 점이다. 이러한 인식 위에서 역사적 사실에 대한 세밀
한 검증과 해석을 기초로 하여 시대가 구분되어야 역사를 보다 잘 이해
하는 데 도움을 줄 수 있다.

서양에서는 고대에서부터 역사발전을 특징적인 시대로 구분하고자
하는 시도가 있었지만 역사적 계기성의 관념은 없었으며, 헬레니즘 시대
에 와서 비로소 변화의 관념이 생겨났다.69) 또한 중세 기독교 사가들은
이전 시대와 자신들의 시대를 구분하고 여기에 종말론적 요소를 첨가하
여 구분하였다. 그러나 인간들은 역사발전 속에서 자신들의 독자성을 의
식하면서 역사발전을 어떤 특정한 관점에서 시대구분하기 시작하였으
며,70) 18~19세기에 와서는 많은 시대구분론이 나오게 되었다.

한국사를 시대구분하는 것도 결국 동일한 관점에서 설명할 수 있다.
즉 전체 한국사의 역사발전에 논리적 체계성과 역사적 발전의 계기성을
부여하여 한국사의 의미를 보다 정확하고 명료하게 이해하는 데 그 목적
이 있다고 하겠다.

그러나 한국사에 대한 기초적인 연구가 아직 미비한 상태에서 시대구
분을 논함으로써 많은 이견과 문제점을 야기하고 있다. 그러나 나름대로
공통성을 지닌 경우들도 있어, 이러한 공통성을 기준으로 하여 몇 개의
유형으로 나누면 다음과 같다.

첫째, 왕조 중심의 단위로 한국사를 시대구분하는 방법이다. 이는 종
래의 시대구분법으로서는 가장 전통적이며 오래 된 구분법이라고 하겠
다. 고조선, 삼한, 삼국시대, 통일신라시대, 고려시대, 조선시대 등으로
왕조별로 정치사적 변화에 따라 시대를 구분하는 것이다. 그러나 이러한
왕조사적 시대구분은 역사발전과 계기성이 전혀 나타나지 않는 방법으

---

69) 차하순, 1978, 앞의 책, 154쪽.
70) 李相信, 1979, 「西洋史의 時代區分」 『歷史란 무엇인가』, 高麗大出版部, 77쪽.

로 현재 우리들이 극복하여야 할 시대구분론이다.

둘째, 한국 사회의 발전 형태를 전 세계사적 견지에서 구분하고자 하는 방법으로, 이것은 왕조사적 구분에 대한 최초의 비판인 동시에 한국 사학에 있어서의 커다란 발전이라 하겠다. 여기에는 시간의 원근에 따라 선사, 고대, 중세, 근세, 근대, 현대 등으로 구분하는 방식과 사회발전 단계에 따라 원시공동체사회, 노예제사회, 봉건제사회, 자본주의사회, 공산주의사회 등으로 구분하는 방식이 있다. 시간의 원근에 의한 방식은 일본인 林泰輔(하야시)에 의해 최초로 한국사에 적용된 후[71] 지금까지도 답습되고 있지만, 사실상 왕조별로 서구의 3시기 구분법을 적용함으로써 시대 개념에 상응한 내용이 없어 결국 왕조 중심의 구분과 차이가 없어져 버렸다.

사회발전 단계에 의한 방식은 유물사관을 가진 사회경제사가들에 의해 제기되었다. 이러한 시도는 한국사의 발전을 세계사적 발전 과정과 동일시함으로써 일본인들의 정체성 이론에 대한 비판이란 점에서 강한 민족주의적 색채를 띠었다.[72] 그러나 이 구분법을 따를 경우라도 서양에서의 노예제나 봉건제 개념이 한국사에서의 개념과 일치하는가, 그 시기는 언제인가라는 문제가 있다. 설령 사회발전 단계에서 유사성이 보인다 하더라도 그것인 한국사에서 지배적인 유형이라고는 보기 힘든 점도 있다.[73] 이러한 구분법은 사회발전단계설을 절대적인 진리로 생각하고,

---

71) 林泰輔는 『朝鮮史』(1892)와 『朝鮮近世史』(1901)를 합하여 『朝鮮通史』(1912)를 내면서 漢四郡 이전을 太古, 三國時代에서 統一新羅時代까지를 上古, 高麗時代를 中古, 朝鮮時代를 今代로 구분하였다.

72) 李基白, 1970, 「韓國史의 時代區分 問題」 『韓國史時代區分』, 乙酉文化社, 12쪽 ; 李基白, 1976, 『民族과 歷史』, 一潮閣.

73) 예를 들어 韓國에서 기본적인 생산 담당 계층으로서의 奴隸가 존재하였는가라는 문제에 있어서 奴隸制社會 肯定論(白南雲, 李淸源, 金三守 等)과 否定論(全錫淡, 趙璣濬 等)의 대립되는 견해가 있다(金柄夏, 1970, 「韓國의 奴隸制社會 問題」 『韓國史時代區分』, 乙酉文化社, 57~61쪽). 封建制社會에 대해서도 韓國에서 根本的으

그것을 한국사에 억지로 적용시키려는 데서 나온 것이라 하겠다.

셋째, 한국사에 내재하는 특성을 주제별로 혹은 민족사적 입장에서 보려는 관점이다. 이것은 신민족주의사관을 제창한 손진태, 이인영에 의해 제기되었다. 이들은 한국사에 내재하는 민족의 발전을 내세우며 그것을 중심으로 시대를 구분하였다.[74] 그러나 이 구분법은 비록 논리적인 일관성을 지녔다고 하나 실제로 역사성에는 적용되지 못하였으며, 한국사에서 한국 민족의 독자적 발전만이 관심의 대상이 됨으로써[75] 세계사와의 관련성을 상실하였다.

넷째, 지배세력의 변화에 주목하여, 지배적인 신분계층을 시대구분의 기준으로 내세운 李基白에 의해 제시된 것이 있다.[76] 그러나 이 시대구분법은 일정한 관점에서 시도된 시대구분이지만 지배계층의 변화가 각 시대 역사의 모든 특징을 설명할 수 있는가라는 점과 시대구분을 16개로 나눔으로써 너무 짧게 세분하였다는 문제점을 지적할 수 있다.

이상에서 살펴본 바와 같이 역사를 보는 관점에 따라 전체 한국사를 이해하는 시각에도 커다란 차이를 보이고 있다. 더구나 역사의 발전은 어떤 단일한 요인에 의해서라기보다는 여러 복합적인 요인에 의해 좌우되기 때문에 절대적인 가치를 지닌 시대구분은 불가능하다.[77] 따라서 한국사의 시대구분은 무엇보다도 역사적 사실의 철저한 연구를 바탕으로 여러 사실들이 종합되어 한국의 사회구조와 문화의 가장 큰 분수령을 찾아야 할 것이며, 또한 이를 세계사와 대비하여 고려할 때 비로소 한국사의 세계사적 의미가 부각될 것이다.

로 서양과 같은 封建制가 존재하였는가에 대한 반성이 제기되기도 하였다(梁秉祐, 1981, 「한국에도 봉건사회가 실제하였는가」『世界史 속의 韓國』, 탐구당).
74) 金貞培, 1980, 「新民族主義史觀」『韓國古代史論의 新潮流』, 高麗大出版部, 253~255쪽.
75) 李基白, 1978, 「新民族主義 史觀論」『韓國史學의 方向』, 一潮閣.
76) 李基白, 1977, 『韓國史新論』(改訂版), 一潮閣.
77) 車河淳, 1970, 「時代區分의 理論的 基礎」『歷史學報』45, 147쪽.

제2장

한국 고대인의 역사의식

제1절 신화와 역사의식

1. 한민족의 형성과 민족의식의 발달

현재 한민족의 주류를 형성한 사람들은 B.C.2000년경에 청동기를 가지고 만주와 한반도에 들어온 자들이었다.[1] 이들보다 앞서 이주해 온 구석기인이나 신석기인은 청동기인에 의하여 흡수·동화되었다.[2] 청동기인들의 유적은 고인돌(일명 지석묘)로 남아 있다. 한국의 고인돌은 3만 여기로 세계 고인돌의 5분의 3을 차지하며 유네스코에서 세계문화유산으로 지정되었다. 고인돌은 바다에서 가까운 지역에 밀집되어 있으며 현재 함경도 지역을 제외한 전국에서 발견되고 있다.

중국인들은 우리 민족을 포함하여 중국 동쪽에 사는 종족을 총칭하여 東夷[3]라 불렀다. 동이라 함은 동쪽에 살고 있는 夷를 칭한다. '夷'란 글자는 큰 활을 사용한다는 뜻에서 생긴 글자로 설명되기도 하고(『설문해자』), 『후한서』에서 "'夷'란 나무의 뿌리[柢]라고 정의하고 말이 어질고 살리기를 좋아한다. 만물이 땅에 뿌리를 두고 나오듯이 천성이 유순하여 도로서 다스리기가 쉽다"고 쓰고 있다.[4] 이어서 아홉 종류의 夷를 들고

---

1) 이들은 無文土器를 사용하였으며, 신석기시대에 櫛文土器를 사용한 사람들과 구별하기 위해 無文土器人이라 지칭하기도 한다.

2) 櫛文土器人과 無文土器人의 흡수·동화과정은 고고학적으로 분명하게 밝혀져 있지 않으나, 비교적 평화적 공존과 문화요소의 교류를 통하여 흡수되었을 것으로 추정된다. 金元龍, 1986, 『韓國考古學槪說(제3판)』, 一志社, 58~59쪽.

3) 東夷族은 인종학상으로 몽고족에 속하며 언어학상으로는 우랄알타이계에 속한다. 그러나 동이족 중 우리 민족을 구체적으로 지칭한 것으로 朝鮮族·濊族·貊族·夫餘族·韓族 등의 칭호가 보이나, 이들 사이의 차이점에 대해서는 명확한 구분을 문헌상으로 찾기 어려우며 풍습·언어에는 공통 요소가 많았던 것 같다.

4) 『후한서』 권85, 동이열전 서문.

있다. 동이에 대한 기록은 요임금대부터 선진문헌에 나오고 있다. 공자
도 구이에 가서 살고 싶다는 뜻을 표한 바 있다. 이후 '夷'족은 산동반도
쪽으로 내려가 황하지역에 이주하여 진의 통일에 의하여 漢족이 되었다.
동이에는 예맥족, 부여족, 한족은 물론 여진족과 일본족까지 포함되었
다. 그런데 최초로 국가를 형성하기 시작한 무렵인 신석기 말기 또는 청
동기 초기에 우리 민족의 주거 지역은 만주 지역·한반도에 걸친 동북아
시아 대륙이었다. 동이족이 중국의 한족과 구별되는 것은 시조신화의 구
조가 다르고 풍속이 다르다는 점이다.

　신화구조는 천제(하늘님)의 아들이 지상에 내려와 나라를 열었다는
것으로 아버지가 중심인물로 등장한다. 중국 한족의 신화는 여자가 정상
적인 결혼을 통해서 낳지 않고, 이상한 감응을 받아서 나은 사람이 나라
를 열었다는 것이다. 『후한서』에 의하면 중국의 4방에 있는 외국을 동이
북적, 서융, 남만으로 칭하는데 이를 통칭할 때에는 夷로 칭하였다. 4방
의 외국 족속 중 천제의 아들이 내려와 나라를 열었다는 신화는 오직
동이의 부여에만 기록되어 있다. 그리고 동이족의 특수한 풍속은 나라의
모든 사람이 한 곳에 모여 하늘에 제사를 지내는 풍속이 있다는 것이다.
이는 건국시조가 하늘로부터 내려왔다는 신화와 관련이 있을 것으로 생
각하며 이 때에 음주가무를 즐겼다고 한다. 지금까지 한국 사람이 놀기
좋아하고 노래와 춤을 좋아하는 것은 이와 관련이 없는지 모르겠다.

　동이족이 천성이 유순하다는 것은 어떻게 해석하여야 할 것인가? 아
마도 이는 중국의 고대 하은주 시대에 그들을 공격할 정치세력으로 성장
하지 않은 것도 한 이유이겠고, 다른 한편으로는 농업에 종사하여 정착
생활을 하는 풍속에 기인하는 것으로 해석할 수 있다. 당시 흉노족은 유
목을 생업으로 하여 항상 중국고대의 가장 무서운 침략세력이었다. 진시
황이 만리장성을 쌓은 것도 흉노족이나 북방 유목민의 침입을 막으려는
의도였으며 그 지대가 농업이 가능한 북방 한계선이었다. 따라서 동이족

의 천성이 유순하다는 중국인의 표현을 우리 민족성으로 이해하는 것은
역사적인 이해가 아니다.

우리 민족이 최초로 세운 국가는 朝鮮⁵⁾이었다고 사마천의 『사기』에
전하며 이는 위만조선을 지칭한다. 이 무렵 조선 이외에도 만주와 한반
도에는 많은 국가가 형성되었을 것이다. 단지 그 많은 국가들 중에서 조
선이라는 국가 명칭만이 전해진 것은 조선이 이웃의 많은 국가를 점령·
복속시켜 큰 국가 세력으로 발전하였기 때문이거나 장기간 존속하여 역
사의 기록에 남았기 때문이거나 중국과 교섭이 있었기 때문으로 생각된
다. 중국의 확장으로 인하여 중국 영토와 접하게 되는 시기가 이 무렵부
터라고 할 수 있다.

우리는 일연(1206~1289)의 『삼국유사』와 이승휴(1224~1300)의 『제
왕운기』에 의하여 요 임금대의 단군조선, 기자조선, 위만조선이 있은 것
으로 이해하고 있으며, 단군조선은 요 임금대로 알고 있다. 현재 고조선
이라 함은 위의 3조선을 통칭하는 개념이다. 재야의 사학자는 단군의 개
국연대를 그대로 믿고 싶어 하고, 실존 인물이라고 주장하고 있으나 역
사의 기록이 뒷받침을 해주지 못하고 있다. 단군이 1400여년 만에 산신
이 되어 아살달 산으로 들어갔다고 하는 것은 고조선의 역사의 공백을
말해주는 것이다. 이를 종래 권근은 이 연수를 단군왕조의 역년이라고
해석해 왔다. 고조선의 강역과 수도의 위치, 그리고 그 건국 연대에 대하
여는 학계 내에서도 심한 견해 차이를 보이고 있어⁶⁾ 단정적으로 말하기

---

5) '朝鮮'이란 명칭의 유래에 대하여는 여섯 가지의 설이 있다. 1, 『史記集解』에 3세
기 경의 張晏의 말을 인용하여 조선에는 濕水, 列水, 汕水의 세강이 합쳐서 列水
가 되었는데 아마도 이에서 이름을 취한듯하다는 설. 2, 『東國輿地勝覽』에는 해
가 뜨는 곳. 3. 안정복의 『동사강목』에는 선비족의 동쪽에 있었다는 설(이상 강인
구 등, 2002, 『譯註 三國遺事』 I, 한국정신문화연구원, 151쪽 주 4). 아침 해가 뜨
면 만물이 鮮然히 자라난다는 뜻(鄭喬, 1906.5, 『大東歷史』), 김택영의 아침 햇빛
이 밝다는 설 '朝日光鮮'(1922.6, 「韓國歷代小史」), '朝日出 萬物鮮明'이라는 현
채 설(1923, 『半萬年朝鮮歷史』) 등이 있다.

어렵다. 단지 확실한 것은 문자로 기록된 역사적 내용을 전하지 못하고 있다는 점이다. 중요한 것은 강역이 문제가 아니라 고조선 문화의 내용이 무엇이며 그것이 그 후 어떻게 전하여져 왔는가를 밝히는 것이라고 할 수 있다. 이런 문화적 내용을 채울 수 없는 경우 역사 서술에서 고조선은 역사적 의미가 거의 없다고 생각한다.

일반 사람들은 고조선이란 강대한 국가만이 유일하게 존재하여 왔다고 믿고 있으나 이는 문헌상 유일한 국가일 뿐 실제로는 그 당시 만주지역과 한반도에는 성읍국가[7]가 상당히 많이 건국되었다. 한반도 남부에서만 해도 78개국의 국가 명칭이 『삼국지』 위서 동이전에 보인다. 이를 고조선 다음 단계의 소국으로 이해하고 있으나 이는 잘못된 이해라고 생각한다. 우리나라 역사에서 초기의 열국시대를 처음으로 서술한 것은 『삼국유사』이고 거의 같은 시기에 나온 이승휴의 『제왕운기』에는 만주와 한반도에 있었던 여러 열국의 왕이 모두 단군의 후손이라고 기술하여 우리민족은 단군의 자손이라는 견해가 수립될 수 있게 된 것이다. 그러나 이는 문헌의 기록을 그대로 맹신하는 결과이고, 이를 조금만 넓게 생각하면 민족이 모두 단군의 자손이 절대로 될 수 없다. 『삼국유사』의 기술대로 천제의 아들 환인이 세상을 다스리기 위해서 이곳이 강림하였다고 하면 이미 사람들이 살고 있음을 전제로 한 것이기 때문이다. 따라서 우리민족을 민족주의 사학자들이 이야기 하는 것처럼 배달민족[8]이라는 것은 근거가 극히 박약한 것이다. 거기에 이후 많은 외국인이 한국에 귀

---

6) 재야 사학자들은 古朝鮮의 수도를 遼河 지역으로 비정하여 만주 전역을 그 강역으로 설정하고 있으나 이에는 더욱 치밀한 자료 보완이 필요하다. 해방 이후 강단 사학에서는 그 수도를 大同江가의 平壤으로 파악하는 견해를 견지해 왔다.

7) 종래에는 이러한 小國을 '部族國家'로 불러 왔으나 초기 국가를 나타내는 개념으로는 적합하지 않다(千寬宇 編, 1975, 『韓國上古史의 爭點』, 一潮閣, 215~234쪽).

8) 배달이란 단군조선의 나라이름이었다고 하는 설이 있으나 이는 환인천제가 신시의 檀木 아래에 개국하였다는 뜻을 취하여 박달나무에서 배달이란 용어가 나온 것으로 이해된다.

화하여 오늘의 한국인이 된 것이라고 할 수 있다.

배달민족론은 20세기 중엽에 나온 민족주의자의 산물이라고 할 수 있다. 우리나라의 민족의 형성을 단군조선시대로 보는 것 자체가 문제이다. 물론 신화로서 우리 역사에서 차지하는 비중을 경시할 수 없다. 조선 초기 역사학자인 권근(1352~1409) 등에 의해서 써진 『동국사략』이나 서거정(1420~1488) 등에 의해 써진 『동국통감』에서 단군은 우리나라 역사 최초로 국가의 시조로 인식되어 왔다. 이는 1910연대에 대종교로 발전하여 만주지역의 독립운동가에 의하여 신앙되기도 하였다.

한민족 형성의 시기는 언제부터라고 할 수 있을까? 한국사회에 커다란 변화를 가져온 것은 철기문화의 수용이라 할 수 있다. 만주와 한반도에 철기문화가 수용된 시기기는 기원전 4세기경부터로 이해되고 있다. 위만조선은 이미 철기문화의 단계에 진입하였고, 한 문제의 침략에 멸망되자 한 4군이 설치되었다. 한 4군은 거점 지배를 하였을 뿐 전 강역을 지배했다고 생각되지 않으며, 낙랑을 제외하고는 현토와 임둔, 진번은 인근의 성읍국가의 반발에 의하여 얼마 되지 않아 소멸되었다. 철기문화의 전래로 석기 농기구에 의존하던 단계에서 벗어나 땅을 팔 수 있는 철제농기구를 사용하게 되었다. 그 결과 비약적인 농업생산의 발전을 가져왔고, 칼과 창 등 무기면에서 변화는 종래 약탈전쟁에서 정복전쟁으로 중요한 변화를 가져왔다. 성읍국가에서 이런 변화를 바탕으로 이웃 국가를 통합하는 정복국가가 출현하게 하였다. 중국의 철기문화의 수용은 자연히 한자의 전래, 유교문화의 전래를 동반하였다. 한자의 전래는 우리 문화를 기록할 수 있는 수단이 되었고 문화를 축적하여 발전시킬 수단이 되었다. 이와 함께 들어온 유교문화는 우리의 국가정치와 풍속을 진일보 시킴에 중요한 기여를 했다.

한 군현은 이웃 성읍국가의 발전에 새로운 문물을 전파하는 계기가 되었다. 한 군현으로부터의 문화적 영향은 국가 운영에 있어서도 중요한 기여를 하였다. 법령의 반포를 통해서 정복한 인민을 자국의 백성으로 만드는 통치술의 도입이 그 대표적인 예이다. 청동기 시대의 성읍국가는 작은 경우에는 한 두 개의 면 정도의 것도 있었다. 우리나라에서 강역국가로 발전한 것이 고구려, 백제, 신라, 부여, 가야 등이었다. 이 중 삼국의 강역의 확장은 서로 국경을 접하게 되고 이후 상호 침략에 의한 심한 전쟁을 치렀다.

정복전쟁이 적극적으로 진행되면서 삼국은 자기 국가를 보전하기 위하여 혈투를 벌였다. 이는 3~4세기부터 7세기말까지 장기간의 전쟁의 시대를 연출하였다. 삼국은 영토를 접하고 적대관계를 가졌지만 우리민족의 형성의 기초가 되었다면 문화적 풍속적 친연관계를 찾아야 할 것이다.

삼국시조의 신화가 동질이다. 그리고 부여, 고구려, 백제 왕실의 혈연적 의식이 있다. 백제에서 동명왕 사당을 세우고 제사를 지냈다는 기록은 두 국가 간의 친연성을 보여주는 것이다. 그러나 삼국이 분열되었을 때에는 아직 민족의식이라는 것은 찾을 수 없다. 상호 적대관계를 가졌기 때문이었다. 신라의 삼국통일은 한 민족이 되는 결정적인 계기로서 한민족 형성의 제1기라 할 수 있다. 비록 고구려의 영토를 모두 통합하지는 못했지만 말이다. 신라의 통일에 대하여 만주 일대를 잃어버린 것을 최초로 언급한 학자는 한백겸(1552~1615)이다.[9] 당나라 군사의 힘을 빌려 백제와 고구려를 멸망시킨 것을 극도로 폄하한 최초의 역사학자는 신채호(1880~1936)이다. 그는 한국의 민족주의 역사학을 최초로 세운 역사가였다. 그의 글 여러 곳에서 김춘추와 김유신을 민족의 죄인인 것처럼 다루었다.[10] 이는 당시의 역사현상을 왜곡한 것의 대표적 사례라고 할 수 있다. 이런 그의 영향은 지금까지도 많은 사람들에게 남아

---

9) 정구복, 2006, 「조선후기 역사지리학의 발달」『한국실학사상연구』1, 연세대 국학연구원편, 354쪽
10) 신채호, 『독사신론』제9장 김춘추의 功罪 참조.

있다. 그러나 당시 백제도 당나라와 연결하려는 정책을 취했을 뿐만 아니라 통일전쟁은 자국을 지키지 않으면 안 되는 절대절명의 급박한 문제였다. 이를 오늘의 관점에서 비판하는 것은 역사의 오용이라고 할 수 있다. 신라의 삼국통일을 부정하는 또 하나의 사례는 북한의 역사학이다. 삼국통일은 고려의 후삼국 통일을 인정할 뿐이다. 남한 학계에서는 이 학설이 많은 영향을 주고 있다. 지금도 만주가 우리 강역이라는 인식을 갖는 것은 역사적 패권주의라고 평가되고 있다.

668년에 이루어진 신라의 삼국통일은 고구려 영토와 인민의 태반을 차지하지 못한 불완전한 통일이었지만, 이를 계기로 한민족이 실질적으로 형성되었다. 그러나 민족 형성에서 신라의 통일과정이나 통일전쟁의 결과만을 고려할 것이 아니라 신라가 통일한 후에 민족통합 정책에 크게 주력하지 못하였다는 점을 중시할 필요가 있다. 비록 신라에서 고구려·백제 귀족의 우대, 유민포섭 및 군제개편[11] 등 민족화합 정책을 추진하였으나 고구려와 백제의 문화를 신라 문화와 종합하여 민족문화로 발전시키려는 노력이 충분하였다고는 생각되지 않는다. 신라 문화의 우세 속에서 고구려 문화와 백제 문화는 억압되는 형세였다고 할 것이다.[12]

이러한 문화정책의 실패로 통일 후 삼국민의 통합된 민족의식 형성에는 성공적이었다고 할 수 없다. 그 예로서 신라 말기 정치적 혼란기에 고구려·백제의 부흥운동이 일어나 후삼국의 분열이 다시 등장했다는 점을 들 수 있다. 또한 신라인은 대동강 이북 만주대륙에서 고구려 멸망 후 30년만에 건국한 발해를 北國[13]이라 하여 같은 민족의 국가로 인식

---

11) 고구려 귀족은 6두품에, 백제 귀족은 5두품에 편입시켰고, 중앙 군단인 九誓幢을 편성할 때에는 고구려·백제 유민을 흡수하였다(金哲埈, 1976, 「統一新羅 支配體制의 再整備」 『한국사』 3, 국사편찬위원회, 51~58쪽).

12) 이는 7~8세기에 만들어진 불상이나 석탑의 정형이 신라의 전통양식을 발전시켜 보습시킨 점에서도 확인된다.

13) 崔致遠의 『崔文昌侯全集』에는 '謝不許北國居上表'라 하여 발해를 '北國'으로 칭하였다.

하면서도, 민족동질성 유지를 위한 문화교류 등은 등한시하였다는 것도 좋은 예이다.

그러나 신라의 통일에 의하여 하나의 문화, 하나의 언어, 하나의 국가를 이루는 계기가 되었음을 역사적으로 인정하여야 한다. 고구려의 강역에서 발해가 건국되어 당나라가 전쟁에서 얻은 소득은 거의 없게 되었다. 발해는 고구려의 부흥국가로 보아야 할 것인가?

고려시대에 발해를 어떻게 보았는가를 살펴볼 필요가 있다. 발해는 고려 태조 8년(925)에 거란에 멸망되어 이곳에 동단국을 세웠다. 『고려사』와 『고려사절요』에는 이 해에 발해의 유민이 투항을 받아들였고, 이에 대하여 다음과 같이 쓰고 있다. 발해는 본래 粟末靺鞨이다. 고구려인 대조영이 세웠는데 부여 숙신 등 10여국을 병합한 나라로 서술하고 있다. 고려에서 발해를 우리 민족으로 인정하지 않았음이 분명하다. 고려에서 태조 9년 전후 수만호(수십만명)의 내투를 받아들이고 이들 고위층에게는 관작을 주었다. 고려에서 발해를 우리 역사로 인정하지 않은 것은 고려가 고구려 후기 국호를 그대로 사용한 국가로 자신이 고구려의 계승국가로 인식함으로써 발해를 인정할 수 없었기 때문으로 생각된다. 조선후기에 와서 유득공(1749~?)은 『발해고』를 써서 우리나라 역사로 보았고, 민족주의 시대에 남북국론으로 발해를 우리 역사로 인식하였다.

발해를 우리의 역사로 보는 관점은 지금도 여러 가지 설이 있으나 이는 과거 만주의 강역을 우리 영토로 보는 관점을 견지하기 때문이다. 이는 물론 중국사라고도 할 수 없다. 만주지역의 역사로 이해함이 온당한 견해라고 생각한다.

9세기 중엽 이후 10세기 초까지는 지방 호족들이 정치적·사회적 주도권을 장악한 호족시대이다. 이 시기에 등장한 지방 호족들은 지방 문화 발전의 토대를 확장시켰다. 지금까지 삼국시대 또는 남·북국시대의 중앙 중심 문화에서 지방 문화로 확산되어 문화기반을 크게 확대시켰다.

호족들의 문화는 이미 멸망한 고구려 문화와 백제 문화의 계승에 기여하였으며, 민족의 유지에서 더욱 확고하고 안정된 넓은 기반을 마련하였다는 점에서 주목되어야 할 것이다.

중앙에서 이탈하는 현상은 불교계에서 선종의 승려에 의하여 나타났다. 이들 선승은 중앙의 귀족과 어울려 호의호식하는 데에 반발하여 그들의 근거지를 먼 지방으로 옮겼으니 이것이 9산 선문이다. 이들 선승은 경전을 통한 지식보다 자신의 공부에 의하여 불교의 진리를 깨달음을 중시하였고, 자신의 실천을 중시하였다. 선승은 6두품출신이 주였으며, 개인주의적 성향이 강하며 자기의 스승의 존숭했다. 스승의 비문을 세우거나 사리를 부도로 만드는 경향은 불교 사상 및 예술계의 변화를 가져왔고, 그 재정적 기반은 지방호족의 지원을 받았다.[14]

신라가 삼국을 통일한 후에 백제와 신라 고구려까지 지배하려는 당나라의 야욕을 군사적으로 격퇴하여 한때 당나라와의 외교관계가 두절되기도 하였으나 곧바로 당나라의 친선관계가 이루어져 신라는 해로를 통하여 당나라 문화를 적극적으로 수용하였다. 통일 후 신라는 장기간의 평화를 구가하였다.

지방 세력으로 성장한 것으로는 785년 원성왕의 즉위에서 밀려난 상대등 김주원 세력이 지방으로 낙향하면서 중앙세력의 분열을 가져왔고 이 후 왕위쟁탈전이 이어져 지방통제가 크게 이완되었다. 또한 중앙의 불만세력은 중국에 국비로 유학을 갔던 숙위학생들이었다. 이들은 당나라 국학에 입학하여 10년간 수학하게 되었는데 학기를 마치고 귀국하지 않는 신라의 학생이 100명에 넘었다. 당시 당나라 국학생은 정원은 8,000명이었다. 이들 유학생은 중국문화의 수용의 주역이었다.[15]

이런 규모의 유학생이 해외에 파견된 것은 우리 역사상 선진문화를

---

14) 김두진, 2007, 『신하하대 선종사상사연구』, 일조각.
15) 신형식, 2004, 『신라통사』, 도서출판주류성, 508~531쪽.

수용하기 위한 유학생으로서의 규모는 유례가 없는 대규모의 것이었다. 이들은 주로 김씨, 박씨·최씨의 자제가 주이고 배씨, 이씨, 楊씨의 이름이 한 명씩 확인되고 있다. 이들은 주로 6두품계열로 파악되고 있으며 국제적 최고의 지식인이었다.

그러나 신라사회에서는 그들을 수용하지 못했다. 최치원이 시무십조의 개혁안을 진성여왕에게 올렸으나 이를 실현할 수 없었다. 이는 신라가 고대국가로 성장할 때 구축된 혈통을 중시하는 골품제를 고집스럽게 유지하려는 기득권층의 보수적 경향 때문이었다. 이들 학자들은 자연 중앙의 정계에 실망하거나 불만을 가지고 당시 지방에서 성장하고 있던 호족세력의 참모로서 그들을 정치세력으로 성장하게 함에 도움을 주었다. 이처럼 신라의 쇠퇴는 중앙에서의 잦은 왕권쟁탈전으로 왕위가 자주 교체되어 지방통제력을 상실한 것과 지방인의 진출을 철저히 막았던 골품제의 폐쇄성이 주된 원인이었다.

골품제 하에서는 왕경인이 관직을 독차지하고 지방인의 관계진출은 완전히 차단된 상황이었다. 당시 국제적인 문화의 성격을 가진 당문화, 유교와 불교의 보편적인 철학과 학문을 수용하였지만 골품제 유지를 견지한 신라는 그 체제를 스스로 개혁하지 못하여 마침내 지방 호족의 성장을 가져왔고, 이로 인하여 신라에서 통제할 수 있는 지역은 경주 일원이 되었다. 이는 신라왕의 지위가 경주지방의 호족세력에 불과했다는 것이다.

918년 왕건은 개성지방의 호족으로 궁예의 정권에서 신임을 받았다. 궁예의 전제적인 폭정에 항거하는 신료에 의하여 새로운 왕으로 추대된 고려 태조는 이처럼 변화하는 새 시대를 수습함에 적절한 조치를 취했다. 귀부하는 호족에게 이중의 결혼을 맺었고, 성이 없는 호족에게 성을 내려주어 그들의 사회적 지위를 높여주었다. 그리고 그들에게 관직을 수여하여, 지방 자치권의 허용하는 등을 호족 영합정책을 사용하였다. 이

로 인하여 많은 호족세력의 귀부를 받았고 마침내 견훤과 신라왕의 귀부
를 받아 새로운 시대의 지도자가 되었다.

고려 태조는 우리나라 역대 시조 중 가장 잘 정치력을 발휘한 왕이었
다. 통치를 위해 유교, 불교, 도교, 민간 신앙을 모두 이용하였고, 백성의
고통을 해결함을 정치 과제로 삼았다. 고승의 초치, 유명한 유학자의 등
용, 민심의 귀합 등을 통해 혼란기를 성공적으로 수습하였다. 고려 태조
는 삼한을 통일하였다고 하여 삼한공신을 봉했다. 삼한공신호는 고려왕
조 말기까지 최고의 공신호가 되었다. 이 때 삼한은 고구려와 백제, 신라
를 칭하며 전국을 지칭하는 용어가 되었다. 삼한은 원래 마한, 변한, 진
한을 가리키지만 고려에서의 삼한은 삼국을 지칭했다. 삼국을 하나의 역
사적공동체로 인식한 시기라고 할 수 있다. 고려 태조의 통일정책은 고
구려·백제의 문화를 계승하려고 한 점에서 정치적 통일만이 아니라 문
화적 통일이었다.

고려에서 고구려·백제에서 실시해 오던 제천행사를 국가에서 정식으
로 실시하였고,[16) 신라시대 전몰장병의 영혼을 위로하는 데서 시작된
팔관회를 하늘과 명산대천의 자연신에 대한 제사로 확대시켜 신라적 전
통 위에 고구려·백제적 전통이 융화된 국민적·국가적 행사로 승화시켰
다.[17) 조선 후기에 우리나라의 세시풍속으로 설명된 민속은 대체로 고
려시대에 정립된 것이라 할 수 있으며, 이러한 민속제전의 확립은 민족
의 동질감과 민족의식 제고에 대단히 중요한 문화적·정신적 기초가 되
었다. 이는 한[18)민족 형성에 제2차의 계기가 되었다.[19)

---

16) 환구단을 만들어 천자가 행하는 제천례를 실시하였다(『高麗史』 권59, 志13 禮1
   古禮 圜丘).
17) 八關會는 西京에서 10월에, 開京에서는 11월에 열리는 국가적 대행사였으며, 天
   靈 및 五嶽·名山·大川·龍神을 제사지내는 행사였다(安啓賢, 1956,「八關會攷」『東
   國史學』4, 42~43쪽). 그 의식에 대해서는 『高麗史』 권69, 志23 禮11에 상세히
   기록되어 있다.
18) 한이란 표현은 한자로 '韓'이라 표현하지만 이 말이 차지하는 의미는 종족명, 나

고려는 건국 초에 고구려를 계승한다는 기치를 내세웠지만 전국을 통일한 후에는 삼국의 통일국가로 자부하였다. 또한 광종대의 과거제도의 실시는 지방세력, 유능한 인재를 발탁해 관료로 등용하여 문치를 이루게 되는 중요 계기가 되었다. 민족주의 사학자 중에는 우리민족이 약소국가가 되었다고 문치를 소홀히 평가하지만 국가를 평화롭게 유지하는 길을 문치를 통해서 실현하였으며, 중국 선진문화를 스스로의 노력에 의하여 따라잡는 소중한 문화를 이룩하였다. 광종은 또한 역사를 기록하는 史館을 설치하여『구삼국사』를 편찬하였다. 이는 고구려, 백제, 신라의 역사 공동체를 이룩한 최초의 역사서였다. 그리고 사관에는 각왕의 실록을 편찬하는 기능을 주어 역사의 기록을 충실히 남기게 하여 민족문화의 형성에 기여하였다. 그리고 중국 귀화인을 등용하여 국가운영의 방식을 체득함으로써 호족을 시대를 마감하고 중앙집권 국가를 유지하게 되었다. 한국에서 호족의 시대는 중앙집권체제가 붕괴되고 지방분권적인 사회로 가는 것을 국가 통치력, 국가운영의 방법을 통해 중앙집권화하게 되었다. 그가 참고로 한 정치사는 당태종의 치적을 정리한『貞觀政要』을 즐겨 읽었다. 고려조의 관료는 학자적 관료를 충원된 점에서 신라의 관료와 크게 다른 점이다.

고대국가는 정치가 수도중심이었기 때문에 수도가 함락되면 나라가 멸망했지만 지방 세력이 정치에 참여하게 되어 국가를 유지하는 기능이 전국적으로 확대되었음을 의미한다고 할 수 있다. 고려는 향리 신분에서 과거를 통하여 재상의 지위에 올랐으며 무반은 노예와 평민도 힘세고 능

라명칭만이 아니라 다양한 의미를 가지고 있다. 하나, 크다, 중앙, 왕성함, 하늘의 뜻 등을 가지는 우리말이다. 실로 다양한 철학적 의미를 포함하고 있는 뜻이기도 하다.
19) 渤海流民을 포섭함으로써 완전한 民族統一國家가 되었다. 孫晉泰는 이를 민족의식의 왕성기로 파악하였다(孫晉泰, 1949,『國史大要』, 乙酉文化社 ; 1981,『孫晉泰先生全集』1, 太學社, 27쪽).

력 있는 자는 군대를 통하여 3품의 최고직에 오를 수 있는 신분제에서 개방성이 있었던 사회가 되었다. 그러나 아직도 골품제적 유제는 고급관료의 특권이 인정되는 관행을 벗어날 수 없으니 5품 이상의 고급관료는 자제 한사람을 벼슬길에 오르게 한 음서제도가 운용되었다. 이 음서제도는 조선조에는 2품 이상의 관료의 자제에게 적용되었다.

고려조에는 왕실의 왕족이 정치 일선에서 배제되어 이성귀족이 출현한 것도 큰 발전이라고 할 수 있다. 왕족에게 봉군제도를 통하여 예우를 해주었다. 많은 사람이 본관과 성씨를 갖게 되었다. 고려 숙종 이후 예종 인종대에는 송나라 학문의 수용에 적극적이어서 경학과 예학, 문학 사학 등에 장족의 발전을 가져왔다. 고려 초기의 고구려 중심의 역사의식은 점차 신라 중심의 역사의식으로 전환되었으니 신라의 원효와 의상이 국사로 추존되었고, 유교계에서는 설총과 최치원이 추중되어 국자감의 문묘에 배향되었다. 고려는 실제로 신라의 강역과 문화를 전수받은 국가였음을 깨닫게 되었다. 이런 배경 하에서 김부식의 『삼국사기』가 편찬되었다. 그의 역사학은 자주성이 약하다는 점이 지적되었지만 국가의 존속을 위해서 유교의 기능, 예의 기능을 강조한 점에서 한국중세사학의 기초를 이룩하였다.

고려왕조는 1178년 무신집권시대를 맞이하여 100년간 지속되었다. 이 때 왕권은 극도로 약화되었으나 왕실과 과거제도는 지속되었다. 몽고족의 침입을 받아 무신집권체제는 강화도로 천도하였으며 그 결과 고려 왕실이 원제국 아래에서 정권을 유지한 유일한 나라가 되었다.

원나라시대의 영향 중 가장 지대한 영향을 받은 점은 고려인의 중국 여행 등 많은 인적·문화적 교류가 있었다는 점이다. 국왕은 물론 많은 학자들이 원나라에 갈 수 있었다. 물론 부마국으로서 고려 왕실의 지위는 약화되었다. 그러나 원나라를 통하여 송나라 왕실도서관의 전적 4,371책이 고려에 전하여졌으며, 성리학이 새로이 수용되어 조선조의 지배이데올로기가 되었다.

몽골의 간섭을 받는 동안에 일연의 『삼국유사』와 이승휴의 『제왕운기』가 집필되어 우리나라의 역사와 지역의 특수성을 강조하게 되었다. 두 사람의 역사의식은 민족의 역사를 자주적으로 해석하여 우리나라는 하느님의 자손이 개창하였다는 의식이 고조되었다.[20] 즉 우리나라는 하느님의 아들이 내려와 다스렸고, 중국의 역사와 동시에 우리의 역사가 시작되었다는 민족의 자주·자존의식[21]은 몽고족의 횡포에 대항하는 민족의식의 성장을 반영한 것이다. 이 당시 고려는 元의 압력에 굴하여 제후국으로 전락하고, 겨우 원조의 명맥만을 유지하는 형편이었다. 이러한 민족적 수난으로 단군신화는 전국적·전국민의 신화가 되었다. 또한 민족의 일체감을 강조한 점은 민족의식에 있어서 커다란 성장이었다.

조선조의 건국은 고려말의 사회경제적인 문제를 개혁함으로서 정권교체가 이루어진 것이다. 무신집권 아래에서 국가의 경제와 군대가 사전 사병에 의존하던 것을 조선조에 와서 이를 국가의 공적 기능으로 전환하면서 이루어진 것이다.

조선 세종대에는 압록강변에 4군, 두만강변에 6진 개척하여 압록강과 두만강을 자연 국경선으로 하는 영토의 확장이 있었다. 이로 인해 우리나라 현재의 영토를 이루게 되었다.[22] 그리고 한글을 창제하여 민족문화의 기틀을 공고히 하였으며, 이어서 성종대에는 우리의 각종 문화를 중국의 학문적 체계에 대응할만한 체계로 정함으로써 한국학을 기초를

---

20) 우리나라의 역사적 전통에 대한 강력한 민족적 자존의식을 나타내는 역사서술로 高宗 때 李奎報의 「東明王篇」, 忠烈王 때 一然의 『三國遺事』, 李承休의 『帝王韻紀』 등이 나타났다(鄭求福, 1979, 「高麗 初期의 歷史認識과 歷史敍述」『韓國史論』 6, 국사편찬위원회, 51~54쪽).

21) 金泰永, 1974, 「三國遺事에 보이는 一然의 역사의식에 대하여」『慶熙史學』 5 ; 李佑成·姜萬吉 編, 1977, 『韓國의 歷史認識』 上, 創作과 批評, 141~145쪽.

22) 영토가 압록강과 두만강까지 확장되고 이 지역의 여러 종족을 흡수함으로써 민족 형성이 완결되었다.

마련하는 계기가 되었다. 이 당시 한국학의 성립에 공헌한 사람은 관료였고, 편찬사업은 국가에 의하여 공적으로 진행되었다.

14세기 고려 말 원나라로부터 중국 문화가 제한없이 흘러들어왔다. 15세기에는 이러한 중국 문화와는 다른 민족문화를 체계적으로 정리하는 일련의 학문적 작업이 국가에 의하여 이루어졌다. 법전·역사·지리·법률·문학·농업·의학·음악 등에서 민족문화를 체계적으로 편찬·간행하여 한국학의 학문적 기반을 정착시켰으며,23) 특히 세종 때의 '한글'이란 국문자의 창제는 민족문화를 창조적으로 발전시킬 수 있는 문자 수단을 가지게 한 점에서 한국 민족의 민족의식 형성을 확고하게 한 기반이 되었다.

16세기 말 일본족의 침입으로 국토는 전란에 휩싸였으나 각 지방에서 일어난 의병들의 활동은 왜군을 격퇴하는 데 큰 몫을 담당하였다. 만주에서 만주족이 흥기하여 명나라를 정복하고 중국의 주인이 되었으며, 이러한 명·청의 세력교체는 우리나라에도 영향을 미쳐 청군의 조선 침입을 야기하였다. 또한 사상적으로도 우리나라 지식인들로 하여금 우리나라는 동양문화의 정수를 보존하는 문화적·역사적 책임을 맡았다는 조선중화주의라는 華夷論을 형성하게 하였다. 이 무렵 일본에서도 소중화론이 대두되기도 하였다. 여기서 화이의 구별은 종족에 의한 것이 아니라 문화의 발달에 따라 화이를 구별해야 하며 우리는 화의 지위에 올랐다는 것이다. 이는 주자학에 대한 깊은 연구에 바탕을 둔 것이다. 그러나 한편으로는 숭명멸청사상의 표현이기도 했으며 이는 주관적인 평가였다.

한편, 17~18세기에는 실학이 발생하였다. 실학은 조선 후기의 사회·경제적 변화에 따르는 사회적 모순을 해결하려는 사회개혁 사상이었다. 실학의 이러한 현실적 관심은 새로운 문화의식과 역사의식의 고양을 가

---

23) 世宗朝의 전통문화 정리는 한국학의 체계적인 정리로서 제1기라 할 만하다(鄭求福, 1982,「世宗朝의 歷史意識」『世宗朝文化硏究』I, 博英社, 139쪽).

져왔으며, 국학의 체계적인 연구를 심화시켰다.[24) 국학은 중국사의 폭넓은 이해 위에 자국의 지리와 역사, 언어에 대한 관심이 고조되었다. 실학의 국학 연구는 19세기 말 근대민족주의 운동의 사상적 기반과 토대를 마련하였다.

실학시대 한국학 연구의 특징은 15세기 국학의 체계화 위에 그 내용을 보다 구체화시켰고, 많은 자료를 보완하여 실증적으로 밝혔으며, 이설을 비판하여 학문이 객관화됨으로써 중세보편주의에서 벗어나려한 점에서 주목된다. 또한 서양의 과학사상이 들어와 지구가 둥글며, 태양을 돈다는 우주관과 세계관에서도 변화가 일어나고 있었다. 언어·역사·지리·농업·의학 등에서 민족적 특수성이 많이 밝혀졌다. 이러한 연구 중 역사학 분야에서 특징적인 것은 만주와 산동반도가 우리나라 영토라고 주장한 점, 우리 민족의 시원을 밝힌 점, 우리 문화의 우수성을 밝힌 점 등이다.[25)

이상에서 개관한 것처럼 우리 민족의 형성은 역사가 시작된 이래 민족의 실체가 형성되기 시작하고, 시대에 따라 민족의식과 민족문화가 확대되고 고조됨에 따라 민족을 유지할 수 있는 기반이 부단히 확대되어 왔다. 그런데 우리 민족이 오랜 기간 동안 이웃의 강대국 사이에서 존립할 수 있었던 근본적인 원인은 시대마다 선진문화를 적극적으로 수용하여 전통문화의 기반 위에 사회문제를 그때그때 해결함으로써 사회발전을 계속해 왔다는 점을 중시할 필요가 있다. 즉, 정체된 사회로 남지 않고 세계문화의 추세에 발맞추어 사회를 계속적으로 발전시킨 점이다. 이는 선진문화를 끊임없이 적극적으로 수용하려는 노력의 결과였다고 할 수 있다.

---

24) 이 시기는 한국학 정립의 제2기라 할 수 있다.
25) 趙珖, 1985, 「朝鮮 後期의 歷史認識」『韓國史學史의 硏究』, 乙酉文化社, 142~161쪽.

민족의 실체와 민족의식이 시대에 따라 진전되어 왔으나 19세기 말 이전에는 근대적 의미의 민족주의는 나타나지 않았다. 이전의 사회가 모든 사람이 평등한 사회가 아니라 계층에 따라 특권이 주어지는 불평등한 사회이므로 민족주의는 정치적 이데올로기로 승화되지 못하였기 때문이다.

19세기 말 법제 개혁으로 특권 신분제가 해체되면서 전민족의 생존권이 강조되어 잃어 가고 있던 국권회복을 위하여 민족혼 내지 민족정신을 찾아내어 민족의 대동단결을 외치는 민족주의 운동은 요원의 불길처럼 타오를 수 있었다. 이러한 민족주의 운동의 발전에는 이전 시대의 민족의 형성, 민족의식의 고조, 민족문화의 정리와 연구가 그 토대가 되었다. 이런 점들은 앞으로 민족통일이라는 민족의 역사적 과제를 해결하는 데에 시사하는 바가 크다.

2. 선사시대의 생활

원숭이와 구별되는 인류가 출현하여 연장을 만들어 생활한 것은 지금으로부터 약 300만 년 전으로, 이 시기는 지구의 역사로는 洪積世에 해당한다. 이때의 인류는 두 발로 서서 생활하였으며, 인간이 힘 센 맹수를 제압할 수 있게 된 것은 두 손을 이용하여 도구를 사용할 수 있었고 두뇌가 발달하여 과거를 기억하고 문화를 축적해 나갈 수 있었기 때문이다. 인간이 최초로 사용한 주요 도구는 석기였으며 그 가운데는 가공하지 않은 것도 있으나 간단하게 가공한 打製石器도 사용되었다. 후기에는 骨角器도 발달하였다. 이러한 도구의 사용으로 구석기인들은 불을 사용할 수 있었으며 인류문화를 태동시킬 수 있었다. 타제석기가 주요 생활 도구로 사용된 인류문화를 구석기 문화라 한다.

우리나라에 구석기인이 나타난 것은 대체로 70~65만 년 전으로 추정되는 제1간빙기로, 그 자취를 찾을 수 있는 곳은 석장리 제1문화층이다.[26]

전기 구석기시대의 주거지로 추정되는 이 문화층은 외날찍개(chopper) 문화층으로, 석기는 제작수법 중 가장 원초 형식인 직접떼기와 잔손질이 극히 적은 거친 수법으로 제작되었다.27) 이보다 약간 늦은 시기의 것으로는 상원의 검은모루동굴 제Ⅰ층의 유적이 있다. 석기는 한 번 내리쳐 깨거나 때려 낸 다음 손질하지 않은 단순한 것이었다. 제2간빙기에는 석장리 제2·13문화층, 검은모루 제Ⅳ층, 제천 점말동굴 제Ⅱ층이 나타나며, 제3간빙기에는 석장리 제4·5·6문화층, 청원 두루봉 제2굴, 점말동굴 아래 문화층이 보인다.

이 밖에도 구석기 문화는 전기 구석기 유적으로 생각되는 도화리·심곡리·전곡리28) 유적 등이 있으며, 중기 구석기 유적으로 평양 력포구 대현동 유적이, 후기 구석기 유적으로 굴포리·승리산·단양 수양개 등의 유적이 있다. 특히, 공주 석장리 유적은 전기·중기·후기에 걸쳐 모두 총 12개의 문화층이 형성되어 있어 우리나라 구석기 문화 연구의 기준이 된다.29)

구석기시대의 인류가 현재 우리들의 직계 조상인지는 분명하지 않다. 이들은 석장리에서처럼 평지에 주거지를 만들기도 하였으나, 대체로 동굴을 이용하였으며, 과일을 따먹거나 나무뿌리 등을 캐먹는 한편 동물을 사냥함으로써 식량을 해결하였다. 사냥도구는 주먹도끼·찍개·찌르개 등이 있으며, 요리도구는 긁개·밀개 등이 있고, 공구는 새기개 등이 있는

---

26) 이융조, 1983, 「考古學 編年」『韓國史論』 12, 國史編纂委員會, 370쪽.
27) 손보기, 1972, 「石壯里의 전기·중기 구석기 文化層」『韓國史研究』 7, 4~8쪽.
28) 全谷里 유적을 前期 舊石器時代의 아슐리안(Acheulian)계 주먹도끼 문화로 보는 견해(鄭永和, 1981, 「全谷里 遺蹟」『韓國舊石器文化研究』, 韓國精神文化研究院, 46~96쪽)에 반대하여, 중기 구석기 시대의 유적으로 보는 견해도 있다(손보기·한병삼·이융조, 1982, 「한국 선사시대의 문화」『현상과 인식』 6-2, 165~166쪽).
29) 손보기, 1973, 「石壯里의 後期 舊石器時代 집자리」『韓國史研究』 9, 17쪽. 그러나 석장리 전기·중기 문화층을 자연층이라 부정하고 후기 문화층만 인정하는 견해도 있다(金元龍, 1986, 앞의 책, 14~16쪽).

데, 처음에는 돌덩어리를 깨뜨려 사용하였으나 나중에는 거기서 떼어낸 돌을 다듬어 사용하였다.

구석기인들은 예술 활동도 하였는데, 형체예술이 일반적이었으며, 석장리처럼 물감을 사용한 그림도 있었다.[30] 이는 당시의 매장법인 굴장과 함께 그들의 신앙관을 보여 주는 것이며, 또한 약간의 탐미적인 요소도 있었으리라 생각된다.[31] 그리고 동물 조각은 사냥을 주로 하는 구석기인의 주술적인 신앙의식과도 깊은 관계가 있다.

지금으로부터 약 1만 년 전 홍적세가 끝나면서 구석기 문화도 차츰 소멸하고,[32] 대신 沖積世가 되면서 마제석기를 특징으로 하는 신석기 문화가 시작되었다. 그 시작은 구체적인 지역에 따라 달라 일률적으로 말할 수는 없으나 우리나라는 대체로 B.C. 6,000년~5,000년경에 시작된 것으로 보이며,[33] 이는 다시 조·전·중·후의 4기로 구분된다.[34]

신석기 조기는 대개 B.C. 5,000년~4,000년경에 해당하며 원시무문토기와 덧무늬(융기문) 토기 등이 나타난다. 이때의 유적으로는 동삼동 최하층, 상노대도 조개더미 바닥, 양양 오산리 최하층 등이 있다. 전기는 B.C. 3,000년~2,000년경으로 동삼동 제3층, 암사동 상층, 궁산리·지탑리의 후기층 등의 유적이 해당된다. 이때는 확실한 농경의 존재와 함께 시문 양식에서도 고전 형식에서 벗어난 새로운 무늬가 나타나는데, 이는

---

30) 崔福奎, 1978,「韓國의 先史時代 藝術과 그에 나타난 信仰意識」『白山學報』 24, 64~69쪽.
31) 崔福奎, 1978, 위의 논문, 60~62쪽.
32) 구석기와 신석기 사이에는 細石器를 사용한 중석기문화가 존재했지만, 우리나라의 경우 중석기 문화의 존재는 확실하지 않다. 손보기·최복규 등은 우리나라 중석기 문화의 존재를 주장하고 있다(손보기, 1982,『상노대도의 선사시대 살림』, 수서원 ; 최복규, 1983,「중석기 문화」『韓國史論』 12 참조).
33) 任孝宰, 1983,「考古學 編年」『韓國史論』 12, 720~721.
34) 한국의 신석기시대는 東三洞 조개더미를 편년의 기준으로 삼아 대체로 세 시기로 구분하였으나, 金元龍은 빗살무늬토기보다 앞서는 原始無文土器 단계를 早期로 설정하여 4기로 나누고 있다(金元龍, 1986, 앞의 책, 25~58쪽).

화북 채색토기의 영향으로 보인다. 후기는 B.C. 2,000년~1,000년경으로 빗살무늬토기가 퇴화하여 전체적인 시문 면적이 축소되고 빗살무늬토기 로서의 뾰족밑 토기가 출현한다. 유적으로는 경기도 시도, 평양 금탄리 Ⅱ문화층, 두만강 서포항 3기층, 대흑산도 등이 있다.35)

신석기시대가 토기를 근거로 시대 구분되는 사실에서도 알 수 있듯이 이 시대의 특징으로 들 수 있는 것은 마제석기와 함께 토기가 사용된 점이다. 채집·이동생활을 한 구석기인과는 달리 신석기인은 하천가나 낮은 평지 등을 중심으로 한 곳에서 정착생활을 하였다. 정착생활은 인 류에게 농경과 목축이라는 새로운 생활방식을 갖게 하였으며, 식량 등의 물건을 오랫동안 담아둘 수 있는 토기를 제작케 하는 요인이 되었다. 특 히, 농경은 이들이 이룩한 가장 큰 경제혁명이라 할 수 있다. 농경은 가 족 단위의 사회생활을 영위할 수 있는 근거를 마련해 주었을 뿐만 아니 라 주거 밀집 현상을 일으켜 문명의 발달에 큰 공헌을 하게 되었다.36) 주로 후기 신석기 유적에서 많이 발견되는 깎은 돌도끼와 반달형 돌칼은 바로 농경생활을 입증해주며, 이밖에 발견된 돌칼·돌창·돌촉·돌침 등은 사냥도 계속 병행했음을 알려준다.

또한 주목되는 것은 어망추의 사용이다. 평양 금탄리의 경우 600여 개가 나오는 등 전국적으로 대량의 어망추가 발견되고 있는 것으로 보아 어로생활을 하였음을 알 수 있다.37) 이러한 생활로 인해 신석기인의 주 거지는 구석기인과는 달리 동굴생활에서 벗어나 움집을 짓고 살았음을 알 수 있다.

신석기인은 자신들의 부족이 어떤 동·식물과 긴밀한 관련을 맺고 있

---

35) 金元龍, 1986, 위의 책, 48쪽.
36) 고든 차일드(Gordon Childe)가 농경에 의존하는 새로운 정착 경제와 마제석기를 사용하는 기술혁명을 신석기 혁명이라 명명할 정도로 농업경제는 인간을 새로운 생산경제 단계로 이끌어 갔다.
37) 黃龍渾, 1983, 「石器·骨角器」 『韓國史論』 12, 576~580쪽.

다는 토테미즘을 믿고 있었는데, 곰·호랑이·말·닭 등이 토템으로 숭배
되었을 것으로 추측된다. 매장에서는 가족을 함께 묻은 동시에 석촉 등
을 비롯한 각종 부장품도 묻고 있어,[38] 사후세계를 믿는 내세관이 있었
음을 알 수 있다. 이밖에도 무당의 주술에 의해 병을 고친다는 무격신앙
이나 우주의 만물에 영혼이 깃들어 있다는 애니미즘도 있었을 것이다.[39]

　이와 같은 신앙은 예술품에도 표현되었다. 풍요 주술신앙을 나타낸
울주 반구대 암각화는 그 대표적 예이다.[40] 이밖에 신석기인들의 미의
식을 알 수 있는 것으로, 짐승의 뼈나 뿔을 이용하여 만든 뛰어난 조형
미와 단순하고도 힘찬 선을 지닌 빗살무늬토기와 조개껍질에 세 개의 간
단한 구멍을 뚫어 만든 패면조각도 있다.[41]

　신석기 문화를 대체한 것은 청동기 문화이다. 동제품은 중동 지역에
서 처음으로 사용되어, 북이라크에서는 B.C. 5500년~4500년경에 이미
사용되었다. 청동제품은 B.C. 3700년경 이집트에서 사용되었다. 그리고
청동 주조술이 시베리아 일대에 퍼지는 것은 B.C. 2500년경이었다.

　한반도에서는 대체로 B.C. 1000년경에 청동이 처음으로 사용되었을
것으로 생각되는데, 이를 더 올려 보거나 내려 보는 견해도 있다.[42] 우

---

38) 金元龍, 1973,『한국의 고분』, 세종대왕기념사업회, 50~51쪽.

39) 우리나라 신석기인들의 애니미즘에 대해서는 부정적인 견해도 있다(黃龍渾, 1983,
「藝術과 信仰」『韓國史論』 12, 703~704쪽).

40) 이 암각화에 대하여 청동기시대에 시작되었을 것이라는 견해가 있으나(金元龍,
1980,「蔚州 盤龜臺 岩刻畵에 대하여」『韓國考古學報』 9, 21쪽), 신석기적 요소
도 청동기적 수법과 함께 발견되는 것으로 보아 이것은 신석기와 청동기를 걸치
는 오랜 기간 동안에 만들어진 것으로 생각된다(文明大, 1973,「蔚山의 先史時代
岩壁刻畵」『文化財』 7, 文化財管理局, 39쪽; 黃龍渾, 1975,「韓半島 先史時代 岩
刻의 制作技術과 形式分類」『考古美術』 127, 13~14쪽).

41) 동삼동 패총 유적의 패면 조각에 대하여 金元龍은 어린 아이들의 장난감으로 보
고했으나(金元龍, 1973,「各 地方의 土器·石器·骨角器」『한국사』 1, 국사편찬위
원회, 144쪽), 이융조는 상징적인 의미를 가진 예술품이라고 주장한다(이융조,
1980,『한국선사문화의 연구』, 평민사, 56~56쪽).

42) 대체로 金元龍은 B.C. 1,000~300년으로(金元龍, 1986, 앞의 책, 68쪽), 尹武炳은

리나라의 청동기문화는 중국과는 다른 북방 계통으로,[43] 처음에는 요령
지방 청동기문화와 동일한 문화권을 형성하였다가 나중에는 독특한 세
형동검을 사용하는 청동기문화로 발전하였다.[44] 출토된 대부분의 청동
기는 무기류나 의기류이며, 농기구로는 반달형 돌칼을 비롯한 석기류가
많다. 이로 보아 이 시기에 농기구는 아직 석기를 주로 사용한 것으로
보인다.

이 시기의 대표적인 토기는 무문토기다.[45] 신석기시대의 빗살무늬토
기가 주로 강가나 바닷가에서 발견되는데 반해, 무문토기는 강을 낀 평
야 주변 구릉지대에서 출토되는 것으로 보아, 농경, 특히 밭농사를 주로
하였던 것 같다.[46] 이러한 사실은 부여 송국리 유적에서 발견된 많은 양
의 탄화미를 통해서도 짐작할 수 있으며 그들의 주거지 형태에서도 알
수 있다. 이들은 주거지로서 움집을 짓고 살았는데, 신석기시대의 원형
움집보다 깊이가 얕아지고, 평면도 장방형을 주로 하였다. 저장도 이제
는 독립된 건물을 이용하는 경우가 많았다.[47] 이들은 더욱 넓은 지역을
생활무대로 하여 밀집된 취락지를 형성하였다. 이는 농경의 발달로 인한
인구의 증가와 함께 정착생활이 안정되었음을 뜻한다.

청동기시대의 묘제로는 석관묘와 지석묘가 대표적이다. 지석묘는 북

B.C. 500년 정도로(尹武炳, 1976, 「韓國 靑銅器時代의 文化」『考古美術』129·
130合, 48쪽), 金廷鶴은 B.C. 1,000∼100년으로(金廷鶴, 1978, 「韓國 靑銅器文化
의 編年」『韓國考古學報』 5, 14쪽), 金貞培는 B.C. 1,000년 이상으로(金貞培,
1973, 「韓國 民族文化의 起源」, 高麗大出版部, 158∼159쪽) 잡고 있으며 북한에
서는 B.C. 1,500년쯤까지로 보기도 한다.

43) 金元龍, 1961, 「十二臺營子의 靑銅短劍墓」『歷史學報』16, 121쪽 ; 金貞培,
   1971, 「韓國 靑銅器文化의 史的 考察」『韓國史研究』6, 16∼17쪽.
44) 金廷鶴, 1983, 「靑銅器의 展開」『韓國史論』13, 國史編纂委員會, 128∼129쪽.
45) 趙由典, 1983, 「無文土器文化의 展開」『韓國史論』13, 國史編纂委員會, 63∼65
   쪽.
46) 金廷鶴, 1983, 「經濟生活」『韓國史論』13, 國史編纂委員會, 171∼176쪽.
47) 國立博物館, 1979, 『松菊里』Ⅰ, 115쪽.

방식과 남방식으로 나뉜다.[48] 남방 지역에 분포되어 있는 지석묘 중 큰 것은 집채만 한 것도 있다.[49] 여기서는 동검·동모 등 청동제 무기들이 출토되었다. 이는 당시 부족 간의 전쟁으로 인한 지배·피지배 관계가 성립되고, 이를 바탕으로 정치적 지배자가 등장했음을 보여 주는 것으로 생각된다.

이 시기의 예술은 내용면에서 신석기시대보다 더욱 다양해지고 풍부해졌다. 청동기시대를 대표하는 청동제 무기들을 비롯하여 동물형 帶鉤, 토우 등에서 그들의 발전된 조각수법을 알 수 있다. 細文鏡은 세밀한 선과 기하학 문양이 특색이다. 울주 반구대, 고령 양전동의 각종 암각화도 이 시대를 대표하는 유적이다. 특히 이 암각화들과 함께 대전에서 출토된 농경문 청동기는 풍요 신앙과 관계가 있는 듯하다. 암각화의 경우 일종의 제단 혹은 성역을 표시한 것일 가능성도 있다.[50] 따라서 청동기시대는 지배·피지배의 예속 관계가 생기고 정치적 권력이 집중되어 성읍국가로 불리는 정치사회가 성립된 시기라 할 수 있다.

3. 단군신화의 의미

앞에서 언급한 성읍국가 단계에 해당하는 대표적 국가로 고조선을 들 수 있다. 이와 다른 견해도 있으나, 대체로 만주를 포함하는 강역을 가진 사회로 여겨지는 고조선에 대해서는 『사기』와 『한서』 등 중국 측 정사

---

48) 한국 支石墓의 형식에 대하여 韓炳三은 北方式인 卓子型이 전형적이며, 남방식인 基盤型은 變形 支石墓에 불과하다고 주장하였다(韓炳三, 「墓制－靑銅器文化」 『한국사』 1, 210쪽). 이에 대해 金元龍은 북방식·남방식·蓋石式의 세 형식으로 나누었다(金元龍, 1973, 『한국의 고분』, 55쪽).

49) 金秉模, 1981, 「韓國 巨石文化 源流에 관한 硏究(1)」 『韓國考古學報』 10·11合, 62~68쪽.

50) 金元龍, 1983, 「藝術과 信仰」 『韓國史論』 13, 國史編纂委員會, 325~328쪽.

에 그 멸망 기록이 조금 남아 있을 뿐이다. 따라서 『삼국유사』기이편
고조선조에 나오는 기사를 검토함으로써[51] 단군신화에 담긴 당시인들의
신앙형태나 관념체계와 함께 신화가 포함하고 있는 역사적 의미를 살펴
보고자 한다.

그 내용을 살펴보면 다음과 같다. 옛날 천제인 桓因의 서자 桓雄이
弘益人間의 뜻을 품고, 아버지 환인으로부터 天符印 3개를 받아 3천 명
의 무리를 이끌고 태백산 꼭대기 神檀樹 아래에 내려와 神市를 만들었
다. 환웅은 風伯·雨師·雲師 등을 거느리고 곡식·생명·질병·형벌·선악
등 인간에 관계된 360여 가지의 각종 일들을 주관하면서 인간들을 교화
하였는데, 이때 한 동굴에서 살고 있던 곰과 범이 사람이 되게 해달라고
환웅에게 빌었던 바, 환웅이 쑥과 마늘을 주면서 백일 동안 햇빛을 보지
말라고 하였다. 곰은 이를 잘 지켜 여자가 되었지만, 범은 이를 지키지
못해 인간이 되지 못하였다. 그런데 사람이 된 곰, 즉 熊女는 짝이 없어
다시 환웅에게 아이를 갖게 해 달라고 빌자, 환웅이 잠시 사람으로 변하
여 결합하였는데, 이 둘 사이에 태어난 사람이 바로 단군왕검이다. 또
단군왕검은 처음에는 평양에 도읍하여 국호를 朝鮮이라 하였고, 후에 阿
斯達로 그 도읍을 옮기게 되었는데, 이때가 바로 중국의 堯임금 때라고
한다.[52]

이상의 내용에서 단군왕검은 천제의 손자로 설명되어 있다. 이는 신
화의 내용 분류상 天降신화에 속하는 것으로 천신신앙이 주제를 이루고
있다.[53] 그런데 천신 환인의 손자를 자처한 고조선의 지배자가 상당히
주술적인 인물이었음은 '단군'의 어원을 통해서 알 수 있다. 최남선에

---

51) 이 외에도 李承休의 『帝王韻紀』와 『世宗實錄地理志』, 權擥의 『應制詩註』에도 檀
   君에 관한 기사가 있으나 一然의 『三國遺事』 紀異篇의 내용이 보다 원형에 가깝
   고, 기록 연대도 오래되어 사료적 가치가 더 있는 것으로 생각된다.
52) 『三國遺事』 卷1, 紀異, 古朝鮮條.
53) 柳東植, 1975, 『韓國 巫敎의 歷史와 構造』, 延世大出版部, 30～31쪽.

의하면 단군은 무당을 뜻하는 '당굴' 혹은 '단굴'을 음사한 것으로 당굴
은 몽고어의 하늘을 뜻하는 텡리(Tengri) 혹은 탕리(Tangri)와 같으며, 이
는 또 삼한 사회에 있었던 天君과도 통하는 것이라고 한다.[54] 이렇게 볼
때 결국 '단군왕검'은 제사장·무격적 성격의 '단군'과 정치적 군장의 뜻
인 '왕검'의 합성어로서 제정일치시대의 지배자를 뜻하는 것으로 해석되
고 있다.[55] 하늘에서 내려왔다는 것은 이 지역에 새로이 들어온 이주민
임을 뜻하며 그들은 토착사회가 가지지 않은 새로운 문물을 가지고 온
것으로 해석할 수 있다. 이 새로운 문물이 바로 청동기였다고 생각된다.

이와 함께 고조선 사회의 성격을 알 수 있는 것으로 웅녀에 관한 기사
를 들 수 있다. 이는 농경문화를 배경으로 한 지모신 신앙을 나타내며,[56]
동시에 신석기시대의 곰 토테미즘 사상을 단군신화에 수용한 것이다.[57]
곰 숭배가 북반구 전역에 걸쳐 퍼져 있음을 감안하면[58] 고조선 사회의
문화 계통을 쉽게 알 수 있다.[59]

그리고 환웅이 태백산 꼭대기의 신단수에 내려왔다는 것에서 수목숭
배 사상을 엿볼 수 있다. 산꼭대기에 있다는 이 나무는 하늘과 지상을
연결시켜 주는 통로로서, 알타이족 무당들의 북에 그려져 있는 世界樹[60]

---

54) 崔南善, 1927,「不咸文化論」『朝鮮及朝鮮民族』 1 ;『六堂崔南善全集』 2, 60쪽.
55) 李丙燾, 1955,「檀君說話의 解釋과 阿斯達 問題」『서울대論文集』(人文社會科學
    2) ; 1985,『韓國古代史硏究』, 博英社, 34쪽.
56) 柳東植, 1975, 앞의 책.
57) 金廷鶴, 1975,「檀君神話와 토테미즘」『歷史學報』 7, 281~283쪽.
58) 니오라쩨, 李弘稙 譯, 1976,『시베리아 諸民族의 原始宗敎』, 新丘文化社 ; 金廷
    鶴, 1973,「古朝鮮의 文化」『한국사』 2, 국사편찬위원회, 52~55쪽.
59) 종래에는 곰과 범이 각기 다른 씨족의 토템으로 파악되었다(金廷鶴, 1975, 앞의
    논문, 282쪽 ; 李萬烈, 1970,「韓國 古代에 있어서의 토테미즘적 要素에 대하여」
    『李海南博士華甲紀念史學論叢』, 12쪽). 그러나 곰토템이 널리 퍼져 있어 다른 씨
    족과의 구별이 어려워 일종의 獸祖신앙으로 여겨지기도 한다(金烈圭, 1976,『韓
    國의 神話』, 一潮閣, 18~27쪽).
60) 金烈圭, 1976, 앞의 책, 43쪽.

와도 통하는 것으로 애니미즘의 흔적으로 여겨지며 동시에 천신강림신
앙과도 연결된다.

그리고 천신의 자손인 환웅과 地母神인 웅녀가 결합하는 것은 일정한
역사적 사실을 반영한 것으로 생각된다. 청동기문화를 기반으로 하는 이
주민 사회가 먼저 와서 살고 있던 토착민인 곰 토테미즘 사회를 흡수·통
합한 것을 상징함과 동시에 두 사회의 결합으로 생긴 단군사회에서 자기
조상들을 한 단계 높여 천신족화하려는 신앙의식의 변모61)를 나타내는
것으로 생각된다.

한편, 단군신화가 형성된 고조선 사회는 농업사회였음을 알 수 있다.
환웅이 대동한 풍백·우사·운사 등 세 穀神이 등장한 것, 360여 가지의
인간사 중에 곡식을 최우선으로 한 것, 환웅이 곰과 범에게 쑥과 마늘을
준 것 등으로 단군조선이 농경을 중시한 사회였음을 알 수 있다. 그러나
단군신화에 나타나는 지모신인 웅녀가 주몽신화의 지모신인 유화62)보다
농업신적 성격이 뚜렷하지 못한 것을 보아도 단군신화 당시의 사회는 농
경이 덜 발달한 것으로 여겨진다.63)

그런데 이 단군신화는 어느 시기의 고조선 사회를 반영하는 것인지가
문제가 된다. 이에 대해 시베리아 지역에 살던 고아시아족과 관련시켜
신석기시대에 만들어졌다는 주장64)도 있으나 단군신화가 일종의 건국신
화인 점을 감안한다면 수긍하기 힘들다. 단군신화는 선민사상과 함께 피
지배 관계가 성립되고, 대규모의 지석묘가 세워지는 청동기시대의 신화
라고 생각되며,65) 이전 신석기시대의 원시신앙적 요소도 흡수하여 이루

---

61) 李相鉉, 1979,「檀君神話에 대한 歷史的 考察」『崇義論叢』4, 14쪽.
62) 金哲埈, 1971,「東明王篇에 보이는 神母의 性格」『柳洪烈博士華甲紀念論叢』;
    1975,『韓國古代社會研究』, 知識産業社, 37쪽.
63) 金杜珍, 1982,「檀君古記의 理解 方向」『韓國學論叢』5, 21~23쪽.
64) 金貞培, 1972,「古朝鮮의 住民 構成과 文化的 複合」『白山學報』12 ; 1973,『韓
    國 民族文化의 起源』, 高麗大出版部, 171~179쪽. 김정배는 단군왕조를 유문토기
    문화로, 기자조선을 무문토기 문화로 추정하였다.

어진 것이라 할 것이다.

이상의 내용에서와 같이 단군신화는 고조선의 사회상을 알려 주는 중요한 사료이다. 단군신화가 만들어진 당시의 고조선은 북방 계통의 청동기를 소유하고 농경을 주로 하여, 신석기 이래의 공동체적 혈연의식을 강하게 지니면서 토테미즘·샤머니즘·애니미즘의 신앙을 가진 사회였으며, 그 지배는 제사장을 겸한 군장이 담당하고 있었다.

물론 단군신화에는 후대의 윤색이 많이 드러나 있다. 예를 들면 환인을 제석이라고 주를 단 점이나, 『주례』에 보이는 풍백·우사·운사 등의 3신의 명칭, 천부인 3개, 단군이 뒤에 산신이 되었다는 점, 불경에 보이는 홍익인간이란 표현 등은 불교·도교·풍수사상 등에 의해 윤색되고 가필된 것이다. 그러나 신화가 가진 본래의 기본적인 모티브는 계속 남아 전해 왔다. 왜냐하면 단군신화의 내용 자체가 그러한 원초적인 모습들을 생생하게 보여 주고 있기 때문이다.

4. 신화의 역사적 의미

신화는 인간의 의식 그 자체를 표현하고 전달하는 방법이고, 원시적 사회에 살았던 인간들의 사고 자체이며 동시에 집단적 사고에 의한 창작이다. 그러한 의미에서 신화는 원시·고대세계인들의 집단적인 사상이며 동시에 역사이다.[66] 따라서 신화에는 그 민족의 원초적인 사고방식과 세계관이 반영되어 있으며,[67] 어느 정도의 역사성도 반영되어 있다. 우

---

65) 환웅족, 즉 고조선의 지배 민족은 청동기를 가졌으며, 고조선의 개국도 청동기를 기반으로 한 것으로 생각된다(李基白, 1973,「古朝鮮의 諸問題」『月刊中央』, 1973년 5월호 ; 1975,『韓國古代史論』, 探求堂, 26~27쪽 ; 鄭璟喜, 1981,「檀君 社會와 靑銅器文化」『韓國學報』23, 149~151쪽).

66) 李相鉉, 1969,「神話와 歷史」『現代 史學의 諸問題』, 一潮閣 ; 1981,『西洋歷史 思想史』, 大完圖書出版社, 12쪽.

리 민족의 경우, 고대의 문헌신화와 설화는 주로 국가형성과 관계된 국조신화와 개국설화의 형식으로 나타나지만, 구전신화는 천지창조나 인간의 창생을 설명하는 신화 등 다양하다. 이때 신화, 특히 개국과 관련된 신화의 경우 이를 어떻게 해석할 것인가 하는 것은 상당히 중요한 문제이다. 왜냐하면 신화는 인간의 역사를 통하여 만들어지며, 또 당시의 역사적 상황을 그 내용 속에 반영하고 있기 때문이다.

기록에 나타나는 한국 신화의 전형은 『삼국유사』와 『삼국사기』에 전하는 시조신화로서 단군·주몽68)·혁거세·수로·알지·탈해 신화 등이 있다. 이 신화들은 천신에 대한 신앙이 기본 구조를 이루고 있는데, 이는 일본의 天孫降臨 신화와 함께 시베리아 계통의 수직선적 문화양성을 나타내는 것으로 볼 수 있다.69) 그러나 혁거세·탈해·수로 신화에서 나타나는 난생이나 먼 나라에의 표착 등은 남방계적 신화요소70)가 가미된 것이며, 난생신화는 후대의 신화로서 천세신화가 변형된 것이라 할 수 있다. 한국의 고대 신화는 북방계 문화를 주축으로 하고 남방계 문화를 포용하면서 이루어진 것으로 생각된다. 한국문화가 형성되어 가면서 그것의 상징적 반영으로서 고대 신화가 형성된 것으로 여겨진다.

천제의 아들 혹은 후손이 하늘에서 내려왔다는 것은 국가의 건설이 최고의 신적 존재에 의하여 이루어졌음을 말해 준다. 이에 의하면 개국 이후의 모든 왕들은 하느님의 후손이며, 신성한 시조왕의 후계자가 된다.71)

---

67) 柳東植, 1974, 「巫敎文化論」 『韓國人의 思想』, 太極出版社, 376쪽.
68) 廣開土王碑의 碑文에는 鄒牟王으로 되어 있다. 鄒牟는 활을 잘 쏜다는 부여 말이며, 朱蒙은 이때 음이 변하여 된 것이다(李在秀, 1964, 「朱蒙傳說(東明王篇) 論考」 『慶北大論文集』 8 - 人文社會科學 篇 -, 68~69쪽).
69) 李殷昌, 1983, 「三國遺事의 考古學的 硏究」 『三國遺事硏究』 上, 嶺南大出版剖, 281~314쪽.
70) 三品彰英, 1984, 「神話と文化墻域」 『三品彰英論文集』 3, 311~343쪽.
71) 琴章泰, 1978, 「韓國 古代의 信仰과 祭儀」 『同大論叢』 8, 12쪽.

또한 각 신화에는 천신에 대응하는 지모신의 개념이 나타나 있다. 웅녀·유화·알영 등이 그러하다.[72] 이들은 자기의 존재양식을 승화시키는 성화의 과정을 거친 후에 천신과 결합하여 시조를 낳는다. 웅녀는 환웅과 결합하여 단군왕검을 낳았고 유화는 해모수와 결합하여 주몽을 낳았다.[73] 여기서 천신강림이라든지 지모신과의 결합 등의 내용이 단순히 흥미로 이루어진 것이 아니라는 점을 발견하게 된다. 이는 일정한 역사적 사실들을 반영하는 것으로 부족이동이라든지 부족 간의 연합 혹은 통합과정을 신화를 통해 상징적으로 표현한 것이라 생각된다.

시조신화 혹은 개국신화는 각국의 역사와 창건과정을 신성하게 함으로써 그 나라의 백성들에게 자존심을 심어 주는 기능을 하였다. 고조선의 건국신화인 단군신화의 경우, 민족이 점차 통합되어 가는 과정에서 지역성을 탈피하여 우리 민족 전체의 개국신화로 널리 유포되어[74] 한 민족의 동질감을 유지할 수 있게 하여 문화적·정신적 구심점이 되었다.

우리나라의 신화에서 최고의 위치를 차지하는 천신은 초월적 세계에만 머물러 있는 존재가 아니다. 능동적으로 인간의 세계에 하강함으로써 세계를 신성화시키는 존재이다.[75] 이것은 우리 민족의 하늘에 대한 이해가 신을 중심으로 이루어진 것이 아니라, 인간을 중심으로 되어 있다. 이는 우리 민족의 현실중심적 성격의 원형을 나타내는 것이기도 하다.

무릇 신화는 태초에 있었던 신적인 행위와 창조에 관한 이야기들이다. 인간은 이 신화의 원형적 모습을 반복함으로써 역사와 삶을 창조해 왔다. 그 신화적 원형의 상징적 반복행위는 바로 고대의 제사라고 할 수

---

72) 崔南善, 1926, 「檀君論」『六堂崔南善全集』2, 135쪽.
73) 柳東植, 1975, 앞의 책, 34~45쪽.
74) 金廷鶴은 단군신화는 본래 고조선이라는 부족의 시조신화였으나 뒤에 신라와 고려로 민족적 통일과 발전이 이루어짐에 따라 민족적 시조신화로 확대되었다고 주장하였다(金廷鶴, 1975, 앞의 논문, 292쪽).
75) 琴章泰, 1978, 앞의 논문, 6~7쪽.

있다.[76] 제사 행위로써 신화를 표현하는 것이며, 신화는 언어로써 제사를 행하는 것이다. 한국의 전형적인 제사는 옛 기록이 전하는 제천의 풍습과 오늘날의 무당굿에서도 찾을 수 있다.

중국의 사서인 『삼국지』 위서 동이전에 의하면 부여의 迎鼓, 고구려의 東盟, 동예의 舞天, 삼한의 十月祭 등의 제천행사가 있었다. 이때 전국의 백성들이 모두 모여 술을 마시고, 춤을 추며 노래를 불렀다고 한다. 이 제천대회는 농경민족들에게 흔한 일종의 추수감사제인 동시에 자신들의 개국 시조를 보내준 하늘에 대하여 감사함을 표하고, 자신들의 안녕과 행복을 기원하며, 음주와 가무로 심신의 질병과 한을 카타르시스하는 한편, 민중의 일체감을 조성하는 행사였다. 신화적 의미를 행위로 상징하는 고대 제례는 그 후 역사적 변천을 통하여 오늘에까지 전승되고 있다.

이들 신화와 제례 속에 보이는 요소들은 한민족의 가장 원초적이고 공통적인 심성으로서, 한국 문화의 기층적인 전통을 형성하였다. 또한 외래문화를 받아들일 때에는 그 외래문화와의 혼합을 통해서 스스로 변모시키기도 하면서 우리 민족 문화 속에 계승되어 왔다. 이러한 고대 종교의 잔류 현상이 오늘날의 무속신앙이다.[77] 무격은 오랜 민족사 속에서 주변화되어 고대 종교로 발전하지는 못했지만, 민중들의 삶을 통해서 이어져 왔으며, 어떤 기성 종교가 들어와도 여기에 습합되지 않을 수 없는 바탕 문화가 되었다.

오늘날 신화의 내용을 액면 그대로 받아들이기는 곤란하다. 그렇다고 해서 아주 무시해 버리는 태도는 더욱 곤란하다. 신화에는 우리 민족의 신앙과 사상, 역사가 담겨 있기 때문이다. 따라서 우리는 이것을 재해석하고 재음미하여 그 속에 담겨 있는 여러 가지 의미를 파악하고 이해하는 태도를 가져야 한다.

---

76) 柳東植, 1978, 『民俗宗敎와 韓國文化』, 現代思想社, 148쪽.
77) 柳東植, 1978, 앞의 책, 268쪽.

제2절 고대국가의 역사의식

1. 철기문화의 수용과 문자의 전래

중국의 철기문화가 한반도에 전래된 시기는 B.C. 400여 년경이었다.[78] 한반도에 철기문화의 전래를 알려 주는 유물로 明刀錢이 있다. 명도전은 손칼 모양의 청동 화폐로 중국 전국시대 燕(B.C. 323~222)나라의 화폐다. 중국의 동북방 열하 유역, 요동반도, 한반도 등에서 출토되었다. 특히, 渭原의 龍淵洞, 江界의 吉多洞, 寧邊의 稅竹里 등에서는 각종 철제품이 나와 명도전의 유입이 철기의 전래 시기와 같음을 알 수 있다.[79] 당시 중국대륙은 정치적으로 혼란한 전국시기였으며, 많은 유이민이 동쪽으로 이동해 오면서, 이들과 함께 철기문화도 한반도에 전해진 것으로 보인다.

철기문화의 전래는 청동기의 실용성을 격감시키고, 그 신분 상징적·의기적 성격을 더 조장하였다.[80] 또한 철기의 사용은 생활의 양상을 변화시켰다. 철제 농기구의 출현으로 농업 생산력이 증가함에 따라 잉여

---

78) 鐵器의 전래시기에 대해서는 많은 의견이 있다. B.C. 3세기(金元龍, 1986, 『韓國考古學槪說(제3판)』, 一志社, 121쪽), B.C. 2세기 이후(尹武炳, 1972, 「韓國 靑銅遺物의 硏究」『白山學報』12 ; 1976, 『韓國史論文選集』I, 一潮閣, 231쪽), 燕地城에서의 鐵器 開始와 同始期(鄭白雲, 1960, 「朝鮮における鐵器使用の開始について」『朝鮮學報』17, 179쪽), B.C. 5세기(文暻鉉, 1973, 「辰韓의 鐵産과 新羅의 强盛」『大丘史學』7·8合, 172쪽) 등의 의견과 함께, 韓國의 鐵器文化를 明刀錢이나 土壙墓에 관련짓는 것을 반대하고 토광묘보다 이른 石棺墓와 철기를 결부시켜 B.C. 6세기경으로 본 견해도 있다. 金貞培, 1986, 「韓國의 鐵器文化」『韓國史研究』16 ; 1986, 『韓國 古代의 國家起原과 形成』, 高麗大出版部, 97~99쪽.
79) 林柄泰, 1973, 「部族移動과 鐵器文化의 普及」『한국사』2, 국사편찬위원회, 84쪽 ; 金元龍, 1986, 앞의 책, 101~102쪽.
80) 金元龍, 1986, 앞의 책, 102쪽.

생산물이 축적되었다. 야철사업에 의해 지배자의 부가 축적되고 철제 무기가 생산됨에 따라 전쟁이 가속화되어 국가 구조도 변동이 생겨 연맹국가[81]로 전환되었다.

성읍국가 단계의 고조선이 요하 일대에 흩어져 있던 여러 성읍국가들을 흡수·통합하여 하나의 연맹국가를 형성한 것도 철기의 전래와 거의 동일한 시기로 생각된다. 철기시대 초기인 B.C. 4세기경에 이미 조선 왕이 왕의 칭호를 사용했을 뿐만 아니라 그 자손들이 왕위를 세습하고, 燕나라와 대립할 만큼[82] 국력이 성장해 있었기 때문이다.

그런데 고조선은 B.C. 4세기 말부터 계속되는 연의 침입으로 쇠약해지기 시작하였다. 그 후 진·한의 교체와 관련하여 많은 유이민이 조선으로 유입해 왔는데, 그 가운데 衛滿[83]이라는 자가 있어 고조선의 準王은 그에게 변방을 지키게 하였다. 그러나 그는 유이민 세력을 기반으로 수도인 왕검성에 입성하여 준왕을 축출하고 스스로 왕이 되었다(B.C. 194~180). 이로써 고조선은 새로운 전기를 맞게 되었으며, 이때 성립한 위만조선은 중국의 선진적 철기문화를 수용하여[84] 강력한 국가체제를 구축하고 중국에 대해서도 강경한 대립을 거듭하였다.

한의 사신 涉何를 살해한 사건을 계기로 한 무제는 수륙 양면으로 대군을 보내 조선에 침입하였다(B.C. 109). 조선은 초반전의 승세를 기축

---

81) 集權的 王朝國家가 달성되기 전의 城邑國家 聯盟體를 종래에는 '部族聯盟體'나 '聯盟王國', '領域國家'라는 용어로 설명하였으나, 聯盟國家라는 개념이 무난할 것으로 생각된다.

82) 『三國志』 魏書 東夷傳 韓條.

83) 위만에 의해 세워진 衛滿朝鮮의 성격에 대하여 종래에는 中國人 移住者에 의한 植民地 정권으로 생각하였으나 위만이 조선으로 올 때 상투를 틀고 朝鮮 옷을 입었다는 점으로 보아 古朝鮮人으로 생각하게 되었다(李丙燾, 1976, 「衛氏朝鮮興亡考」『韓國古代史研究』, 博英社, 78~82쪽).

84) 崔夢龍은 위만조선 성장의 중요한 요인으로 '中心地 貿易'을 들고 있다(崔夢龍, 1985, 「古代國家 成長과 貿易」『韓國 古代의 國家와 社會』, 一潮閣, 67~75쪽).

으로 근 1년에 걸쳐 완강히 저항했으나 주화파의 항복과 右渠王의 피살로 왕검성이 함락됨에 따라 고조선과 한의 전쟁은 종식되었다(B.C. 108). 이 전쟁은 동북아시아의 판도에 큰 영향을 미쳐 고조선이 멸망되고, 한나라 역시 전쟁으로 막대한 손실을 입었다. 전쟁에 참가한 한나라의 장수들은 작전 실패에 대한 책임으로 처형되었다. 위만조선이 대제국인 한의 군사를 맞아 이처럼 강력하게 대항할 수 있었던 것은 당시 조선이 한의 우세한 철제 병기에 대항할 수 있는 고도의 금속문명을 발전시키고, 민중들이 왕성한 민족의식을 유지했기 때문일 것이다.

한편, 한나라는 고조선의 일부 지역에 군현을 설치하였다.[85] 그러나 한군현의 설치는 그 지역 민중들의 강력한 반항으로, 진번군과 임둔군은 설치 후 불과 20여 년만에 폐지되고(B.C. 82), 그 후 또 10년도 되지 않아 현토군도 고구려 신흥세력의 반항으로 蘇子河 방면으로 옮겨야 했다 (B.C. 75).

낙랑군은 기존의 토착세력들이 철기문화의 기반을 구축하고 불과 2~3세기를 지나면서 더욱 큰 세력을 형성하여 저항을 가속한 결과, 처음 설치 당시의 성장에도 불구하고 사방에서 포위·압축되어 대동강 강구를 통해 중국 본토와의 해상교통으로 연명하는 하나의 조그만 지역으로 축소되었다.[86] 이것은 기존의 토착세력들이 한군현의 의식문화에 오염되지 않고 고도의 발전된 철기문화를 주체적으로 소화하여 새로운 국가 건설을 위한 역량을 구축한 결과로 생각된다. 또한 각 군현들은 강성해진 韓과 濊의 발전으로 그들의 백성이 유이해가는 것을 막을 수 없는 지경까지 이르게 되었다.[87]

---

85) 漢四郡의 위치에 대해서는 民族主義 史學 계열에선 遼西·遼東에서 구하려는 견해가 있으며, 현재 학계에서는 대체로 韓半島에서 구하고 있다. 李丙燾, 1976, 앞의 책, 97~209쪽.

86) 金元龍, 1976,「三國時代 開始에 關한 一考察」『東西文化』7, 2~11쪽.

87) 『三國志』魏書 韓條에 "桓靈之末, 韓濊強盛, 郡縣不能制民 多流入韓國"이라는

중국에서 철기문화가 전래되면서 문자도 함께 전래되었을 것으로 보인다. 한군현 설치 이전에 중국의 유이민이 대량으로 한반도로 건너왔으며, B.C. 2세기경에는 辰國이 한과 직접 통교를 희망하는 문서를 작성할 수 있었다는 것은 한자가 이미 널리 보급되었음을 알려 준다.[88] 그러나 한자의 사용으로 우리의 언어생활은 이중적이 되어 문어로는 한자를, 구어로는 한문과 구조를 달리하는 국어를 쓰게 되었다.[89] 그 결과 청동기시대에 태동하기 시작한 것으로 생각되는 우리 고유 문자의 생성이 유산되지 않을 수 없었다.[90]

한자의 배경에는 수준 높은 한문화가 있었다. 따라서 중국의 종교·사상·문물 등이 한자의 사용과 함께 우리나라 고대인에게 보급되었을 것이다. 그 중에는 춘추·전국시대 제자백가사상이나 한대 이후 정치·윤리·문화의 기본이 된 유교문화에 관한 내용도 포함되었을 것으로 짐작된다. 이러한 한자의 전래는 그 당시의 선진문화였던 중국문화에 대한 이해를 촉진시키는 계기가 되었으며, 한국문화가 더욱 보편적이고 고등한 문화로 도약할 수 있는 기틀을 마련해 주었다.

한자의 전래와 관련하여 주목해야 할 점은 역사 기록에 관한 문제이다. 중국에서는 초기 국가성립 이래로 역사 기록이 있었다고 생각되며, 또한 한문화가 한반도에 전해질 무렵에는 역사에 대한 인식도 깊은 상태였다. 이러한 중국의 역사 이해는 한문화를 접하게 된 초기의 연맹국가에도 영향을 미쳤을 것으로 생각된다.

기록이 나온다.
88) 李基白·李基東, 1982, 『韓國史講座』I, 一潮閣, 243쪽.
89) 南豊鉉, 1981, 「漢字·漢文의 受容과 借字表記法의 發達」 『韓·日 古代文化와 隣接文化와의 聯係』, 韓國精神文化研究院, 183쪽.
90) 한자 전하기 전 우리 고유 문자의 존재에 대하여 논란이 되어 왔다. 그러나 선사시대 암각화에서 보이는 문자 이전의 회화문자에서 문자 출현의 가능성을 예시해 주며, 『梁書』 新羅條에도 문자가 없어 나무를 깎아 신표로 한 것으로 보아 추상적인 부호의 사용을 상정해 볼 수 있다.

2. 정복전쟁과 사회의 변화

철기문화의 영향으로 우세한 세력 집단은 차츰 주변의 약소한 집단을 아우르면서 더욱 큰 세력으로 성장하였다. 철기문화는 무기의 생산이나 보급에서 집단 간의 차이를 낳았으며 농업 생산력에서도 현격한 차이를 낳았다.

철제 농기구에 의해 농업 생산력이 증대되어 군량미를 구축할 수 있게 되면서 장기전이 가능해졌고, 말을 이용한 기마술이 발달하면서 원거리 전쟁도 가능하게 되었다. 이제는 전쟁의 목적이 물건의 탈취로 끝난 청동기시대의 약탈전쟁과는 구별되는, 영토를 빼앗고 그 지역에 대한 통치권을 장악하기 위한 정복전쟁의 양상으로 바뀌어 갔다. 이러한 정복전쟁은 바로 그 정복 지역에 대한 통치능력의 성장을 바탕으로 이루어졌다.

『삼국사기』에 의하면 고구려·백제·신라는 B.C. 1세기경 주위의 소국을 정복하고, 漢族과의 투쟁을 통하여 급속히 성장·발전하였다. 1~4세기의 한반도는 고구려가 주도권을 장악하면서 밖으로는 중국세력을 견제·저지하면서 그 스스로 영토 확장에 주력하던 시기였다. 이때 한군현은 주변세력에 대해서는 상호간의 협력이나 자신에 대한 위협세력으로의 성장을 저지하고자 하였다.[91] 그러나 이러한 정책에도 불구하고 한군현은 집권적 왕조국가로 발전하는 고구려·백제·신라의 끈질긴 저항과 공격으로 313년 낙랑군의 멸망과 함께 한반도에서 자취를 감추었다.

철기문화의 수용과 그 궤를 같이하는 정복전쟁은 낙랑군이 한반도에서 소멸된 때를 고비로 새로운 양상을 띠게 되었다. 이제 삼국이 집권적 왕조국가로서 서로 대립·항쟁하게 되었다.

고구려는 태조왕(53~146)을 전후하여, 백제는 3세기 중엽의 고이왕

---

91) 漢郡縣은 토착사회의 渠帥에게 官爵이나 印綬·衣幘 등을 주는 회유분리책으로 내부적 성장을 방해하려 하였다.

(236~286)을 전후하여, 신라는 이들보다 다소 늦은 나물왕(356~402)대에 이르러 중앙집권적인 왕조국가로 성립되었다.[92] 이제 삼국은 서로 국경을 접하고 있었으며, 정복국가로서 삼국의 관심은 단순한 영토 확장의 의미를 넘어서 자국의 보존과 이익의 수호라는 의미가 강해졌다. 이러한 정복전쟁의 격화는 『삼국사기』의 삼국 각국의 본기 내용에서 전쟁 기사가 상당한 비중을 차지할 정도로,[93] 신라에 의해 통일이 이루어지는 7세기 말까지 계속되었다.

삼국간의 이러한 성격의 항쟁은 단순히 삼국간의 대립이 아니라, 당시 중국을 중심으로 하는 동북아시아 전체와도 연계된 국제전의 양상으로 전개되었다. 그리고 중국에서 통일 왕조가 들어선 후에 그 양상은 심화되었고 더욱 격화되었다. 즉, 중국세력의 변동과 이에 대한 삼국의 외교관계는 삼국간의 세력 관계에도 커다란 영향을 미쳤다.[94]

당시 남북조에 대한 삼국의 대중국 교섭은 서로가 상보적 역할을 이루었으나,[95] 통일제국인 수·당이 성립하면서 대중국관계는 변동되어 동북아시아 세계는 돌궐-고구려-백제-왜의 남북 진영과 수-신라의 동서 진영으로 나뉘어 대립하였다. 이러한 양대 진영이 격돌한 것이 수·당과 고구려와의 싸움이며 이 전쟁에서 고구려가 승리한 것은 민족항쟁

---

92) 종래에는 이 시기를 韓國에서의 古代國家 成立期로 보아 왔으나(金哲埈, 1964, 「韓國古代國家發達史」『韓國文化史大系』Ⅰ, 高麗大民族文化研究所, 493쪽), 『三國史記』초기 기사를 긍정적으로 받아들이고, 人類學에서 新進化論 등을 수용함으로써 國家의 成立시기 및 개념에 많은 변화가 생겼다(金貞培, 1982, 「國家起原의 諸理論과 그 適用問題」『歷史學報』94·95合 ; 앞의 책, 168~192쪽). 이 시기의 발전단계에 대한 학설사적 논의는 盧泰敦, 1981, 「國家의 成立과 發達」『韓國史研究入門』, 知識産業社 참조.

93) 申瀅植, 1984, 「三國時代의 政治的 意味」『韓國 古代史의 新研究』, 一潮閣, 284쪽.

94) 盧重國, 1981, 「高句麗·百濟·新羅 사이의 力關係 變化에 대한 一考察」『東方學志』28, 103~107쪽.

95) 徐榮洙, 1981, 「三國과 南北朝 交涉의 性格」『東洋學』11, 38~39쪽.

사에서 중요한 의미를 갖는다. 이민족의 침입에 대하여 고구려가 민족의
방파제 역할을 수행하였기 때문에 삼국이 서로 국력을 키우면서 통일전
쟁을 수행할 수 있었다.

그러면 이러한 정복전쟁은 어떠한 결과를 낳았으며, 그에 따른 사회
의 변화는 어떠하였는가를 살펴보자.

먼저 왕권의 강화를 들 수 있다. 정복전쟁의 결과 이전의 사회계층
구성양식인 족장과 피지배층의 이원적 상태에서 벗어나 정복민·포로 등
에 의한 노비층이 최하 신분계층을 형성하고, 다시 왕의 세력이 다른 족
장과는 구별되는 절대적 권위를 형성하였다. 삼국이 집권적 왕조국가를
이루기 전에는 중앙에 왕이 있었으나, 그는 여타 부족장과 차이가 없어
서 다만 대표자의 위치에 불과하였다.[96] 그러나 정복전쟁을 통하여 주
변 세력을 통합하면서 이들 족장세력들을 왕 아래의 관료체계에 편입시
켜 중앙집권적인 통치 질서를 확립하게 되면서 이전과는 비교가 되지 않
을 정도로 왕의 힘과 권위는 강화되었다. 삼국에서 보이던 왕비족이 약
화·소멸되고, 왕위계승이 형제상속에서 부자상속으로 전환되는 것도 이
러한 왕권의 절대화와 관련하여 이해할 수 있다.[97]

정복전쟁이 진행되면서 나타난 또 다른 변화로서 귀족층의 형성도 주
목된다.[98] 이들 귀족층은 왕권이 절대화하기 이전의 족장세력으로서 중
앙의 관료체계에 편입된 계층이거나, 정복전쟁을 통한 전공으로 인하여

---

96) 이 점과 관련하여 夫餘에서는 水旱이 고르지 않고 五穀이 제대로 여물지 않을 때
　　는 그 책임을 王에게 돌려 왕을 바꾸기도 하고 죽이기도 하였다. 『三國志』 魏書
　　夫餘條.

97) 李基白, 1959, 「高句麗王妃族考」 『震檀學報』 20, 89~91쪽 ; 1959, 「百濟王位繼
　　承考」 『歷史學報』 11, 5~13쪽 ; 1973, 「新羅時代의 葛文王」 『歷史學報』 58 ;
　　1974, 『新羅政治社會史硏究』, 一潮閣, 21쪽.

98) 李基白은 이 시기의 문화가 中央貴族에 의해 이루어진 점에서 ʻ中央集權的 貴族
　　國家ʼ로 시대 성격을 규정하였다(李基白, 1986, 「三國時代 佛敎 受容과 그 社會
　　的 意義」 『新羅思想史硏究』, 一潮閣, 46~50쪽).

귀족신분으로 상승한 계층이었다. 고구려에서 보이는 兄·使者류의 관명이 그 예다. 고구려의 관명에서 형자가 붙은 관직은 가부장적 족장의 뜻을 갖는데, 과거의 부족장으로서 중앙 관계에 편입된 자에게 수여된 명칭인 듯하다. 사자류는 국가의 수취체계를 담당하는 계층으로 일반 씨족원 가운데 행정적 관료로 성장한 계층을 지위에 따라 편제한 듯하다.[99]

또한 신라의 골품제도의 편제 과정에서도 잘 나타난다. 김유신 가문은 일찍이 가야의 왕족으로서 골품체계에 편입되면서 진골로 대우를 받았으며,[100] 압독국의 족장으로서 신라에 내투한 설씨는 6두품으로 편입되어,[101] 신라에서도 족장의 세력 정도에 따라 사회적 신분이 결정되었음을 알 수 있다. 이들은 주로 王京에서 거주하면서 왕족과 함께 지배적인 사회 신분계층을 형성하였다.

정복전쟁 결과 늘어난 영토와 백성을 통치하는 데는 이전의 사회단계에서 통용되던 소략하고 관습법적인 규범으로는 어려움이 따르게 되었다. 다른 집단을 병합한 후 이들과의 신앙이나 관습이 상이한 데서 야기된 마찰을 해소하기 위해서는 전체적이고 통일적인 통치규범이 필요하게 되었다. 이러한 요구에 부응하여 시행된 것이 율령의 반포였다. 율령은 국가통치의 공법체계이며 국가 지배조직의 기본 법률이었다.[102]

삼국의 율령에 대한 자세한 내용은 알 수 없으나, 관위제·수취제·중앙과 지방의 관서조직, 죄와 형벌에 관한 규정이 있었을 것으로 추정된다.[103] 이러한 율령의 반포는 통치 질서 체계를 전국에 획일적으로 적용시키고, 이제까지 강화되어 온 왕권의 법적 기반을 마련한 점에서 중요

---

99) 金哲埈, 1956,「高句麗·新羅의 官階組織의 成立過程」『李丙燾華甲紀念論叢』;
    1975,『韓國古代社會研究』, 知識産業社, 126~138쪽.
100) 李基白·李基東, 1982, 앞의 책, 214쪽.
101) 李基白, 1971,「新羅 六頭品 研究」『省谷論叢』2 ; 1974,『新羅政治社會史研究』,
    일조각, 39~44쪽.
102) 盧重國, 1979,「高句麗 律令에 關한 一試論」『東方學志』21, 97쪽.
103) 盧重國, 1979, 앞의 논문, 122~175쪽.

한 의미를 갖는다.

정복전쟁의 과정을 통하여 지배층이 중앙의 행정질서 속에 편제되어 간 반면에 일반 백성들은 농업 등 직접 생산에 종사하였으며, 국가에 대하여 조세·공부·역역을 부담하였다.[104) 사회 신분의 최하층을 형성한 노비들도 직접 생산에 참가하였지만 일반 백성에 비해 생활은 훨씬 열악하였을 것이다.

3. 불교의 수용

삼국시대 초기에는 천신·지모신 등을 모시는 무격신앙이 널리 행해졌으며, 집권적 왕조국가가 성립될 당시에는 왕족의 시조가 국조신으로 받들어졌다. 이러한 경향은 왕실이 그들의 시조를 국가신으로 받듦으로써 자신의 권위를 높이려는 데서 나왔다.[105) 그러나 삼국이 각기 정복전쟁을 통해 집권적 왕조체제를 형성함에 따라 병합한 다른 집단과의 신앙상의 마찰을 해소하며 통일적인 신앙체제를 확립해야 할 필요성이 제기되었다. 이러한 문제의 해결방안이 불교의 수용이었다.[106)

고구려는 372년(소수림왕 2)에 승 順道가 前秦에서 오면서 불상과 불경

---

104) 536년(法興王 23)에 永川의 菁堤 수리공사에 7,000명의 농민이 동원되고, 591년(眞平王 13)에 南山新城 수축 때 200개의 작업 집단을 편성한 데서도 일반 농민의 力役 부담을 알 수 있다(李基白·李基東, 1982, 앞의 책, 240~241쪽).

105) 邊太燮, 1964, 「廟制의 變遷을 通하여 본 新羅社會의 發展過程」『歷史敎育』8, 66쪽.

106) 金貞培는 古代國家의 개념의 재검토와 考古學的 성과의 도입을 통하여 우리나라의 國家成立 時期를 衛滿朝鮮으로 올리고, 불교의 수용을 지나치게 古代國家 성립과 연결시키는 것을 비판하였다. 그는 三國의 정복과정에서 빚어지는 하부층의 고난과 종래 가졌던 신앙의 한계를 불교 수용의 요인으로 보고 있다(金貞培, 1975, 「佛敎傳入 前의 韓國 上代 社會相」『韓國佛敎思想史』, 圓光大出版局, 11~21쪽; 1981, 『韓國古代史論의 新潮流』, 高麗大出版部 재수록).

을 가져 왔고,[107] 백제는 384년(침류왕 원년)에 東晉의 摩羅難陀에 의해서
불교가 전해졌다.[108] 신라는 이보다 늦은 5세기경의 눌지왕(417~458) 때
고구려에서 墨胡子가 들어오고,[109] 다시 소지왕(479~500) 때 고구려에
서 阿道가 들어와 불교를 전도하였으나 모두 실패하였다. 527년(법흥왕
14)에 이차돈의 순교를 계기로 535년(법흥왕 22)에 불교는 국가적으로
공인되었다.[110]

삼국의 불교 수용과 전파는 왕과 이를 뒷받침하는 근신 세력에 의하
여 이루어지면서 용이해졌다. 그러나 한편으로는 기존 귀족세력과의 타
협과 조화 위에서 불교의 성장이 가능하였다.[111] 외래 종교가 전래되는
경우에 일반적으로 수용세력이 형성되어야 하며, 새로운 사상이 사회 변
화에 대한 해결 능력을 제시하는 것이 토착화의 요건이다.

고구려와 백제에서는 왕실이 주도적 역할을 담당하여 새로운 사상인
불교를 수용하게 됨에 따라 외래 종교가 수용되는 과정에서 일반적으로
볼 수 있는 기존 사상과의 마찰은 없었다. 그러나 신라는 이와는 달리

---

107) 고구려의 불교 수용은 수용하기 전에 국가적 불교의 수용 이전에 민간에서 이미
　　 300년대 초에 高句麗에 전래되어 있었다는 견해도 있다(金煐泰, 1986,『韓國佛
　　 敎史槪論』, 經書院, 23~24쪽).
108) 百濟의 불교 수용에 대해서는 384년설을 의심하여 5세기 후반, 6세기 초 등 여
　　 러 이설이 있으나, 대체로 전자가 타당성이 있는 것으로 받아들여진다(李基白,
　　 1986, 앞의 논문,『新羅思想史研究』, 一潮閣, 7~9쪽).
109) 불교가 新羅에 수용된 시기에 대해서 訥祇說 외에도 263년(味鄒王 2)설, 527년
　　 (梁大通 元年, 法興王 14)설, 炤知識 등이 있으나 여기서는 訥祇 혹은 그보다 조금
　　 앞선 시기로 보는 李基白의 견해를 취한다(李基白, 1986, 앞의 논문, 9~10쪽).
110) 李基白, 1986, 위의 논문, 11~13쪽. 이러한 불교의 공인 王權에 의한 國敎化 과
　　 정에 대한 史書의 기록이라 여겨지며 이러한 시기 이전에 이미 불교의 전래기가
　　 있었을 것으로 생각된다. 그것은 梁高僧傳에 東晉 僧 道林(314~366)이 高句麗
　　 의 道人에게 편지를 보냈다는 기록이나, 신라 初期 전파에 대한『海東高僧傳』
　　 阿道傳의 古記 인용 부분에 등장하는 正方과 滅坵玼의 기록 등을 통해서 추정할
　　 수 있다.
111) 李基白, 1975,「新羅 初期 佛敎와 貴族勢力」『震檀學報』40 ; 1986,『新羅思想
　　 史研究』, 一潮閣, 95쪽.

왕실이 아닌 민간에서 먼저 접하게 되었고, 이후 왕실의 적극적인 자세에도 불구하고 종래의 무격신앙과 이를 지지하는 귀족층의 반발로 큰 시련을 겪었다.[112] 이차돈의 순교도 이러한 귀족층의 반대에서 야기된 것이다.[113] 그 뒤 불교사상에 내포된 功德사상이나 輪回轉生사상이 신분제 사회에서 자신들의 특권을 옹호해 주는 이론적 근거가 됨을 알고는 왕실과 귀족이 불교의 일정한 질서 속에서 조화를 찾게 됨에 따라 신라불교는 발전의 계기를 마련할 수 있었다.[114]

그러나 왕실의 비호와 지지 속에서 삼국의 불교는 결국 자체의 독자성을 확립하지 못하고 호국적이고 왕권강화적인 성격이 강조되었다. 이러한 점은 국가안녕을 위하여『仁王經』이 중시되고, 百座講會가 빈번히 시행되고 있는 데서 알 수 있다[115]

고구려 불교의 특징은 불교를 崇神救福의 신앙으로 이해한 점이다. 국가적으로 불교가 장려되고 불법은 복을 내리는 것으로, 이를 믿으면 복을 얻게 된다고 생각하였다.[116] 고구려에서는 대승불교인 유식론을 설파한 三論宗이 크게 발달하였다.[117] 僧朗은 중국 삼론종의 3대조가 되어 空사상을 근간으로 中道사상을 주장하였다. 고구려의 삼론종은 일

---

112) 金杜珍은 귀족계층의 반발 원인에 대하여, 王과 같은 巫覡信仰의 祭祀長이었던 귀족들은 초전 불교를 통하여 현실적인 上下 지배·종속관계를 관념적으로 확인하려는 왕실의 의도에 반대한 것으로 설명하고 있다(金杜珍, 1985,「新羅 上古代末 初傳 佛敎의 受容」『千寬宇先生還曆紀念 韓國史學論叢』, 正音文化社, 276~280쪽).

113) 異次頓의 처형을 密約에 의한 殉敎가 아니라 法興王의 일련의 왕권강화책과 관련하여 王命을 거짓으로 전한 罪에 대한 형벌로 나타난 것이라는 설도 있다(李丙燾, 1976,『韓國古代史硏究』, 663~664쪽).

114) 李基白, 1986,「新羅 初期 佛敎와 貴族勢力」『新羅思想史硏究』, 一潮閣, 87~94쪽.

115) 李箕永, 1975,「仁王般若經과 護國佛敎」『東洋學』5, 492~509쪽.

116) 金煐泰, 1975,「高句麗 佛敎思想」『韓國佛敎思想史』, 圓光大出版局, 34~36쪽.

117) 金煐泰, 1975, 앞의 논문, 38~39쪽 ; 金杜珍,「古代人의 信仰과 佛敎受容」『한국사』2, 308~309쪽.

본에도 큰 영향을 주었다. 고구려 승 慧灌은 일본 삼론종의 시조가 되었으며 道澄은 일본에 空宗을 전하였다.

백제 불교의 특징은 律宗의 발달이라 할 수 있다. 그 결과 호국불교로서 국가적 행사를 통한 신앙보다는, 국민 각자가 실천하고 생활화하는 불교로서, 이를 통해 불교적 윤리규범에 의한 사회질서를 유지하려는 것이 백제 불교의 특징이었다.[118] 謙益은 인도에서 律部 36권을 저술하였다. 552년(성왕 30)에는 처음으로 일본에 불교를 전하는 등 삼국 가운데서도 특히 백제 불교는 일본의 불교 발전에 큰 영향을 미쳤다.[119]

신라 불교의 특징은 唯識學과 함께 華嚴學의 발달에 있다. 화엄경의 가르침은 서로 대립하고 항쟁을 거듭하는 정계나 사회를 정화하고, 지배층과 피지배층의 대립을 지양시켜 인심을 통일하는 데 이용되었다.[120] 화엄사상과 함께 신라 불교에서 주목되는 것은 法華思想이다. 법화경 가운데 會三歸一사상[121]은 신라·고구려·백제의 삼국이 하나의 그릇인 佛國土인 신라로 통합되어야 한다는 철학을 받아들이게 되어, 신라에 의한 삼국통일의 중요한 이념적 기반을 제공하였다.[122]

신라에서는 불교식의 왕명을 칭하는 시대가 지증왕, 진흥왕, 법흥왕, 진평왕까지 계속되었고, 왕족을 찰제리종이라고 하는 성골의식이 생기기도 하였다. 불교의 승려는 왕의 정신적 지도자로 모셔지고, 전몰장병의 위령제인 팔관회를 주관하였다. 여기에서 불교가 호국적인 성격을 강하게 띠었음을 알 수 있다. 그리고 신라 불교는 신라 불국토 사상과 함께 호국불교로서의 성격이 강조되어, 이와 관련된 백고좌회, 팔관회 등

---

118) 洪潤植, 1975, 「百濟佛敎」『韓國佛敎思想史』, 圓光大出版局, 80~88쪽 ; 金杜珍, 위의 논문, 310~312쪽.
119) 金煐泰, 1975, 앞의 논문, 36~40쪽.
120) 安啓賢, 1982, 「新羅佛敎의 敎學思想」『韓國佛敎史硏究』, 同和出版公社, 80쪽.
121) 이는 승려의 세 종류인 聲聞僧, 緣覺僧의 소승이 大乘으로 귀일하게 된다는 뜻이다.
122) 安啓賢, 1982, 앞의 논문, 69~70쪽.

이 중시되면서 황룡사와 같은 거대한 호국사찰이 조영되었다.123)

삼국에 수용된 불교는 수용 초기부터 자신의 해탈과 인간구제라는 불교의 본원적 의미보다는 중앙집권적 왕조국가의 정신적 지주로서 정치적 목적이 컸다. 그리하여 불교는 깊이 있는 철학적 이해보다는 현세 이익의 신앙 형태를 띠었다.124) 삼국의 불교는 이후에도 국가불교·호국불교·주술불교의 성격을 강하게 띠면서 전개되는 특징을 가지게 되었다.125)

그런데 삼국시대 말기에는 이 같은 불교 신앙에도 변화가 생겼다. 윤리적·실천적 의미의 현세구복적 불교에서 종교적·신앙적 의미의 내세적 불교로 바뀌었다.126) 통일을 전후하여 淨土信仰이 유행한 점127)이나 觀音信仰이 정토신앙과 연결되어 초현세적인 해탈을 기구하는 성격128)으로 바뀌어 불교의 민중 신앙화가 이루어진 점이 주목된다.

삼국불교의 특징은 전래한 계파와 깊은 상관성이 있다. 위에서 든 삼국불교의 차이점은 당시의 사회구조와도 관련지어 해석되어야 할 것이다. 그러나 삼국의 불교사 기사가 고승관계의 기록만을 전하기 때문에 당시 삼국의 불교적 신앙의 실상을 제대로 파악할 수 없다. 이는 문헌사학의 한계점이라 할 수 있다.

삼국에 있어서 불교의 수용은 기본적으로 무격신앙을 대체하여 한국인에게 고등철학 세계를 열어 주었으며, 이와 함께 정치적으로는 집권적 왕조국가의 사상적 지주가 되어 민족국가 건설에 크게 기여하였음을 살펴보았다. 한편, 불교는 한국인에게 美와 善의 개념을 심화시켜 주었고

---

123) 金煐泰, 1975, 「新羅佛敎思想」『韓國佛敎思想史』, 圓光大出版局, 98~132쪽.
124) 李基白, 1986, 「三國時代 佛敎 受容과 그 社會的 意義」『新羅思想史硏究』, 一潮閣, 13쪽.
125) 安啓賢, 1982, 「佛敎의 受容과 特徵」『韓國佛敎史硏究』, 同和出版公社, 35쪽.
126) 李基白·李基東, 1982, 『韓國史講座』Ⅰ, 235쪽.
127) 李基白, 1986, 「淨土信仰과 新羅社會」『新羅思想史硏究』, 一潮閣, 183~189쪽.
128) 洪承基, 1976, 「觀音信仰과 新羅社會」『湖南文化硏究』8, 64쪽.

인간의 삶에 대한 철학을 깊게 해주었다. 그리고 불교신앙의 대상인 사찰의 건립, 불상·석탑·석등·범종 등의 조각 내지 주조는 한국인에게 새로운 예술 영역의 확대를 가져와 민족 예술품을 창출하는 데 기여하였다. 또한 승려의 구법은 서역과 중국의 발달한 선진문화의 수용을 활발하게 하는 데 공헌하여 삼국의 문화 발전에 중요한 동인을 제공하였다.

4. 삼국의 역사편찬

삼국시대 이전의 역사편찬에 대해서는 잘 알 수 없으나,[129] 한국 최초의 역사서술은 중국에서 한자를 수용하고 국가적인 활동이 활발해진 삼국시대에 나타난다. 중국 문화와 접촉하면서 문자가 전래되었으며, 문자를 사용하면서 역사를 기술하려는 욕망이 있었을 것이다. 그러나 현재 우리가 알 수 있는 최고의 역사서는 삼국시대에 편찬되었다.

고구려의 역사편찬에 대해서는 영양왕 11년(600)에 太學博士[130] 李文眞에 명하여 古史를 줄이게 하여 『新集』 5권을 만들었다고 『삼국사기』에 기술하고 있다. 그리고 이어서 "국초에 처음 문자를 사용했을 때 어느 사람이 사건을 기록한 것이 백 권이나 되어 이를 『留記』라 칭하였다'고 기록되어 있다.[131] 『유기』가 쓰인 국초라는 시기에 대해서 기원전후

---

129) 『三國遺事』 紀異篇에 실린 古朝鮮의 檀君神話 중에 나오는 『魏書』에 대하여 衛滿朝鮮 혹은 樂浪 初期에 衛滿朝鮮의 역사를 담은 기록으로 추정하는 견해도 있다(丁仲煥, 1977, 「『三國遺事』 紀異篇 古朝鮮條에 引用된 魏書에 대하여」, 『大丘史學』 12·13合, 20쪽).

130) 金成俊은 中國에서는 博士라는 칭호를 儒學을 전문으로 하는 자에게 붙였으나 三國時代에서는 왕의 측근에서 史官의 임무까지 겸한 것으로 보며, 882년(신문왕 2) 국학 설치 후 博士는 유학만 전담하고, 史書 편찬은 翰林學士가 전담한 것으로 추정하였다(金成俊, 1981, 「高麗 七大實錄 編纂과 史官」, 『民族文化論叢』 1, 83~83; 1985, 『韓國中世政治法制史研究』, 一潮閣 재수록).

131) 『三國史記』 卷20, 高句麗本紀 嬰陽王 11年 正月條.

설,[132] 소수림왕대 이후설,[133] 건국 초기설[134] 등이 있다. 이는 신집자료의 형성에 대한 기술로서 이를 역사의 편찬으로 지금까지 오해하여 왔다. 그러나 그 문맥으로 보아 이는 한 사람의 편찬물이 아니고 국초부터 기록이 쌓인 것이 100권에 달하였다고 해석해야 할 것이다. 이는 권수가 많음도 그렇고 또한 책명이 이런 해석을 가능하게 하여준다. 이는 연대기식으로 기술해 놓은 역사자료라고 할 수 있다.

『유기』의 성격에 대해서는 대체로 신화와 설화, 왕실의 계보 등이 다루어졌을 것으로 이해되며, 『신집』은 『유기』와 달리 현실적·실용적 성격으로 단순한 요약만이 아니라 성격을 달리하는 사사로서[135] 아마 태학의 교재로 사용되기 위해 편찬되었을 것이다.[136]

『유기』의 내용은 국초부터 『신집』이 편찬되기까지의 기록으로 파악하는 것이 좋을 듯하다. 왜냐하면 『유기』의 의미를 그 어의 그대로 '남겨진 기록'으로 해석하면 누적된 기록이 백 권에 이르렀다는 말이 되고 고구려 중기의 혁혁한 정복사업에 관한 기록도 담겨 있을 것으로 생각되기 때문이다.[137]

백제의 역사편찬에 대해서는 "古記에 이르기를 백제에서는 개국한 이래로 역사를 문자로 기록함이 없었는데, 이때(근초고왕, 346~374)에 이

---

132) 申采浩·李佑成의 견해이다.
    李基東, 1972, 「古代國家의 歷史認識」『韓國史論』 6, 국사편찬위원회, 4쪽.
    李基白 外, 1976, 「우리 역사를 어떻게 볼 것인가」, 三星美術文化財團, 13쪽.
    趙仁成, 1985, 「三國 및 統一新羅의 歷史敍述」『韓國史學史의 硏究』, 乙酉文化社, 13쪽.
133) 李基白·井上秀雄·金杜珍·李基東의 견해이다. 이기동, 1972, 앞의 논문 참조
134) 趙仁成의 견해이다(조인성, 1985, 앞의 논문 참조).
135) 李佑成·李基白의 견해이다(李基白 外, 1976, 앞의 책, 14~15쪽 참조).
136) 鄭求福, 1983, 「傳統的 歷史意識과 歷史敍述」『韓國學入門』, 大韓民國學術院, 83쪽.
137) 廣開土王碑文에 보이는 혁혁한 王一代의 정복사업을 빼놓고 국초의 기록만을 줄여서 『新集』으로 하였다고는 생각하기 어렵다(鄭求福, 1983, 앞의 논문, 83쪽).

르러 박사 高興을 얻어 비로소 『書記』를 갖게 되었다'고 쓰고 있다.[138]
위의 고기는 구『삼국사』 편찬 때 사용된 기본 자료로 생각된다. 『삼국
사기』의 '고홍은 사서에 기록이 없어 어떤 사람인지 알 수 없다'는 구
절[139]은 편찬자의 견해인 듯하다.

『서기』의 성격에 대해서는 기록이 처음으로 생겼다는 의미로 해석하
는 견해[140]와 『서기』를 고유명사로 보아 고홍이 찬한 역사서로 보는 견
해[141]가 있다. 그러나 이는 책명으로 보는 것이 타당할 것 같다. 왜냐하
면 거의 같은 무렵에 고구려·신라에서도 역사편찬이 이루어졌는데, 중
국 문화를 일찍부터 수용한 백제에서도 역사편찬이 이루어졌을 가능성
이 있기 때문이다.[142] 이『서기』는 일본 역사서의 전범으로서 영향을 미
쳤으며, 『日本書紀』에 언급된 『百濟記』·『百濟新撰』·『百濟本記』는 『서
기』와 같은 종류의 사서로 이후에 쓰인 것으로 보인다.[143]

신라에서의 역사편찬에 대해서는 진흥왕 6년(545) 7월에 "이찬 異斯
夫가 아뢰기를 "나라의 역사[國史]라는 것은 군신의 선악을 기술하여 만
대에 포폄을 보이는 것이니 역사를 수찬하지 않으면 후대에 무엇을 보이
리오 하니, 왕이 이를 받아들여 대아찬 거칠부 등에게 명하여 문사를 널
리 모아 수찬케 하였다"고 『삼국사기』에 기록되어 있다.[144] 이러한 표
현에는 후대인의 潤色이 가해진 것으로 생각된다. 이런 표현은 유교적
표현으로 이 무렵 신라의 유교적 인식과는 걸맞지 않기 때문이다. 이 사

---

138) 『三國史記』 卷23, 百濟本紀 近肖古王 30年條.
139) 『三國史記』 卷23, 百濟本紀 近肖古王 30年條.
140) 今西龍·井上秀雄·千寬宇·高柄翊 등의 견해이다(趙仁成, 1985, 앞의 논문, 15~
    16쪽).
141) 末松保和·李丙燾·李基白·金杜珍·李基東 등의 견해이다(趙仁成, 1985, 앞의 논
    문, 16쪽).
142) 李基白 견해이다(李基白 外, 1976, 앞의 책, 19~21쪽).
143) 李基東, 1972, 앞의 논문, 6~7쪽.
144) 『三國史記』 卷4, 新羅本紀 眞興王 6年條 및 『三國史記』 권44, 居柒夫傳.

서 편찬의 주목적은 법홍왕대의 高臣인 이사부의 건의로 법홍왕대 신라 의 비약적 발전을 역사 기록으로 정리하려는 것이었다고 여겨진다.145)

또한 국사편찬에 관하여 이사부와 거칠부가 모두 나물왕의 후손이라 는 점과 당시 신라 왕족의 혈연의식이 고양된 점 등으로 보아 당시 김씨 왕통의 정통성을 강조하려는 의도도 있었을 것으로 추정된다.146) 따라 서 '국사'는 유교적 정치이념에 입각하여 왕실의 정통성과 위엄을 과시 하려는 목적에서 편찬된 것이라 할 수 있다.147)

가야에서도 『開皇錄』과 『開皇曆』이 있었음이 『삼국유사』 왕력편에 보이나,148) 누가 언제 썼는지는 자세히 알 수 없다.

삼국의 역사서 편찬은 모두 율령을 반포하고 국가의 문물·제도를 정 비하여, 대외적으로 발전할 시기에 이루어졌다. 이는 국가의 위신을 내 외에 과시하려는 의도에서일 것이며, 왕의 정복전쟁에 대한 기사가 주요 내용이었을 것이다. 왜냐하면 당시 왕권의 신장과 영토의 확장은 시대적 인 중요한 과제였기 때문이다.149) 이러한 점으로 볼 때 삼국에서의 역사 편찬은 관찬적 성향이 강하였다고 할 수 있다.150)

5. 고대국가의 역사의식

삼국시대 역사의식의 성격이나 특징을 엿볼 수 있는 근본사료는 전하

---

145) 鄭求福, 1983, 앞의 논문, 84쪽.
146) 李基東, 1972, 앞의 논문, 7~9쪽.
147) 趙仁成, 1985, 앞의 논문, 18쪽.
148) 『三國遺事』 卷1, 王曆 首露王條 및 『三國遺事』 卷2, 駕洛國記.
149) 그 실례는 광개토왕비나 眞興王巡狩碑, 丹陽赤城碑 등을 통해 잘 알 수 있다.
150) 金成俊은 『新集』·『書記』·『國史』가 모두 편찬자의 이름이 전하고 있는 점으로 보아 개인의 편찬이었을 것으로 추정하였다(金成俊, 1981, 앞의 논문, 127~128 쪽). 그러나 모두 다 王命으로 편하였고 국사는 널리 문사를 모아 편찬하게 한 점으로 보아 관찬적·분찬적 성향이 강했을 것으로 생각된다.

지 않는다. 다만 동시대 자료인 금석문과 후대의 기록인『삼국사기』와
『삼국유사』등에 남아 있는 단편적 기록을 통하여 유추해 볼 뿐이다.

삼국시대는 중국세력과의 투쟁 속에서 국가가 성장·발전한 시대였다.
각국은 계속되는 외침 속에서도 우수한 문명을 능동적으로 수용하고, 또
이를 주체적으로 소화하여 외래문화를 자기 문화로 만들었다. 위만조선
의 우거왕은 철기문화를 수용함으로써 한과의 전쟁에서 1년이나 침략을
방어하였으며, 한군현의 설치라는 민족적 위기 속에서는 토착민들이 단
결력을 발휘하여 군현의 동방 지배를 그대로 당하고만 있지는 않았다.

삼국은 성읍국가로 출발한 국가였다. 점차 영토를 넓혀나감에 성공한
나라이다. 이들 국가가 성장함에는 이웃의 한군현으로부터 선진문화를
수용하는 데에는 주저하지 않았지만, 한편으로는 고유한 생활방식을 유
지하여 새로운 문화와 전통적인 문화를 조화시키려는 적극적인 의식을
낳았다. 이것은 무덤의 축조양식에서 잘 나타나는데, 중국의 목곽이나
벽돌무덤 양식을 받아들이면서도 돌을 쌓는다든가 돌을 벽돌형으로 만
든 사실에서 잘 알 수 있다.[151]

정치체제 면에서는 중앙집권적 통치구조는 물론 삼국 각기 관직명이
나 위계의 명칭에서 고유한 명칭을 사용하였다. 특히 신라는 중국식 왕
칭호 대신에 거서간, 차차웅, 마립간 등의 토속적인 명칭을 사용하기도
하였다.[152] 백제·고구려에서도 관등조직에서 나름의 독자적 명칭을 사
용하였다.[153] 이들을 올바르게 이해하기 위해서는 당시 한자표기에 대
한 언어학적 이해가 바탕이 되어야 한다.

또한 철기 제작·건축·복식·미술 문화에서도 중국적 특성에 매몰되지
않은 고유의 특성을 보여 주고 있다. 중국에서 수입된 철기 제작 기술도

---

151) 金秉模, 1982,「韓國 古代墓의 연구」『韓國人과 韓國文化』, 심설당.
152)『三國史記』卷4, 新羅本紀 智證麻立干條.
153) 金哲埈, 앞의 논문, 155쪽에서는 中國의 品階組織을 이해할 수 없었던 데서 차
　　이를 보이는 것으로 이해하였으나, 이는 재검토가 필요하다.

곧 토착문화 속에 수용되었다. 그것은 활을 발전시켜 만든 쇠뇌[鐵弩]의 제작 기술이 중국을 능가한[154] 사실에서도 알 수 있다. 복식의 양식에서도 이미 중국과 구별되는 특색을 지니고 있었다.[155] 삼국인은 모두 모자를 쓴 점이 다른 나라 사신과 구별되는 점임을 벽화에서 확인할 수 있다.

한편, 집권적 왕조국가가 성립된 후의 삼국은 이제 상호 정복전쟁을 수행하면서 더욱 많은 영토와 백성을 확보하는 단계로 접어들었다. 이것은 종래의 부족적 문화에서 벗어나 여러 지역을 통합한 국가적 문화의식을 낳았다. 그리하여 자국의 시조 탄생이 신성한 권위를 가졌음을 강조하기 위해 천손신화를 만들어 내고, 왕실 역시 그들의 조상을 하늘에 연결시켰다. 그리고 전통적 족장 윤리를 강조함으로써 국가 공동체 의식을 강조하여 왕실의 전제정치를 뒷받침하였다.[156]

그 당시 중요한 시대적 과제는 왕권 신장과 영토 확장에 있었다.[157] 이 점은 신라가 정복전쟁에서 승리를 위해 쏟은 정열에서 볼 수 있다. 고구려나 백제에 비해 강한 족적 전통을 유지한 신라는 새로운 문화를 수용하는 데 심한 마찰을 야기하였으며, 그 문화 성격도 보수적 경향을 띠었다. 따라서 정복국가로서의 체제 개편 과정도 완만하였다. 그러나 족적 전통의 개성이 강했기 때문에 새로운 문화를 수용하고 나서는 저절로 진전방향이 뚜렷해지고 새 문화를 포용하여 자국화하는 데에 진취적이었다.[158] 불교를 공인한 후 화려한 신라 불교문화를 꽃피운 점이나 새로이 화랑제도를 개편하여 청소년 전사집단으로서 花郎徒[159]를 국가에

---

154) 金秉模, 1985, 『韓國人의 발자취』, 정음사, 81쪽.

155) 金東旭, 1970, 「韓國服飾史」 『韓國文化史大系』 Ⅳ, 高大民族文化硏究所 ; 1979, 『增補韓國服飾史硏究』, 亞細亞文化社, 8쪽.

156) 金杜珍, 1984, 「古代의 文化意識」 『한국사』 2, 국사편찬위원회, 278쪽.

157) 鄭求福, 1983, 앞의 논문, 83쪽.

158) 金杜珍, 1984, 앞의 논문, 277쪽.

159) 李基東은 화랑도의 기원을 민간 촌락공동체의 청년조직에서 구하고, 眞平王代에 朝廷에 의해 新羅社會의 親族的 변화와 郡縣制 및 新軍制 정비와 관련하여 화

서 공인한 점 등은 기존문화와 새로운 문화를 절충한 사례라 할 수 있다.

화랑도는 전통윤리와 새 시대의 윤리가 가미된 것으로 보이는 世俗五戒[160]를 신조로 하였다. 그 중 가장 강조된 것은 忠이었을 것이다. 이것은 이전의 성읍국가 단계에서는 없던 개념으로서 왕권강화와 관련을 맺으면서 강조된 것이라 할 수 있다. 「진흥왕순수비」에서 '忠信精誠'을 장려하고 있다든지 壬申誓記石에서 두 청년이 '忠道執持'할 것을 서약하고 있는 점은 이 사실을 잘 보여준다.[161]

또한 임전무퇴는 이 시기의 당면 과제인 정복전쟁을 수행하기 위한 도덕률로서, 화랑도들이 무엇보다도 전사를 명예로 여긴 점에서 이 이념의 중요성을 이해할 수 있다. 화랑도는 진흥왕 때 개편되어 삼국통일이 이루어지기까지 정복전쟁 과정에서 국가가 필요로 하는 많은 인재를 배출하고 전사 집단으로서의 역할을 수행하였다. 김대문의 『화랑세기』에서 화랑도를 평하여 '현명한 재상과 충성스러운 신하가 여기서 나오고, 훌륭한 장수와 용감한 병사가 이로 말미암아 생겨났다'[162]고 한 것은 이러한 사실을 확인해 준다.

고구려에서도 신라의 화랑조직과 유사한 단체로 경당이 있었다. 즉, 경당은 신라의 화랑도와 같이 교육기관으로서의 역할과 함께 군사적인 훈련을 실시하는 곳이었다.[163] 정복전쟁이 가속화하면서 특히 군사적 기능이 강조되었을 것으로 생각된다. 이를 통해 당시 삼국이 모두 국가

랑도로 개편된 것으로 추정하였다(李基東, 1976, 「新羅 花郎徒의 基源에 대한 一考察」 『歷史學報』 69 ; 1984, 『新羅 骨品制 社會와 花郎徒』, 一潮閣, 326쪽).

160) 『三國史記』 卷45, 貴山傳에 圓光法師가 貴山과 箒項에게 준 世俗五戒(事君以忠·事親以孝·交友以信·臨戰無退·殺生有擇)로, 이는 곧 화랑도에서 교육하는 중요한 덕목이 되었음을 李基白은 논증하였다(李基白, 1968, 「圓光과 그의 思想」 『創作과 批評』 10 ; 李基東, 1984, 앞의 책, 109~111쪽).

161) 申瀅植, 1979, 「韓國 古代史에 나타난 忠孝思想」 『성신여대논문집』 11 ; 1984, 『韓國古代史의 新研究』, 일조각, 419~420쪽.

162) 『三國史記』 卷4, 新羅本紀 眞興王 三七年條.

163) 李基白, 1967, 「高句麗의 扃堂」 『歷史學報』 35·36合, 45~53쪽.

공동체를 우선시하고 서로간의 전쟁에서 승리하기를 강렬히 소망한 것을 엿볼 수 있다.

새로 정복된 지역에 대해서는 일종의 무마책을 통하여 국가에 충성을 유도하였다. 이 점은 1978년에 발견된 단양적성비에 잘 나타나 있다. 이 비는 공훈 포상의 비로서 진흥왕의 활발한 정복전쟁과 관련하여 복속시킨 지방민을 회유하려는 목적과 함께 국가를 위하여 죽은 자에 대한 배려 조처를 살필 수 있는 점에서 주목된다.[164] 비문에는 진흥왕이 적성을 지키다가 죽은 也尒次 등의 공로를 포상한 내용이 있다. 야이차의 공훈은 구체적으로 알 수 없으나, 목숨을 다하여 성실히 성을 지키다가 죽었다. 그리하여 야이차의 가족들에게 포상을 실시하면서 이러한 포상 조처를 일반화하여 전국에 실시하겠다는 내용과, 공을 세운 지방민을 지배계급으로 편입시키거나 역역을 면제하는 등의 보상을 하겠다는 내용이 포함되어 있다.[165] 신라에서 승려 주도 하에 거행된 팔관회는 전몰장병에 대한 위령제의 성격을 띠고 있어[166] 이것도 같은 맥락에서 이해할 수 있다.

정복전쟁의 승리를 위해 쏟은 정열은 중국과의 접촉에서도 나타난다. 고구려는 국경 방어에 힘쓰는 한편 복잡한 국제정세 속에서 유리한 환경을 조성하기 위해 노력하였다. 신라는 唐에 유학생이나 구법승을 파견하였다. 이것은 이들을 통해 발달한 선진 문물을 수용하려는 의지의 표현이면서 한편으로는 당의 정보를 수입하는 수단으로써의 뜻도 있었던 것으로 보인다. 그러나 이들 유학생과 구법승은 신라 말기에 이르러 제한적이고 폐쇄적인 골품제의 모순을 자각하면서 중앙정부에 등을 돌리게 되었다.

삼국시대 사람들의 신앙과 사상을 살펴보면, 집권적 왕조국가의 왕들

---

164) 鄭求福, 1978,「丹陽 新羅 赤城碑 內容에 대한 一考」『史學志』12, 131쪽.
165) 鄭求福, 1978, 위의 논문, 129쪽.
166) 安啓賢, 1956,「八關會攷」『東國史學』4, 33쪽 ; 1983,『韓國佛教思想研究』, 東國大出版部 재수록.

은 정복전쟁을 통해 왕권을 강화하면서, 사상을 통일하고 정복을 합리화함과 동시에, 자기들의 선조는 다른 사람들과는 달리 혈통적으로 신성하다는 眞種설화를 강조함으로써 자신들의 권위를 합리적으로 설명하려고 하였다.[167] 그리고 일반 하층민에게는 아직도 무격의 전래 신앙이 잔존하였으나, 중간층에게는 왕실과 귀족층에 수용되었던 불교신앙이 확산되어 갔다. 그런데 시간이 경과함에 따라 하층민에게도 불교신앙이 받아들여졌으며 불교사상 자체 내에서도 변화가 생겨 내세를 중시하는 미륵신앙과 정토신앙이 확산되어 갔다. 이러한 신앙의 확산과 함께 예술·문화 방면에서도 빛나는 유산을 남기게 되었다. 이것은 민족사적 의미에서 볼 때 민족을 유지하고 민족문화를 창달하여 한국의 고대 문화를 꽃피우게 한 점에서 큰 의의가 있다.

제3절 남북국시대의 역사의식

1. 신라 통일전쟁과 정복전쟁의 종식

고구려 장수왕(413~491)의 평양천도(427)와 함께 추진된 남진정책은 삼국의 영토확장과 자국 보호를 위한 전쟁의 양상을 한층 가속화하는 계기가 되었다. 이후 7세기 말, 신라에 의해 통일이 이루어지기까지 삼국간에는 한반도 내에서의 역학 관계에서뿐만 아니라 범동아시아적 외교관계에서 화해와 대립의 양상이 전개되었다.[168]

삼국간의 항쟁이 격화되던 6세기 말 중국은 오랫동안 계속되던 남북조의 분열상황이 수에 의해 통일이 이루어지면서 종식되었다(589). 그러

---

167) 金哲埈, 1952, 「新羅 上代의 Dual Organization」『歷史學報』 2, 91~95쪽.
168) 徐榮洙, 1981, 「三國과 南·北朝 交涉의 性格」『東洋學』 11, 186~187쪽.

나 수는 몇 차례의 고구려 침입의 실패로 막대한 피해를 입고 내란에
의해 멸망하였다. 수를 이은 당은 처음에는 고구려와 화친관계를 유지하
였다. 그러나 이는 당나라의 체제 정비를 위한 일시적인 방책이었을 뿐,
당과 고구려의 영구적인 화친은 지정학상으로 어려운 것이었다. 당 태종
(627~649)이 즉위하면서 수가 당한 원한을 갚으려고 고구려에 침입하
였다. 그러나 고구려는 완강한 항쟁으로 이민족의 침입을 막아냈다.[169]

백제는 신라와 협력하여 한강유역을 회복하였으나 이를 신라에서 독
차지하자 성왕(523~554)은 554년 신라와 관산성(현재의 옥천)을 공격
하다가 왕이 전사하기에 이르렀다. 이후 백제는 멸망하기까지 신라와 적
대적인 관계를 지속하였다.[170] 백제의 신라에 대한 보복전쟁은 위덕왕
(554~598), 무왕(600~641)을 거쳐, 특히 의자왕이 즉위하면서 격렬해
졌다. 의자왕은 즉위 2년(642)에 신라의 서방 40여 성을 함락시키고, 신
라의 대백제 요새인 대야성(합천)을 함락시켜, 성을 지키던 김춘추의 사
위인 김품석을 죽이는 전과를 올리기도 하였다. 그러나 이후 의자왕의
전제적 경향이 강화되면서 분열과 민심 이반으로 660년 나당 연합군에
의해 백제는 종말을 고하게 되었다.

신라는 당과 함께 백제를 멸망시킨 뒤 고구려의 침략에 착수하였다.
당시 고구려는 연개소문이 죽고(665), 그의 독재정치의 후유증으로 야기

---

169) 申瀅植은 고구려의 隋·唐 싸움을 만주 지배를 위한 '요동확보' 싸움으로 보았다
　　(申瀅植, 1983, 「三國時代 戰爭의 政治的 意味」『韓國史研究』43 ; 1984, 『韓國
　　古代史의 新研究』, 一潮閣, 288쪽).

170) 新羅의 한강유역 점령과 관산성 싸움에서의 승리는 한반도에서의 세력 판도에
　　결정적인 변동을 가져왔다. 신라는 한강유역을 확보함으로써 한강유역의 풍부한
　　인적·물적 자원을 획득하였을 뿐만 아니라 당항진을 통한 對中 통로 확보로 통
　　일전쟁 수행을 위한 기반을 구축하였다(申瀅植, 1983, 「韓國 古代에 있어서 漢
　　江流域의 政治·軍事的 性格」『鄕土서울』41 ; 1984, 앞의 책, 280~281쪽). 한
　　편, 高句麗의 상실 원인을 단순한 신라의 軍事的 승리보다는 突厥의 위협과 자
　　체의 內分에서 구하려는 의견이 있다(盧泰敦, 1976, 「高句麗 漢江流域의 喪失
　　原因에 대하여」『韓國史研究』12, 54쪽).

된 집권층 내부에서의 심각한 정권 쟁탈전 속에 있었다. 연개소문의 아들인 남생·남건·남산 간의 분규로 내부의 결속이 와해되고 있었다. 또한 새로이 수용한 도교를 숭상함으로써 불교세력의 반발을 불러일으켰다. 667년 신라와 당의 침공에 고구려는 1년여간 저항하였으나, 남건과 보장왕은 당군에 포로가 되어 잡혀가고 멸망하였다(668).

백제와 고구려가 멸망한 뒤 이 지역에서는 각기 부흥운동이 일어났다. 백제에서는 일본에 있던 왕자 풍의 복위운동이 있었으나 실패하였다. 고구려에서는 검모잠을 중심으로 부흥운동이 활발하게 일어났으나 안승의 배반으로 실패하였다. 한편, 당은 고구려 유민의 부흥운동을 방지하는 방편으로 중산층 이상의 호민들을 강제 이주시켰다.[171] 그러나 그 후에도 고구려 유민에 의해 계속 부흥운동이 일어났으며, 결국 698년 고구려의 장수였던 대조영(?~719)에 의해 발해가 건국되었다.

신라에 의한 삼국통일은 그때까지 계속되었던 영토 확장을 목적으로 한 정복전쟁을 마치게 되는 역사적 의미를 가진다. 6세기 중엽까지의 삼국 전쟁은 한강유역의 확보를 통한 한반도에서의 주도권쟁탈전이라 할 수 있으며,[172] 그 이후는 정복전쟁의 연장으로서 통일을 위한 전쟁이라 할 수 있다. 그리고 삼국이 통일된 이후 당나라 군대가 한반도에서 완전히 축출될 때(676)까지는 통일을 위한 전쟁인 동시에 바로 자국민의 생존권을 위한 전쟁이었다.

이러한 통일전쟁의 과정에서 신라가 승리할 수 있었던 것은 새로운 무기의 개발과 작전 전략상의 변화를 꾸준히 추진하였고,[173] 한편으로 신라가 대외관계에 슬기롭게 대처하여 외교전에서 승리한 것도 큰 요인

---

171) 李丙燾, 1964,「高句麗의 一部 遺民에 대한 唐의 抽戶政策」『震檀學報』25·26·27합집 ; 1976,『韓國古代史研究』, 博英社, 464쪽.
172) 申瀅植, 1984,「三國時代 戰爭의 政治的 意味」『韓國古代史와 新研究』, 288~292쪽.
173) 申瀅植, 1985,「三國統一前後 新羅의 對外關係」『新羅文化』2, 8~9쪽.

이 되었다. 또한 신라가 전쟁을 정치적으로 이용하여 제도의 개편과 정치 반성의 계기로 삼아 왕권의 신장에 힘쓰고, 전쟁에서 공을 세운 자를 후하게 포상하여 하위직 관리나 백성들이 전쟁에 적극적으로 참여하는 것을 유도한 것도 요인으로 보인다.[174] 즉, 전쟁에서 공이 있는 하층민들에게 논공행상을 통해 파격적인 대우를 해주었으며, 지방민이나 귀화·투항인에게도 특별한 대우를 아끼지 않았다. 특히 신라에서 전쟁에서 죽은 자에 대한 적극적인 포상정책은 진흥왕대로부터 문무왕대까지 130여년간 지속적으로 취해졌다는 점을 주목할 필요가 있다. 이런 정치적 관행이 장기간 지속된 것은 신라가 자기문화를 지키던 의식의 소산으로 해석되어야 할 것이다.

신라의 통일에 있어서 중요한 역할을 한 것으로 당나라에 머물면서 백제·고구려 정복을 위한 군사를 청하고, 군사 외교를 수행한 숙위 외교[175]도 간과되어서는 안 될 것이다. 숙위학생은 당나라의 정치변화에 대한 정보를 제공하는 오늘날의 상주외교관의 역할을 했고, 중요한 정보를 제공하기 위하여 의상대사는 귀국을 서두르기도 했다.

삼국 중 가장 후진이었고 약했던 신라가 최후의 승리자가 된 원인으로는 외래문화를 점진적으로 수용하면서도 기존의 공동체 의식을 붕괴시키지 않고 이를 승화·발전시켰다는 점을 들 수 있다. 이는 고구려와 백제와 다른 점이라 할 수 있다.

그런데 신라의 통일 전쟁에 대해서는 역사적 의의를 두는 경우와 그 반대의 평가를 내리는 경우가 있다. 통일을 부정적으로 보는 견해에는 첫째, 신라가 외세를 이용하여 동족 국가를 멸망시킨 것은 반민족적 행위라는 주장이 있다.[176] 이러한 비판은 오늘날 관점에서 도덕적 비판으

---

174) 申瀅植, 1985, 위의 논문, 15쪽.
175) 申瀅植, 1984, 「新羅의 宿衛外交」『韓國古代史와 新研究』, 359~356쪽.
176) 申采浩, 1908, 『讀史新論』; 1977, 『丹齋申采浩全集』上, 螢雪出版社, 508~510쪽.

로 생각된다. 왜냐하면 당시의 종족·동족의 개념과 오늘날의 개념과는
상이한 것이라는 인식이 전제가 되어야 하기 때문이다. 당시의 삼국은
언어나 혈통이 비슷하므로 어느 정도의 동족의식은 갖고 있었을 것이
다.177) 그러나 그것을 오늘날의 민족의식의 개념으로는 이해할 수 없다.
왜냐하면 당시에는 민족의식보다는 국가의식이 더 강렬했기 때문이다.

7세기까지 삼국은 130여 회의 전투178)와 정치적 대립을 계속하였다.
이 당시 전쟁은 바로 자국을 보존하기 위한 방책이었으며, 삼국이 모두
생존을 위해 치열한 외교전을 전개하고 있었다. 또한 백제와 고구려에서
도 당나라와 제휴하려는 교섭을 벌였지만 결국 신라가 성공하였다. 따라
서 신라의 외세 이용을 반드시 반민족적인 행위로 보기보다는 정복과 전
쟁을 끊임없이 일삼던 당시의 시대적 상황에서 이해함이 타당할 것이
다.179) 이러한 삼국인의 외세 이용이나 적대 감정은 족속의 차이에서 연
유한 것이 아니라 바로 세 나라가 자기 나라의 유지를 위해서 서로 싸워
이기느냐 지느냐의 갈림길에서 나타난 당연한 역사적 결과로 해석하여
야 할 것이다.180)

둘째, 신라의 통일은 만주대륙을 우리 영토에서 잃게 되는 불완전한
것이라는 비판이 있다.181) 이것은 당시의 역사적 상황에 대한 인식 부족
에서 야기된 것으로 완전한 통일은 현재의 소망사항일 뿐이다. 즉, 당시
신라의 군사력과 경제력의 수준으로는 동북아시아 세력의 요충이며, 수·
당제국이 고구려를 침입한 요인인 요동 지방을 확보하는 것은 거의 불가
능하였다. 10여 년간의 대당항쟁으로 지친 신라의 상황에서 당과의 계속

---

177) 邊太燮, 1985,「三國統一의 民族史的 意味」『新羅文化』2, 58~60쪽.
178) 이 횟수는 대내전을 말하는 것으로 대외전을 포함하면, 삼국시대(7세기까지)에는
    24개국 460여 회의 전쟁이 있었다(申瀅植, 1984,「三國時代 戰爭의 政治的 意味」
    앞의 책, 286~287쪽 <표 4-2> 참조).
179) 申瀅植, 1985,『新羅史』, 이화여대출판부, 38쪽.
180) 邊太燮, 1985, 앞의 논문, 61쪽.
181) 申采浩, 1977, 앞의 책, 509쪽.

적인 대립에 한계가 있었다는 지적[182]은 경청할 만한 점이다. 실제 신라는 위협 세력인 고구려와 백제를 멸망시킴으로써 만족하였고, 고구려의 강역을 모두 차지하려는 의지는 애초부터 없었다.

오히려 신라와 같은 소국이 어떻게 해서 통일의 기반을 만들었으며, 그 원동력은 어디서 나왔는가를 찾는 것이 더욱 중요하다고 하겠다. 신라의 통일전쟁은 국내외의 상황을 능동적으로 대처하고 극복하는 과정에서 달성되었으며, 당시 동아시아의 국제정책의 일환[183]으로 얻은 외교전의 승리였다. 아울러 통일 과정에서 보여준 신라 국민의 자주적이고 단합된 힘을 생각한다면 신라의 삼국통일이 결코 우연의 산물이 아님을 알 수 있다.

2. 발해의 건국과 남북국의 대립

고구려 멸망 후 다수의 고구려 유민은 당에 포로로 잡혀가거나 사방으로 이산하였다.[184] 그 가운데 당의 영주 지방으로 옮겨 살던 대조영 집단은 이곳의 혼란을 틈타 고구려 유민을 중심으로 말갈 집단을 규합하여 요하를 건너 동으로 가서 동모산[185]에 정착하였다. 이곳에서 震國(또는 振國)[186]을 세우니 이것이 곧 발해의 건국이다(698).

---

182) 申瀅植, 1985, 『新羅史』, 이화여대출판부, 37쪽.

183) 申瀅植, 1985, 「三國統一 前後 新羅의 對外關係」 『新羅文化』 2, 8~11쪽.

184) 高句麗 멸망 후 遺民들의 상황에 대해서는 盧泰敦, 1981, 「渤海 建國의 背景」 『大丘史學』 19 및 1981, 「高句麗遺民史研究」 『韓沽劢停年紀念史學論叢』, 知識産業社, 1981 참조.

185) 東牟山의 위치는 종래 吉林省 敦化로 추정되었으며 西古城이라는 의견이 있었으나, 현재는 敦化가 널리 인정되고 있다(李基白·李基東, 1982, 『韓國史講座』 Ⅰ, 一潮閣, 305쪽).

186) 渤海의 처음 국명은 震國(振國)이었으나 713년 대조영이 唐으로부터 渤海 君王에 책봉된 뒤 발해로 칭하였다.

당시 이 지역은 당·신라·돌궐 어느 쪽도 적극적으로 세력을 뻗치지 못하는 일종의 힘의 진공 지대였다. 또한 해란하 유역과 그 남쪽의 회령 지역은 철의 산지로[187] 건국의 좋은 입지 조건이 갖춰져 있었다. 이러한 곳에서 고구려 유민이 중심이 되고 일부의 말갈족을 아우른[188] 대조영 집단이 건국하자, 고구려 멸망 후 각처에 흩어져 있던 유민과 말갈족 등이 결집해 들어와 급속한 발전을 이루어 갔다.

9세기 전반기의 선왕(818~830) 대에 '해동성국'으로 불릴 정도로 문화를 발전시킨 발해는 926년까지[189] 15대 228년 동안 고구려 대부분의 영토를 회복하여 존속하였으나 자신들의 역사 기록을 남기지 않아 발해사를 이해하는 데 많은 어려움을 주고 있다.[190] 발해에 대한 기록은『구당서』『신당서』의 열전 등에 수록되어 있을 뿐이다. 유득공의『발해고』이래 실학자들의 관심사가 되었다.

한치윤의『해동역사』에서도 발해국을 다루었고, 발해의 각종 자료가 김육불에 의해 1935년에 편찬된『渤海國志長篇』으로 중요 자료들이 거의 모두 모아져 있다. 중국인들은 발해를 자기들의 역사로 해석하고 있고 한국학자들은 한국사로 해석하고 있다. 발해의 강역은 현재의 중국,

---

187) 李龍範, 1976,『古代의 滿洲關係』, 한국일보사, 144~146쪽 및 1978,「渤海의 成立과 그 文化」『한국사』3, 국사편찬위원회, 89~91쪽.

188) 발해인의 族源은 고구려인이며 발해의 주민 구성은 고구려인과 말갈인의 이중성을 띠었다(盧泰敦, 1985,「渤海國의 住民 構成과 渤海人의 族源」『韓國 古代의 國家와 社會』, 一潮閣, 257~292쪽).

189) 발해의 멸망한 해에 대하여는 세 가지 다른 자료가 있다.『고려사』와『고려사절요』는 고려 태조 8년 12월조에 멸망기사를 수록하고 있으며,『요사』에서는 요 태조 天顯 원년(9260 정월에 항복한 것으로 되어 있고, 현재 한국사학계에서는 927년 설이 통용되고 있다.

190) 이러한 상황에서 발해사 연구상에 논란이 되고 있는 부분은 ①始祖의 出自문제, ②渤海王國을 조직한 中樞勢力 문제, ③발해 5京의 설치 배경과 위치 문제, ④建國地 문제 등이 있다(李萬烈, 1981,「渤海」『韓國史研究入門』, 知識産業社, 152~158쪽).

한국, 러시아의 삼국에 걸쳤으며, 발해사의 이해는 고구려사와의 관련 속에서 연구되어야 할 것이다.

최근 발해의 도성이 발굴되면서 발해사 연구에 중요한 자료가 나타나고 있다. 어느 나라의 역사의 귀속을 떠나 발해사를 객관적으로 기술하고, 합리적으로 해석함이 역사학의 임무이다.

고구려·백제가 멸망하고 남쪽을 신라가 통일한 후, 고구려의 옛 땅에 발해가 건국되면서 우리 역사는 삼국시대에서 이른바 남북조(국)시대로 접어들게 되었다.[191] 남북국의 초기에는 우호적 관계를 도모하다가 당이 축출되고 발해가 급속히 성장하자 남과 북으로 대치되었으나[192] 별다른 큰 전쟁 없이 평화적인 관계가 지속되었다. 그것은 발해가 고구려 유민이 중심이 되어 건국된 이유에서도 찾을 수 있으며, 당에 의한 이간·조정정책이 주요한 원인이었을 것이다.[193] 당은 신라와 발해의 대립을 조장하기 위하여 통상이나 두 나라 거류민에 대한 대우를 비슷하게 하고 빈공과에서의 합격자 수나 그 서열도 비슷하게 조절하였다. 또한 남북국이 登州 등지에서 교역활동을 하고 이에 양국인들이 접촉함에 따라 상호산의 이해가 진전되었다.[194] 그러나 신라와 발해는 내적·문화적

---

191) 南·北朝(國)라는 말은 일찍이 신라인이 발해를 가리켜 北國 또는 北朝라고 한 데서 연유한 것으로 이는 『三國史記』 新羅本紀 元聖王 6년條와 憲德王 4년條 및 『崔致遠傳』에 보인다. 이는 당시 신라인들이 南·北國을 합쳐 하나의 동일 문화권 의식을 갖고 있었음을 알 수 있다. 이후 李承休가 『帝王韻紀』에서 발해사를 한국사 체계에 넣었으며 柳得恭은 신라와 발해의 병립을 南·北國으로 보았다. 최근에는 李佑成이 고구려·백제 멸망 후 高麗의 건국까지(7세기 말~10세기 초엽)를 남·북국시대로 할 것을 주장하였다(李佑成, 1975, 「南北國時代와 崔致遠」『創作과 批評』 38 ; 1982, 『韓國의 歷史像』, 創作과 批評社, 147쪽).

192) 이러한 대립의 고착화는 후세인들에게 남·북국에 대한 인식을 흐리게 하여 한국 사상 '남북국사' 설정에 혼란을 주고 있다(韓圭哲, 1983, 「新羅와 渤海의 政治的 交涉過程」『韓國史硏究』 43, 155쪽).

193) 李佑成, 1982, 앞의 논문, 154~157쪽. 이와 함께 남·북국의 대립이 신라의 경우 특정한 당파의 정치적 이해관계로 해서, 발해의 경우는 항상 신하와의 대결을 의식한 데에 연유한다는 의견이 있다(韓圭哲, 1983, 위의 논문, 154~155쪽).

교류가 없이 대립적인 관계를 가지고 있었다.

신라와의 불편한 관계와는 대조적으로 발해는 일본과 친밀한 유대를 지속하였다. 발해는 건국 초기에 당과 신라의 위협이라는 국제적 고립을 면하려는 의도에서 일본과의 통교를 원하였다. 그러나 그 이후 당과의 친선관계가 맺어지고, 신라와도 별다른 마찰이 없어지면서 일본과의 관계도 정치적 교섭보다는 경제적인 목적이 중시되었다.195) 일본 측에서도 백제 멸망 후 중국과의 통교에 어려움이 있자, 발해를 통한 중국과의 통교를 희망하였다. 이리하여 8세기 초반 이래 양국은 활발한 사절의 교환이 있었으며, 일본에게는 발해가 당보다도 밀접한 교섭 상대국이 되었다.196)

발해에서 지배층을 형성하고 제철·도작·직조 같은 고급 기술 부문이나 무역 부문의 주도권을 장악한 것은 고구려 유민이었다. 또한 지금까지 발굴된 고고학적 자료를 검토해 보면 다분히 고구려적인 요소를 살필 수 있어,197) 발해와 고구려는 동질의 문화적 토양 위에서 이루어졌음을 알 수 있다. 발해는 우리나라에서 당 문화를 수용하여 당의 통치제도를 수용한 맨 처음의 국가였지만 그 문화적 기반은 고구려의 영향을 상당히 많이 간직하고 있었다. 거란에 의해 멸망한 후, 발해인 수십만이 고려에 내투해 오고, 고려에서도 이들을 흔쾌히 받아들인 것은 고려 자체가 고구려 계승의식을 강하게 천명한 사실과 함께 발해인이 우리 민족과 무관하지 않음을 보여준다.

---

194) 盧泰敦, 1985, 앞의 논문, 293~294쪽.

195) 李龍範, 1978, 앞의 책, 146~148쪽.

196) 盧泰敦, 1985, 「對渤海 日本 國書에 云謂한 『高麗舊記』에 대하여」 『邊太燮華甲紀念史學論叢』, 三英社, 626쪽.

197) 李龍範, 1978, 앞의 논문, 93~101쪽.

3. 전제왕권의 확립과 불교사상의 발달

신라가 삼국을 통일한 후 나타난 두드러진 특징은 전제왕권이 확립된 점이다. 진덕여왕에 이어 태종무열왕의 등장으로 신라에서는 화백회의로 대표된 귀족세력이 약화되고, 이에 비해 강력한 전제왕권이 성장하였다.[198] 문무왕을 이은 신문왕(681~692)은 金欽突의 반란을 진압하여 전제왕권을 확고하게 하였다.[199] 신문왕비의 아버지인 김흠돌의 모반 원인은 잘 알 수 없으나, 신문왕은 이 난을 계기로 상대등을 정점으로 하여 관련자들에 대한 가혹한 처벌을 가하였으니, 이것은 곧 전제왕권의 확립을 의미한다.[200]

이러한 전제왕권이 확립된 배경을 몇 가지로 살펴볼 수 있다. 첫째, 신라 중대에는 정치적 권력을 배타적으로 독점하려는 김씨 왕족이 자신들 간에 족내혼을 행하였고, 왕위계승에서도 화백회의의 의결이나 제약을 받지 않고 장자의 태자 책봉이 가능하였다. 이 시기에는 장자상속이 원칙으로 지켜지고, 단지 아들이 없는 경우에는 왕의 동생이 왕위에 올랐다.

둘째, 중국식 왕호를 사용하였다. 태종무열왕 때부터 법흥·진흥·선덕·진덕 등의 불교적 왕명과는 달리 유교적 중국식 묘호가 채택되었다. 이는 중국 군주의 전제적 성격에 대한 동경[201]의 표시이며, 또한 신라 왕권의 전제화의 일환으로도 이해할 수 있다.

---

198) 申瀅植, 1977, 「武烈王權의 成立과 活動」 『韓國史論叢』 2 ; 1984, 『韓國 古代史의 新研究』, 一潮閣.
199) 李基白·李基東, 1982, 『韓國史講座』 I, 309쪽.
200) 神文王代 전제왕권의 확립은 法興·眞興王代에서 비롯된 제도적 뒷받침과 통일전쟁에서 응집된 강력한 국가의식이 중요한 요인이 되었다(申瀅植, 1985, 『新羅史』, 이화여대출판부, 111~121쪽).
201) 李基白·李基東, 1982, 앞의 책, 313쪽.

셋째, 전제왕권의 확립과 함께 왕의 동생이나 왕의 장인에게 왕에 준하는 정치적·사회적 지위로서 주어지던 갈문왕 제도202)가 소멸하고, 이들에게는 執事部의 中侍와 같은 행정직이 주로 주어졌다.203) 이러한 변화는 이들이 왕에 버금가던 지위가 하락되던 시기와는 다른, 왕을 중심으로 한 일원적인 통치체계가 확립되었음을 뜻한다. 정치적 요직을 독점하던 진골 귀족에 대한 견제는 이들의 대항세력으로 왕권과 결합된 6두품의 성장에서도 살필 수 있다. 이들은 당으로의 유학을 가거나 신문왕대에 설치된 국학에서 배운 학문적 식견을 바탕으로 정치적·사회적으로 진출함으로써 왕권과 연결될 수 있었다.204)

넷째, 전제왕권의 강화와 함께 정치조직이 개편되었다. 먼저 귀족회의인 화백회의의 기능이 약화되고, 그 의장인 상대등의 실권도 그만큼 약화되었다.205) 759년(경덕왕 18)에는 관부 명칭이 중국식으로 개편되었으며, 당시의 중앙 관부는 직접 왕과 연결되어 그 지휘를 받았다.206) 그리고 모든 지방 군현의 명칭이 한식으로 개칭되었다. 서울은 당의 장안성을 모방한 도시계획이 추진되고, 지방세력의 통제를 위해서 685년(신문왕 5)에는 9주 5소경의 지방제도를 마련하였다. 9주는 백제와 고구려를 멸한 뒤 새로 편입된 지역을 포함하여 재정비한 것이다. 주의 장관은 軍主라 하였는데, 661년에는 摠管으로, 785년에는 다시 都督으로 개칭되었다. 이는 단순한 명칭의 변경만이 아니라 그 임무가 종래의 군사

---

202) 李基白, 1973, 「新羅時代의 葛文王」『歷史學報』 58 ; 1974, 『新羅政治社會史研究』, 一潮閣, 22~23쪽.

203) 李基白, 1964, 「新羅 執事部의 成立」『眞檀學報』 25·26합집 ; 1974, 앞의 책, 164~170쪽.

204) 李基白, 1971, 「新羅六頭品研究」『省曲論叢』 21 ; 1974, 앞의 책, 57~63쪽.

205) 李基白, 1962, 「上大考古」『歷史學報』 19 ; 1974, 앞의 책, 102~111쪽.

206) 李基白은 執事部는 國家機密事務를 관장하는 여러 관부를 거느린 최고 기관이라 하였으나(李基白, 1974, 「新羅 執事部의 成立」 앞의 책, 171쪽), 申瀅植은 모든 중앙 관부가 執事部의 지휘를 받기보다는 직접 왕과 연결되어 있다고 보았다(申瀅植, 1985, 『新羅史』, 129~130쪽).

적 성격에서 행정적 성격이 커진 것을 뜻한다.[207] 5소경은 왕경이 동쪽
에 치우쳐 있는 결함을 보충하는 동시에 지방세력을 견제하는 역할을 담
당하였다. 따라서 5소경 제도는 피정복 국가의 귀족에 대한 사민정책과
밀접한 관계를 가지고 있었다.[208]

그러나 이러한 일련의 시책은 전제왕권의 기반이 견고할 경우에는 별
다른 문제없이 운영될 수 있었으나, 그 기반이 약해지면 제대로 시행되
기 어려웠다. 또한 전제왕권은 새로운 개혁을 추진하기보다는 기존 체제
를 유지하는 데 급급하여 시대에 맞는 변화를 추구하지 못하였다. 즉,
6두품 출신의 중국 유학생은 당시 당나라의 발전된 정치의식을 가지고
있었음에도 불구하고 전제왕권은 그들의 지식과 견해를 수용할 수 없었
다. 그 결과 사회모순이 격화되어 내란을 불러일으켜 망하게 되었다.

통일 이후 사상계의 변화로 불교사상의 발달을 지적할 수 있다. 통일
이전부터 계속되던 화엄학·유식학 등이 더욱 성행하고, 당으로부터 전
래된 여러 종파를 중심으로 5교를 형성하는 융성을 보였다.[209] 또한 말
기에는 이와는 다른 선종 계통이 전래되는 등 이 시기의 불교사상은 다
방면에 걸쳐 확대되어 갔다. 불교사상의 영역 확대는 결과적으로 이전에
왕실을 중심으로 귀족계층에 신앙되던 불교가 일반 민중에도 파급되어
정치·사회·문화의 모든 부문에 그 영향력이 미치게 되었음을 의미한다.

그리고 불교의 교리에 대한 연구가 깊어짐에 따라 많은 저술이 이루
어졌다. 원효·원측·태현·의상 등의 많은 학승들이 각기 나름대로 불교

---

207) 申瀅植, 1975, 「新羅軍主考」『白山學報』19 ; 1984, 『韓國 古代史의 新研究』,
    일조각, 215~226쪽.
208) 林炳泰, 1967, 「新羅小京考」『歷史學報』35·36合, 84~94쪽.
209) 金映遂, 1937, 「五教 兩宗에 대하여」『震檀學報』8. 그러나 趙明基·安啓賢·金
    煐泰 등은 통일신라시대의 불교에 대하여 종파를 초월한 總和佛敎로 파악하여
    宗派의 성립을 부정하였다. 한편, 許興植은 850년을 분기점으로 僧政을 기준으
    로 하여, 이전의 新羅 불교를 學派佛敎로 이해하였다(許興植, 1986, 『高麗佛敎
    史研究』, 一潮閣, 124~126쪽).

교리 체계를 세워 그를 기반으로 많은 책을 저술하였다. 이들의 저술은 신라 불교의 내용을 풍부하게 했을 뿐만 아니라 중국과 일본 불교에도 영향을 주었다.

신라의 화엄사상은 원융·조화의 사상을 제시함으로써 분열과 대립을 지양하고 이를 하나의 질서체계 속에 포괄하는 사상적 기반이 되어 통일 후 전제왕권 강화의 이념적 도구가 되었다.[210] 이는 義湘(625~702)의 활동에 힘입은 바 컸다. 그는 당에서 智儼으로부터 화엄학을 배운 후 귀국하여 表訓 등 많은 제자를 배출하였다.[211] 그의 화엄사상은 「華嚴一乘法界圖」에 잘 나타나 있는데, 그것은 곧 一心에 의해 우주의 다양한 현상을 통섭하려는 것이었다.[212]

일심은 의상만이 아니라 元曉(617~686)에게도 중심 사상이었다. 그는 『금강삼매경』을 지어 자신의 사상을 표현했다. 이에서 그는 일심의 근원과 三空(我空, 法空, 俱空)의 바다의 관계를 직물 짜기의 방식으로 서술하여 부정과 긍정 그리고 상승을 통해 담은 종지가 방외에 초출하여 부수지 못하는 바가 없기에 이름을 『금강삼매경』이라 했고, 딱 잘라 주장하는 바가 없음으로 『섭대승경』이라고 이름하며, 일체의 요지가 이 두 가지(일심의 근원과 삼공의 바다)에서 벗어나지 않음으로 『無量義宗』이라 한다. 그러나 한가지로 이름을 지어야 함으로 『금강삼매경』이라 한다.[213] 그의 사상을 쉽게 설명할 수 없지만 어느 것을 집착하지 말라

---

210) 新羅 中代專制王權과 華嚴宗과의 관계에 대하여 서로 밀접하게 연결되어 있다는 李基白의 견해(李基白, 1986, 「新羅時代의 佛敎와 國家」『歷史學報』111 ; 1986, 『新羅思想史研究』, 一潮閣)와 화엄종보다는 儒敎思想이 中代 新羅의 專制王權과 밀접한 관계가 있다고 주장한 金相鉉의 견해(金相鉉, 1984, 「新羅 中代專制王權과 華嚴宗」『東方學志』44)가 있다.

211) 新羅 華嚴思想의 主流에 대해서는 여러 의견이 있으나, 대체로 義湘이 그 중심 인물로 인정되고 있다(金知見, 1975, 「新羅華嚴學의 主流考」『韓國佛敎思想史』, 圓光大出判局, 265~268쪽).

212) 李箕永, 1972, 「華嚴一乘法界圖의 根本精神」『新羅伽倻文化』4.

고 하면서도 현실을 인정하지 않을 수 없는 논리를 설파했다. 이런 원효의 사상은 어느 경전에 몰두하는 和諍思想으로 해석되고 있지만 214) 그가 던져주는 메시지는 그렇게 단순한 것은 아니었다. 당시는 신라의 국운이 욱일승천하는 기세였고, 학문과 사상이 자유로웠던 시기였다.

그러나 대철학자 원효가 보는 세상은 단지 그것은 순간의 현상이라는 경종을 울려주고 있으며, 승속의 차별, 신분적 차별이 엄격히 있는 것 또한 영원하고 진실된 것이 아님을 환히 보고 있다고 할 수 있다. 그의 밝은 지혜는 부처님의 진리를 제대로 파악하였고, 모든 인간에게 영원하고 보편적인 가르침을 주고자 한 것이 그의 뜻이었다고 해석된다. 그에게는 생활에 허덕이는 중생에게도 인간의 존엄성이 있음을 알았고, 높은 학승들이 잘 난체 하는 것을 보고, 아공을 알지 못하는 것이라고 보았을 것이다. 그가 수많은 고승들이 모인 분황사 백고자강회에서 설법을 하였다. 처음에는 원효의 설법을 비웃었으나 그의 해박한 지식과 진리의 본질을 꿰뚫은 설법에 모든 승려가 숨을 죽이고 들을 정도로 되었다 한다. 이는 아는 것과 실천의 중요성을 함께 깊이 있게 깨달은 부처님을 만난 기분이었을 것으로 생각한다. 이는 석가모니가 많은 설법을 일생동안 해놓고 임종 시는 법을 놓으라는 뜻을 그는 분명 깨달았을 것이다.

원효의 불교 대중화 운동의 철학적 기초는 「大乘起信論」이며, 이에 대한 그의 주석 체계는 독창적이어서 중국에선 그의 주석이 海東疏215) 로 알려졌다. 그는 한국이 낳은 뛰어난 독창적인 철학자이며 종교가로서, 당시 불교계의 분열을 통합하려 한 실천적인 지성인이었다. 그의 사상은 고려의 균여(923~973)와 의천(1055~1101)에 의해 계승되었다.

통일 직전 지속되는 정복전쟁으로 염세적·내세적 경향을 바탕으로

---

213) 김형효, 2000, 『원효에서 다산까지』, 청계, 이 책에서 원효사상을 논리적으로 잘 풀이하고 있다.
214) 金雲學, 1978, 「元曉의 和諍思想」『佛敎學報』 15.
215) '疏'라는 것은 불교에서 주석을 뜻하는 말이다.

하는 淨土信仰이 싹트기 시작하였다.[216] 통일 후에는 피정복민 사이에서 번져 나가 원효·경홍·의적 등의 하급 귀족 출신 승려들에 의해 주목되었다. 정토신앙이란 아미타불이 있는 극락정토에 왕생하기를 바라는 신앙으로서, 현세의 고통에서 벗어나기를 원했던 가난한 민중으로부터 크게 환영을 받았다. 그리고 원효는 모든 사람이 정토에 왕생할 수 있다는 논리를 제시하여 불교의 대중화에 노력하였다. 정토신앙에 더욱 깊은 관심을 가진 사회 계층이 하층계급이나 일반 민중이었다는 점도 이러한 정토신앙의 속성에서 이해될 수 있다.

이상과 같은 신라의 여러 불교사상은 중대 왕권의 전제화 과정에서 화엄종으로 흡수·귀일되고, 하층민에게는 질병 퇴치를 주요 기능으로 하는 전통적인 밀교의 수용에서부터 시작하여 정토신앙과 함께 관음신앙·약사신앙이 확산되어 갔다. 이러한 하층 불교는 불교를 대중화·생활화시킴으로써, 후일 선종이 도입될 수 있는 기반을 조성하였다.

불교가 이렇게 사회 전 분야에서 주도적 역할을 담당한 한편, 전제왕권의 도덕정치 이념을 제공한 것은 유교였다. 이 시기의 유교는 국가나 가정에 새로운 도덕률을 제시하였고 이것은 다른 무엇보다도 중요시되었다. 유교적 도덕지상주의 이념을 교육시키기 위해 682년(신문왕 2)에 국학을 설치하였다. 국학에 입학하는 자들은 주로 6두품 계층으로, 이들은 처음 유교를 통해 골품체제에 적응하였으나, 점차 골품제의 모순을 자각하면서 하대에 이르러 주요한 불만세력으로 자라났다.[217] 그러나 신라 사회가 유교의 윤리는 거부하면서 여전히 골품제도를 사회체제 원

---

216) 李基白, 1986, 「淨土信仰과 新羅社會」 앞의 책, 184쪽. 그러나 新羅의 淨土信仰
    은 현실에 극락정토를 구현하려는 현실 긍정적 성격이 강하다는 주장도 있다(金
    英美, 1985, 「統一新羅時代 阿彌陀信仰의 歷史的 性格」『韓國史研究』50·51합
    집, 77쪽).
217) 李基白, 1970, 「新羅 骨品制下의 儒敎的 政治理念」『大東文化研究』6·7합집,
    1970 ; 1986, 앞의 책, 243~246쪽.

리로 고집함으로써, 신라의 유교정치이념은 끝까지 사회편제 원리로는
적용되지 못한 한계성을 지니고 있었다.[218]

4. 김대문과 최치원의 역사학

삼국 통일 후, 통일을 합리화하고 한편으로 전제왕권을 뒷받침하기
위해 새로운 역사서가 편찬되었을 것으로 짐작된다.[219] 그러나 현재 삼
국시대와 같이 관찬 사서가 국가적으로 편찬된 것을 증명할 수 있는 자
료는 없다. 다만 이 시기에 개인에 의해 저술된 사서가 金大門과 崔致遠
(857~?)의 저술에서 확인된다. 여기서는 중대의 김대문과 하대의 최치
원의 저술에 보이는 역사관을 비교해서 살펴보고자 한다.

김대문은 신라 귀문의 자제로서 704년(성덕왕 3)에 한산주 도독이 되었
다. 그는 대체로 신문왕(681~692)대로부터 성덕왕(702~737)대에 걸쳐
생존했을 것으로 추정된다. 『삼국사기』에는 그의 저술로 『고승전』·『화랑
세기』·『악본』·『한산기』·『계림잡전』과 전기 몇 권이 있었던 것으로 전
한다.[220] 그러나 현전하는 것은 『화랑세기』 일부에 불과하고, 다만 『삼
국사기』 등에 전하는 인용문을 통해 그의 사학의 성격을 살펴볼 수 있을
따름이다.

『계림잡전』은 불교 수용에 관한 기사나 차차웅·이사금·마립간 등의

---

218) 金哲埈, 1971, 「三國時代의 禮俗과 儒敎思想」『大東文化硏究』6·7합집 ; 1975,
　　　『韓國古代社會硏究』, 知識産業社, 219~220쪽.
219) 이와 관련하여 崔致遠이 撰한 崇福寺碑에 보이는 '鄕史'를 후대의 실록과 비슷
　　　한 것으로 추정한 견해 (趙仁成, 1985, 「三國 및 統一新羅時代의 歷史敍述」『韓
　　　國史學史의 硏究』, 乙酉文化社, 22쪽)와 文翰機構가 크게 확대되던 下代 150여
　　　년간 唐制의 영향을 받아 史館 및 史官제도가 채용되었을 것으로 보고 이 시기에
　　　새로운 역사서가 편찬되었을 가능성을 점치는 견해가 있다(李基東, 1979, 「古代
　　　國家의 歷史認識」『韓國史論』6, 12~13쪽).
220) 『三國史記』卷46, 列傳6 薛聰傳 附 金大問傳.

신라 왕호에 대한 설명을 포함하여 신라사에서 중요한 역사적 사건을 서술한 것으로 생각된다. 그가 귀족의 입장을 대변한다는 점에서 왕실보다는 진골 귀족에 관한 사건들이 많았을 것으로 여겨지는 『계림잡전』의 기록들은[221] 비교적 객관성을 띠고 있으며,[222] 그 설명에는 김대문의 해석이 포함되었을 것으로 평가되고 있다.[223]

『화랑세기』는 화랑과 그 낭도에 관한 전기일 것으로 생각된다.[224] 그리고 『삼국사기』 열전의 화랑이나 낭도에 관한 기술은 여기에 근거한 것으로 보인다. 새로이 발견된 『화랑세기』는 아직도 진위논쟁이 계속되고 있다. 이에는 화랑들의 최고 지도자인 풍월주를 중심으로 그 계보와 활동을 밝히고 있다. 그리고 그 인물의 행적 끝에는 찬을 붙여 그 인물의 공덕을 찬양하고 있다.

『고승전』은 그 서명으로 보아 고승들의 전기일 것으로 생각되며 나름대로 불교의 역사를 정리했을 것으로 보인다. 『한산기』는 그 서명으로 보아 그 한산주 도독으로 있었던 인연으로 지은 한산 지방의 지리·풍속지일 것으로 보인다. 『악본』은 신라 음악에 관한 것으로 보이며, 신라의 전통을 살리려는 목적에서 저술된 듯하다.[225]

이 서적들을 통해 볼 때, 김대문은 귀족 중심의 신라사에 관심이 컸었던 것으로 보인다. 한산주 도독으로 임명된 것도 그가 진골 귀족 가문 출신이며, 또 일정한 능력의 소유자로 인정받은 결과일 것으로 보인다.

---

221) 李基白 外, 1976, 『우리 歷史를 어떻게 볼 것인가』, 三星美術文化財團, 23쪽.
222) 李基白은 『계림잡전』의 불교 수용에 관한 기사를 金用行의 我道和尙碑와 비교하여 보다 현실성이 짙다고 하였다(李基白, 1978, 「金大問과 그의 史學」『歷史學報』 77 ; 1978, 『韓國史學의 方向』, 一潮閣, 10~11쪽).
223) 李基白, 1978, 위의 책, 11~12쪽.
224) 李基白, 1978, 위의 책, 6쪽. 그런데 1989년 2월에 발견된 『花郎世紀』에 대해서 그 眞本 여부는 더 조사 연구해야겠지만, 그 서술의 주안점은 화랑의 계보를 설명하는 데 있다.
225) 趙仁成은 『樂本』이 유교적 정치이념으로서 禮樂思想에 입각하여 종래의 음악을 정리한 것으로 추정하고 있다(趙仁成, 1985, 앞의 논문, 25쪽).

그는 삼국시대로부터 이어져 온 신라의 전통을 계승·발전시키려는 입장
에 서 있었으며, 그의 저술의 대상 역시 신라의 전통을 되살리려는 목적
에서 선택되었다고 생각된다.

김대문의 역사서술은 반전제주의적 성격을 가지고 있었으므로,[226] 전
제주의와 결부된 유교사상을 배격하고 전통사상을 옹호하는 입장에 있
었으나, 역사서술의 방법론에서는 유교로부터 배우기도 하여 사실을 객
관적이고 합리적으로 해석하려 하였다. 그러나 역사를 중국적 역사 개념
이나 도덕적 유교 관념으로 이해하려 하지 않은 점은 특기할 만하다.[227]

최치원(857~?)은 신라의 6두품 출신으로 12살 때 당나라에 유학의
길을 떠났다. 이때 아버지로부터 '열심히 공부하여 10년 내에 과거에 합
격하지 못하면 내 아들이 아니다'는 훈계를 받았는데, 그는 6년만인 18
살에 과거에 급제하였다(874). 그 후 그는 黃巢의 반란을 성토하는 명문
장을 지어 천하에 이름을 날렸다.[228]

그는 886년 당에서 귀국하자, 헌강왕은 그를 시독 겸 한림학사 守兵
部侍郞 知瑞書監[229]에 임명하였다. 그러나 이때는 신라가 쇠잔해 가고
있었다. 즉, 중앙에서는 치열한 왕위쟁탈전이 전개되고 지방에서는 지방
호족이 발흥하여 신라는 내란 상태에 들어가 있었다. 896년(진성여왕 8)
에는 시무 10조를 바쳤으나, 왕이 이를 기쁘게 받아들였다는 기록이 전

---

226) 이와는 달리 趙仁成은 김대문이 眞骨이었다고 해서 반드시 反專制主義的으로만
    은 볼 수 없다고 하면서, 오히려 그가 專制政治의 절정기라 할 性德王代에 漢山
    洲 都督이 될 수 있던 것은 儒敎的 입장에서 전제왕권을 지지했기 때문으로 추
    정하였다(趙仁成, 1985, 위의 논문, 24~26쪽).
227) 李基白, 1978, 앞의 책, 12~15쪽.
228) 諸都行營兵馬都統인 高騈의 從事官으로서 討檄文을 지었다.
229) 侍讀은 임금에게 하는 강의를 맡은 직이며 翰林學士는 임금의 글을 짓는 직이
    다. 守兵部侍郞은 그의 位階가 낮은데, 그보다 높은 관직을 받았기 때문에 守를
    붙인 것이고, 侍郞은 차관직이다. 瑞書監은 翰林臺의 후신인 瑞書院의 책임자로
    추정된다.

할 뿐 그 구체적인 내용은 전하지 않는다. 그 내용은 대체로 진골 귀족의 권력 다툼 속에서 학문과 능력을 중심으로 인재를 발탁해 쓸 것과 김대문과는 달리 중앙집권화 정책 등이 제시되었을 것으로 추정된다.230) 따라서 그의 사상 경향은 이전의 설총·강수의 사상을 계승하고, 이후 최승로의 사상과 비슷하여 반호족적인 경향을 띠었으며 유교적 도덕을 강조했을 것으로 추측된다.

최치원은 말년에 관직을 버리고 해인사에 들어가 세상을 마쳤다. 그의 저술에 대해서는 『삼국사기』 최치원전에 30여 권이 있었다고 기록되어 있으나, 대부분 유실되고 현재 원집 3권과 속집 1권과 그가 중국에서 쓴 문집 『桂苑筆耕』 20권이 전한다.

최치원의 사상을 파악할 수 있는 자료로 많이 인용되고 있는 것으로 난랑비 서문231)이 있다. 이를 간단히 살펴보면 '나라에 그윽하고 묘한 도가 있으니 이를 풍류라 한다. 그 가르침의 근원은 『仙史』에 자세히 갖춰져 있다. 이는 실로 세 가지 가르침을 포함하고 있으니, 여러 사람을 만나 교화하고 '집에 들어가서는 효도하고 국가를 위해서는 충성하는 것'은 공자의 가르침이고, '자랑하고자 함이 없는 일을 하며, 말하지 않는 가르침을 행하는 것'232)은 노자의 가르침이며, '모든 악을 짓지 말고 모든 착함을 행하라는 것'은 석가의 가르침이다'고 되어 있다.

이 글은 『삼국사기』에 인용되어 화랑도의 사상적 연원으로 제시되어 있다. 이 글은 저술 동기를 살펴볼 때 최치원이 난랑이란 화랑의 비문을 지으면서 그의 행적을 칭찬하고 그의 효·충·선행 등을 기리기 위해 쓴

---

230) 李基白, 1970, 「新羅 骨品制下의 儒敎的 政治理念」『大東文化研究』 6·7합집 ; 1986, 『新羅思想史研究』, 一潮閣, 232~236쪽.
231) 『三國史記』 卷4, 新羅本紀 眞興王 37年條,
232) 이 귀절은 『老子』의 제2장에 나오는 "是以 聖人 處無爲之事 行不言之敎"에서 따온 말로 이는 자연스럽게 인위적으로 하지 말며, 세세한 일을 지시하거나 명령하지 말고 저절로 행하도록 하라는 뜻이다.

서문임에 유의할 필요가 있다. 특히 난랑의 행위를 칭찬하기 위해 서두에 꺼낸 말이다. 그러므로 이를 화랑도의 모든 정신적 지도이념인 것처럼 해석함은 지나친 자의적 해석이라고 할 수 있다. 따라서 이 서문을 가지고 화랑도의 사상적 연원으로 이해하는 데는 신중한 검토가 있어야 할 것이다. 『선사』는 『화랑세기』나 그와 유사한 화랑도의 역사책이었을 것이다.[233]

최치원의 이러한 견해는 자기 나라의 문화에 대한 깊은 신뢰를 가진 것으로 해석하기도 한다. 그가 해동을 군자의 나라, 어진 이의 나라로 지칭한 문화 자존의식과 관련이 있을 것으로 해석하는 견해도 있다.[234]

최치원의 역사관은 중국적 역사관이라는 보편적 관점에서 우리나라의 역사를 보려고 한 점이 주목된다. 이는 우리나라의 역사와 중국의 역사를 하나의 연표로 작성한 『帝王年代曆』[235]에서 고유한 왕호를 '왕'으로 바꿔 쓴다든지,[236] 여왕을 비하하여 '女君'으로 쓴 것[237] 등의 예에서 확인할 수 있다. 그러나 그는 고구려·백제·신라의 역사를 우리 민족사로 파악하여[238] 중국사와 관련시켜 보려 한 최초의 역사가라 할 수 있다. 그가 세계사 속에서 우리나라 역사를 살피려 한 점은 당시 신라 지식인의 국제화된 지적 풍토를 반영한 것이다. 그가 이런 연표를 작성하게 된 데에는 삼국의 역사 이해에 필요한 것으로 인식하였기 때문인

---

233) 趙仁成, 1985, 앞의 논문, 33쪽.
234) 李賢惠, 1983, 「崔致遠의 歷史認識」 『明知史論』 1, 8~9쪽.
235) 『帝王年代曆』은 현전하지 않기 때문에 그 내용과 성격은 잘 알 수 없으나, 중국과 新羅(또는 三國)의 年表로 추정된다. 이 당시 빈번한 국제 관계로 中國 歷史와 本國史에 대한 상호 이해의 필요에서 『帝王年代曆』이 쓰인 것으로 여겨진다 (鄭求福, 1983, 「傳統的 歷史意識과 歷史敍述」 『韓國學入門』, 大韓民國學術院, 84쪽).
236) 『三國史記』 卷4, 智證麻立干 卽位年條 史論.
237) 無染和尙碑銘, 1972, 『崔文昌候全集』, 大東文化研究院, 177쪽.
238) 趙仁成은 『帝王年代曆』에는 渤海史가 제외되었을 것으로 추정하였다(趙仁成, 1982, 「崔致遠의 歷史敍述」 『歷史學報』 94·95合, 50~53쪽 및 66~67쪽).

것으로 생각된다.

그뿐만 아니라 최치원은 고승들의 전기나 고승의 비문을 많이 남겼다. 전기로는 「賢首傳」이 남아 있고, 유명한 「四山碑銘」도 현존한다. 이에서 그는 유학자라 하여 유학에만 맴돌지 않고 불교 교리도 깊이 이해했음을 알 수 있다. 그러나 그의 서술은 대체로 유교적 지식에 따른 것으로 보인다.[239] 따라서 그는 신라의 고유한 전통사상인 풍류도적 사상과 유교사상, 불교사상을 종합적으로 가지고 그들의 장점을 함께 실천하는 것이 가장 이상적인 것으로 생각했음을 알 수 있다.

5. 남북국시대의 역사의식

신라는 백제·고구려를 병합하여 한반도 내에서 패권을 장악하였다. 그리고 발해는 구고구려 영토를 기반으로 중국세력을 견제하고 신라와 대치함으로써 우리나라 역사상 '남북국시대'를 이루었다. 이 시기의 역사의식으로 먼저 신라의 삼국통일 의식을 살펴보자. 신라는 삼국을 통일한 데 대하여 '一統三韓'이라는 의식을 가지고 있었다.[240] 비록 삼국이 정복전쟁을 수행하는 과정에서 적대 관계를 이루고 있었지만 삼국은 이미 한 나라가 되었다는 김유신의 '三韓一家'[241]설은 동족적 유대감을 표현한 것으로 이해된다.

신라인들의 삼국통일에 대한 의식에는 이민족과의 병합이 아니라 동족국가인 삼국을 하나로 합쳤다는 의식이 있었다. 이것은 삼국통일 후 이민족인 당의 요구를 물리치고 친고구려 부흥정책을 수행한 데서 잘 나

---

239) 趙仁成, 1982, 앞의 논문, 57~65쪽.
240) 邊太燮, 1985, 앞의 논문, 57쪽.
241) 이 말은 金庾信이 임종 직전(673년) 文武王에게 '三韓爲一家 百姓無二心'이라고 한 데서 볼 수 있다. 여기에서 新羅人의 同族意識과 統一意識을 엿볼 수 있다.

타나 있다. 그리고 676년 당나라 군사를 우리나라에서 완전히 축출하자 삼한통일 정책은 더욱 더 강력하게 추진되었다. 따라서 신라의 삼국통일 은 민족국가 형성의 출발점으로서 한국 민족사에 중요한 의미를 갖는 다.[242]

그러나 신라인들의 일통의식에는 한계가 있었다. 그것은 신라가 통일 후 신라인들의 우위 속에서 고구려·백제인들을 융합하려 했으며, 발해 에 대해서도 시종 대립적인 자세를 취함으로써, 충분한 민족융합 정책을 실시하는 데에는 실패하였다고 생각된다. 문화면에서도 신라는 삼국의 모든 문화를 융화·발전시키기보다는 오히려 신라의 문화를 보급하는 데 에 주력하여 삼국의 문화 전통을 통합하는 데 한계를 보였다.

한편, 발해도 고구려 계승의식을 표방했으나[243] 고구려계와 말갈계의 이중구조적 복합국가로서의 한계가 있었다. 당시 발해 왕실은 고구려 계 승의식을 현실적 기반으로 지니고 문화적으로 고구려 계승의식을 뚜렷 이 하였다. 그리하여 일본에 대한 국서에서도 발해는 고구려 계승 국가 로 자처하고 있었다.[244]

발해와 신라는 단순한 인접국이라기보다는 서로가 같은 족속이라는 의식을 가지고 있었지만 대립적인 상황은 끝내 극복되지 못하였다. 그것 은 발해의 멸망 과정에서 신라가 발해의 구원 요청을 일단 수락했으나 다시 거란을 도운 점에서도 알 수 있다.[245] 따라서 남북조시대의 신라와 발해는 동족의식에도 불구하고 민족융합에는 한계가 있었으며, 신라의 융합 정책에서도 차별적 자세를 보임으로써, 진정한 의미의 한민족 형성 은 고려의 민족통일을 기다려야만 했다. 더구나 신라와 발해 사이에 문

---

242) 邊太燮, 1985, 앞의 논문, 64쪽.
243) 盧泰敦, 1985,「渤海의 住民 構成과 渤海人의 族源」『韓國 古代의 國家와 社會』, 一潮閣, 282~292쪽.
244) 盧泰敦, 1985, 위의 논문, 285~287쪽.
245) 韓圭哲, 1983,「新羅와 渤海의 政治的 交涉過程」『韓國史研究』43, 149~153쪽.

화적·경제적 교류가 없었던 것은 두 국가가 동질성을 형성하는 데 실패한 요인이었다.

다음으로 이 시대가 당면한 국가적 과제와 그 한계에 대하여 살펴보자. 신라가 삼국을 통일한 후, 신라는 확장된 토지와 새로 편입된 인구를 어떻게 효과적으로 지배하고 다스리느냐의 문제가 중요한 국가적 관심사가 되었다. 그리하여 신라는 안으로는 신·구 귀족의 대립을 정리·도태하여 왕권의 기반을 공고히 하고, 옛 고구려·백제 지역에 대한 지배력을 강화하기 위해 중앙과 지방 통치제도를 정비하고 군제를 개편하였다.[246)

이 시기에 이르면 중국문화를 어떻게 적극적으로 수용할 것인가라는 문제가 대두한다. 신라는 당나라와 친선이 이루어지면서 적극적인 문화 접근책으로 유학생을 파견하였으며, 귀족들도 자신들의 개인적인 요구에 따라 당으로 유학을 갔다. 그 결과는 신라문화를 높이 고양시켰지만 이러한 선진문화의 수용으로도 신라의 내재적 모순을 해결하지는 못하였다. 그러나 중국 문물에 대한 이러한 적극적인 태도와는 달리 복속한 고구려·백제의 문화에 대해서는 이를 소화·흡수하려는 자세보다는 이 지역에 신라의 문화를 이식시키려는 의식이 강하였다. 따라서 고구려·백제가 부흥운동을 일으킬 수 있는 문화적 기반을 방치함으로써, 통일 신라 말기 고구려와 백제의 부흥운동이 일어나는 결과를 초래하였다.

정복전쟁과 통일 전쟁 과정에서 오는 막대한 인적·물적 소비에 따른 극심한 혼란을 막기 위해 불교라는 정신적 지주가 필요하였다. 이에 따라 불교는 왕실에 의해 적극적으로 받아들여지고 일반 백성에까지 확산되어 갔다. 이와 같이 불교가 중시됨에 따라 불교사상의 철학적 기반이 넓어지며, 전반적인 문화 능력에도 향상을 가져와 유교·도교·경학·기술

---

246) 金哲埈, 1978,「統一新羅 支配體制의 再整備」『한국사』3, 국사편찬위원회, 35~
60쪽.

학·미술·음악 등 여러 분야에 걸쳐 문화의 폭이 넓어지고 사회 전반에 큰 영향을 미치게 되었다.

북쪽의 발해는 지배층이 고구려의 후예로 구성되었으나 고구려의 정치적 전통을 그대로 이어받지는 못하였다. 이는 발해 건국의 기반이 고구려와 달랐기 때문이다. 발해에서는 당나라의 정치 제도를 수용하였다. 행정기관으로 6부체제의 도입을 들 수 있다. 문화면에서도 전통적인 고구려 문화의 토대 위에서 재구성한 것이었으나 당의 문물제도를 들여왔으며, 피지배층은 말갈인으로 그들은 나름대로 전통적인 말갈사회의 내부 조직을 유지하였다.247) 이러한 이질적인 문화전통의 복합으로 발해 역시 한민족 전체를 대표하기에는 한계가 있었다.

그런데 통일신라와 발해는 같은 시기에 한반도와 만주에 존재한 왕조이며, 한민족이 세운 국가라는 점에서도 동일하다. 두 나라는 정치적 대립의식을 지니고 있었고, 민족적 동질성 확보의 노력은 보이지 않았다.

불행하게도 발해는 자기 왕조의 역사를 남기지 못하였고, 이민족인 거란에 멸망됨으로써 그 역사를 정리하지 못하였다. 발해의 유민을 대량으로 흡수한 고려에서도 발해 계승 의식이 전혀 없었으므로 발해사를 편찬하려는 노력이 가해지지 않았다. 발해사에 관한 사료는 중국 역사의 외국 열전에 실린『구당서』『신당서』의 발해전이 대표적이다. 이는 대단히 소략하여 발해의 역사 대부분이 망실되었다.

요컨대 신라와 발해의 역사의식은 근본적으로 고대적 사상이 맴돌고 있었다. 즉, 삼국은 문화를 폭넓게 수용하지 않고 자신의 문화보급에 급급한 점이라든지, 정복전쟁에서 형성된 골품제도를 끝까지 유지하려 한 점 등이 그 단적인 예라 할 것이다. 고대적인 국가체제의 모순 해결은 당시의 가장 큰 당면과제였다. 중국 문화의 수용은 사회편제나 문화 의식에서 보편적이고 합리적인 사상을 띠어 중세의 성립을 준비하고 있었

247) 李龍範, 1978, 앞의 논문, 93~101쪽.

다. 이는 불교계와 유교계에서 함께 나타나고 있었다. 신라의 신궁제도가 쇠퇴하고 종묘제도의 전환이라든가, 골품제의 해체, 성씨의 보급, 수도 중심의 문화에서 지방으로 확산되어 가는 것 등은 고대사회에서 중세사회로 넘어가는 중요한 변화였다.

이처럼 통일신라는 고대적 유제를 가지고 있었지만 사상적 문화적으로 국제성을 띤 개방성은 다음 시기의 중세문화를 창조하는 힘이 되었다.

제4절 고대인의 역사관

한국 고대인의 역사관을 조명해 봄으로써 맺음말로 삼고자 한다. 사회가 처음으로 지배자와 피지배자 계층으로 분화된 것은 정치활동이 시작된 청동기시대부터이다. 이 무렵에 지배층은 자신들이 피지배층과는 혈연적으로 다르다는 생각을 가졌다. 즉, 자신들은 하느님의 자손이라는 생각을 가졌으니, 이는 신화에서 찾아볼 수 있다. 신화는 모든 국가에서 다 전해지는 것이 아니라 국가가 오랫동안 지속된 고조선, 부여, 고구려, 가야, 신라 등의 경우에만 신화가 전해지고 있다. 이러한 지배층의 신화는 그들의 권위를 유지하기 위한 최초의 이데올로기적인 성격을 띠는 것이다.

고대인들이 인간의 역사에는 인간의 힘 외에 초월자의 힘이 작용하고 있다는 역사관을 가졌음을 신화를 통해 파악할 수 있다. 이 시대의 역사에서 초월자, 즉 천신의 역할은 시조의 탄생과 시조의 신비한 활동을 도와준 것으로 기록되고 있으며, 이러한 생각은 그 후의 위대한 군자나 신하의 활동을 서술하는 데서도 지속적으로 표출되고 있다.

또한 인간 활동의 결과는 이미 예정되어 있다고 믿어 왔으므로 신의 의지를 미리 아는 것은 중요한 것이었다. 그 수단이 중국에서는 주역이었고, 우리나라에서는 무당이었다. 무당은 대화로 신과 통할 수 있고, 신과 인간의 매개 역할을 할 수 있었다. 무당은 국가의 전쟁과 같은 큰 문제만이 아니라 일반 사람의 일상생활에도 깊숙이 관여하였다. 무당을 통해 신의 의지를 알아내고 신을 달래기도 하는 습속과 그 의식을 무교 또는 샤머니즘이라 한다.

한국의 샤머니즘에 나타난 신은 유일신이 아닌 많은 신이 있었으며, 인격신이 아닌 자연신이었다. 그 신은 인간처럼 음식을 제공받고 노여움과 기쁨을 표시하는 인간적 속성을 가진 것이 특징적이다. 국가에서 받든 신에는 하늘의 신, 시조의 신, 산천의 자연신이 있었다. 이 신들에 대한 제사를 받드는 임무는 대단히 중요한 것이었고 그 임무를 담당한 제사장의 지위는 대단하였다.

이 시대의 역사관을 神異사관이라 지칭하여 왔는데[248] 이는 유교사관이나 불교사관과 동격의 것이 되려면 무교사관이라고 칭하여져야 할 것이다. 그러나 한국 고대의 전통적인 역사관을 과연 무교사관이라는 말로 대변할 수 있을 가는 좀 더 숙고가 필요하다. 당시 신앙으로서는 무교가 지배적이라고 할 수 있어도, 정치와 종교가 분리되지 않고 통합된 단계의 고대인들의 역사관을 무교사관이라고 하기에는 적절하지 않다. 그리고 기원전후부터 중국의 한자 문화의 수용과 함께 유교문화가 수용되기 시작하였고, 3~4세기 경에는 불교문화가 도교문화가 수용되어 무교문화는 큰 변화를 가져 왔다. 따라서 신화에 나타난 우리 고유의 문화를 天道문화라고 칭하여야 옳다고 생각한다. 하늘님에 대한 사상은 체계적으로 정리되지 못하였으나 고대인으로부터 오늘날의 우리에게 잠재적으로 전승되고 있는 것도 천도사상이라고 할 수 있다. 도란 표현은 광개

---

248) 이는 주로 이기백의 이론이었다. 이는 『삼국유사』에 반영된 역사관을 지칭함에 사용되었다. 그러나 이는 불교사관이라고 칭해져야 한다고 제기한 바 있다(정구복, 2005, 「삼국유사에 반영된 역사관과 기이편의 성격」 『삼국유사 기이편의 연구』, 한국학중앙연구원, 2~9쪽).

토대왕의 비문에 '以道興治'라고 하였고, 진흥왕 순수비에도 '乾道'라 하여 하늘의 도를 논하고 있다. 하늘님의 후손이란 의식은 스스로 자존의식을 가지게 하였으며 이웃 국가의 선진문화를 수용함에 인색하지 않았다. 이를 받아들여 자기문화의 발달에 적절하게 운용하였다. 하늘에 대한 제사로 국중대회를 열었다던지, 삼국 초기에 하늘에 제사를 올렸다는 기록은 이런 천도사상의 표현이라고 할 수 있다. 유교불교, 도교문화를 수용할 수 있는 고유문화를 최치원은 현묘지도라고 했다. 732년(성덕왕 31년)에 만들어진 것으로 추정되는 임신서기석에는 유학공부를 하는 두 사람의 서약을 하늘 앞에서 하고 있다(「天前誓」). 한국인에게 최대의 약속을 하늘을 두고 하는 것임을 이에서 확인할 수 있다. 따라서 한국고대의 역사관은 **천도사관**이라고 할 수 있다.

천도사관은 서양의 신 중심 사관과는 다르다. 즉 하늘의 주재자인 하늘님은 지신 인귀의 다양한 신보다 우월한 존재이었다. 그리고 이는 유일신이 아니라 다른 신의 존재를 포용하고 있다. 그리고 신의 서열이 일정하게 있는 것이 아니지만 같은 자격을 가지는 것이 아니라 등급과 차별이 있다. 또한 신을 역사의 주체로까지 파악하지 않은 점은 하늘은 인간을 돕는다는 의식이 강하였기 때문이다.

그러므로 신이 인간의 역사에 관여하지만 그 주체는 인간이라고 믿었다. 단지 신의 도움을 받거나 신의 방해를 받지 않아야 뜻한 바를 성취할 수 있다고 믿었다. 그러므로 일을 성취한 뒤에는 인간의 힘 외에 신의 도움이 있었다는 신비로운 설명이 부가되곤 하였다. 이처럼 역사를 움직이는 힘에 대한 파악을 인간의 상식적인 활동 외에 신비로운 신적인 힘이 가해졌다고 보는 역사관을 천도사관이라 할 수 있다.

이러한 천도사관은 설화나 전설을 통해 먼 후일까지 지속되어 왔다. 고구려본기에 나오는 부여에서 수상인 이란불의 꿈에 하늘이 자신의 아들을 위해서 천도하라는 이야기는 그 구체적인 예이고, 신라의 신궁에서 천신과 지신을 제사지냈다던가, 고구려와 백제의 본기에 동명의 사당이라고 표현한 것은 하늘님의 후손인 동명의 신궁 내지는 신사였다고 이해된다. 전쟁이 일어날 것을 예시해주는 자연적 징조와 왕의 죽음을 예시해주는 징조 등이 많이 보이고 있는데 이는 자연현상과 인간의 역사와는 일정한 관계를 가지고 있는 것으로 생각했기 때문이다. 이는 중국 한나라의 동중서에 의해 체계화된 천인합일설이 수용되기 전부터 우리나라 사람들이 가졌던 사상이었다. 그러나 신이로운 설화나 전설은 국가의 공식 기록보다는 민간에 구전되어 오다가 역사가에 의해 기록으로 남게 되었으니 『삼국유사』의 기이편은 그 좋은 예라 할 수 있다.

초기의 국가를 부족국가, 성읍국가 또는 소국가로 칭하고 있는데, 이러한 국가시대에서 각국에 보이는 공통적인 특징은 매년 정기적인 국중대회를 열고 있었다는 사실이다. 이는 중국인들의 눈에 한국인의 독특한 풍속으로 보였을 것이다. 국중대회는 모든 국민이 한자리에 모여서 하늘에 대한 제사를 지내고, 술을 마시고, 노래를 부르고, 춤을 추며 즐기는 행사로서 이를 제천대회라 하였다.

제천대회가 갖는 의미를 살펴보자. 하늘님은 고대인들이 생각한 최고의 신이었고, 자신들의 시조를 낳아준 점에서 자신들과는 혈연적 관계까지 가지고 있다고 믿었다. 하늘님은 하늘의 세계, 지상의 세계, 그리고 현재의 세계와 죽은 후의 세계까지도 주관하는 최고의 신이었다. 하늘의 신은 설화를 통해서 또는 문자의 기록을 통해서 나타났고, 무덤의 벽화에서는 해와 달의 표현으로 대치되었다. 이는 하늘의 상징으로서 표출된 것으로 이해되어야 할 것이다. 그러므로 하늘에 대한 제사는 시조을 보내준 것에 대한 감사 즉 報本的 감사의 의미와 풍년과 순조로운 자연질서를 기원하는 것이었다.

그리고 최고신인 하늘님에 대한 제사에는 국가의 행사로 치러지기도 하였다. 이것이 국중대회인 제천대회이다. 이 유습은 온달전에도 보이고 있다. 3월 3일에 낙랑들에서 사냥대회를 하고 천신과 산천신에게 제사를 드리는 것으로 기록되어 있다.[249] 제천대회는 국태민안을 기원했을 뿐만 아니라 이 제사를 통해 당시의 위계질서를 굳히는 기능도 있었다. 또한 음주와 가무는 온 국민을 화합시키고 현재의 정신적 고통을 정제해 주는 효과도 있었다. 이는 공동체를 이끌어 가는 중요한 행사였으며, 그 구성원들의 화합을 촉진하는 것이기도 하였다.

이런 천신과 지신을 국가적으로 치루는 행사는 고구려의 관습을 계승한 것이 고려의 팔관회였다. 팔관회는 천령, 산천, 해독 등 천신과 지신, 해신 등에 대한 제사였다. 이는 고려 성종이 유교화의 정책으로 팔관회와 연등회를 폐지하자 고려 전기의 국풍파의 반발을 사서 곧바로 부활되어 고려 500년간 지속되었다. 이에는 신라의 화랑의 모습도 자연스럽게 융합될 수 있었다. 조선조에 천도사상은 민중에게 전하여지다가 최제우의 동학 포교와 1910년대의 대종교로 전승되어 대한민국의 애국가로 이어지고 있다.

천도사상은 하늘의 신만이 아니라 땅의 신과 인간의 귀신이 중요한 역할을 한다고 여겼듯이 유교, 불교, 도교의 사상도 받아들이게 되었다. 하늘의 신, 땅의 신, 인간의 귀신을 포함한 신앙은 이는 비단 우리나라만의 특수한 것이 아니라 중국에서도 마찬가지였고, 인류의 보편적 현상이었다. 국가의 발전에 따라 왕권이 강화되면서 천도사상은 나라를 지키는 구심력이 되었다.

하늘의 뜻을 해석하는 일은 무격이 행했다. 그러나 고등종교인 유교, 불교, 도교가 들어오면서 천도사상은 그들 종교와 습합되어 변화되었다. 무당의 임무는 통치자에게 예속되어 불확실한 조짐이나 미래의 일에 대한 해석 또는 예언적 구실을 하였다. 이는 백제 말기 의자왕대에 거북이 등에 써진 둥근달과 초승달에 대한 해석을 무당이 했다고 하는 기록을

---

249)『삼국사기』권45, 열전 온달전.

통해서250) 삼국말까지 기능을 했음을 알 수 있다.

철기문화의 전래와 함께 들어온 한자문화는 교육과 역사기록에 중요한 계기가 되었다. 4세기 말 고구려의 태학에서는 중국의 역사서인 3사가 교육되었으니, 이는 중국적인 역사관의 수용에 지대한 영향을 미쳤다고 판단된다. 『사기』와 『한서』 등의 역사서는 인간 중심의 역사관을 심어주었을 것이다. 그리고 구체적인 역사 기록은 종래의 천도의 역사관을 수정하는 데에 일정한 역할을 하였고, 특히 국가의 역사기록을 중시하는 역사관을 발전시켰다.

고대인들에게는 계보의식이 발생하고 있었다. 조상으로부터 자신에 이르는 계보적인 인식이 후대에 올수록 심화되고 보편화되었지만, 폐쇄적인 신분사회였던 고대에서 귀족들은 이를 대단히 소중하게 여겼음을 알 수 있다. 고대인의 계보의식은 오늘날 우리가 이해하고 있는 것처럼 남자가 중심이 된 것이 아니라 부계와 모계가 거의 비슷하게 중시되었으며, 오랜 후에 남계를 중시하는 성씨제도가 사용되었음을 알 수 있다. 『삼국사기』에는 고구려에서는 고씨, 해씨 등의 기록 외에도 다양한 사성을 한 기록이 보이고 있다. 백제에서는 왕실의 부여씨 이외에 8성 귀족의 성씨가 보이고 신라에서는 박, 석, 김 이외에 6부의 성씨가 보이고 있다. 물론 이들 기록을 그대로 믿을 수는 없으나 당시의 씨족의 전통을 확인할 수 있다. 신라 고대의 금석문에서는 출신부와 그의 관직 그리고 이름이 기록되는 관행이 있었다. 6세기의 금석문에서는 아직 성의 출현이 보이지 않는다. 아마 중국식의 성을 갖게 된 것은 이후의 당나라 문화의 영향을 받은 것으로 이해된다.

고대인들은 과거의 것을 통해 교훈을 얻을 수 있다는 역사의 효용성에 대한 인식을 갖고 있었다. 즉, 신라의 이사부가 교훈을 주기 위한 역사서의 편찬을 주장한 것이라든지 고구려 말기 이문진에 의해 편찬된 『신집』

---

250) 『삼국사기』 권28, 백제본기 의자왕 20년 5월조.

은 교육을 위한 교재로 사용하기 위한 것이었다. 선대의 경험은 자손의 생활에 중요한 교훈이 된 점에서 역사의 교훈적 효용성은 자연발생적인 것이다.

정복을 통해 영토 확장을 이룩한 군주들은 자신들의 업적을 과시하기 위해 역사편찬을 꾀하였다. 이러한 역사에서는 지도자를 영웅으로 묘사한 영웅사관이 발달하였다고 생각된다. 군주들은 정복사업을 성공적으로 수행하기 위해 국민에게 국가를 위한 희생과 봉사를 요구했으며, 왕에 대한 충성을 중요한 도덕률로 강조하였다. 국민을 전쟁에 동원하는 데에 가장 성공한 나라는 신라였다. 이는 신라에서 국가를 위해 생명을 바친 자들에게 대한 보상조처가 가장 후했던 점에서 알 수 있다. 전몰장병의 영혼을 빌어 주기 위해 팔관회라는 종교의식을 거행하였고, 공로를 세운 사람에게는 후한 포상을 하기도 하였고, 영구가 경주에 돌아올 경우 왕이 나가 맞이하기도 했다. 이러한 조처는 정도의 차이는 있으나 고구려나 백제의 경우에도 모두 실시되었을 것이다. 그러나 신라의 경우 이 정책이 지속적으로 130여년 간 수행되었음이 특징이라고 할 수 있다.

삼국은 정복전쟁을 통해 소국가 체제를 벗어나 새로 점령한 지역을 영토로 확장하면서 지역적 통일을 이룩함과 함께 지역마다 다른 관습을 하나의 법령으로 대치하여 실시하는 율령체제를 마련하였으니, 이는 사회 관습의 통일이라고 할 수 있다. 또한 소국가의 지배세력을 흡수·통합하였고 신분계층을 재편성하여 계층질서를 통일시켰다. 그리고 새로이 들어온 불교를 통해 호국과 충성을 강조하여 왕을 구심점으로 하는 국가체제를 이룩할 수 있었다.

이처럼 고대국가의 발전은 정복전쟁을 통해 지역과 관습·사회신분계층·사상·법제를 통일시켜 가는 방향으로 발전하였다. 삼국이 모두 이러한 발전을 하다 보니 삼국은 국경을 접하게 되고서도 공존체제를 유지하는 방안을 모색해내지 못하였다. 그 결과 상호 침략이 빈번하여 자국의 생존을 위해서는 이웃 국가를 정복해야 할 필요성을 절감하게 되었다. 김유신이 화랑으로 있을 때 무술을 연마하면서 삼국통일의 의지를 강하게 가졌던 것으로 이해되며, 이는 민족의 통일이라는 목적에서 나온 것이라기보다는 근본적으로 자국의 생존이라는 목적에서 비롯된 것이었다.

고대인의 역사관으로 그들은 자기가 살고 있는 나라가 세계의 중심이라는 자기 중심적 세계관을 가지고 있었다는 점을 특징으로 들 수 있다. 이는 아직 다른 나라와의 문화적 교류가 활발하지 않았던 상황에 연유한 것이지만 하늘님의 후손이라는 역사의식이 자주적이고 주체적인 역사관을 낳게 하였다고 할 수 있다. 이런 고대의 자기 중심적 역사관은 중세에 들어와 중국 중심적 세계관으로 변하였다. 이런 독자적인 세계관을 가졌던 역사관은 중국과 조봉책봉체제는 한갓 외교적 관행에 불과했다고 이해된다. 고구려의 경우 자기중심적 중화관을 가지고 이웃 국가를 夷로 이해하기도 했다. 이는 일본에서 일출처천자가 일몰처천자에게 국서를 보낸다는 표현이 나올 수 있었다.

불교의 수용은 역사관에도 많은 변화를 가져왔다. 당시 현세적이었던 고대인에게 불교는 시간의 과거와 현재, 미래에 대한 의미를 부여해주었고, 샤머니즘이 수행하던 질병과 재난의 퇴치, 성공과 축복에 대한 기원에서 더욱 효험이 큼을 강조하여 그 기능을 흡수하였고, 철학적 사색의 깊이를 더해 주었으며, 선행을 실천하고 악행을 하지 말라는 새로운 도덕률을 제시하였으며, 예술의 영역을 크게 확대시켰다. 불교는 교리 외에 종교 형식, 의례, 숭배 대상 등에서 기존의 전통 신앙보다 차원이 높았다. 불교는 수용 초기에 왕실과 밀착되어 당시 사회가 요구하던 사상적 통일의 기능과 왕에 대한 국민의 충성심을 고양시키는 기능을 수행하고, 또 국가적 제례를 담당함으로써 그 대가로 왕실의 후원을 받아 크게 융성할 수 있었다.

불교는 동아시아에 널리 전파된 종교로서 고대에서 문화적·사상적 보편주의를 가져오게 한 종교이며 사상이었다. 불교는 각국이 특수하게 지니고 있었던 전통 신앙을 통일하는 데에 기여하였다. 이는 고대적인 성향과는 다른 것으로서 중세를 여는 새로운 사상운동이었다. 구법승의 왕래로 인한 문화의 교류를 통해 지금까지 폐쇄적이었던 각국의 고대 문화의 지역적 특수성을 타파하여 국제주의적 성향을 열게 하였다.

그러나 불교의 수용이 곧바로 보편주의를 가져온 것은 아니었다. 그 예를 원광(555~638)과 자장(590~658)을 들어 설명할 수 있다. 원광은 선덕여왕으로부터 고구려를 치기 위해 당나라에 군사파견을 요청하는 글을 지으라는 명을 받았을 때, 그는 거절하지 못함을 다음과 같이 변명하였다. '소승은 불자로서 자신이 생존하기 위해 남을 치려는 목적으로 군사를 청하는 것은 도리에 어긋나나, 임금의 땅에 살면서 임금의 곡식을 먹고 사니 왕명을 거역할 수 없다.'

이는 승려의 위치보다도 신하로서의 위치를 강조한 것으로, 불교 승려로서 보편적 진리의 구현보다는 지역적인 국가의 목적을 앞세운 것이다. 또한 자장도 계율의 실천을 강조한 점에서는 보편주의의 성향을 볼수 있지만, 지역적인 호국사상을 강조하여 전쟁을 간접적으로 옹호하고 있는 것은 원광과 같은 속성이라 할 수 있다.

고구려 말의 보덕화상은 이들과 다른 경향을 보여주고 있다. 그는 당시의 집권자인 연개소문이 당나라의 도교를 숭상하여 불교가 핍박을 받자 백제로 이주함으로써 종교의 진리를 실천하는 데에 국가를 초월해 있었다. 이러한 보편주의 경향은 신라 통일 후 크게 진전되었다. 지적인 보편주의는 불교계와 유교계에서 함께 일어났다. 원효와 의상은 불교 교리의 실천을 위해 일생을 바쳤다. 원효는 각 종파의 편협한 다툼을 근본적인 교리연구를 통해 그 모순성을 지적하고 이를 화해시키려 하였으며, 왕실과 귀족에게 신앙되고 있던 불교신앙을 하층 민중에까지 확대하려 하였다. 그는 인간의 근원적인 문제를 현실과 이상, 승속, 현재와 미래의 본질과 진실의 상을 체득한 위에 그의 종교적 신념을 실천으로 옮김에 헌신하였다. 의상은 당에 건너가 화엄교리를 깊이 연구하고 돌아와 이를 국내에 전파하는 데에 일생을 바쳤다. 의상은 문무왕에게 도성을 쌓아 국가를 방위함보다 백성의 마음을 얻는 것이 더 소중하다는 경계의 충고를 해준 바 있다.

유교계에서는 많은 유학생이 당나라에 파견되어 당 문화를 배우고 유교와 한문학을 널리 공부하였다. 따라서 당시 유학생들은 국제적 성향을 가진 자들이었다고 하겠다. 이러한 학문에서의 국제화에 맞춰 국내에서는 군현명을 한식으로 고치는 개혁이 있었다. 그러나 이러한 개혁은 제한적인 것으로 고대국가 이래 성립된 신분체제와 중앙정부의 개혁, 법제의 개혁에까지는 이르지 못하였다.

불교의 역사관은 불국토를 건설하려는 이상향을 가졌다는 점에서, 그리고 윤회의 법칙으로부터 영원한 해탈을 추구한 점에서 발전적인 성향을 가졌다. 그리고 과거의 역사에 대한 관심을 불러일으킬 수 있는 성향을 찾을 수 있다. 그러나 불교는 출세간의 종교로서 세속을 떠나 자신의 수양과 해탈을 중시하는 선종이 신라 후대에 수용되면서 세속적인 국가의 역사에 관심을 갖지 않게 되었다. 불교는 세속을 다스리는 통치이념으로서는 커다란 한계점을 가지고 있었다. 따라서 불교의 역사관은 서양의 아우구스티누스의 신국론과 같은 발전사관을 정립하지 못하였다. 불교 사학은 고승의 전기를 정리하여 편찬하는 수준에 머물고 말았다.

불교의 보편주의 경향의 사상이 발전함에 따라 신라의 고유한 전통을 강조하는 김대문의 『계림잡전』과 『화랑세기』 등이 편찬되었다. 그러나 이 저술들은 전통을 강조하였다고 하여 불교에 반발한 것은 아니었다. 왜냐하면 『화랑세기』에서 불교를 비판하는 성향이 전혀 보이지 않고 오히려 불교를 옹호하고 있으며 불교를 신라의 고유한 전통과 보완적인 관계로 인식하고 있었음을 알 수 있다. 그러므로 김대문 사학의 성격은 자기의 문화 전통을 중국 문화와 불교문화와 관련지어 설명하려는 의식이 있었다고 여겨진다. 더구나 그가 『고승전』이라는 승려의 전기를 쓴 것은 이를 단적으로 말해준다. 그러므로 『삼국사기』에 인용된 『계림잡전』의 성격도 그 습속을 보편적인 입장에서 해석한 것으로 이해된다.

신라 말의 최치원에 이르면 삼국의 역사를 당시의 세계였던 중국의 역사와 관련지어 보려는 성향이 더욱 두드러지게 나타났다. 즉 우리나라의 역사와 중국의 역사를 하나의 연표인 『제왕연대력』을 만들었다. 여기에서 그는 신라의 고유한 왕호를 버리고 왕이라고 칭한 점에서 그가 역사의 특수성보다 보편성을 더욱 중시했음을 이해할 수 있다. 그리고 유·불을 다함께 인식한 점에서 그 시대의 사상 경향을 살필 수 있다. 오히려 그는 유·불·도로 나누어 보기보다는 이를 총체적으로 이해하려는 사상의 넓은 포용성을 가지고 있었다. 그가 화랑인 난랑의 비문을 쓰면서 그를 유·불·도의 모든 덕성을 갖춘 자로 쓰기 위해 서문에서 화랑의 도는 삼교를 포괄하고 있다고 서술한 것이다. 그는 기울어가는 고대사회의 저녁노을에서 중세의 사상 경향을 보인 국제적인 지성인으로서 자신의 뜻을 펼 수 없는 불만을 가지고 우울하게 살았던 인물이었다.

8세기 말엽부터 고대적 신분제도인 골품제의 모순 격화와 중앙의 왕권 다툼은 지식인의 적극적 지지와 지방 통제력을 잃음으로써 전국적으로 내란을 야기하였다. 이에 옛 족장세력의 후신인 지방 세력가들은 군사력과 경제력을 증대시켜 호족으로 발전하였다. 이들의 사상적 경향은 국풍의 유지에 기여하였다. 문화적으로는 통일신라에서 추구한 당문화 수용, 경주 중심의 문화에 대한 반발이었다고 할 수 있다.

지방에서 성장한 호족세력 중에는 정치세력으로 성장한 자들이 있었다. 즉 궁예와 견훤은 고구려와 백제의 고토를 회복하려는 민중의 의지를 수용하기 위해 고구려와 백제를 부흥시킨다고 자처하였다. 이들을 도와준 지식계층은 당시 신라 왕경의 호화로운 생활의 유혹을 마다하고,

깊은 산간에 들어가 직접 노동을 하면서 불교 수행을 실천한 선종 승려와 신라의 전제 왕권에 협력을 거부한 6두품 계열의 지식인들이었다. 6두품 출신들은 국내에서는 관료의 진출에 한계가 있음을 알고 당에 유학하여 중국 학문을 연마한 자들이 많았다. 이들은 유교적 지식을 갖춘 지식인으로 보편주의 사상을 가진 진보적 지성들이었다.

또한 고대에는 도교사상도 들어와 현실을 운영함에 적절히 이용되었다. 백제에서의 점복, 의약 등의 방술의 적용, 신라의 김유신 열전에 보이는 방술 등은 도교의 실천적 수련을 수용한 것이라고 할 수 있다. 고대인들은 무교, 유교, 불교, 도교, 제자백가의 사상이 따로따로 취해지지 않고 조화롭게 현실 문제의 해결에 모두 이용되었다는 점을 들 수 있다. 이는 사상적 한계를 의식하지 않고 국가의 운용과 실제의 생활에 자유롭고 적절하게 적용했다고 할 수 있다. 이는 고대인의 세계관, 역사관에서 자주성이 높았던 결과와 깊은 관련을 가진다.

신라 말의 내란과 분열은 마침내 고려 태조 왕건(재위 918~943)에 의해 호족세력의 영합, 민중과 승려, 유학자를 전부 수용할 수 있는 포용력이 넓고, 당시의 상황에 적절한 조처로 종식되었다. 고려의 재통일은 정복전쟁을 통해 이루어진 것이 아니라 호족의 호응·귀부에 의한 것으로서 고대사회의 해체 위에 사회를 새로이 편성하는 중세로의 시대적 전환을 뜻한다.

이처럼 중세는 고대사회를 해체시키고 새로운 사회개편이 이루어짐으로써 시작된 것이지만, 중세적 요소는 이미 고대사회 속에서 착실하게 준비되어 중단 없이 지속적으로 발전하게 되었다. 이에 따라 한국인의 역사관도 새로운 발전이 이루어지게 되었다.

제3장

유학과 역사편찬

제1절 삼국시대 유학과 역사학

1. 역사개념의 출현

선사시대 사람들의 생활은 자연의 변화와 밀접히 관련된다. 그들의 생활 중 가장 중요한 일은 의식주를 해결하는 것이었다. 그러나 이 일은 평상적으로 반복되는 것이었고 이런 평상적인 경험은 아버지로부터 자식에게 경험적으로 전승되었다. 그러다가 인간의 활동이 획기적으로 다양해지게 된 때는 청동기시대부터이다. 우선 그들의 활동범위가 넓어졌으며, 사회가 지배층과 피지배층으로 구분될 정도로 분화되었으며, 다른 집단과의 전쟁도 일어나게 되었다.

이처럼 일상적인 생활만이 아니라 다른 정치적 사회적 활동이 다양해지면서 인간은 이를 기록하는 문자를 필요로 하게 되었다. 따라서 인간의 역사상 어느 나라를 막론하고 청동기시대에 거의 대부분의 문자가 만들어지는 것은 우연의 일치가 아니다. 이 시대 사람들이 문자를 필요로 한 까닭을 구체적으로 말한다면, 당시 제삿날을 기록하기 위하여, 농사를 위한 계절과 자연의 변화를 파악하기 위하여, 또 다른 사람과의 약속을 남기기 위한 때문이었다고 할 수 있다.

한국의 청동기문화는 외부로부터 전래되었다. 이는 중국계통의 것이 아니라 북방 스키타이계통의 것으로 알려지고 있다. 그러나 청동기문화가 수용된 후 오랫동안 우리나라의 독자적인 문화를 발전시켰다는 점을 생각하면 우리의 독자적인 문자가 왜 만들어지지 않았을까 하는 의문이 생긴다. 우리나라의 독자적인 문자가 생기는 과정에서 중국의 한자문화가 철기문화와 함께 전래함으로써 무산된 것인지 아니면 문자가 생기기

전에 한자가 도래하였는지는 앞으로 더 연구되어야 할 것이다. 그러나 청동기시대에 조각된 울주 반구대의 암각화에 분명히 기호표시가 보이고 있다. 이로 보아 한국에서 문자 생성의 단계를 생각할 수 있다. 우리나라에서 고유한 문자가 생기려는 단계 즉 청동기시대 중기에 철기문화가 중국으로부터 수용됨과 더불어 한자가 전래되어 독자적인 문자의 생성이 완성되지 못한 것으로 생각된다.

역사기록의 필수요건은 문자의 사용이다. 고유한 문자를 발명해 내는 데 실패한 우리 민족은 중국의 한자를 수용하여 썼다. 한자는 기원전 4세기 경에 중국의 철기문화의 수용과 함께 고조선에 전래되었다고 생각한다. 고조선의 팔조금법이 비록 성문법이 아닌 관습법이라고 하더라도 이런 법조문이 형성되려면 문화가 상당한 수준으로 발달하였음을 알 수 있다. 한자의 수용은 이전부터 있었겠지만 한자의 적극적인 보급은 한사군이 설치된 무렵 이후로 생각된다. 즉 고구려는 건국 초부터 한자의 사용이 가능했다고 여겨진다. 백제도 일찍부터 한자를 수용했을 것으로 짐작된다. 신라의 경우는 지리적, 인문적 여건으로 보아 좀 늦어졌을 것이다.

역사기록의 또 하나의 요건은 달력이 보급되어야 한다는 점이다. 왜냐하면 역사기록에는 해와 달, 날짜가 기록되어야 하기 때문이다. 그러나 삼국 초기 달력의 수용에 대한 기록은 찾을 수 없지만 중국의 달력이 수입되어 사용되었다고 여겨진다.

또한 역사기록을 남기는 정치적 배경으로는 정치체제의 확립과 왕권의 강화를 들 수 있다. 왕권의 강화는 정복전쟁을 성공적으로 수행하여 영토를 확장하면서 비약적으로 이루어졌다고 생각된다. 인근의 다른 부족을 많이 정복하고 영토를 크게 확장하면서 이에 공헌한 왕은 자신의 업적을 기록할 필요성을 느꼈다고 할 수 있다.

그러나 역사기록을 남기지 못한 선사인들이라 하여 그들에게 역사라는 개념까지 없었다고는 할 수 없다. 비록 인간은 문자가 없더라도 과거

를 기억하는 존재이기 때문이다. 이들의 역사개념은 주로 자연 중심적이
었다고 할 수 있다. 그들의 의식주생활이 자연과 밀접하게 관련되었다는
점과 그들은 자연의 신비에 대한 경외감을 가지고 있었기 때문이다. 즉
풍흉은 인간의 노력으로 극복할 수 없고 이는 자연신의 작용에 깊은 관
련을 갖는다고 생각하였다. 부여 등에서 흉년이 들면 왕을 죽였다고 『三
國志』魏書 동이전에 기록되어 있다. 이는 왕이 풍흉에 대한 책임을 졌
다는 사실을 반영하여 주는 것이다. 이는 왕이 자연신1)을 경건하게 숭배
하지 않음으로써 그런 결과를 초래하였다고 생각하였음을 알 수 있다.
역사적 결과를 인간의 의지나 노력으로 파악하지 않고 자연의 힘에 의하
여 좌우된다고 믿었다. 이 점이 바로 선사시대 사람들의 역사관의 중요
한 특징이다.

　그들의 역사내용은 축적된 경험을 후세에 전달하는 것이었다. 이는
일상생활상의 경험만이 아니라 사회적 의미를 갖는 경험까지도 점차 포
함했다. 이를 좀 더 구체적으로 말한다면 지역민들의 공동제사, 전쟁의
이야기, 자연의 변화에 대한 인간의 대응, 그리고 공동체의 영웅이었던
인간의 출생과 계보 등을 들 수 있다. 중국 사람들이 우리 민족의 공통
적인 특질을 국가마다의 전 국민이 참여하는 제사와 그리고 음주가무로
본 것은 부족마다의 공동제사가 크게 중시되었음을 알게 하여준다. 선사
시대의 역사내용은 오랜 동안 사람의 입을 통하여 전해짐으로써 설화적
인 성격이 강하다. 설화이기 때문에 장소와 일시가 구체적이지 못하고 구
전되는 동안 내용이 추가되기도 하고 변형되기도 하였다. 이 점은 기록을
정확히 남기는 역사시대의 기록과 구별되는 점이었다고 할 수 있다.

　이 시대의 역사의식을 찾을 수 있는 자료는 비록 후대의 기록이지만
단군신화를 들 수 있다. 단군신화에는 천제의 아들이 내려와 동물을 인

---

1) 이들이 숭배한 自然神 중 최고의 신은 '하늘님'이었고, 태양·산천· 바다·강 등의
　자연신이 있었다.

간으로 만드는 인간 창조적 내용과 쑥과 마늘을 먹고 금욕적인 생활을
하는 원시사회 성년식의 모습, 농경의 중요성, 신에게 기원하는 고대의
종교적 행위, 제정일치사회의 모습, 토템사상, 도읍의 중시사상, 그리고
가장 중요한 것으로 천제가 인간생활을 보살펴 주고 있으며, 이를 인간
이 숭배한 사상의 흔적을 찾을 수 있다.

우리나라 신화는 시조가 모두 천제의 아들이라는 점에서 공통성을 가
지고 있다. 천제에 대한 구체적 신앙은 고구려의 경우 태양임을 확인할
수 있다.[2] 그리고 천제와 지신의 결합을 보여주는 것이 동명성왕 신화에
서 찾아진다. 천제의 아들인 해모수와 河伯의 딸인 버들 꽃 柳花의 결합
을 들 수 있다. 고구려에서는 말기까지 시조신과 하백녀인 국모신, 그리
고 천제에 대한 제사와 신앙이 행해졌음을 확인할 수 있다.[3] 10월의 국
중대회인 동명제에는 국왕이 참여하여 직접 제사를 지냈다.

2. 유학과 역사학의 관련

역사학이 반드시 유학과 관련되어야 할 필연성은 없다. 뿐만 아니라
실제로 역사의 기록이나 편찬이 유학의 목적으로 이루어진 것이 아님은
분명하다. 단지 기록의 필요성에서 역사의 기술이 시작되었을 뿐이었다.
그러나 고대의 역사기록을 담당한 사람들이 바로 유학자라고 할 수는 없
어도 그들이 기록한 문자는 한자였으므로 역사를 기술한 사람들이 한문
적 소양을 갖추어야 함은 물론이고 한문적 소양에는 유학에 대한 이해가
반드시 들어 있었을 것임은 당시 중국의 문화적 성격으로 보아 당연하

---

2) 이러한 사실은 廣開土大王陵碑와 牟頭婁墓誌銘에 보이고 있다(盧泰敦, 1991, 「高
句麗의 歷史와 思想」 『韓國思想史大系』 2 - 古代篇 -, 韓國精神文化研究院, 18~
19쪽).

3) 『舊唐書』 권199上, 列傳 149上 東夷 高麗.

다. 또한 중국의 한자문화가 전래할 때에 유학의 경서, 그리고 중국의
발달한 역사서 즉 『左傳』, 司馬遷(B.C. 145~B.C. 86?)[4]의 『史記』, 班固
(32?~92)의 『漢書』 등이 함께 전래하여 읽혀지고 교육됨으로써 자신의
역사를 기록하고 편찬함에 중대한 영향을 미쳤다고 생각된다. 따라서 우
리나라에서 역사를 처음으로 기술하였을 때 그 역사의 성격이 유학과 어
떤 관련을 갖느냐 하는 문제는 고대 역사학의 중요한 문제점이라고 할
수 있다. 이에 관하여는 뒤에서 고대의 역사기술을 언급하면서 다시 한
번 다루고자 한다.

우리나라의 역사기술이 유학이 전래 후이지만 유학의 영향을 어떻게
받았는가에 대하여는 당시의 자료가 현재 남아 있지 않아서 이를 구체적
으로 알 수가 없다. 단지 초기의 자료들을 이용한 후대의 역사서인 『삼
국사기』를 통하여 변형된 자료와 당시의 일부 금석문 자료 등을 통하여
유추할 수밖에 없는 형편이다.

설령 역사와 유학의 상관관계가 필연적인 것이 아니라 하더라도, 이미
앞에서 서술한 것처럼 당시의 유학의 발달을 파악한다는 것은 당시의 역
사기록의 문화적·학술적 배경을 이해함에 있어서 대단히 중요한 일이다.

3. 삼국의 유학

유학이란 고대 중국인의 오랜 생활방식과 문화전통을 공자와 맹자가
학문적인 체계로 해석한 것이라 할 수 있다. 유학은 유교라고도 부르지
만 유학은 학문적, 사상적인 것을 주목하여 지칭하는 것이고, 유교는 교
화적 의미를 지닌 것으로 개념상 약간 다르다고 할 수 있다.[5] 그러나

---

4) 보주: 그의 출생연도와 졸년은 정확한 기록이 없다(周虎林, 1980, 『司馬遷與其史
 學』, 台北 文史哲出版社, 50~67쪽).
5) 李丙燾, 1987, 『韓國儒學史』, 亞細亞文化社, 1쪽.

그 사상적 내용은 차이가 없다.

이 시기의 유학의 전래는 토속적인 전통 생활방식과 구별되는 외래사상이었다. 우리나라에 유학이 수용될 때에 그 수용계층은 지배층이었다. 그 수용으로 어떤 사회적 반발이나 물의가 일어났는지는 확인할 길이 없다. 단지 우리가 상상할 수 있는 것은 중국의 유학을 통째로 그대로 수용하였다기보다는 당시의 문화전통에 소화할 수 있는 것부터 선별적으로 수용했을 것이라는 점이다.

그리고 유학은 생활문화이기 때문에 우리 전통문화와 큰 마찰을 빚지 않고 수용될 수 있었다고 생각된다. 즉 제사와 가정에서 효의 문화는 그 내용이 이질적인 것이 아니었다. 예컨대 부모에 대한 효, 형제의 우애 등은 인간의 보편적인 덕목이 중국문화 수용 이전의 전통사회에도 있었기 때문이다. 즉 충·효·인·의라는 덕목이 지목되고 규정된 것은 유학의 전래로 인하여 확연해진 것이지만 이런 덕목의 내용은 유학수용 이전의 우리 사회에서도 있어 왔던 것이지 전혀 본질적으로 낯선 개념이 아니었다고 할 수 있다.

그러나 중국 유학의 수용에는 이후 2000여년의 시간이 걸렸다. 삼국시대에는 당시의 사회체제와 관습으로 인하여 현실에 필요한 것을 부분적으로 수용할 수밖에 없었다. 이처럼 외래문화 중 유학처럼 오랫동안 우리 생활을 규제하고 영향을 크게 끼친 사상도 드물다.

유학은 한자와 한문의 교육과정을 통하여 자연스럽게 수용되었다. 한문공부를 하자니 그들의 교재가 사용되었을 것이고 이를 통해 유학은 점차 수용되었다고 생각된다.

그러나 우리말이 중국의 말과 다르기 때문에 문자와 언어가 불일치하였다. 한자를 우리말의 표현에 어떻게 사용되었는가를 연구할 필요가 있다. 신라에서 이두를 사용하였다는 것은 우리말을 한자를 빌려 표현하는 방식이었다. 이런 예가 고구려와 백제에서는 어떻게 나타났는가를 연구하여야 할 것이다.

전통시대의 역사서를 통해 보면, 중국의 유학은 은나라 말기 기자箕子
가 우리나라에 와서 8조의 금법 등을 실시함으로써 전래되었다고 믿어
왔음을 알 수 있다. 이 설에 따르면 은나라의 현신인 기자가 주나라에
의해 은나라를 멸하자 동쪽으로 와서 고조선을 통치하였는데, 주나라 무
왕은 그를 조선후에 책봉하여 한국의 유교문화는 이로부터 시작되었다
고 보았다. 아무리 옛날이라고 하여 성인이 와서 정치적 지도자가 되었
다는 것은 쉬운 일이 결코 아니다.

그러나 고려조에 유학이 발전하면서부터 그 정통성을 확립하려는
목적으로 중국문헌의 기록6)을 토대로 기자 동래설은 더욱 신봉되고 평
양에 기자의 사당을 짓고 이에 제사를 지내는 행사가 이루어졌다. 그
후 조선조에 와서 기자의 동래설과 유교문화의 창시자로서의 위치는
더욱 확고하게 믿어졌다. 즉 고려 인종 23년(1145)에 편찬된 『삼국사
기』로부터 조선 초기의 『고려사』·『삼국사절요』·『동국통감』, 조선 후
기 안정복 (1712~1791)의 『동사강목』에 이르기까지 이 설은 확고하
게 서술되었다.7) 더 나아가 기자에 대한 모든 기록이 집대성되기에 이
르렀다.8)

한국에서 민족주의의 근대사학이 창시되자 이민족인 기자가 동쪽으
로 와 고조선의 왕이 되었다는 것은 있을 수 없다는 설이 제기되었다.9)

---

6) 이에는 세 종류의 중국문헌 기록이 바탕이 되었다. 즉 『尙書大傳』, 『史記』宋微
　子世家, 『漢書』 地理志 燕條의 기록을 들 수 있다.
7) 좀더 엄격하게 말하면, 관찬사서로서 이 설을 기술하고 있는 것은 1894년에 학부
　에서 편찬한 『東國史略』까지라고 할 수 있다.
8) 尹斗壽의 『箕子誌』와 李珥의 『箕子實記』 등이 그 대표적 저술이다. 그리고 평양
　을 방문한 많은 문인들이 이에 대한 시를 지었고 여러 사람이 『海東樂府』에서 칭
　송하였으며 韓百謙은 기자의 정전의 유제가 평양에 남아 있다는 설을 제기하기도
　하였으나 이는 崔錫鼎에 의하여 비판되었다.
9) 李丙燾, 1976, 「箕子朝鮮의 正體와 소위 箕子八條敎에 대한 신고찰」『한국고대

기자의 동래설은 현재 한국 학계에서는 완전히 부정되기에 이르렀다.[10] 이는 토착민이었던 한씨 조선으로 이해되고 있다.

그러나 한문화의 일부인 유학이 한국에 전래한 것은 진·한 교체의 혼란기에 중국 측으로부터 밀려온 많은 유이민들에 의해서였다고 할 수 있다. 이들을 통하여 한자문화의 전래와 함께 유학이 들어왔다는 데 대해서는 누구도 의심하지 않는다.[11] 한사군은 중국문화의 수용의 기지였던 셈이다.

1) 고구려의 유학

고구려는 현토군으로부터 관복과 옷가지 등을 받아오곤 하였으며[12] 현도군이 축출된 후에는 평양지방에 설치되어 400여 년간 지속된 낙랑군을 통해 한문화를 수용했다. 이는 평양지방에 있는 고분의 벽화를 통해 살필 수 있다.

우리의 토착사회에 들어온 유학은 지배계층에 의해 통치에 이용되었을 것이다. 이에 관한 상세한 기록이 없지만 역사의 기술은 지배층의 기록이기 때문이다. 특히 유학의 덕목 중 특히 왕에 대한 충성은 새로운 고대국가의 출현에 따라 새로이 생긴 덕목으로 국왕으로부터 특히 중시되었다고 할 수 있다. 왕에 대한 충성도 유학의 전래로 인하여 출현하였다고 할 수 없다. 종래 집단사회에서 자신을 희생한 일을 충이라고 표상화하고 이를 강조했다고 할 수 있다.

유학이 삼국시대 전래된 것을 확실히 보여주는 자료로는 고구려 소수

사연구』, 박영사, 47～56쪽.

10) 李丙燾, 1959,「在來 所謂 箕子朝鮮의 正體와 周圍 諸宗族 및 燕 秦 漢과의 關係」 『韓國史』-古代篇-, 震檀學會, 92～114쪽.

11) 郭信煥, 1988,「儒敎思想의 展開樣相과 生活世界」『韓國思想史大系』2-古代篇-, 394쪽.

12) 『三國志』 권30, 魏書30 東夷 高句麗.

림왕 2년(372)에 교육기관인 태학의 설치를 들 수 있다.[13] 태학에서 어떤 교재를 가지고 어떻게 교육시켰는지를 알 수 있는 자료는 없다. 그러나 고구려에서 교수된 유학의 자료는 5경과 『사기』·『한서』·『후한서』등의 역사서가 아니었을까 한다. 또한 『효경』과 『논어』등을 가르쳤을 것으로 추정된다. 『논어』와 『효경』은 한대의 태학에서도 읽혔고 신라의 신문왕대에 설치된 국학에서도 기초적으로 읽혔던 점을 고려하면 이러한 추정이 가능하다. 그리고 『周書』고려전[14]과 『구당서』고려전에 5경과 『사기』·『한서』·『후한서』·『삼국지』, 孫盛의 『晉陽秋』[15] 등이 고구려에서 애독되었다고 하는데, 이는 태학을 포함한 고구려 지식인층의 독서경향을 말한 것으로 생각된다. 5경은 한대 박사제도의 확립과 더불어 성립된 유학의 기본경전으로 『시경』·『서경』·『주역』·『춘추』·『예기』를 지칭한다. 한나라에서는 오경박사 제도를 두어 경전을 전공하는 학자가 양성되었다.

태학은 중국 한나라의 교육제도를 취해온 것이다. 또한 태학은 중앙의 교육기관으로 이곳에서 고관 귀족 자제들을 교육시켰다.[16] 그리고 이는 중급 이상의 고급단계의 교육을 시키는 교육기관이었다. 그리고 『구당

---

13) 『三國史記』권18, 高句麗本紀6 소수림왕 2년.

14) 7세기 중엽에 편찬된 『周書』권49, 東夷 高麗전에 고구려의 "서적에는 五經·3 史·三國志·晉陽秋"가 있었다고 기록하고 있다. 이 3史는 사마천의 『史記』, 반고의 『漢書』, 范曄의 『後漢書』를 지칭한다.

15) 『晉陽秋』는 晉나라 孫盛이 편찬한 책으로 말과 논리가 정연하여 良史로 평가되었으나 손성이 당시의 정치적 상황으로 인하여 그 아들이 개작하였다. 진나라 孝武帝代 太元(376~396) 연간에 異聞을 널리 구하였는데 이 때 정본을 요동에서 구하여 이를 대조해 보니 상이함이 많아 두 본을 모두 전하였다고 한다(『晉書』권82, 列傳52 孫盛). 그러나 현재 이 책은 전하지 않는다. 이 요동은 고구려를 지칭한 것으로 판단된다.

16) 李文遠, 1981, 「儒敎思想과 古代敎育－高句麗 扃堂의 敎育內容」『韓國古代文化와 隣接文化와의 關係』, 韓國精神文化硏究院, 466~470쪽. 여기서 한대 태학의 성립과 그 후의 변화에 대하여 소상히 언급하고 있다.

서』와 『신당서』에는 扃堂이라는 교육제도를 다음과 같이 기술하고 있다.

> ① (고구려의)풍속이 서적을 좋아하여, 누추한 집에서 천역에 종사하는 사람
> 의 집에 이르기까지 각각 큰 길 가에 큰 집을 지어 경당 扃堂이라 칭하고
> 자제들이 결혼하기 전에 이곳에서 책을 읽고 활쏘기를 익힌다. 그 읽는
> 책에는 五經, 史記, 漢書, 范曄의 後漢書, 孫盛의 晉陽秋, 玉篇, 字統, 字
> 林이 있고 또 文選이 있어 더욱 애지중지하였다(『舊唐書』 권199上, 列傳
> 149上 東夷 高麗).
> ② 사람들이 배우기를 좋아하여 궁벽한 마을의 가난한 집 사람들까지도 즐겨
> 힘썼다. 큰 길가에 모두 큰 집을 지어 이를 경당이라 불렀다. 결혼하지 않
> 은 자제들이 무리지어 모여 경전을 외우고 활쏘기를 익혔다(『新唐書』 권
> 220, 列傳 145 東夷 高麗).

고구려의 경당이 언급된 자료는 ①과 ②뿐이다. 이 중에서도 ①의 자
료가 더 자세하므로 이를 주로 인용하고 있다. 자료적인 측면에서는 ②
의 자료는 ①의 자료를 가지고 표현을 달리한 것일 뿐 새로운 자료에
근거한 것이 아님을 생각한다면 원 자료는 『구당서』의 ①이라고 할 수
있다. 그리고 이 자료의 신빙성이 얼마나 있었는지를 사료학적으로 비판하
여야 할 것이다.

그런데 이를 흔히 지방의 평민자제들을 교육시킨 사립 교육기관으로
이해하거나 또는 신라의 화랑과 같은 청소년 교육기관의 존재로 보는 설
이 있다.[17] 이는 '누추한 집에서 살며 천역을 하는 사람들의 자제들이
결혼 전에 책을 읽고 활쏘기를 익혔다'는 표현에 근거한 것뿐이다. 특히
이 표현 중에 지방이라는 표현은 전혀 찾을 수가 없다. 오히려 사통팔달
의 중심가[街衢]에 큰 집을 지었다는 표현에서 오히려 이는 지방이라기
보다는 수도의 중심가인 번화가를 연상케 한다.[18] 즉 수도가 아니라면

---

17) 李基白, 1967, 「高句麗의 扃堂－韓國古代國家에 있어서의 未成年集會의 一遺制」
『歷史學報』 35·36합, 45～46쪽.
18) 李基白, 1967, 위의 논문, 50쪽.

이런 기구를 상정하기가 어렵다. 따라서 이 경당은 지방이 아니라 중앙의 초급교육기관이라고 보아야 할 것이다. 또한 평민들의 자제라고 보기에는 당시의 역사적 실상과 거리가 멀다. 그리고 이에 입학하는 학생들은 수도에 사는 주민들의 청소년 자제들이라고 생각된다. 결혼하기 전의 미성년들이 수학한 곳임을 들어 부족국가시대에 청소년집회의 유제가 경당으로 발전하였다는 것이 지금까지의 통설이다.[19]

①의 사료에서 가장 강조한 점은 일반사람들이 책을 좋아했다는 점이다. ②의 자료에서는 사람들이 배우기를 좋아했다고 표현하였다. 이는 중국인들이 고구려는 외방이면서도 중국의 책을 대단히 소중히 여기고 이를 일찍부터 배워왔음을 특이한 것으로 보고 이를 표현한 것으로 이해된다. 물론 이들 자료에 국립대학인 태학에 대한 언급은 전혀 없다. 그러나 고구려가 민간에서 낙랑을 통하여 또는 중국 본토를 통하여 한자문화를 이미 익히고 있었으며, 이런 전제 위에 태학이 설립되었다고 생각한다. 특히 한나라의 태학이 15세에서 18세의 학생을 교육시킨 점으로 미루어본다면, 이는 결혼 후의 성년들의 고급 교육기관이라 할 수 있다. 이처럼 고구려에서의 태학도 경당에서 교육을 받은 학생 중 우수한 자를 선발하여 고등교육을 시킨 것이 아닐까 한다.

그리고 '누추한 집에 살면서 천역에 종사하는 사람들'이란 표현은 그들의 신분이라기보다는 가정은 비록 가난하고 어려운 처지에서도 공부에 열성적인 것을 그렇게 표현한 것으로 해석되어야 할 것이다. 이들 표현을 그대로 신빙함은 문헌실증사학의 한계이다. 표현 뒤에 숨은 뜻을 이해하여야 할 것이다. 물론 고구려의 최고 지배층을 이렇게 표현하였을 까닭이 없으므로 이를 신분과 무관하다고 할 수는 없다. 그러나 적어도

19) 李基白은 이 경당의 설치연대를 長壽王대로 추정하고 정복전쟁으로 지방민이 군사적으로 동원되던 상황 하에서 경당에서 교육하던 학생들을 지방의 평민 자제라고 규정하였다.(李基白, 1967, 앞의 논문, 52~53쪽).

자제들을 공부시킬 수 있는 신분을 일반 평민들이라고 보는 것은 당시의 역사적 실상과 거리가 멀다. 따라서 이는 하급 지배층의 자제라고 보아야 할 것이다. 경당이라는 것이 어느 제도화된 교육기관으로 설명함은 옳지 않다.

①의 자료 중 나열된 책은 문맥으로 보아서는 '경당에서 주야로 책을 읽고 활쏘기를 익혔다'는 표현 중의 '책'이 보인다. 그러나 이를 잘 음미하면 이는 경당에서 교육한 책이라기보다는 첫머리에 나오는 '풍속이 서적을 좋아하여[俗愛書籍]'라는 구절의 '서적'을 말한 것으로 생각할 수도 있다. 즉 ① 자료의 마지막 표현인 '또 『문선』이 있어 더욱 애지중지하였다[又有文選 尤愛重之]'라는 것에서 역시 이렇게 생각할 수 있다. 다시 말하면 ①의 인용문 첫머리의 '책을 좋아했다'는 표현은 고구려의 습속을 총체적으로 언급한 것으로, 반드시 이를 경당에서 읽힌 책이라고만 보기는 어렵다고 할 수 있다.

경당에서 교육된 내용은 활쏘기가 무예의 기초적인 훈련인 점으로 미루어보아 한문이나 유학교육도 『字通』이나 『字林』을 통한 문자교육과 유교경전에 초보적인 교육도 행해졌다고 할 수 있다. 또한 중국의 역사에 대한 기초적인 교육도 있었다고 생각할 수 있다. 이렇게 본다면 지금까지 학계의 통설로 이해되고 있는 지방의 평민자제들을 교육시킨 것이 경당이라는 해석은 재고되어야 할 것이다.

그리고 경당을 화랑제도와 흡사한 전사단체로 규정하여 왔으나, 이를 입증할 만한 자료가 너무나 부족하다. 물론 고구려도 신라와 같은 단계의 고대국가이므로 유사한 사회단체로서 청소년집회인 화랑제도와 같은 제도가 있을 수 있다. 신라의 화랑제도가 주로 왕경출신의 자제들이었음을 보더라도 고구려의 경당은 중앙 즉 수도의 청소년들의 초급 또는 중등교육기관이라고 하여야 할 것이다. 이런 초급 또는 중등교육을 위해 경당이라는 제도가 성립하게 된 것은 성년식을 치르기 전인 청소년들의 집회의 유산이 한자문화의 전래로 인하여 무적인 것 이외에 문자 교육이 함께 행해진 것으로 이해된다.

고구려에서 국가적인 태학의 설치나 율령의 반포도 한자문화의 수용을 전제로 가능하였다. 율령이 실시되려면 이를 이해하는 국민이 있었음을 전제로 하여야 하기 때문이다. 그러므로 한자문화와 유학은 고구려의 경우 태학 설립보다 훨씬 이전에 수용된 것을 말해준다. 또한 한자문화의 전래는 역사의 기록을 가능하게 하였다고 생각된다. 이 무렵 한자문화의 이해 수준을 장수왕 2년(414)에 세워진 광개토대왕릉 비문를 통하여 알 수 있다. 이 비문은 유창한 한문으로 쓰졌다.

태학에는 오경과 역사서를 전공한 박사들이 학생들을 교수하였다고 이해된다. 이는 영양왕 때 태학박사 李文眞이 보이고 있음을 통하여 확인할 수 있다. 이처럼 고구려에서 유학에 대한 교육이 실시되면서 태학은 얼마 만큼의 유학적 소양을 갖춘 관리의 선발이 있었을 것이다. 그러나 단순히 태학에서 성적이 우수하다는 조건만으로 관리에 충원되는 것은 아니었다. 그것은 당시의 사회가 부족장 중심의 귀족사회였기 때문이다.

고구려의 관리 중 실질적으로 태학출신이 임용된 사례를 문헌으로 입증할 수 없다. 그러나 고구려의 관직체계에 '使者'의 명칭이 붙은 관직 계열이 있음에 주목할 필요가 있다. 즉 태대사자·대사자·소사자·발위사자 등은 원래 국왕이 능력 있는 사람이나 공이 있는 사람을 임용함에서 유래된 관직으로 이해되고 있다. 이런 유추에 의한다면 초기에는 단순한 능력의 검증이나 공로로 관리로 임용되었겠지만 태학이 설치된 후로는 여기서 발탁되어 임용된 관리가 있었다고 해석할 수 있다. 경당을 통해서도 유능한 인물의 발탁이 가능하였다. 김대문의 『화랑세기』에서 '현좌충신'과 '양장용졸'이 화랑으로부터 나왔다는 표현[20]에서 미루어 볼 때 고구려의 경우도 넉넉히 짐작할 수 있다.

---

20) 『三國史記』 권4, 新羅本紀4 진흥왕 37년.

그러나 고구려도 세습적 신분제가 강인하게 작용하였다는 점에서 유학이 교육되고 학문적 능력을 쌓은 사람이 있어도 크게 발탁되지 못하였을 것임을 쉽게 상정할 수 있다. 이는 고대국가에서 유학이 정치이념으로 실질적으로 실현되지 못한 사회적·정치적 배경이며, 고대국가의 공통적 통치력의 한계점이라 할 수 있다. 『삼국사기』 고구려본기 중에서 仁과 忠이란 유학적인 표현이나 문구가 나오고 있으나 이를 유학사상의 실현으로 보는 견해는 그대로 취할 수 없다. 이에는 엄정한 사료비판을 거쳐야 할 것이다. 즉 유학사상이 아니라도 비슷한 사례가 일어날 수 있는 가능성이 있었고 이를 후대에 유학적 표현으로 바꾸어 놓았을 수 있다는 점을 명심할 필요가 있다.

유학이 정치사상적으로 분명히 나타나는 것은 광개토대왕릉비에 보이는 '以道興治'라는 표현이다. 광개토대왕은 그의 시조가 '天帝之子'이고 어머니는 '河伯女郞'이란 표현으로 선조의 출신의 신성함을 표출하면서도 도로써 세상을 다스린다는 표현을 하고 있다. 그런데 그 도의 구체적인 내용을 싣고 있지 않아 도의 내용이 유학에서 말하는 도와 일치하는 지 알 수 없으나 유학적인 성향을 보여준다고 할 수 있다.

또한 고구려 鎭墓 북벽의 墨書에 장지의 선택과 장삿날의 선택, 장사 지내는 시간을 정함에 주공·공자·무왕의 권위를 빌리려 함은[21] 유학적인 소박한 표현이라 할 수 있다. 또한 부모와 남편의 상복제가 중국과 같이 3년 복을 입었다는 것[22]은 의식에 있어서 유학적인 영향이 있었다고 할 수 있다. 또한 한나라에서 정립된 오행사상도 전래 수용되었음이 고분벽화를 통하여 확인할 수 있다.

---

21) 천인석, 1994, 「三國時代의 儒學思想」 『韓國學論集』 21, 啓明大, 39쪽.
22) 『周書』 권49, 列傳41 異域上 高麗.
　　『隋書』 권81, 列傳46 東夷 高麗.

2) 백제의 유학

백제가 국가적 성립을 보기 전에 남한지역에는 마한이란 부족연맹체 사회가 있었다. 마한에서는 이미 낙랑에 와서 인장과 관복을 받아간 족장들이 천 여명에 달하였다고 한다.[23] 이는 이미 마한사회에 중국의 한자문화가 전래하였음을 의미한다고 할 수 있다. 고조선의 통치권이 유이민인 위만에게 찬탈되자 그 일부가 마한지역으로 남하하였으므로 그들의 문화적 전통을 이어 받았다고 생각된다. 그리고 백제는 마한 48국 중의 하나로 출발하여 마한을 통합하여 간 나라이다. 지배층은 고구려인들로 토착민들을 다스렸다. 따라서 백제에서는 마한의 기층민들의 문화와 새로이 지배층으로 내려온 유이민의 문화적 기반이 합쳐졌다. 그 결과 백제는 이미 상당한 수준의 문화적 전통을 가진 위에 부족적 기반이 고구려나 신라에 비하여 미약하였으므로 이후 외래문화의 수용에 있어서 보다 개방적이고, 적극적일 수 있었다. 그리고 백제는 낙랑과 대방으로부터 거리상으로도 가까웠고, 해상활동이 활발하여 중국과의 교역도 활발히 이루어졌다.

백제는 비록 국가 성립이 고구려보다 늦게 출발하였으나 한문화에 대한 이해는 비교적 선진적으로 이루어졌다. 백제에서 유학을 교육하는 태학이 언제 설치되었는지에 대한 기록은 남아 있지 않다. 그러나 율령이 반포된 고이왕대에는 이미 한자문화가 상당한 수준으로 이해되었으며, 고구려에서 율령의 반포와 태학의 설치가 때를 같이 하였다는 상황을 고려하면 이 무렵 또는 그 후에 태학이 설치되었다고 생각한다.

백제에서 태학이 설치 운영되었다는 근거는 태학의 교수직인 박사의 명칭이 보이고 있기 때문이다. 『삼국사기』 근초고왕 30년(375)조에 박사 高興의 서기『書記』편찬에 대한 기록이 보이고 있다. 그리고 비유왕 24

---

23) 『三國志』 권30, 魏書30 東夷 韓.

년(450)에는 송나라에서 『易林』과 『式占』이 들어왔다. 이는 실제생활에 도움이 되는 주역과 점을 치는 중국적 방식이 알려졌음을 의미한다. 어떻든 이 무렵에 오경박사제가 설치되고 유학과 한문이 일본에 전해진 사실[24]에서 백제의 유교문화에 대한 깊은 이해가 있음을 확인할 수 있다. 이처럼 위례성에 도읍을 하였던 전기 백제시대에는 실생활중심의 유학이 발달하였다.

백제가 고구려 장수왕의 침입으로 한성이 함락되자 큰 국가적 위기를 맞이하였다. 수도를 웅진으로 옮긴 이후 중국의 남조인 주와 양나라 문화를 적극적으로 수용하였다. 『주서』 백제전에 의하면 "풍속이 말타기와 활쏘기를 중히 여기며, 경전과 사서를 좋아하고 자못 한문 글을 지을 줄 알고, 음양오행을 이해하고 송의 원가력을 사용하고 있다. 또한 부모와 남편의 상에는 3년 복을 입는다"고 기록하고 있다. 이 내용은 무령왕의 지석을 통하여 입증되고 있다.

그리고 성왕 12년(534)과 18년에는 백제에서 양나라에 『열반경』 등의 경전과 毛詩博士, 工匠과 畵師를 보내줄 것을 청하여 이들을 받았다.[25] 또한 의약에 대한 이해가 깊고 점술에 능하였다고 한다.[26] 무령왕의 묘지석의 기록은 당시 백제의 유교문화 및 한자문화에 대한 이해의 정도를 가늠할 수 있고, 부여지역에서 출토된 산경전을 통하여 불교와 노장사상이 가미된 것을 발견할 수 있다. 즉 무덤은 연꽃이 장식된 벽돌로 축조되었고 매지권은 중국사상에 가미된 토속신앙을 반영하고 있으며 지석

---

24) 왕인박사가 일본에 『천자문』과 『논어』를 가지고 가서 가르쳐 주었을 뿐만 아니라 『日本書紀』 권17, 繼體紀 7년조에 백제에서 五經博士 段陽爾를 보냈다는 기록과 3년 후에는 高安茂를 보냈다는 기록이 있으며 같은 책, 권19, 欽明紀 14년조에 일본에서 醫博士·易博士·曆博士의 파견을 요청한 기록이 보이고 있다. 이에 대하여는 李弘稙, 1971, 「日本에 傳授된 百濟文化」 『韓國古代史의 硏究』 및 李丙燾, 1971, 「百濟의 學術 및 技術의 日本傳播」 『百濟硏究』 2, 忠南大 참조.
25) 『南史』 권79, 列傳69 東夷 百濟.
26) 『隋書』 권81, 列傳46 東夷 百濟.

문은 유학적인 성격을 담고 있다.

백제 말기에 살았고 백제가 멸망하자 부흥운동을 일으키다가 뒤에 당나라에 귀화하여 중국의 관인이 된 흑치상지의 묘지명에서 그가 어렸을 때부터 『춘추좌전』과 『사기』·『한서』 등을 읽었다고 한 기록은 백제 관료들의 학문성향의 일단을 보여준다고 하겠다.

3) 신라의 유학

한반도의 귀퉁이에 위치한 신라 초기에는 한자문화를 포함하여 유학과 불교가 고구려를 통하여 전래되었다. 신라는 외래문화를 고구려나 백제에 비하여 뒤늦게 받아들였으나 전통사회의 윤리와 습속을 승화시킴으로써 공동체의식을 잃지 않았고 이는 삼국을 통일하는 문화적 사회적 저력이 되었다. 5·6세기에 만들어진 비석이 발견됨으로써27) 신라시대 고유한 습속의 변용과 한자문화의 이해 정도를 짐작할 수 있게 되었다.

신라에서 한강유역을 점유한 진흥왕대부터는 중국의 학문을 직접 수용할 수 있었다. 비단 유학만이 아니라 불교의 수용에 있어서도 마찬가지였다. 불법을 배우러 가는 유학승들에 의하여 초기 유학은 함께 전래되었다고 생각된다. 유학과 전통윤리·불교윤리가 통합될 수 있었다. 이는 화랑도가 지켜야할 덕목으로 승 원광이 제시한 세속오계를 통하여 확인할 수 있다. 사군이충·사친이효·교우유신·임전무퇴·살생유택에서 종래 앞의 세 덕목은 유교적인 것이라 하여 의심하지 않았으나 반드시 그렇게 해석하여야 한다고 생각되지 않는다. 사군이충은 유교적 덕목에서 유래한 것이라 할 수 있다. 사친이효와 교우유신도 표현상으로만 보면 유교덕목이라고 할 수 있지만, 이는 전통사회에서 있어온 덕목을 한자로 표현한 것일 뿐이고 이를 새로운 도덕관념이라고 할 수는 없다. 임전무

---

27) 5세기말에 세워진 것으로 이해되는 영일냉수리신라비와 6세기 초반의 울진봉평 신라비를 들 수 있다.

되는 당시의 정치사회상으로부터 요구되는 덕목이고, 살생유택은 농업사회의 전통을 반영한 덕목으로 이해되고 있으면서 불교적인 성향이 짙게 깔려 있어 당시의 사회상을 반영해 주고 있다.

신라에서 국가적인 교육제도가 확립된 것은 삼국통일 후인 신문왕대로 기록되고 있다. 그러나 그 이전에도 유학을 공부하는 분위기는 있었다. 1934년에 발견된 「임신서기석」의 내용에서 신라인의 유학사상의 일단을 찾아 볼 수 있다. 이 임신년은 진흥왕 13년(552), 진평왕 34년(612), 문무왕 12년(672), 성덕왕 31년(732)에 해당한다. 이 비석은 내용과 시대상황으로 보아 임신년은 성덕왕 31년으로 추정되고 있다.

두 화랑이 서로 약속한 내용 중에 "충도를 가지되 이에 과실이 없기를 하늘에 맹서하며, 이를 어기면 하늘로부터 대죄를 받을 것을 크게 서약하고, 만약 나라가 불안하여 크게 세상이 어려워지면 충성을 바칠 것을 맹서한다"는 것으로 되어 있고 바로 전해(신미년)에 약속한 詩·尙書·禮·傳을 3년 안에 차례로 습득하기를 맹서하였다. 시는 『시경』, 예는 『예기』, 전은 『좌전』을 뜻한다고 생각한다. 이를 통하여 신라에서 화랑들이 유교경전의 습득을 열심히 하였음을 확인할 수 있다.

또한 진흥왕 29년(568)에 세워진 진흥왕순수비에는 "이리하여 제왕은 연호를 세우고 자기를 수양함으로써 백성을 편하게 하지 않음이 없었다"라는 『논어』에서 인용한 표현과 "兢身自愼 恐違乾道"라는 표현은 유학적 사고방식을 극명하게 보여주는 표현이라고 할 수 있다. 또한 강수는 통일 전에 이미 『효경』·『이아』·『곡례』·『문선』을 스승으로부터 배웠다는 점[28]에서 신라인들의 유학적 소양을 짐작할 수 있다.

신라인들의 유학에 대한 공부는 진덕왕 5년(651)에 김인문 등이 당나라에 가서 숙위학생으로 국학에 들어가 공부하였다. 이는 신라인들이 본격적인 유학을 공부하게 되고 이후 통일신라의 학문의 발전을 가져오게

---

28) 『三國史記』 권46, 列傳6 强首.

되는 직접적인 계기가 되었다.

요컨대 삼국시대의 유학은 한문을 이해하기 위한 수단으로 교육되었고 그 내용 중 일부가 당시의 정치와 사회에 수용되었다. 이때의 유학은 전통적인 우리 문화의 저변에서 시행되던 덕목과 관련된 것이 유학적으로 승화 표현되었다. 따라서 아직 유학은 역사의 기록이나 역사관을 규정할 정도로 이념적 가치로는 받아들여지지 않았다고 생각된다.

그러면 삼국시대에 전래한 유학은 어떤 성격의 유학이었는지를 살펴볼 필요가 있다. 삼국에서 유학은 우선 한문에 대한 이해와 명문의 외교문서를 쓰기 위하여 유학적 내용에 대한 이해가 필요하였다. 이는 삼국이 영토를 넓혀가는 과정에서 중국세력과 외교관계를 잘 유지함은 국내정치만이 아니라 국제정세를 자국에 유리하게 장악하기 위해서도 필수적인 것이었다. 다음은 영토를 확장하고 새로이 얻은 인민을 자국의 국민으로 흡수하면서 왕에 대한 충성심의 고양은 고대국가가 발전함에 무엇보다도 시급한 당면과제였다. 이를 위하여 충과 효를 강조하는 유학이 실질적으로 중요시되었다. 그러면서도 이는 군주가 백성생활을 안정되게 다스려 한다는 인식을 낳게 하였다. 이는 문화적 사상적 필요성을 띠게 되었다. 이는 지배층에게 긴요하게 요구되었던 덕목이었다. 유학의 중요한 기능의 하나인 교화는 불교가 담당하고 있었던 고대국가의 상황에서 유학이 사회의 교화사상으로 작용함에는 아직 부족한 상황이었다. 더구나 개인적 인격자를 유학을 통하여 기른다는 것도 그리 크게 작용하지 못하였다고 할 수 있다. 왜냐하면 신라에서 관리로 등용됨에는 교육을 통한 학식보다 혈통을 중시하였기 때문이다. 특히 신라는 골품제라는 강인한 혈연적 신분제가 운영되었다. 서울에 살지 않는 지방인이 관료가 되는 길이 막혀 있었다. 요컨대 고대국가의 유학은 지배층 특히 국왕의 현실적 필요성에서 장려되었다고 할 수 있다.

또한 삼국의 유학은 일본에 전파되어 일본 고대국가를 형성하는 학문적 기반을 이룩하였다. 이는 고구려·백제·신라 삼국을 통하여 학문과 기술이 일본에 전파되었으나 특히 백제의 영향력이 컸음은 주지의 사실이다.29)

4. 삼국의 역사편찬

역사편찬에 있어서 사건의 기록이 반드시 우선적으로 행해지는 일이다. 그런데 지금까지의 학계에서는 삼국의 역사편찬에 대한 논의가 중심이 되었고 역사의 기록을 남김에 대하여는 관심이 소홀하였다고 생각한다.30)

1) 고구려의 역사편찬

삼국 중 가장 먼저 한자문화를 수용하고 선진문화를 이룩한 고구려에서 역사편찬도 제일 먼저 시작하였다는 것은 의심의 여지가 없다. 그러나 이에 대한 문헌기록은 영양왕 11년(600)조에 처음으로 보이며, 그 내용은 다음과 같다

---

29) 李弘稙, 1958, 「日本에 傳授된 百濟文化」『韓國思想』9 ; 1971, 『韓國古代史의 研究』, 신구문화사.
   李丙燾, 1971, 앞의 논문.
   金廷鶴, 1981, 「古代의 韓日關係」『韓國古代文化와 隣接文化와의 關係』, 한국정신문화연구원.
30) 삼국의 역사편찬에 대한 종래의 연구에 대한 소개와 정리는 다음의 글을 참조하기 바란다.
   李基東, 1979, 「古代國家의 歷史認識」『韓國史論』6, 國史編纂委員會 ; 1994, 「古代의 歷史認識」『韓國의 歷史家와 歷史學』上, 창작과 비평사 ; 1997, 「古代의 歷史認識」『韓國史學史研究』, 于松趙東杰先生停年紀念論叢』1.
   趙仁成, 1985, 「三國 및 統一新羅時代의 歷史敍述」『韓國史學史의 研究』, 韓國史研究會.

태학박사 이문진에게 명하여 고사를 줄여 신집 5권을 만들게 하였다. 국
초에 문자를 처음으로 사용하였을 때 어느 사람이 일을 기록하였는데 그 양
이 100권이었고 그 이름을 留記라 하였다. 이 때 이르러 줄이고 다듬었다(『三
國史記』 권20, 고구려본기 8 영양왕11년조).

지금까지 사학사 연구에서는 이 기록에 대하여 『留記』가 편찬되었다
는 전제 하에서 국초가 언제냐 하는 데에 관심을 두었다. 즉 이를 문자
그대로 국초로 보아야 한다는 설[31]과 태학이라는 교육제도가 확립되었
고 율령제가 반포되었으며 불교수용이 이루어진 소수림왕대를 주목한
설[32]이 있다. 뒤에서 살펴볼 백제와 신라의 역사편찬의 분위기를 고려
하면 소수림왕대설이 일견 타당한 듯하다.

그러나 위의 글에서 『유기』를 편찬물로 볼 수 없다는 견해가 제기되
었다.[33] 즉 100권이라는 거대한 저술이 한 사람에 의하여 이루어진 것
으로 볼 수 없다는 점과 유기라는 말의 뜻이 이는 한 때 편찬된 책 이름
이 아니라 이문진 때까지 기록이 축적된 것을 뜻한다고 해석하였다. 위
사료는 "국초에 처음 문자를 사용할 때에 어느 사람이 일을 기록하기
시작하였는데 (그것이 쌓여) 100권에 이르렀다"라고 해석해야 한다고 주
장한다. 이처럼 '남겨진 기록'[34]이라는 뜻에서 이를 『유기』라고 불렀다
고 해석할 수도 있다. 또한 『유기』라는 용어가 새로이 편찬된 역사서의
이름으로는 적당하지 않다는 점[35]을 고려할 때에 더욱 그러하다. 이를

---

31) 이는 李佑成의 견해이다(李基白 외, 1976, 『한국사를 어떻게 볼 것인가』, 삼성문
    화문고 88).
32) 李基白 외, 1976, 앞의 책, 4쪽.
33) 鄭求福, 1983, 「傳統的 歷史意識과 歷史敍述」 『韓國學入門』, 學術院, 82~83쪽.
34) 李佑成은 이를 전승의 축적을 의미하는 것이 아닌가 하는 견해를 이미 피력한 바
    있다(李基白 외, 1976, 앞의 책, 15쪽).
35) 이는 편찬된 역사책의 이름으로서 타당하지 않다는 설이 高柄翊에 의하여 제기된
    바 있는데, 이는 경청할 만한 견해라고 생각한다(李基白 외, 1976, 위의 책, 14~
    15쪽).

소수림왕 때의 역사편찬으로 해석한다면 이 책명은 적당하지 않다. 더구나 중국의 역사서에 대한 이해가 깊었던 고구려에서 편찬한 책명으로 이를 사용한 것으로는 이해하기 곤란하다.

다시 말하면 국초로부터 어느 사람이 기록을 남기기 시작하여 여러 사람에 의하여 기록되어 쌓인 자료가 100권에 이르렀다고 봄이 합리적이다. 그래서 그 책명이 없으므로 남겨진 기록이라는 뜻으로 『유기』라고 칭하였다고 생각한다. 100권이란 분량이 어느 한 때의 기록이라고 볼 수 없고 국초로부터 역대왕의 기록을 합친 것으로 해석해야 사리에 온당하다. 100권을 오늘의 개념으로 권마다 똑같다고 생각하지 않아도 좋다.

또한 신집을 편찬하면서 새로운 자료를 보충하였다고 기록하지 않고 이를 줄여서 편찬하였다는 표현은 이 책의 편찬 직전까지의 내용을 유기가 담고 있었다고 할 수 있다.

또한 고구려에서 한자를 사용하여 기록을 남긴 것은 태조 46년(A.D. 98)에 왕은 동쪽에 있었던 柵城에 순수하여 흰 사슴을 잡고 군신과 연회를 가진 후 산의 바위에 공을 기록하였다는 기록을 확인할 수 있다.[36] 이는 순수기공비라고 할 수 있다. 비록 그 내용은 전해지지 않아 정확히 알 수 없지만 후일 신라 진흥왕순수비와 같은 성격의 것으로 여겨지며 고구려에서의 한자 사용은 이보다 앞선다는 것을 알 수 있다. 따라서 앞에서 언급한 역사기록이 국초부터 있었다는 것은 태조 이전부터가 아닐까 추정할 수 있다. 또한 태조라는 명칭이 국가의 건국자에게 붙이는 중국식의 시호임을 고려한다면 이는 중요한 의미를 가진다고 할 수 있다. 이는 고구려사에서 정치적으로 중요한 계기였으며, 유학의 발달에 있어서도 중요한 계기였다고 할 수 있다.

고구려에서의 역사기록이 이처럼 여러 사람에 의하여 체계 없이 기록된 것이고 그 분량이 100권에 이르렀다면 고구려에서는 이런 자료를 가

---

36) 『三國史記』권15, 고구려본기3 태조대왕 46년.

지고 신라나 백제와 같이 역사를 편찬하는 작업이 없었을까를 생각해 볼
수 있다. 그러나 국가에 의하여 계획적인 역사편찬의 기록은 보이지 않
는다. 신라의『국사』편찬이나 백제의『서기』도 이런『유기』와 같이 기
록을 남긴다는 뜻이 강하였다고 할 수 있다. 이점을 현재까지의 연구나
저술에서는 소홀히 한 감이 있다. 방대한 자료이고 일정한 체계로 정리
되지 않은『유기』라는 자료를 태학의 교재로 사용할 수는 없었다. 따라
서 태학의 국사교재로 사용하기 위하여 5권의『신집』으로 정리하였다고
이해할 수 있다.『신집』의 편찬 단계에서는 역사관이나 국가관의 중요
한 변화가 있었을 것을 예상할 수 있다.

　고구려의 역사기록은『삼국사기』를 통하여 전래되고 있을 뿐 원래의
기록 자체는 전하지 않는다. 그러나 후대에 발견된 금석문은 그들의 역
사기록을 파악할 수 있는 자료가 된다. 대표적인 자료로서는 광개토대왕
릉의 비문을 들 수 있다. 이를 통하여 알 수 있는 역사기록의 내용과 역
사관을 살펴보면 다음과 같다.

　첫째 고구려의 국가적 자존성을 확인할 수 있다. 고구려 역사는 천제
의 후손이 지배하며 항상 하늘 님의 후원을 받으며 왕이 죽은 후에는
하늘로 올라갔다고 하였다. 그리고 하늘로부터 받은 은택이 사해에 퍼지
고 9夷를 제압하였다는 표현에서 고구려의 **天道思想**과 고구려 중심적인
세계를 인식하고 있었음을 확인할 수 있다.[37] 또한 고구려는 신라와 백
제·부여 등의 조공을 받는 중화적인 인식을 갖고 있다. 그리고 독자적인
연호를 세웠고 대왕이라는 칭호를 가졌다. 태왕 太王 또는 대왕이라 함
은 '王中王'이라는 뜻으로 비록 황제라는 용어를 취하지는 않았지만 대
왕이라는 칭호는 황제라는 칭호와 같은 것이라 할 수 있다. 이러한 자존

---

37) 梁起錫, 1983,「4～5C 高句麗 王者의 天下觀에 對하여」『湖西史學』11.
　　盧泰敦, 1988,「5세기 金石文에 보이는 高句麗人의 天下觀」『韓國史論』19, 서
　　울대학교 국사학과.

성은 비록 시기적인 차이는 있지만 고구려만이 아니라 백제나 신라·연·
일본까지도 공통적인 고대문화의 특징이라 할 수 있다.

둘째 당시 국가적으로 가장 중요한 일이 영토를 확장하는 정복전쟁이
었음을 광개토대왕이 격파하여 점령한 성과 마을을 상세히 기록한 부분
에서 단적으로 확인할 수 있다. 정복전쟁은 자국의 발전을 위하여 필요
할 뿐만이 아니라 국가의 존속을 위하여도 필수적인 시대적인 과업이었
다. 정복전쟁의 승리는 왕권의 강화를 가져왔음은 주지의 사실이다. 이
러한 대왕의 업적이 왕의 뛰어난 능력이라고 설명하지 않고 시조로부터
물려받은 천손족의 후손이기 때문이라는 점이 강조되었음은 주목할 필
요가 있다.

셋째 이 비문에는 수묘인에 대한 규정을 상세히 적고 있다. 수묘인을
고구려 원주민인 舊民과 새로이 포로로 잡아온 新民을 섞어서 편성하면
서 구민은 곧 연약해질 것이라고 한 점을 통하여 새로운 활력소로서 새
로운 백성을 영입하였다는 점이 주목되어야 할 것이다. 구민이 곧 연약
해질 것이라는 내용은 관습법에 익숙하기 때문에 새로운 율령을 지킴에
느슨하다는 표현으로 해석된다. 그러나 실제적인 이유는 구민의 사역을
줄이려고 한 배려가 있었다고 생각한다. 따라서 구민은 수묘인으로서 묘
를 청소하고 지키는 데에 적절치 않다는 뜻으로 해석될 수도 있지만 이
러한 사상은 새로운 백성은 새 율령에 충실히 따를 것이라는 생각과 함
께 근면하고 강하여 새로운 활력소로 인식하였다는 것을 뜻한다고 풀이
할 수 있다. 고대국가에서 새로이 정복한 자를 적극적으로 자국의 백성
으로 만드는 데 노력하였음을 확인할 수 있다. 이와 같은 예는 신라 진
흥왕순수비에도 보이고 있다.

넷째 장수왕은 광개토대왕의 묘에 비석을 세울 뿐만 아니라 선대의
모든 왕들의 묘에 묘비를 세우고 이를 지키기 위한 수묘인을 정하는 조
처를 취하였다. 이는 선대 왕들의 묘소를 존중하는 것이며, 이들에 대한

제사가 얼마나 중요한 것인가를 간접적으로 보여주고 있다. 그리고 이 수묘인 사항에는 고구려의 구체적인 새로운 율령이 보이고 있다.

다섯째 이 비문은 한문학의 높은 수준을 보여주고 있다. 이러한 수준의 한문 구사는 고구려에서 역사기록을 남길 수 있었음을 충분히 말해주고 있다. 이런 광개토왕릉 비문의 주 내용은『유기』100권 속에 들어 있었던 것으로 추측된다.

2) 백제의 역사편찬

백제에서의 역사편찬 기록은『삼국사기』권24, 백제본기2 근초고왕이 죽었다는 기사 뒤에 다음과 같이 기록되어 있다.

> 『고기』에 이르기를 "백제는 개국한 이래 일찍이 문자로 일을 기록한 일이 없었는데, 이 때 이르러 박사 고흥을 얻어 비로소 서기를 갖게 되었다"고 하였다. 그러나 고흥은 일찍이 다른 책에 보이지 않으므로 그가 어떤 사람인지 알 수 없다.

우선 이 기사가 근초고왕의 졸년 기사 뒤에 쓰였다는 것은 이 기사의 내용이 근초고왕(346~374) 때 있었던 일이지만 어느 해인지를 분명히 알 수 없었기 때문이다. 그럼에도 불구하고 이를 이용하는 학자들이 종종 근초고왕 30년의 일로 이 기사를 이해하고 있다.

개국 이래 문자로 역사를 기록해 두는 일이 없었는데 이 때에 와서 박사 고흥이 비로소『서기』를 가지게 되었다고 하여 역사편찬이 있었음을 보여 주고 있다. '비로소『서기』를 갖게 되었다'를 역사편찬으로 보지 않고 역사기록의 시작으로 보는 설도 있으나 대부분의 학자는 역사편찬으로 이해하고 있다.[38] 고흥이라는 사람이 보이는 점에서 이를 단순

---

38) 吳恒寧, 1997,「史官制度의 成立史의 제문제」『泰東古典硏究』14, 20쪽의 글에 서 '未有以文字記事'를 역사를 기록하였다고 해석하여야 함을 상기시키고 있다.

히 역사기록의 시작으로 볼 수는 없다고 생각한다. 그러나 이 두 가지 견해가 아직까지 국가에서 역사를 기록 편찬한 일이 없었는데 이때에 와서 자료를 모아 역사를 편찬하고 이후에 역사기록을 남기게 되었다고 종합될 수 있다.

백제의 지배집단은 고구려로부터 갈려 나왔을 뿐만 아니라 낙랑·대방과 밀접한 교류를 한 점으로 보아 백제에서의 한자의 사용은 국초로부터라고 생각된다. 또한 古尒王 대에는 율령이 반포되었고 근초고왕 27년(372)과 28년에는 남쪽의 東晉에 사신을 보내 문물을 교류하였으므로 이 무렵 한문화의 수용은 상당한 수준에 이르렀다고 여겨진다. 즉 이 무렵에는 역사편찬이 이루어질 수 있는 분위기가 성숙하였다고 하겠다. 또한 이 기록을 전하고 있는 『古記』가 무엇인지 정확히 알 수 없으나 이는 『삼국사기』·『삼국유사』 등에 많이 등장하는 고기류의 하나일 것으로 생각된다.[39] 앞에서 인용한 『삼국사기』의 기록 중 '『고기』에 이르기를' 이라는 내용은 '비로소 『서기』를 갖게 되었다'까지로 보아야 할 것이므로 그 이후의 문장은 『삼국사기』 편찬자의 기술일 것으로 이해된다. 고흥을 박사라고 한 것은 오경박사 중의 한 박사일 것으로 추측된다. 그리고 그가 어떤 사람인지 모르겠다는 표현은 아마도 그가 중국계의 귀화한 인물일 가능성을 암시해주고 있다고 생각한다.

또한 『書記』라는 책은 비록 『日本書紀』에 인용되지 않았으나 '記'자와 '紀'자는 상통하는 글자이므로 『일본서기』라는 명칭도 이에서 유래하였다고 할 수 있다. 『일본서기』에 주로 인용된 역사서로는 『百濟記』·『百濟新撰』·『百濟本紀』의 세 가지 사서이다. 이를 국내학자들은 僞書로 인정하는 경향이 강하나 비록 『일본서기』를 편찬하는 과정에서 윤색, 변형된 부분이 있는 것은 사실이지만 지명과 인명, 백제왕 관계의 기술 등에 있어서 이를 완전히 부정하기는 어려운 형편이다. 『백제기』는 神

---

39) 李基東, 1997, 앞의 글, 31쪽.

功紀로부터 雄略紀에까지 인용되어 있고 다룬 내용은 근초고왕대로부터 개로왕대 즉 한성시대 말기의 백제사가 언급되어 있으나 윤색이 가장 심하게 되어 있다. 『백제신찬』은 웅략기에 세 번 인용되어 있는데 무령왕의 계보가 『삼국사기』와 다르다.[40] 그러나 무령왕릉 지석이 발견됨으로써 『백제신찬』의 왕실계보가 사실에 가까운 것으로 수정되고 있다. 즉 무령왕이 동성왕의 아들이라는 『삼국사기』 기록보다는 동성왕의 이복형제라는 설이 타당한 것으로 입증되고 있다.[41] 『백제본기』는 繼體紀로부터 欽明紀에 가장 많이 인용된 자료로서 가야지방을 중심으로 한 백제·가야·신라의 관계가 상세히 언급되어 있으나 임나일본부라는 허위사실이 기록되어 있다.

『일본서기』에 인용된 백제 3서의 내용이 상당히 윤색·왜곡되어 기술되어 있고, 『일본서기』의 기록 자체가 사료로서의 가치가 극히 빈약한 것이지만 이에 인용된 3서의 내용 가운데 『삼국사기』를 보완할 수 있는 인명·지명·왕실계보가 기록되어 있다. 그리고 이들 3서의 존재는 백제에서 근초고왕대의 『서기』 편찬 이후에 역사편찬이 계속적으로 있었음을 보여 주는 것이라 할 수 있다.

백제에서는 금석문이 고구려·신라에 비하여 발견된 예가 극히 드물다. 그러나 무령왕릉에서 발견된 왕과 왕비의 지석과 買地券은 백제의 역사의식을 알려주는 좋은 자료이다. 왕의 칭호를 寧東大將軍百濟斯麻王이라고 한 점에서 중국과의 외교관계를 대단히 중시하고 있음을 확인할 수 있다. 왕호는 당시의 이름을 그대로 사용하고 있어 당시 우리나라의 왕호에 대한 관습의 일면을 확인할 수 있다.[42] 비록 대왕이라는 칭호

---

40) 李根雨, 1994, 『日本書紀에 引用된 百濟三書에 관한 研究』, 韓國學大學院 博士學位論文, 17~18쪽 참조.
41) 李道學, 1984, 「漢城末 熊津時代 百濟王系의 檢討」 『韓國史研究』 45, 15~19쪽 ; 1985, 「漢城末 熊津時代의 百濟王位繼承과 王權의 性格」 『韓國史研究』 50·51합집, 1985.

는 사용하지 않았지만 중국 황제만이 사용하는 '崩'이라는 용어를 사용한 점에서 백제의 자존적인 의식을 확인 할 수 있다. 백제에서는 연대를 표시할 경우 간지로 기록하였음을 확인할 수 있다. 그러나 역사기록에서도 간지로 표현하였다고 단정할 수는 없다. 또한 백제의 왕실에서는 假埋葬制와 三年喪制가 실시되고 있었음을 확인할 수 있다. 이는 중국제도의 수용이라기보다는 전통적인 습속이라고 할 수 있다. 인간이 죽으면 영혼은 시신과 함께 있는 것으로 생각하였음을 알 수 있다. 이는 무령왕 자신이 지신으로부터 자기의 묘자리를 돈을 주고 사는 형식을 취하고 있는 점을 통하여 확인할 수 있으며, 또한 횡혈식 고분의 구조로부터도 이해할 수 있다. 이는 고구려왕실의 관념과 일치하는 것이다.

3) 신라의 역사편찬

신라에서는 진흥왕 6년(545)에 이찬 異斯夫의 건의에 따라 대아찬 居柒夫로 하여금 문사를 모아 『國史』를 수찬하게 하였다. 이사부가 건의한 내용은 다음과 같다.

> 이찬 이사부가 아뢰기를 "나라의 역사라는 것은 군주와 신라의 선악을 기록하여 만대에 포폄을 보여주는 것이니, 이를 수찬하지 않는다면 후대에 무엇을 보겠습니까"라 하였다(『三國史記』권4, 신라본기4, 진흥왕 6년).

이사부가 아뢴 『국사』편찬의 목적은 미화된 듯한 감이 없지 않다. 당시 역사기록에서 선악의 포폄이라는 것이 과연 강조되었는지 의심스럽기 때문이다. 이는 후대의 윤색이 가해진 것으로 이해된다. 『국사』편찬에 대한 건의를 왕이 받아 들여 편찬을 곧바로 명하였다는 것은 이는

---

42) 이런 예는 신라에도 보이고 있으니 眞興王巡狩碑 중의 황초령비와 마운령비에도 眞興太王이라는 표현이 나타나고 있다.

진흥왕 자신의 결정이라 할 수 없다. 진흥왕은 7살에 즉위하여 왕태후가
섭정하여 즉위 12년 開國이란 연호를 칭한 해에 친정을 한 것으로 여겨
진다. 여기서 왕태후는 법흥왕의 비를 의미한다는 견해도 있으나[43] 진
흥왕의 어머니인 법흥왕의 딸로 보는 견해도 있다.[44] 법흥왕비는 왕의
사후 출가하였기 때문이다. 이사부는 법흥왕대의 중신이었고 진흥왕 2
년에 병부령으로 군사권을 장악하였던 중신이었다.

　이사부의 건의에 의하여 대아찬 거칠부에게 이를 편찬토록 한 이유가
무엇인지를 알 수는 없지만, 거칠부는 글을 아는 문사를 널리 구하여 편
찬을 완료하였고 그 결과로 파진찬으로 승진하게 되었다.[45]

　『국사』 편찬을 건의한 이사부가 신라 중시조로 이해되고 있는 내물왕
의 4세손이고 그 편찬을 담당한 거칠부는 내물왕의 5세손이다. 이런 점
을 고려하면 제도문물의 정비에 힘 쓴 김씨 왕실의 정통성을 천명하고
나아가 유교적 정치이념에 입각하여 왕의 위엄을 내외에 과시하려는 성
격의 것이었다고 할 수 있다.[46] 진흥왕 29년에 세워진 순수비에서 태조
의 기반을 이어 받았다고 함에서 태조가 내물왕인지 지증왕인지를 정확
히 알 수 없지만, 김씨 왕통을 밝혀 이를 강조하려 하였다는 사실을 확
인 할 수 있다.

　이처럼 진흥대의 『국사』 편찬은 지증왕·법흥왕대의 성공적인 정복전
쟁의 승리와 불교공인을 통한 호국의지의 강화, 대왕제의 실시, 독자적
인 연호의 사용 등 중요한 정치적 업적을 기술할 목적이 주였다고 할
수 있다.[47] 정복전쟁은 당시 국가의 운명이 걸린 중대한 과업이었고 이
에서 생명을 아끼지 않고 용감하게 싸웠던 사람은 칭찬되고 그렇지 못한

43) 李丙燾, 1987, 『譯註 三國史記』, 乙酉文化社, 56쪽.
44) 鄭求福 외, 1997, 『譯註 三國史記』 3, 한국정신문화연구원, 112쪽 주 75) 참조.
45) 『三國史記』 권44, 列傳4 居柒夫傳에는 좀더 자세한 기록이 보이고 있다.
46) 李基東, 1994, 「古代의 歷史認識」 『韓國의 歷史家와 歷史學』 上, 33~35쪽.
47) 申瀅植. 1990, 「新羅人의 歷史認識과 國史編纂」 『統一新羅史研究』, 삼지원, 208쪽.

사람은 비판되었을 것이다. 위에 인용한 사료에서의 포폄은 이를 주로 뜻한다고 여겨진다.

또한 진흥왕 순수비에는 영토의 확장, 새로 편입된 사람을 국민으로 만들려는 의식, 신라의 고유한 정치사상이 있음을 보여주고 있다. 진흥왕 12년(551)경에 세워진 丹陽赤城碑에는 국가를 위해 죽은 사람의 포상조처와 이를 신고한 사람에게도 포상하는 율령을 찾을 수 있어 정복전쟁의 기반조성을 위해 치밀한 대응책을 세우고 있음을 확인할 수 있다. 진흥왕 29년에 세워진 마운령비와 황초령비에는 도교적인 색채도 보이고 천도, 귀신사상 및 외국과의 화평사상도 보이고 있으며 군주의 수기치인사상도 나타나고 있다. 또한 여기에는 광개토대왕릉비처럼 전부터의 백성은 물론 새로이 편입된 백성에 대한 관심도 보이고 있다. 이들 금석문은 이 무렵의 한문 수준을 보여주는 생생한 자료라고 할 수 있다.

이상에서 살펴본 삼국의 역사, 삼국의 역사책들이 갖는 성격은 개별적으로 다른 점도 있을 것이나 자국의 역사를 기록 편찬함으로써 왕계의 신성성, 왕의 훌륭한 정치적 업적, 신하의 충성 등을 널리 선양하기 위한 것이었다고 할 수 있다. 특히 왕의 정치적 업적으로는 정복전쟁의 승리가 국가의 발전에 지대한 공헌을 하였음을 특별히 강조하였다고 판단된다. 그리고 삼국의 역사에서는 자기의 역사가 지상에서 최고라는 자존의식이 강하였다고 이해된다. 또한 이런 의식의 기초 위에 편찬된 역사서는 단순한 자존의식의 표출만이 아니라 자기 문화를 계승하는 기반을 다지는 작업이었다고 할 수 있다.

삼국의 역사편찬은 이후 역사기록의 중요성을 인식하게 되어 당대의 기록을 상세히 남기는 史官 제도의 발달에 중요한 기반이 되었다고 할 수 있다. 즉 『삼국사기』에 태종무열왕 7년조 기사에서부터는 종전의 달까지 만을 표기하던 것을 날짜까지 표기하는 상세한 기록이 나타나고 있음을 주목할 필요가 있다. 이는 필연적으로 역사를 기록하는 사관의 제도화와 관련이 있지 않을까 한다.

　삼국의 역사편찬이 비록 유학의 발달과 반드시 연결되는 것은 아니라 하더라도 유학적 이해가 풍부해지면서 역사 기록이 활발해졌다고 할 수 있다. 왜냐하면 유학에서는 문학과 경전, 그리고 역사를 가장 소중한 학문으로 여기고 있기 때문이다.

제2절 백제의 유학

1. 머리말

　한국 고대사 가운데 백제의 역사자료는 빈약하기 짝이 없다. 이는 한편으로 백제가 나·당 연합군에 의하여 멸망되어 그 문화유산이 철저히 파괴된 데에도 기인하며, 다른 한편으로는 당시의 역사적 기록을 충분히 남기지 못하였던 데에도 기인한다. 백제는 금석문조차 삼국 중 가장 빈약하다. 그렇다면 백제사를 어떻게 복원할 것인가는 역사가의 큰 과제라고 할 수 있다. 더구나 사상을 다루려 하면서 자료가 없이 그 실상을 복원한다는 것은 거의 불가능에 가까운 일이다. 백제의 유학사는 잃어버린 역사의 한 부분이라 하지 않을 수 없다. 현재까지 백제의 유학에 대한 설명은 오직 『일본서기』에 나오는 오경박사나 『천자문』의 일본 전승 등에 대한 기록을 통해서 유추하고 있을 뿐이다. 백제가 멸망한 후에 그 학문적 전통은 제대로 전승되지 못한 채 천여 년의 세월이 지났다.

　그렇다고 백제의 유학사를 언급하지 않을 수 없다. 백제의 유학자라고 칭할 수 있는 사람도 없다. 겨우 『삼국사기』의 자료와 중국 측의 자료, 일본 측 자료가 그 편린을 전하고 있다. 그렇다면 이를 어떻게 연구할 것인가? 백제의 유학사를 재구성하기 위해서는 새로운 방법론을 강구하지 않을 수 없다. 즉 고구려와 신라의 기록을 통하여 유추하고, 당시의 중국과 일본의 유학을 검토하는 비교사적인 방법을 통하여 개연성을 그릴 수밖에 없다. 그리고 700년 가까운 백제의 유학사를 통시대로 다룰수는 없다. 이에 백제의 유학사도 국가사의 변화에 따라 파악하였다. 즉 수도가 한성에 있었던 시기(B.C.18~A.D.474)의 역사를 백제 전기의 유학으로 구분하고, 웅진으로 천도한 시기(475~538)를 백제의 중기의 유학, 그리고 사비성으로 천도한 이후 멸망까지의 시기(538~660)를 백제 후기의 유학으로 시기를 구분하여, 각 시기의 유학의 내용과 그 성격을 서술하고자 한다.

2. 유학이란 어떤 학문인가?

유학이라 함은 유교, 儒家, 儒術, 儒道, 儒訓이라고도 칭한다. 이는 중국 고대의 한 학파인 유가라는 말에서 파생한 것이다. '儒' 자의 어원은 '부드럽다'는 뜻이었으나 공부하는 사람, 術士의 칭호, 도덕적인 사람의 칭호로 사용되었다. 유학이라 함은 유가의 학문이란 뜻이며, 유교는 유가의 가르침이라는 뜻이다. 유술은 유가의 도술이라는 말로 순자는 유술이 진실로 행해지면 천하가 커지고 넉넉해진다고 했다.[48] 유도는 유술과 비슷한 의미로 유가의 도라는 뜻이다. 유가란 유학을 학문으로 여기고 행동하는 자를 뜻하며, 이와 비슷한 용어로 儒者, 儒門, 儒士라고도 하며 유가의 집단을 儒林 또는 儒流라고 칭한다. 유가의 습속을 儒風이라 한다. 유학이 학문이라는 뜻으로 儒業이라고도 칭한다. 유학의 개념이 조금 축소된 것으로 공자와 맹자에 의하여 이루어졌다고 하여 孔孟

---

48)『荀子』富國篇. "儒術誠行 則天下大而富"

學, 그들의 출신지를 따서 鄒魯學이라고도 칭한다.

유학은 공자(B.C. 551~478)에 의하여 『시경』, 『서경』, 『역경』, 『춘추』, 『예기』의 5경이 정리됨으로써 체계화된 학문이다. 『시경』은 은나라와 주나라 민요 300편의 내용을 정리한 것이고, 『서경』은 요·순과 하·은·주의 역사인 동시에 정치철학서이다. 『역경』은 수리로서 인생과 자연의 변화를 풀이한 것으로 우주의 근본이론을 음양으로 파악하고 있다. 『춘추』는 동주시대의 魯나라의 역사서로 역사를 비판하는 유교정신을 보여주고 있다. 즉 왕실의 권위를 존중하여야 한다는 국가적인 역사관이 담겨져 있고, 명분을 중시하는 사상이 실려 있다. 『예기』는 주대의 예를 정리한 책이다.

5경의 체계화로서 유학은 그 자체 학문적 성격을 뚜렷하게 가지게 되었다. 5경의 사상적 특질은 중국 고대 문화의 성격을 보여주는 것으로서 역사와 예절을 중시하는 중국인의 생활철학이자, 도덕적 지표를 설정하였다는 점이다. 공자는 3,000명의 제자를 거느린 점에서 교육자로서의 활동이 괄목할만하다. 유교에서는 진리를 도라고 하여 도를 인간의 본성과 자연의 이치에서 찾았다. 유교는 개인의 행동과 가정, 국가, 전 세계를 다스리는 길을 제시한 학문체계이다.

그리고 유학에서 중시하는 행동으로 六禮를 들 수 있다. 즉 이는 禮·樂·射·御·書·數이다. 예는 예절이며, 악은 음악이고, 사는 활쏘기이고, 어는 말타기이며, 서는 글씨 쓰기이고, 수는 계산하기이다. 이는 실제의 생활에 필요한 내용이다. 문무를 겸한 것일 뿐만 아니라 교양과 예절을 아는 것을 중시하였음을 뜻한다. 비록 문무를 겸한다고 하지만 문무가 전문화하면 유가는 문이 중심이라 하지 않을 수 없다. 유학은 독서를 매우 중시하기 때문이다. 유자는 독서인으로 계속적인 공부를 한다. 그리고 단순히 지식만 쌓는 공부가 아니라 배운 것을 실천한다는 점에서 그 특징을 가진다.

　유학자가 지켜야할 중요한 덕목으로 효·제·충·신이 있다. 이는 부모에게 효도하고 형제간에 우애하며, 군주에게 충성하고, 인간 사이에는 신의를 지킨다는 것이다. 충은 군주에 대한 충성만이 아니라 모든 일에 충실한 것, 지성을 바치는 것을 뜻한다. 생활에 있어서 충직하고 성실한 것을 충이라고 한다. 信은 인간 사이에 신의를 지키는 것만이 아니라 말과 행동의 성실함을 뜻한다.

　유학의 덕목 중 효는 가장 중시되었다. 효는 가족을 지키는 것 일뿐만 아니라 그것이 확장되면 충과 제로 나가는 근본이라고 생각하였다. 그래서 효는 백행의 근본이라고 한다. 효는 산 부모에 대한 예의이며, 죽은 선조에 대하여는 제사로 나타났다. 유학의 고대적 특징은 바로 제사에서 찾을 수 있다. 이는 하늘과 인간의 관계를 연결하는 행위 일뿐만 아니라 시간적으로 가족을 지키는 행위였다. 제사를 통한 각종 의례가 중시됨은 유학의 중요한 특징이기도 하다.

　유교에서는 하늘을 인간의 삶을 낳고 규제하며 명을 부여하는 조물의 지고지대한 원천으로 본다. 하늘은 뭇 백성을 낳고, 우리가 가진 마음도 하늘이 준 것으로 이해한다. 인간이 과학적으로 풀이할 수 없는 모든 신비한 현상을 하늘의 조화로 보았다. 즉 사철의 운행, 밤과 낮의 변화, 비가 오고 눈이 오며, 날씨의 변화 등을 모두 하늘의 현상으로 풀이하였다. 하늘의 이치는 모든 존재를 덮어주며 땅은 모든 존재를 싣고 있다고 파악하며 하늘 아래 땅 위의 모든 생명체 중 인간이 가장 영장인 것은 바로 하늘의 이치를 받았기 때문이라고 생각했다. 하늘의 이치는 우리의 마음의 이치와 같다고 본다. 따라서 우리의 마음 씀씀이의 정당한 길은 하늘의 이치를 따르는 것으로 유가에서는 설명하고 있다.

　중국 고대의 유교는 하늘과 땅에 대한 숭앙으로부터 출발하였다. 여기에서 자연의 하늘에서 인격적인 상제개념이 형성되고 인간이 실천하여야 할 기본적인 길인 도는 하늘과 땅의 이치와 일치하는 것으로 이해하였다. 천·지·인을 三才라 하는데 이는 서로 유기적 관련을 가진다는 것이 유학사상의 기본관념이었고 동양적인 인문사상의 특징이라 할 수 있다.

또한 유학은 한문의 문학적 소양과 역사, 그리고 경전을 중심으로 하는 학문이다. 유학이 經·史·文을 일체로 하는 학문이라는 점은 의심의 여지가 없다. 그래서 유학은 경전을 기본정신으로 하고 역사적 내용을 그 실체로 하였으며, 문학을 그 표현 수단으로 하였다. 중국과 외교관계를 가지면서 문학은 외교문서 작성에 유효한 것이었다. 어떻든 유학은 한문교육과 깊은 관계를 가지고 있다.

이처럼 유학은 중국인의 생활문화이자, 정치이론이었고, 종교이념이었다. 중국인의 생활철학이 공자와 맹자, 순자에 의하여 체계화된 것으로 유학이 정치이념으로 자리 잡은 시기는 漢代이다. 또한 유학은 교육을 강조한다. 교육은 인간이 인간답게 하는 인본주의적 성향을 지닌다.

인본주의는 자연의 질서와 인간의 질서가 일치한다고 믿어 하늘과 인간의 관계를 설정하였다. 자연과학이 발달하기 이전에 우주의 신비는 유교적 이론에 의하면, 하늘의 뜻은 지고지선의 것으로 절대적인 권위를 지닌다. 인간은 자기의 명칭에 걸맞는 행동을 하여야 한다고 생각하였다. 여기에서 명분이 강조된다. 명분에 순응하는 것이 유학의 중요한 특징이기도 하다. 유학에서 중시한 교육은 일반 서민의 교육만이 아니라, 국가 위정자에 대한 교육도 포함된다. 교육과 제사의 강조는 선왕의 뜻을 따라야 한다는 보수적 성향을 지닌다. 선왕의 뜻, 부모의 뜻이라는 의미 속에 그 계승성이 강하게 작용하고 있다.

이처럼 유학은 개인의 행동과 수양을 위한 학문일 뿐만 아니라 국가를 경영함에 많은 지혜와 길을 제시한다. 국가를 운영하려면 법제가 필요하지만 유학에서는 법제 이외에 예와 악을 통한 국가 운영의 길을 제시한다. 법은 백성의 생활을 규정하는 틀이다. 그러나 유학에서는 법 이

전에 예를 통한 자발적인 복속을 중시한다. 즉 유학에서는 상하의 관념이 뚜렷하다. 평등보다는 상하의 위계질서를 강조한다. 예는 법보다 더 넓은 보편적 자리를 차지한다. 상하의 구분을 엄격하게 하면서도 상하 모두 하나로 뭉치는 길을 음악을 통해 제시한다. 음악은 인간의 공통적인 속성으로 화합하는 기능을 가진다고 주장한다. 따라서 예와 악은 깊은 관련을 가지고 있다.

통치자는 백성보다 위에 있는 지위이다. 그러나 통치자가 백성의 존재를 무시하고는 국가를 운영할 수 없다. 그래서 통치자는 백성의 삶을 보살펴야 한다는 점을 강조하며, 국가의 근본은 백성이라고 한다. 이는 백성으로부터 조세와 각종 부역이 이루어지기 때문이다. 이를 민본사상이라고 하지만 백성이 통치의 대상이기 때문에 중시되어야한다는 의미이지, 백성이 지배층과 같은 인간적 권한을 가진다고 생각했기 때문은 아니다. 백성의 질병과 고통을 통치자가 알아서 해결해줌을 통치자의 덕으로 해석하고 있다. 통치자는 백성을 부리되 그들의 생활을 보살펴 줄 의무가 있다. 따라서 생활을 유지하기 어려운 鰥寡孤獨을 구제하여야 한다. 그리고 국가에서는 국가를 외적으로부터 군사적으로 지켜야함은 물론 백성을 지켜야 한다. 흉년이 들면 물가를 조절하고 생활필수품을 저축하여 그 간난을 구제하여야 한다. 하늘과 땅의 신에게 제사를 통한 기원은 바로 그런 목적으로 이루어진 것이다.

또한 유학에서는 관료의 임명에는 능력을 강조한다. 유능한 사람은 신분에 구애를 받지 않고 발탁해 등용할 것을 주장한다. 이 점에서 유가는 국가운영과 밀착되고 관료가 그 중심적 위치를 차지하게 되었다. 통치자는 신하의 간언을 허심탄회하게 수용하여야 한다. 좋은 의견을 받아들이지 않는 군주는 '獨夫'라고 따돌림을 당한다. 유학이 동양에서 어느 때나 국가 운영에 중요한 기여를 할 수 있었던 것은 이런 국가운영의 지혜를 주었기 때문이다. 삼국시대 초기에 유학이 수용된 것은 주로 국가운영에 필요한 지식과 지혜와 길을 제시할 수 있었기 때문이다.

그리고 유학은 국가 간의 평화를 통하여 대동사회를 건설할 수 있다고 믿었다. 이는 국가 간의 책봉과 조공이라는 방식에 의한 국가 공동체를 의미한다. 국가 간에도 평등보다는 상하의 관계와 예절이 존중되었다. 이는 동양의 전통적인 외교 관행일 뿐만 아니라 문화적 공통분모로서의 역할을 수행한 당시의 보편적 윤리였다. 事大에는 반드시 작은 나라를 보호해야 하는 字小의 상대적인 의무가 따르게 마련이었다. 요컨대 국가 간의 전쟁보다는 평화관계를 구축한 체제였다고 할 수 있다.

3. 한자의 전래와 유학의 수용

문화란 문자의 기록을 통해서 축적된다. 우리나라에는 고대에 우리의 독자적인 문자를 가지지 못했다. 따라서 중국의 문자를 수용해 사용하였다. 한자의 전래는 중국인이 한국으로 유입하면서 함께 이루어졌다. 이는 기원전 1,122년에 주나라가 건국되어 은나라의 유민 중 일부가 한반도에 이주하였으니 소위 箕子라는 사람의 세력이 이를 말해준다. 그러나 은나라 말기의 유이민의 동래로 인한 정권 교체는 현재 인정되고 있지 않지만, 종래 한국의 오랜 역사학의 전통에서는 이를 사실로 믿어 왔다. 그 후 기원전 320년 연나라에서 왕을 칭하자 조선에서도 왕을 칭하였다. 그리고 기원전 220년 秦나라의 시황제가 전쟁을 통하여 분열되어 있던 전국을 통일하고 위압적인 전제정치를 함으로써 많은 유이민이 만주지역에 몰려왔다. 이는 기원전 222년의 명문이 있는 진나라 창인 秦戈가 평양에서 출토되었음을 통하여 확인할 수 있다. 진시황은 백성을 동원하여 만리장성을 쌓았다. 이 엄청난 고역에서 도망쳐 온 사람들이 당시 조선의 땅이었던 만주와 한반도로 이주하였다. 기원전 209년에 진나라의 내란이 일어나자 연, 제의 수만호가 조선의 준왕에게 귀부한 사실이 입증되고 있으며, 기원전 190년경에 위만의 동래는 분명 한자를 알고 있는 집단이 이주해 온 것으로 이해된다.

사마천이 집필한 『사기』 조선전에 의하면 당시 우리나라는 진번, 조선, 辰國 등의 이름이 확인되는 바, 이들 나라의 문화전통은 백제와 고구려로 연결되었다고 할 수 있다. 기원전 109년으로부터 107년 사이에 한무제의 동방침략으로 위만조선의 평양성이 함락되고 이 땅에 한사군이 설치되었다. 한사군 중 낙랑은 한 왕조가 멸망된 후에도 다음 왕조에서 경영하여 313년 고구려에 의하여 소멸될 때까지 400여년 간 명맥을 유지하면서 한중문화교류의 역할을 하였다.

그리고 자비령 이남의 황해도와 한강 이북의 경기도 지역에 설치되었던 대방군은 원래 고조선에 복속해 있던 진번국의 땅에 204년 公孫康(?~221)에 의하여 설치되어 313년 고구려와 백제의 세력에 의하여 중국으로 축출된 중국의 식민도시였다. 백제는 특히 대방과의 관계가 중요하였다고 할 수 있다. 이를 통하여 중국문화의 전래가 이루어졌음도 주목되어야 할 것이다. 한자의 전래는 자연 유학의 수용을 가능하게 하였다. 특히 삼국 중 한자의 전래는 고구려가 제일 선진으로 국초부터 한자를 사용할 줄 알았고, 이어서 백제도 거의 같은 무렵에 한자가 전래되었다.

그러나 불행히도 이 시기 우리의 역사를 기술한 자료가 전하지 않아 추정을 하여야 할 형편이다. 조선의 유망민이 신라에 이르렀다는 『삼국사기』의 기록을 통해서 볼 때 백제 지방의 문화에 그 영향이 컸음은 의심의 여지가 없다. 이처럼 조선과 위만, 중국인의 유이민은 자연 한자문화를 전래하였을 것이 틀림없다. 그 결과 고구려에서는 국초부터 역사를 기록해둔 기록이 쌓여 『유기』가 되었으며 그 결과 고구려 초기 기록이 상세하고 구체적이다. 이에 반해 백제의 역사편찬은 근초고왕(346~376) 대에 이르러 이루어짐으로써 초기 기록이 상세하지 못하나 신라사와 비교해보면 그래도 백제본기의 초기 기록은 사실성이 돋보인다.

삼국의 유학을 언급하려면 중국의 문화전래를 반드시 짚고 넘어가야 한다. 중국문화의 수용은 한자의 전래가 반드시 있은 후에야 가능해진다. 따라서 한자의 전래에 대한 먼저 언급해야 할 것이다. 그리고 유학을 수용하려면 그 필요성을 자각하고 이를 수용할 국가체제가 형성되어야 한다. 또한 유학의 수용을 종래의 토착문화와 비교하는 시각이 있어야 한다. 특히 유교는 중국인의 생활문화이므로 우리 문화 속에도 공통되는 부분이 있다. 유교에 해당된다고 하여 무조건 유교문화로 파악하는 종래의 견해는 앞으로 수정되어야 할 것이다.

4. 백제문화와 유교문화와의 친연성

백제에서 국가 초기부터 한자가 수용되었으므로 이에 따라 유교문화에 대한 이해도 일찍부터 있었던 것으로 이해된다. 그러나 기록이 남아 있지 않아 초기의 정확한 내용을 파악할 수 없다. 그런데 백제의 역사에서 지배층은 맥족 계통의 부여계의 고구려 지배층이 남하하여 건국한 것으로 되어 있고, 기층민은 韓族이었다. 한족은 辰國의 역사적 전통을 이어받고 있었고, 왕실의 지배층은 고구려계통의 문화전통을 계승하였을 것으로 이해된다. 마한의 풍속은 『삼국지』에 의하면 거의 예속이 없는 원시상태인 것으로 서술되어 있다. 그러나 위만이 집권할 때에 고조선의 준왕이 남하한 사건 등 인간의 끊임없는 이동으로 고조선의 문화전통이 마한에 전해졌을 것으로 이해되고 있다. 소위 기자의 팔조교라는 전통이 이를 뜻한다. 또한 고구려 계통의 문화전통은 천신과 지신의 결합으로 시조를 낳았다는 신화체계에서도 드러나고 있다. 백제에서 시조묘를 세워 제사를 지내고 천지에 대한 제사를 지낸 것이 그 예이다.

이처럼 백제의 문화전통은 단일한 문화적 전통이 아니라 다원적, 복합적이라는 성격을 가지고 있었다. 이런 성격은 외래문화인 유학을 수용함에도 큰 저항 없이 수용했을 가능성을 말해준다. 이 점에서 백제는 고구려와 신라에 비하여 국제적인 문화성향을 띠었다고 할 수 있다.

백제에는 건국 신화가 전하지 않는다. 그러나 온조왕 때에 東明廟를 세우고 참배하였다는 기록을 통하여 고구려계의 문화전통을 잇고 있음을 확인할 수 있다. 동명묘는 백제 후기에 仇台廟라는 시조묘로 바뀌었다. 이는 온조의 생부인 優台라고 생각한다.[49] 지금까지의 연구에서는 『삼국사기』 백제본기에 사당에 제사를 지냈으며 궁궐 남쪽에서 하늘과 땅에 제사를 지냈다는 것 등을 모두 유교문화의 수용으로 해석하고 있으나, 이는 중국적인 유학의 전래에 의해 생긴 것이라기보다는 본래의 풍속에 연유한다고 할 수 있다. 이는 전통적인 조상숭배사상이 있었기 때문에 중국의 생활문화인 유학이 쉽게 수용될 수 있었다.

백제의 풍속과 문화에 대하여 상세한 기록을 담고 있는 것은 중국 정사 중 『周書』이다. 『주서』는 당나라 초인 636년에 令狐德棻에 의하여 편찬된 관찬사서이다. 이 책의 백제전은 앞부분의 글이 탈락되어 있다. 이 책에서 백제의 혼인 풍속이 이미 중국과 같다고 한 점에서 유교적인 문화의 수용이 이미 확고하게 이루어졌음을 확인할 수 있다. 그러나 이 사료는 수도지역의 풍속을 말한 것으로 백제 전체의 민속이었다고는 생각되지 않는다. 그리고 이 책에 전하는 喪과 장례의 예속으로 부모와 남편이 죽었을 경우 3년복을 입고, 다른 친족의 경우 장례가 끝나면 곧 벗는다고 한 점에서 이를 유교적 문화의 수용으로 볼 수 있는가도 고려되어야 할 것이다. 중국적인 유교의 예제라기보다는 이는 백제의 전통적인 예제라고 할 수 있을 것이다. 그리고 설령 유교문화의 수용의 결과라고 하더라도 자신들의 필요에 따른 선택적 수용이었음을 다른 친족의 경우

---

49) 이를 고이왕으로 보는 설도 있으나 千寬宇의 설이 타당하다고 본다. 동명묘에서 우태묘로 명칭이 바뀐 사연에 대하여는 앞으로 많은 추정이 가능할 것이다. 이는 고구려와 백제와의 관계가 적대관계로 변한 상황의 반영이 아닐까 한다.

상복을 입지 않았던 상황을 통해 확인할 수 있다. 그리고 이 기사는 백제가 웅진에서 사비로 천도한 후의 사정을 기록한 것으로 이해되고 있으나, 웅진에 도읍을 했던 상황을 말해주는 것으로 해석되어야 할 것이다.[50]

따라서 중국 측 자료를 지금까지 비판 없이 수용하여 백제의 유교를 설명한 종래의 견해는 재고되어야 할 것이다. 물론 위와 같은 비판의 경우 초기 수용이기 때문에 철저하지 못했을 것이라고도 생각할 수 있다.

5. 백제 유교문화의 시대적 성격

백제의 역사는 680년 이상 장기간 지속되었다. 따라서 백제의 문화라고 하여 전 시대를 동일하게 다룰 수 없다. 시기마다 그 문화적 양상이 다를 수 있기 때문이다. 백제사의 시기구분은 대체로 수도를 옮긴 것을 기준으로 삼는다. 그러므로 전기 한성시대, 중기 웅진시대, 후기 사비시대로 나누어 살펴보겠다. 전기 한성시대는 건국으로부터 21대 개로왕대까지의 시기 즉 기원전 18년으로부터 기원후 475년까지에 해당하고, 중기 웅진시대는 22대 문주왕으로부터 26대 성왕 16년까지인 475년부터 538년까지의 63년간이며, 후기 사비시대는 성왕 16년으로부터 백제가 멸망한 의자왕까지로 120여년의 역사이다. 유교문화의 속성도 이런 시기구분에 의하여 살펴보고자 한다.

전기 한성시대는 고조선의 문화와 지배층의 고구려적인 계승의식과 낙랑과 대방군으로부터 중국문화가 전래된 시기이다. 그리고 정치적으로는 국가의 통치체제가 정립되는 시기이며, 백제가 강역을 확장하여 가던 시기이다. 그러나 고구려의 남방 팽창정책과 백제의 북방 팽창정책은

---

50) 兪元載, 1993, 『中國正史 百濟傳研究』, 학연문화사, 272쪽.

상호의 충돌을 가져왔고, 그 결과 백제는 광개토왕과 장수왕의 침입으로 한성을 포기하고 지금의 충남 공주인 웅진으로 수도를 옮겨야 했다. 한성시대의 마지막 왕인 개로왕은 중국의 북조인 북위와 외교관계를 가졌으나 웅진으로 천도한 시기에는 중국의 남조인 양나라의 문화를 수용하고 일본과의 관계도 더욱 긴밀해졌다. 이 시기에 살았던 무령왕릉의 발굴은 백제문화를 보완해 줄 수 있는 중요한 자료가 된다. 웅진시대는 국가체제의 재정비를 준비하는 기간이라는 성격을 가진다.

백제의 성왕이 수도를 부여인 사비성으로 옮긴 것은 이런 대외관계의 변화와 깊은 관련이 있을 것으로 생각된다. 즉 바다와 더욱 가까운 곳으로 옮김으로써 백제문화의 국제성은 더욱 확고해진다. 웅진시대 이후 사비시대에는 문화적으로 부여계통이나 고구려적인 문화적, 종족 친연성은 희박해지고 백제는 나름대로의 생존을 위해 노력하였다. 특히 중국 남조문화를 적극적으로 수용한 시기이다. 그리고 이전 한강지역의 영토를 수복하기 위해 한 때 신라와 친선정책이 취해지기도 하였지만 곧 신라의 배신으로 적대관계가 되었다. 즉 사비시대는 신라를 주적으로 하고 대외정책이 실시되었으나 중국의 당나라와의 친선관계를 맺는데 실패함으로써 나당연합군에 의해 백제는 멸망을 당하게 되었다.

1) 한성시대의 유학

이 시기에 백제는 낙랑, 대방과 지리적으로 가까운 관계로 외교관계가 일찍부터 이루어지고 있었음은 온조왕의 기록에서부터 보인다. 따라서 이를 통한 유교적 지식이 전래되었을 것으로 추정할 수 있다. 역사학자들은 중국에 사신을 파견한 기록을 통하여 중국문물의 전래를 설명하고 있으나 한사군인 낙랑과 대방으로부터의 문화적 전래, 학자의 왕래는 소홀히 하고 있다.

당시의 백제 유학은 국가를 운영하는 정치적 제도에 수용되었음을 확인할 수 있다. 즉 온조왕은 원년에 동명왕 사당을 세웠다고 하고, 간소한 궁궐을 지은 2년 후인 동왕 17년에는 사당을 세워 국모를 제사지냈다고 한다.51) 이 기록을 『삼국사기』의 편년 그대로를 신빙할 수 없다고 하더라도, 백제의 건국 초기의 기사임에는 틀림이 없다고 생각한다.

왜 동명왕묘와 국모의 사당을 국초에 짓고 제사를 지냈을까? 이는 북쪽으로부터 내려와 새 지방의 지배자로 군림하면서 시조의 부모에 대한 제사를 통해 왕실의 정신적 구심점을 삼았다고 생각한다. 더구나 동명왕은 천제의 아들이라는 상징성을 가졌으므로, 시조의 신화가 없는 백제로서는 왕의 신성성을 설명해주는 징표였다고 생각한다. 동명왕은 온조의 생부가 아니고 義父이었으며, 생부는 優台였지만 이름이 알려지지 않은 생부보다는 의부의 권위를 빌릴 필요가 있었을 것이다. 이는 부모에 대한 효도보다 정치적 의미가 더 컸다고 생각한다.

『주서』에 의하면 구태 仇台는 동명의 후손으로 그 인품이 어질고 신의에 돈독하였으며, 처음으로 대방의 옛 땅에서 나라를 세웠으며, 한 나라 요동태수 公孫度(?~204)가 그에게 딸을 시집보냈다고 한다. 여기서 구태를 고이왕으로 보는 설도 있으나 이를 優台의 오자로 보는 설도 있다.52) 처음 나라를 열었다고 한 점을 중시하면 구태를 고이왕으로 보기보다는 우태로 보는 설53)이 타당할 듯하다. 공손도의 딸을 시집보냈다는 것은 시조인 구태에게 보낸 것으로 해석하지 않아도 좋을 듯하다54).

---

51) 국모는 『삼국사기』 온조왕조 세주에 따르면, 召西奴로서 부여인인 우태와 결혼하여 비류와 온조를 낳고, 우태가 죽은 후 주몽과 재혼을 했다고 한다. 그리고 소서노는 졸본의 연발타의 딸이라고 하였다. 주몽이 건국함에 내조한 공이 컸다고 한 점에서 졸본지역의 토착세력가의 딸이었다고 이해된다.

52) 李丙燾, 1936, 「三韓問題의 新考察」 『震檀學報』 6.

53) 千寬宇, 1976, 「三韓의 國家形成(하)」 『韓國學報』 3.

54) 이는 『三國志』 위서 동이전 부여조에 나오는 부여왕 위구태에게 시집보낸 기사를 인용하여 쓴 것으로 이해된다(李丙燾, 1976, 『韓國古代史研究』, 박영사, 472~473쪽 참조).

어떻든 시조 구태설은 백제가 한강 가에 건국하기 이전의 설화를 기술한 것으로 생각한다.

백제에서는 시조 사당인 仇台廟에 1년에 계절마다 제사를 네 번씩 올렸다고 한다. 이는 한성시대라기보다는 웅진으로 천도하여 고구려와의 관계가 악화되자 동명묘 대신 시조묘를 바꾼 것으로서 웅진시대의 현상을 기술한 것으로 해석된다.

그 뿐만 아니라 백제에서는 온조왕 20년에 큰 단을 쌓고 하늘과 땅에 제사를 올렸다고 기록하고 있으며, 이후 동성왕까지 하늘과 땅에 제사를 올렸다는 기록을 찾을 수 있다. 특히 다루왕, 근초고왕, 아신왕, 전지왕이 즉위한 다음해 정월에 하늘과 땅의 신에게 제사를 지냈다. 이 사실을 통해 하늘과 땅에 대한 제사는 왕위 즉위를 고하는 제사의 성격을 가진다.[55] 하늘과 땅에 대한 제사의 단은 궁궐 남쪽에 쌓았다. 그래서 이를 남단이라고 칭하기도 하였다. 고이왕 때에 하늘과 땅의 신에게 제사를 지내면서 북과 퉁소를 사용하였다고 하니, 음악과 격식이 나름대로 갖추어졌음을 추정할 수 있다.

여기서 하늘에 대한 제사는 고구려의 해모수 신화에 보이는 동명왕을 낳은 전지전능한 하늘신인 천제의 개념이지 중국에서 만물을 주재한다는 인격신으로서의 上帝 개념과는 다른 것이다. 그리고 땅에 대한 제사는 자신들이 살고 있는 땅에 대한 감사의 뜻으로 지모신과 상통된다. 백제에서 하늘의 신과 땅의 신 그리고 조상의 신의 보호로 국가가 유지되고 있다는 내용이 개로왕 18년(472년)에 북위에 보낸 표문에서도 확실하게 표현되고 있다.

이처럼 하늘의 신과 땅의 신, 그리고 사람의 靈을 제사지낸 것은 비록 유교나 중국의 고대문화의 천신, 地祇, 人鬼와 내용이 일치하지만 이는 유교문화의 영향을 받아 생긴 것이라기보다는 백제에서 자생적으로 생

---

55) 李基東, 1990,「百濟의 政治理念에 대한 一考察」『震檀學報』69, 5쪽.

긴 현상으로서 인류의 보편적인 것이었다고 해석하여야 할 것이다.

고이왕 27년(260)조에 육좌평의 관직과 관리의 등급을 16품으로 구분하였고, 관복을 사용하였다는 『구당서』의 자료를 실었다 하여 이를 6세기 중엽 사비시대의 관직으로 이해하고 있다.[56] 佐平이란 용어는 『주례』에서 따 온 것으로 이해되고 '佐'는 주례의 6관이 왕을 돕는다는 뜻으로 사용되었고, '平'이란 夏官인 사마직이 "以佐王平邦國"이란 데에서 연유하였다고 한다.[57] 고이왕대에 6좌평을 모두 둔 것으로 볼 수는 없지만, 좌평 중에서는 군사를 담당하는 병관좌평이 맨 처음 설치되었음을 암시해주고 있다. 이는 백제 등 고대국가에서 영토를 확장함에 전쟁을 담당하는 관직이 가장 긴급하게 요구되는 관직이었고, 실제로 당시에 많은 전쟁기사가 출현하고 있음을 확인할 수 있다. 고이왕 7년(240)에 眞忠을 左將으로 삼아 중앙과 지방의 군사 업무를 맡겼다는 기록으로 볼 때, 후일 병관좌평이 설치되는 배경을 이해할 수 있다. 그리고 고이왕 28년 2월에는 眞可를 內頭佐平, 優豆를 內法佐平, 高壽를 衛士佐平, 昆奴를 朝廷佐平, 惟己를 병관좌평으로 삼았다는 기록이 보여, 고이왕 27년조에 6좌평을 두었다는 기록은 5좌평으로 수정되어야 할 것이다. 그리고 비류왕 18년(321년)에 優福을 內臣佐平에 임명하였다는 기록과 그가 327년에 반란을 일으켰다는 기록이 보이고, 이어서 333년에 내신좌평에 眞義가 임명된 기사를 통하여 내신좌평이 추가적으로 설치되었음을 확인할 수 있다.

이처럼 6좌평이 일시에 설치된 것임이 아님은 이미 『삼국사기』 백제본기에서도 확인되는데 『주서』에서는 5좌평이 있다고 했고, 그 후에 나온 『구당서』에서 6좌평을 열거하고 있음을 통하여서도 확인할 수 있다. 16관등도 후기의 것을 이때에 설치한 것으로 기록한 것은 김부식이 부

---

56) 盧重國, 1988, 『百濟政治史硏究』, 일조각, 214~218쪽 참조.
57) 李基東, 1990, 앞의 논문, 3~4쪽.

회한 것으로 해석함이 온당하다. 신라에서 관등이 처음 보이는 곳인 유리왕 9년 때에 17관등이 마련된 것으로 서술한 것과 같은 성격이라고 할 수 있다. 물론 관복을 색깔로 구분하는 제도는 중국의 문화가 수용된 것이라 할 수 있다.

좌평제도는 『주례』의 6관제도에서 따온 것이면서도 천관, 지관, 춘·하·추·동의 관직명을 그대로 취하지 않고, 나름대로 그 명칭을 고유한 것으로 만든 흔적을 읽을 수 있다. 『주례』의 전문을 이해하지 않는 상태에서 좌평이란 명칭만을 취한 것은 대방군을 통해서 한문과 전고를 아는 사람이 귀화하였을 것이고 그들의 견해가 반영된 것으로 생각할 수 있다. 고이왕대에는 晉나라에 사신을 파견하여 중국의 문화를 수용하였다고 생각한다.58)

백제에서 수도의 행정단위와 지방의 단위를 남·북부, 동·서부로 양분하였다가 후에 동·서·남·북의 4부, 그리고 중부를 보태어 5부체제로 발전한 것을 철학자들은 오행사상의 영향으로 해석하기도 하고, 역사학자들은 부여족 계통의 공통적인 관념으로 해석하기도 한다. 이 제도의 설치가 바로 오행사상의 영향을 직접 받아 설치된 것이 아니라 하더라도 이런 관념을 가진 백제인에게 음양오행의 사상은 쉽게 이해될 수 있었다고 생각한다. 결론적으로 말하여 한성시대 백제 전기의 유학에 대한 이해는 주로 정치의 운용, 제도의 정비 등에 그 흔적이 보이고 있다고 할 수 있다. 고구려와 백제에 나오는 左補와 右輔라는 관직도 왕을 돕는 관직명이라는 데서 중국문화의 수용의 결과라고 할 수 있다.

또한 백제를 건국할 때 수도를 정하면서 동서남북 사방의 지리적 이

---

58) 『晉書』 동이전 진한조에 진한왕이 사신을 보낸 것을 이병도는 백제의 고이왕으로 해석하고 있으나, 이는 마한왕이 사신을 파견한 것으로 보는 편이 옳을 듯하다. 마한왕은 280년, 281년, 286년, 287년, 289년 등 빈번히 사신을 보낸 것으로 기술하고 있다. 진한왕은 280년, 281년, 286년 세 차례 사신을 보냈다고 하는데, 이를 신라로 보면 미추왕대에 해당한다.

점을 열거하고 있고, 강역을 설명할 때에도 사방을 언급한 것은 자연과 지리에 대한 파악이 있었음을 뜻한다. 이를 백제의 독특한 강역의식이라고 지적하기도 하지만,[59] 이는 백제의 지배층이 북쪽에서 내려오면서 얻은 지적 체험의 결과라고 생각한다. 이런 방위의식은 행정단위를 동·서·남·북으로 구분함과도 관련된다. 이를 굳이 음양오행설로 해석할 필요는 없다.

이처럼 중국의 선진문화 수용은 백제가 정치적 발전을 함에 지대한 공헌을 했다고 할 수 있다. 근초고왕 대에는 영토를 크게 확장하였을 뿐만 아니라 372년(27년) 정월에 晉에 사신을 파견하여 중국의 남조와 문화교류를 하게 되었고, 그 해 6월에는 진나라에서 答使를 보내 진동장군 영낙랑태수백제왕이라는 작호를 주기도 하였다.[60] 당시 중국은 위·진남북조로 칭하는 분열시대였으므로 진나라는 백제와의 친선관계에 깊은 관심을 가졌다. 그리고 나음 해에도 백제에서 사신을 파견하였다. 이 무렵 진나라의 사신이 올 때에『논어』와『천자문』[61] 등 5경과 문집 등 중국의 유교적 전적이 전래되었을 것으로 생각한다. 이로써 백제가 유교문화를 본격적으로 이해하는 세기가 되었다고 할 수 있다.

이런 배경 하에서 박사 고흥이『서기』라는 역사를 정리하였다. 당시까지 중국에서도 역사서는 '書'로 표기하는 추세였다.『한서』,『후한서』,『수서』,『당서』까지 그 전통은 이어진다. 오경박사와 전문인을 박사[62]

---

59) 李基東, 1990, 앞의 논문, 6～7쪽.

60)『晉書』권9, 簡文帝 함안 2년 6월.

61) 이 당시에 전래된『論語』는 何晏이 집해한 10권의 본이고, 천자문은 위나라 鍾繇가 찬한 본으로 설명되고 있다. 천인석, 1992,『삼국시대 유학사상의 특성에 관한 연구』, 성균관대 박사학위논문, 65쪽.

62) 중국에서 博士제도는 한 무제의 무장 세력이 득세하는 가운데 유교경전을 전공으로 하는 전문학자를 박사직에 임용하면서 시작되었다. 한고조 때에는 두태후가 黃老사상을 중시하였고, 문제(B.C. 179～157) 때에는 刑名家를 존중하여 유가들이 홀대되었다. 한 무제(B.C. 140～87) 때에 公孫弘이『춘추』를 전공한 유학자로

로 칭하였음으로 이 무렵 유교적인 교육제도가 성립되었다고 추정하기
도 한다. 그러나 유교 교육을 위한 학교를 세웠다는 기록은 백제사에는
보이지 않는다.

또한 고흥을 중국에서 귀화한 학자로 보는 견해도 있다. 역사를 『서기』
라 한 것은 독특한 발상으로 『일본서기』의 명칭으로 계승되었다. 『서기』
를 역사책의 편찬으로 보지 않고 기록을 하기 시작하였다고 보는 견해도
있으나 이는 백제가 초기부터 한자를 사용하여왔음을 소홀히 하는 해석
으로 생각된다. 『서기』는 당시까지의 백제역사를 편찬한 것으로 해석하
여야 온당할 것이다. 이는 신라 진흥왕 때에 거칠부로 하여금 『국사』를
편찬하게 한 것과 유사한 것으로 해석된다. 개로왕(455~475) 때에는 외
교적으로 고구려의 침입을 대비하기 위한 방책으로 북조의 위에 사신을
파견하여 도움을 요청하고, 고구려 원정에 향도가 되겠다는 뜻을 표명하
였다.

이때에 개로왕이 북위에 보낸 세 통의 표문을 통하여 백제의 학문적
수준과 유교적 이해가 상당 정도로 발전했음을 확인할 수 있다. 즉 자신
을 겸손하게 낮추는 표현과 중국 고사의 전고를 인용한 것으로 보아 당
시 백제에서는 유학에 대한 깊은 이해에 도달했음을 확인할 수 있다. 그
리고 이 무렵 중국에 사신을 자주 파견함으로써 색깔에 따라 등급을 정
한 중국의 관복제가 수용된 것으로 이해된다.

또한 개로왕대의 도미전의 설화는 백제에서 여자의 정조를 지킴이 대

승상이 되었다. 그는 박사로서 학관이 되었을 때에 서울에 학교를 세우고 박사제
자를 50명으로 증치하고 능히 한 가지의 기능을 가진 자를 박사라 칭하게 하였
고, 2,000石의 태수자리에 박사를 보임하면서 유학자가 정치세력을 주도하게 되
었다. 소제(B.C. 86~75) 때에는 박사를 100명으로 증원하였고, 선제(B.C. 73~49)
말년에는 배로 증원하였고, 원제(B.C. 48~33) 말에는 1,000명에 달하였고 500석
이상의 지방관에 임용하였다(『한서』 권88, 유림전 참조). 백제의 박사는 낙랑군과
대방군의 태수, 현령으로 임용된 박사로부터 유교를 손쉽게 수용하였을 것으로 이
해된다.

단히 중시되었음을 보여주는 것인데, 이를 유교적 '烈' 사상으로 해석하는 견해는 온당하지 않다. 왜냐하면 부인의 정조는 고대의 습속일 가능성이 높다. 도미의 부인이 정조를 지켰음을 유교와 연관시킬 다른 관련 사항이 전혀 보이지 않기 때문이다. 단지 도미부인이 왕의 겁탈에 대한 위협으로부터 부부의 금슬을 지켜낸 특수 사정을 설화로 전해져 온 것으로 생각된다. 과거의 역사상에서 유교에 붙일 수 있는 모든 것을 유교와 연관시키는 종래 국내 철학자의 견해는 경계되어야 한다. 고조선이나 부여의 습속에 아직 유교가 전파되기 전임에도 불구하고 부인의 정조를 강조하는 사회적 관습이 있었음을 『삼국지』위서 동이전의 서술에서 찾을 수 있기 때문이다.

한편 아신왕(392～405)은 397년 왜국과 화친을 맺어 사신의 왕래가 활발하였다. 이 당시 왜국은 30여개의 소국이 있었으나 그 부족 연맹체의 수장격이었던 邪馬臺國으로 이해되고 있다. 야마토국이 일본 북구주에 있었다는 설과 奈良지방에 있었다는 설이 있다. 왜국은 발전된 백제 문화의 수용에 깊은 관심을 가져 왕래가 빈번하였다. 이런 상황을 광개토왕릉 비문에 과장되어 서술되고 있다고 생각한다. 아신왕은 태자를 인질로 왜국에 보냈는데 그가 후일 전지왕이다. 전지왕이 돌아올 때 왜의 군사 100명이 호송을 하였다고 『삼국사기』에는 서술되어 있다.

비유왕(427～455) 때에는 신라와 화친을 맺어 외교적으로 중국의 남조인 송나라, 왜국, 신라와 화친정책을 취했다. 이는 백제의 문화가 서해안을 낀 해양국가로서 국제적인 문화를 가지게 되었음을 뜻한다. 백제의 수도에는 외국인으로서 고구려인, 신라인, 중국인, 왜인이 많이 살고 있었다는 기록을 통해서 당시 백제가 외국과 활발하게 인적교류를 하였고, 더불어 다양한 국제문화를 적극적으로 수용하고 있음을 알 수 있다. 이는 국제적인 백제문화의 성격을 이해할 수 있는 근거이다. 또한 백제에서 바둑을 두고 투호놀이를 하였다는 것은 국제문화의 속성을 보여준다.

이 무렵 일본에 유교경전과 한자, 금속기술 등을 전해주기도 하였다. 이러한 유교문화와 한자문화는 침류왕 때, 동진으로부터 불교와 도교가 전래되는 기초가 되었다.

그러나 아무리 국제적인 유대관계를 가졌어도 내정을 튼튼하게 준비하지 못하여 475년에 개로왕은 장수왕에게 수도를 함락당하고, 포로로 잡혀 죽고 왕비와 자식들이 모두 참사를 당하였다. 이는 당시 욱일승천하던 고구려와의 관계를 외교적으로 슬기롭게 해결하지 못한 백제정부의 외교적 능력의 한계였다고 할 수 있다.

요컨대 백제 전기의 유학은 국가를 운영하기 위하여 필요한 부분을 유학으로부터 보충하고 있었다. 다시 말하여 백제 전기의 유학사상은 典章儒學이라 할 수 있다. 좌평제도, 하늘과 땅에 대한 제사, 시조 사당에 대한 제사, 외교문서의 작성, 역사의 편찬 등에 유학에 기초한 것이었다. 그리고 백제에서 유학사상을 쉽게 수용할 수 있었던 것은 한편으로는 다양한 종족으로 구성되었을 뿐만 아니라 토착의 고유습속이 강인하지 않았으며, 문화가 국제적으로 개방적이었던 점에 기인하며, 다른 한편으로는 기존문화의 속성이 유학을 수용할 수 있을 정도로 문화적 친연성이 있었다는 점을 지적할 수 있다.

이는 유교가 가지는 생활문화, 국가운영을 위한 학문이라는 점에 기인한다고 할 수 있다. 백제는 초기부터 낙랑과 대방을 통해서 중국인이 왕래하였고, 한자와 한문의 이해가 있었던 점은 백제문화를 급성장시키는 데 큰 활력소가 되었던 문화적 장점이었고 이를 통해 일찍부터 유학이 전래하여 정치제도 등에 이용되었다고 할 수 있다. 이는 박사칭호의 사용을 통해서도 확인할 수 있다.

2) 웅진시대의 유학

장수왕의 침입에 대응하기 위하여 신라에 군사원조를 청하러 갔던 상

좌평이며 동생이었던 문주왕은[63] 원군 1만 명을 이끌고 수도에 왔을 때
이미 고구려 군대는 철수를 하였으나 아버지 개로왕은 포로로 처형되고
번창했던 수도는 폐허가 되었다. 이에 제22대 문주왕(475~477)은 왕위
에 올라 수도를 현재의 공주인 웅진으로 옮겼다. 그는 이미 정치적 능력
을 갖추었지만 병관좌평 해구에게 살해되는 비운을 맞았다. 이후 538년
성왕 16년에 수도를 현재의 부여인 사비로 옮길 때까지 63년간의 시기
가 웅진시대이다.

　웅진시대의 왕은 문주왕, 삼근왕(477~479), 동성왕(479~501), 무령
왕(501~523), 성왕(523~554)이었다. 공주는 곰나루, 고마성,[64] 웅진,
웅천에서 나온 이름으로 '곰주'를 좋은 한자로 음사한 것이다. 곰이란
동물 이름일 뿐만 아니라 '신'이란 뜻도 가진 것으로 해석되고 있다. 문
주왕이 수도를 선택한 것은 지리적 이점 때문이었다. 공주는 금강이 북
쪽과 서쪽을 흐르고, 동쪽에는 계룡산이 있으며 남쪽은 봉황산이 있는
분지로서 해양국가인 백제가 바다로 진출하기가 용이하였다. 뿐만 아니
라 북쪽에는 험준한 차령산맥이 가로 막고 있어 한성의 지리적 위치와
유사한 자연 방어선이 구축되어 있다. 문주왕의 의식 속에는 이런 지리
적 고려가 있었다고 이해된다.

　이 시기 문주왕이 해구에 의하여 암살되고, 동성왕이 백가에 의하여
피살되는 시해사건이 연이어 일어난 것은 천도 후 왕권의 불안정으로 해
석되어야 할 것이지만, 아직 신하들의 군주에 대한 충성심이 탄탄한 기
초를 마련하지 못한 소치로 해석할 수도 있다. 이런 왕권의 허약성을 극

---

63) 『삼국사기』 백제본기와 『삼국유사』 왕력 등 국내 자료에는 모두 개로왕의 아들로
　　되어 있으나, 『일본서기』 권14, 雄略紀 21년 조에는 개로왕의 동생으로 기술되어
　　있다. 그런데 그가 상좌평을 맡았고 보국장군의 관직을 가진 점에서, 국내 역사학
　　계에서는 일반적으로 그를 개로왕의 동생으로 파악하고 있다. 이 점에 관해서는
　　鄭求福 외, 1997, 『譯註 三國史記』 3 - 주석편 -, 한국정신문화연구원, 688쪽 참조.
64) 『梁書』 권54, 백제전 ; 정구복 외, 1997, 앞의 책, 689쪽.

복하기 위한 방책으로 중국에 사신을 보내 책봉을 받는 것이 더더욱 필요하였을 것이다. 무령왕은 즉위 12년(512)에 梁나라에 사신을 파견하였다. 종래 백제는 남조에서 3품직인 鎭東大將軍이란 작위를 받았는데, 무령왕은 양나라로부터 동왕 21년(521)에 고구려왕과 같은 2품직인 영동대장군의 작위를 받았다. 이는 무령왕이 국력을 신장하여 강국이 되었다는 것을 冊文에서 밝히고 있듯이, 고구려와 견줄만한 강국의 대우를 하여 준 것으로 이해된다. 이는 무령왕이 고구려의 남부성 탈취에 성공했으며, 한강 근처의 옛 강역을 다시 회복하였음을 뜻한다.

『양서』권54, 백제전에는 성왕이 즉위 19년(541)에 양나라에 사신을 보내『열반경』등의 불교 경전 해설서와『毛詩』[65] 박사 그리고 기술자인 工匠과 그림을 그리는 畵師 등을 요청하였으므로 보내주었다고 한다. 이 때 왜『모시』박사를 요청하였는지는 확실히 알 수 없다. 그러나 공장 기술자와 화사 등의 요청은 새로운 수도 건설을 위해서 필요했던 것이 아닐까 해석된다. 그런데『모시』박사가 그 요구사항에 들어 있음은 이해하기 곤란하다. 이 자료는 백제의 요청에 의한 것과 중국에서 보낸 것이 하나의 문장에 포함된 것으로 해석되어야 할 것이다. 즉『모시』박사는 새로이 나온『모시』라는 전적을 보내주면서 그 전공자를 보낸 것이 아닌 가 추측한다. 541년은 공주에서 부여로 수도를 옮긴 다음해이지만, 이런 기술자 등의 요청은 이미 웅진시대부터 이루어졌음이 무령왕릉 발

---

65) 고본이 아닌 수本『시경』에 한나라 초의 학자로서 魯지방 사람 毛亨(大毛라 칭해지기도 함)와 趙지방 사람 毛萇(小毛라 칭하기도 함)이 주석을 낸『毛詩』29권 본과『毛詩故訓傳』30권 본의 두 종류가 있었음이『한서』예문지에 서술되어 있다. 모장은 한나라 때『시경』을 전문으로 한 박사로서 그의 시경 해석은 貫長卿, 延年, 徐敖를 통해 전해졌다. 모시라 함은 서오가 스승을 통해 전해져 온 본을 뜻한다(『한서』권88, 유림전 모공조 참조). 한편 여기서 금본이라 함은 공자의 제자들에 의하여 사람을 통하여 전하여져 온 본을 말하고, 고본이라 함은 공자의 집을 헐었을 때 다락에서 나왔다는 본을 말한다. 그러나 고본은 위작이 많다는 사실이 청대의 고증학자들에 의하여 밝혀졌다.

굴로 확인된다.

1971년에 처녀분으로 발굴된 무령왕릉은 총 108종 2,906점의 유물이 출토됨으로써 웅진시대의 백제문화의 성격을 이해함에 중요한 정보를 제공해주고 있다. 왕릉의 구조가 밝혀지고, 많은 유물이 온전하게 수습되어 백제사와 백제문화의 실상을 알려주는 중요 자료가 되고 있다. 시신을 봉안한 현실 玄室은 사방의 벽이 연화문, 인동문, 網狀文을 새긴 벽돌로 운치 있게 장식되어 있고, 현실의 크기는 길이 4.2m 폭 2.72m이고 33평의 공간에 높이는 3.14m로, 살아 있는 사람들의 생활공간과 아주 흡사하다. 뿐만 아니라 벽면에는 둥근 寶珠형의 등잔받침대가 5개 설치되어 어두운 밤을 밝힐 수 있도록 형상화되었다. 또한 왕릉의 현실에는 왕과 왕비의 화려한 불꽃 모양의 금관식과 귀고리 등의 보화를 함께 넣은 것을 통해 죽은 사람에게도 살아 있는 사람과 같이 대했던 관념을 이해할 수 있다.

그리고 현실의 앞 연도에는 생김새가 돼지와 비슷하면서 머리에 큰 외뿔이 있는 돌로 된 짐승이 놓여 있다. 이는 묘소의 시신을 마귀와 짐승 등으로부터 시기기 위한 짐승으로 鎭墓獸라고 칭한다. 이는 중국에서 전국시대로부터 시작된 것으로 알려졌으며, 뿔이 하나 있는 짐승을 天祿 혹은 天鹿이라 칭하고 두 뿔이 있는 것을 辟邪라고 칭하기도 한다. 또는 뿔이 있는 짐승을 총칭하여 기린이라고 칭하고 뿔이 없는 것을 총칭하여 벽사라고도 한다. 이에 따르면 무령왕릉의 진묘수는 뿔이 하나이므로 천록에 해당한다. 뿔의 모습은 얇은 철판으로 세 개의 돌기가 있고, 뿔의 끝부분은 휘어져 둥글게 처리되어 있다는 점에서 독특한 발상을 보이고 있다.[66] 진묘수의 특징은 날개를 갖추고 있는가 없는가에 따라 구분하기도 하는데, 무령왕의 것은 앞날개와 뒷날개가 좌우에 두개씩 조각되어 있다.

---

66) 윤무병, 1978, 「武寧王陵 石獸의 研究」『百濟研究』9, 충남대학교 백제연구소.

중국의 진묘수는 서역의 영향을 받아 처음에 돌사자가 만들어졌다. 이들 진묘수에는 귀신도 생전에 이미 보지 못했던 동물로 상상적인 동물이 많다. 그러나 이 짐승의 모습은 주둥이로 봐서는 돼지 같다. 돼지는 뒤로 물러서지 않고 앞으로만 나가는 짐승이고 또 앞으로 나가 그 자리에서 벗어날 수도 있기 때문에 뒷다리 하나를 분질러 놓았다.67) 이를 소라고 보고 있기도 하나68) 소보다는 차라리 곰이라고 해석할 수도 있을 것이다. 웅크린 모습이 곰과 같으며, 곰에 대한 공주 사람들의 토템적 신앙이 뒷받침되었을 것으로 볼 수 있기 때문이다. 그것이 어떤 동물이었건 하늘로 나를 수도 있다는 것은 무한한 가능성을 가졌다는 것을 상징한다.

이 진묘수는 무서운 동물을 상징하였다기보다는 다정하고 충직하며 온화한 감을 주는 짐승이다. 무령왕릉의 진묘수는 중국 남조의 영향을 받은 것으로 이해되지만 백제 나름의 독창성이 보이는 작품이다. 등 위네 개의 빗장뼈가 양각으로 조각되어 땅을 강인하게 지키고 있는 형상을하고 있다. 이 빗장뼈는 곰이 땅을 힘껏 짓누르고 있을 때 나타나는 힘줄의 표출인 듯하다. 이 곰 뿔의 모습이나 날개 등에서 당시 백제인의 무한한 상상력이 작용했음을 읽을 수 있다. 그러나 이 진묘수의 착상은 백제의 전통적 문화 위에 중국남조 문화의 영향이 가해진 것으로 이해된다. 이를 유교문화의 소산으로 이해할 수 없지만 당시 생활문화 속에 수용된 외래 문물의 백제적 변용이었다고 할 수 있다.

또한 羨道 입구에는 왕과 왕비의 지석이 있는 바, 이는 집의 문패와 같이 이 묘소의 주인공을 표시한 것이라 할 수 있다. 왕의 지석 뒷면에는 방위도가 새겨져 있다. 이는 묘소의 위치를 설명하기 위하여 작성된

---

67) 권오영은 남조 진묘수의 뒷다리는 모두 부러져 있었다고 한다(2005, 「무덤을 지킨 돌짐승, 진묘수」『동아시아 문명 교류사의 빛 무령왕릉』, 돌베개).

68) 윤무병은 앞의 논문(1978)에서, 상상의 동물이기 때문에 무슨 동물이라고 이름을 붙이는 것이 옳지 않다고 하면서 牛形이라 하였다.

것으로 이해된다. 그리고 왕비의 지석은 왕이 이곳에 안장될 때에 만들어진 것이다. 지석의 뒷면에 買地券이 새겨져 있다. 매지권에는 이곳을 지신인 土王, 土伯, 土父母 등으로부터 1만문을 지급하고 샀다는 것을 기록하고 있다. 그리고 이 계약은 영구한 것으로 물릴 수 없는 것임을 밝히고 있다. 왕비가 후일 이곳에 안장될 때에 그 매지권의 뒷면에 왕비의 죽은 연대와 안장한 때를 추가로 새기어 왕비의 지석으로 삼은 것으로 판단된다.

왕의 지석에는 왕을 영동대장군백제사마왕이라 하여 무령왕이 양나라에서 받은 책봉관직과 당시 이름을 따서 그대로 왕호로 칭하고 있음을 보여주고 있다. 이에서 삼국시대의 일반적 관행과 일치함을 확인할 수 있다. 신라에서 진흥태왕이란 왕호가 생시의 금석문에 보이고 있는 것과 일치한다. 그리고 고구려에서 광개토대왕은 생시에 담덕왕으로 칭하였음과 같다. 백제의 경우 위덕왕(554~598)을 그 이름인 昌王이라 쓴 금석문이 이를 단적으로 말해준다. 이는 이름을 諱라 하여 사용을 피하는 유교적 지식이 아직 나타나지 않았음을 뜻한다. 왕의 지석에는 왕이 양나라로부터 받은 영동대장군이란 직함을 자랑스럽게 사용하고 있으면서도 천자가 사용하는 '崩'이라는 글자를 사용하고 있어 당시 백제가 중국의 책봉을 받고 있음에도 불구하고 제후국임이 아니라는 것을 극명하게 보여주고 있다.

무령왕은 개로왕 8년(462)에 태어나서 40세에 즉위하여 62세에 죽었음을 지석을 통하여 확인할 수 있다. 이는『삼국사기』자료를 새롭게 보완할 수 있다. 이를 통해 무령왕이 모대왕 곧 동성왕(479~501)의 둘째 아들이란『삼국사기』의 서술이 잘못임을 확인할 수 있다. 이에『일본서기』에 전하는 개로왕의 동생인 곤지의 아들이라는 설이 타당하다고 보는 근거가 되었다.[69]

69) 이도학, 1984,「한성말 웅진시대 백제왕계의 검토」,『한국사연구』54.

또한 왕과 왕비가 죽은 후 곧바로 왕릉에 매장하지 않고 3년간 가매장하였다가 능에 정식 장사지냈음을 확인할 수 있다. 정확하게는 27개월 만에 정식 장사를 치렀다. 3년 상제를 27개월로 하는 설은 후한 때의 경전 주석을 낸 鄭玄(127~200)의 설이다.[70] 『주서』 백제전에 서술된 부모의 상에 3년 상제를 치렀다는 풍속은 이 지석을 통해 확인된다.

3년간 가매장을 한 이유는 왕의 능을 횡혈식 전곽분으로 준비하는 시간이 필요했다고도 생각할 수 있으나, 왕비의 경우 이미 축조된 대묘에 봉안되면서도 3년간 가매장을 한 점으로 보아서 이는 백제의 풍속이 죽은 후 가매장을 하였다가 3년 상제가 끝날 때에 정식 장례가 치러진 것을 확인할 수 있다. 특히 능을 '대묘'라고 칭하였으며, 왕의 시신을 이에 모시는 것을 '登冠大墓', 왕비의 경우에 '還大墓' 라는 백제식의 특수표현을 하였다. 대묘라 함은 단순히 큰 묘라는 뜻이 아니라 천자의 묘라는 뜻으로 해석되며 이는 생활공간이 마련된 사후 세계의 영역을 대묘라고 칭하였다고 생각한다.

왕에 대한 시호가 올려지기 시작한 것을 『삼국사기』에서는 동성왕 때부터라고 하였는데 이는 왕의 업적을 논하여 올린 것이 아님을 직감할 수 있다. 이는 시호제도가 처음으로 도입된 시기였기 때문이 아닐까 한다. 그런데 무령왕이란 시호는 시호의 원 뜻을 살려 왕의 업적을 고려하여 지은 것임을 그 글자로부터 확인할 수 있고 이후 백제의 왕들의 시호가 이 원칙에 따랐다. 그러나 왕과 왕비의 지석에는 왕의 시호가 실려 있지 않아 시호가 올려진 시기는 왕비가 대묘에 모셔진 성왕 7년(529) 이후일 것으로 판단된다. 이는 시호제가 아직 유교적 격식으로 정착되지 못했음을 뜻한다.

---

70) 3년 상제를 『주자가례』에서는 25개월 설을 따르고 있다. 이는 『춘추공양전』의 기록을 근거로 위나라 王肅의 설이다. 이 설은 정현의 27개월 설과 공존하다가 송나라 주자에 의하여 25개월 설이 정설로 취해졌다.

왕의 지석 뒷면은 墓域圖(일명 干支圖)로서 사방에 테두리 선을 긋고 그 선 바깥 부분에 갑을병정 등의 天干과 자·축·인·묘 등의 地支를 새겨 놓았다. 사각형의 선 안에 '戊'와 '己'의 천간지를 새겨 놓고, 서방 측면에 해당하는 간지의 표시는 생략하였다. 즉 庚, 辛의 천간지와 申, 酉, 戌의 지간지가 생략되어 있다. 서방측을 비워둔 것은 영혼이 서방정 토에 간다는 것을 암시한 것이라는 설도 있지만[71] 이는 왕비의 지석 뒷 면에 새겨진 매지권과 관련지어서 해석되어야 할 것이다. 이에 대한 정 확한 해답은 아직 나오지 않았다. '무'와 '기'는 방위로는 중앙을 의미한 다고 해석한 설도 있으나[72] 이는 동남방과 동북방의 중간 방위로 해석 한다. 즉 이 묘역도는 왕의 묘소를 쓰기 위해 지신으로부터 산 묘역의 표시도라고 해석하여야 할 것이다. 서방을 비운 것은 왕릉의 입구로부터 사각의 금 안이 왕릉으로 산 묘역이라는 의미로 해석된다.[73] 중앙에 구 멍을 뚫은 곳은 시신이 안치된 관이 놓인 자리표시가 아닐까 한다.

그리고 왕비의 지석은 무령왕의 장사 때에 새겨둔 매지권의 뒷면에 왕비의 시신을 후일 봉안할 때에 새긴 것이다. 이에서 왕비를 太妃라 칭 하였다. 이는 성왕의 입장에서 칭한 것으로서[74] 유교적 격식으로 보면 어긋난 것이다. 그 죽음을 '崩'이라 하지 않고 '壽終'이라고 칭하였다. 이는 사실적 표현이라 할 수 있다. 그리고 대묘에 안장함을 돌아간다는 '還'이라 표현했다. 마치 집을 나온 사람이 자기의 집에 돌아가는 것처 럼 썼다. 아니면 왕의 곁으로 돌아간다는 의미인지도 모르겠다. 왕비의

---

71) 史在東, 1981, 「無寧王陵 文物의 敍事的 構造」 『백제연구』 12, 충남대학교 백제 연구소, 154쪽.

72) 成周鐸, 1991, 「武寧王陵 出土 誌石에 關한 硏究」 『百濟文化』 21, 공주대학교 ; 2002, 『백제의 사상과 문화』, 서경, 30~31쪽 재수록.

73) 성주탁·정구복, 1991, 「무령왕릉 지석의 형태와 내용」 『백제무령왕릉』, 공주대학 교 참조

74) 보주 필자는 종래 무령왕의 입장에서 태비로 칭한 것으로 보아 왔으나 이 견해를 수정한다.

지석 내용은 소략하기 그지없다. 따라서 이와 관련지어 남존여비 사상의
결과라기보다는 당시 백제의 왕실 의례가 아직 유교적인 이론을 충분히
갖추지 못한 상황을 보여준다고 할 수 있다.

당시 백제의 정치가 아직 왕비를 왕과 같은 지위로 파악하지 않은 한
단면을 보여준다고 할 수 있다. 응당 왕비에 해당하는 유교적 격식을 따
진다면 '崩'이라는 용어를 사용하였어야 할 것이다. 그리고 왕과 왕비의
지석은 문장이 간결하고 세련된 것임에도 불구하고 내용적으로는 그 부
모가 누구라든지, 왕비는 언제 태어났는지, 몇 살에 죽었는지 등이 기술
되지 않았다. 이는 지석의 격식이 아주 초기적인 형태이기 때문으로 보
인다. 이는 단순히 지석의 초기형태에 연유한 것만이 아니라 당시 백제
에서 혈연관계를 중시하는 풍속이 없었다는 것을 의미한다고도 해석할
수 있다. 이는 『삼국사기』 찬자가 문주왕, 동성왕, 무령왕까지 백제 왕계
의 혈통에 많은 모순을 가져온 것도 백제에서 혈통에 대한 관념이 약하
여 기록을 제대로 남기지 않은 것과도 관련이 되지 않을까 한다.

매지권은 지신으로부터 묘역도의 묘지를 1만전을 지불하고 산다는 내
용을 담고 있다. 실제 무령왕릉에서는 양나라에서 수입한 것으로 생각되
는 五銖錢이 100개 가까운 90여개가 나왔는데 이것을 매지권에서 萬錢
으로 표현한 것 같다. 매지권은 중국풍의 형식을 본뜨면서도 당시 백제
인의 관습을 보여주는 것이라 할 수 있다. 즉 지신을 '土王, 土伯, 土父
母, 上下衆官二千石'이라는 표현은 중국적 지석을 모방한 것이다. 그러
나 이중 '토부모'라는 것은 중국 측의 묘지석에는 아직 보이지 않는 것
이므로 백제의 고유한 관념이 추가된 것으로 해석할 수 있다. 토부모는
앞 뒤의 지신이 모두 관직을 띤 것과 달리 가족의 칭호를 보이고 있는
점에서 특이한 것이다. 이는 지석에 보이는 생활유교의 한 단면이라고
할 수 있다.

100개 가까운 양나라 오수전이 묘소 마련을 위하여 양나라에서 수입

되어 묘 안에 넣어 둔 것은 지신과의 약속을 지키기 위한 지불금으로 사용되었음을 확인할 수 있다. 당시 백제인이 실제 생활에서 주조화폐를 유통하였다고는 생각되지 않는다. 무령왕이 사후 묘소에 넣기 위하여 화폐를 수입한 것은 사후의 세계가 현실과 거의 똑같이 또는 현실보다 더 중시되었다는 백제인의 사생관을 보여준다고 할 수 있다. 이런 장례를 치룬 것은 백제왕실에 중국에서 귀화한 인물이 중직에 있어 장례를 주관한 것이 아닌가 한다. 그러나 이는 현재의 자료에서는 확인할 수 없다.

또한 무령왕의 묘지석을 통하여 당시의 날짜 기록에 元嘉曆를 사용했다는 것을 확인할 수 있다. 원가력은 송나라 어사중승 何承元이 443년에 만들어 510년까지 사용된 曆法이며, 양나라 문화의 수용임을 확인할 수 있다. 또한 무령왕 관의 목재는 일본으로부터 가져온 것이라 하니 당시 백제문화의 국제성을 짐작할 수 있다.

요컨대 웅진시대 백제의 유교적 성격은 왕실의 생활의례에까지 수용되었으며, 당시의 필요에 따라 선별적으로 수용되었다고 할 수 있다. 아직 유학의 체계적인 이해에는 도달하지 못하였지만 생활유교의 측면은 중국의 것이 수용된 것으로 이해된다. 또한 무령왕 묘지석의 문장은 한문으로도 유창한 경지에 달한 것으로 이해된다. 이 점에서 백제의 한문과 유학이 상당히 높은 수준이었음을 확인할 수 있다.

『주서』에 따르면, 백제의 풍속에서는 말 타기와 활쏘기를 좋아하고 겸하여 고전과 역사를 좋아하였으며, 그 중 뛰어난 사람은 자못 한문을 이해하고 짓는다고 하였다. 또 음양오행을 이해하며, 의약과 점을 치고 관상을 보는 기술을 이해하고 있다고 한 것은 웅진시대의 백제의 학문의 폭과 성격이 실생활에 필요한 요소를 수용한 것임을 단적으로 설명해주는 기록이라고 할 수 있다. 그리고 무령왕릉 발굴을 통하여 당시 백제문화가 국제적 수준을 띤 것임을 확인할 수 있다. 이 묘소의 유물은 당시의 백제문화가 외래문화에 대하여 대단히 개방적이었던 성격을 명확하게 입증해주고 있다.

3) 사비시대의 유학

성왕은 538년에 부여로 천도하였다. 이후 중국의 남조와 북조에 사신을 파견하여 우호관계를 가짐은 물론 왜와도 친선관계를 유지하였다. 고구려에게 빼앗긴 영토를 되찾으려는 노력으로 신라와 친선관계를 맺었으나, 신라의 진흥왕이 백제와 공동으로 확보한 한강 유역을 독차지함으로써 백제 말까지 주적은 신라가 되었다. 백제의 신라 공략은 성왕이 관산성 전투에서 전사하는 비운을 당한 후로 더욱 그치지 않았다. 그 결과는 끝내 전쟁으로 말미암아 멸망하기에 이르렀다. 수나라와 당나라가 중국을 통일한 국가로 되면서 백제는 줄곧 사신을 보내 친선을 도모했다. 즉 무왕 41년(640) 2월에는 자제를 당나라 國學에 입학시킬 것을 청하였고, 같은 해 고구려와 신라에서도 국학에 자제의 입학을 요청하였다.

당나라 국학에 자제를 파견함은 당나라 유교문화를 적극적으로 수용하겠다는 의지를 표하는 것인데, 그 실행이 얼마나 이루어졌는지는 확인할 수 없다. 당나라에 마지막으로 사신을 보낸 의자왕 12년(652)까지 당나라와 친선관계를 유지한 12·3년간 유학생을 보낸 것으로 보인다. 한편 의자왕 13년에는 왜에 사신을 보내 우호 관계를 확인했다. 백제와 왜 사이에는 이미 그동안에도 긴밀하게 사신 왕래가 있었다. 그리고 백제는 수나라와 당나라에 사신을 보내 고구려를 정벌할 경우 향도 노릇을 하겠다는 뜻을 전달하였다.

그러나 당나라는 원교근공책을 써서 신라와 동맹관계를 맺었고, 당나라는 백제와 고구려를 멸망시킨 후 신라까지 병합하려는 교활한 정책을 수행하였다. 신라인의 반대와 공격으로 그 정책은 실현할 수 없었다. 당나라가 백제와 고구려의 원정에서 얻은 결과는 2·30년간 고구려 지방을 지배한 것이었으나, 발해의 건국으로 거의 얻은 것이 없었다. 단지 고구려 수도인 38,000호와 백제의 수도인 12,000명을 포로로 잡아간 것뿐이라고 할 수 있다.

이 무렵 백제는 5방제와 22담로제, 군현제의 지방행정이 체계화된 것을 통하여 유교적인 지식이 정치에 활용되었다. 의자왕 17년(657)에 서자 41명을 좌평으로 삼아 지방의 식읍을 주었다는 것이 바로 22담로제의 증거라고 할 수 있다.

이 시기 유학은 이전의 정치적 활용, 생활화에 이용됨과 더불어 국가에 대한 충성심을 강조하는 것으로 진일보하였다. 그러나 유교의 한 임무인 백성의 교화에 얼마나 노력하였는지는 확인할 수 없다. 능력이 있는 사람을 신분에 구애받지 않고 등용해 쓴 예를 발견할 수 없고, 왕실의 자제들을 등용함에 급급하였음은[75] 백제가 시대에 맞는 조처를 취하지 못하였음을 뜻한다. 외교에서 친목과 화평을 통해 국가를 유지하지 않고 전쟁을 일삼은 것은 국가 멸망의 한 원인이었다.

잦은 사신 왕래를 통해 중국의 유교적 지식과 경전들이 들어왔을 것이고, 그 이해도 더욱 깊어졌다고 생각한다. 그러나 백제에서 유학자로서 명성을 남긴 사람의 기록은 전하지 않는다. 그러나 이 시기의 유학은 의자왕을 해동증자라고 칭할 정도로 부모에 대한 효가 행하여졌다. 좌평 성충과 홍수는 군주에 대한 극간을 하였으며 국가유지를 위해 유배를 가서도 충성심을 발휘하였다. 이런 일들은 유학의 영향이라고 할 수 있다.

그리고 삼국 중 백제는 유일하게 수도가 함락되어 나라가 망한 후에 부흥운동을 5년간 지속적으로 그리고 치열하게 전개한 것도 유학의 영향이라고 할 수 있다. 즉 예산의 임존성, 서천의 가림성, 청양의 두릉윤성, 부안의 주류성을 중심으로 부흥운동을 일으킨 것은 백제의 실천적 유학의 영향이었다.

---

75) 의자왕 17년(657)에 왕의 서자 41명을 좌평으로 삼아 식읍을 주었다. 『삼국사기』 백제본기 참조.

6. 백제의 유학자

『삼국사기』등에 백제의 유학자로 이름이 전하고 있는 사람은 근초고
왕(346~375)대의 박사 고흥과 의자왕(641~660)대의 좌평 成忠과 興首
를 들 수 있을 뿐이다. 박사 고흥은 오경박사로서 유교경전에 이해가 깊
었던 사람으로, 그는『서기』라는 백제의 역사를 최초로 편찬하였다. 이
에 대하여『삼국사기』의 기록은 다음과 같다. 고기에 이르기를 "백제는
개국 이래 문자로서 일을 기록함이 없었는데 이때 이르러 박사 고흥을
얻어 비로소『書記』를 갖게 되었다"고 한다. 여기서 고기라 함은『삼국
사기』를 편찬하고 왕에게 바친 표에서 김부식이 지칭한 고기라고 생각한
다. 다시 말하면 고기는『삼국사기』에서, 그 편찬의 대본으로 사용한『舊
三國史』를 지칭하였다. 이를 고기라고 칭한 것은 문자가 다듬어지지 않
아서 졸렬하고 사적이 많이 빠져 군주의 선악, 신하의 충성과 사악함,
국가의 안위, 인민의 치란에 대한 교훈을 줄 수 없는 단순한 옛 기록의
모음이라고 보았기 때문이다.

위에 인용한 문장은 얼핏 문자로서만 해석하면『서기』가 역사책이 아
니라 단순히 이때부터 역사기록을 남기기 시작하였다고 해석할 소지가
있고, 또 그렇게 해석한 학자도 있다. 그러나 '서기'를 글로 일을 기록하
였다고 해석하지 않고, 역사의 편찬물로 해석하여야 함은 다음과 같은
근거에서이다.

전체의 문맥을 통하여서 백제에서 개국 이래 지금까지 역사를 편찬한
적이 없었는데 이때 이르러『서기』를 갖게 되었다고 해석함이 타당하다
고 보기 때문이다. 또한 근초고왕은 신라에서 역사를 편찬한 진흥왕처럼
백제의 강역을 비약적으로 발전시킨 군주였다는 점을 들 수 있다. 또한
당시까지 중국에서도 역사서를 칭하는 말에 '史'라는 말보다는 '書'라는
용어가 더 많이 사용되었다는 점이다. 사마천의『史記』는 사관의 기술

이라는 의미를 가지고 사용하였지만『漢書』,『後漢書』,『魏書』,『晉書』
등을 들 수 있고 이런 전통은 이후『수서』,『당서』에까지 이르렀다. 요
컨대 중국에서 역사책을 '史'로 표현한 것보다 '書'로 표현함이 보다 일
반적 관행이고 전통이었다고 할 수 있다. 그리고 750년경에 편찬된『日
本書紀』라는 책명은 이에서 유래하였다고 할 수 있기 때문이다.

이처럼 유학자로서 역사의 편찬에 기여한 점을 박사 고흥에게서 확인
할 수 있다. 의자왕대의 좌평 성충은 의자왕의 사부 역할을 한 것으로
짐작된다. 성충은 의자왕 16년(656) 왕이 궁녀와 즐김을 지나치게 하자
이를 만류하는 극진한 간언을 하였다가 옥에 갇혔고, 충신은 죽어도 군
주를 잊지 않는다고 하며 죽기 전에 국가가 침략당하면 어디 어디를 지
키라는 방비책을 유언으로 남겼다고 한다. 성충은 백제의 충신이었으며
그의 극간의 정신은 유학자의 본령을 지킨 것이라 할 수 있다. 성충은
유학을 실천으로 옮긴 지식인이었다. 의자왕은 후일 나라가 망하게 되자
성충의 말을 일찍이 듣지 않은 것을 후회하였다고 한다.

좌평 흥수도 어떤 일로 유배를 갔는지는 알 수 없지만, 의자왕에게
직언을 하다가 유배를 당한 것으로 짐작된다. 유배를 간 신하로서는 그
가 우리나라 역사에서 첫 인물이다. 나당의 군대가 수도 부여를 공격해
올 때 백제의 중신들이 그 방책을 결정하지 못하여 흥수에게 의견을 물
었다. 그의 대답도 성충의 견해와 같았다. 흥수는 학문과 경륜이 높을
뿐만 아니라 지리와 병법에도 탁월한 식견을 가졌던 사람임을 확인할 수
있다. 이는 유학의 공부를 깊이 있게 한 사람임이라고 할 수 있다.

일본측 자료에 보이는 유학자로서 근초고왕대의 阿直岐는 경전을 잘
읽었다. 그 시기를『일본서기』에는 응신천왕 15년(284)으로 되어 있지만
2주갑을 내려야 하므로 404년이 된다. 그 연대는 근초고왕(346~375)대
와 맞지 않는다. 이는『일본서기』의 두찬으로 이해되고 있다.76) 그리고

---

76) 김현구 외,『일본서기 한국관계기사연구 』(I) 일지사, 2002. 156~157쪽.

그에게 더 훌륭한 사람을 천거하라고 하여 다음 해 박사 王仁을 모셔갔
다. 왕인이 『논어』 10권과 『천자문』 1권을 가지고 가서 태자 우지노와
키이라코(菟道稚郎子)의 스승이 되었다. 『논어』는 何晏이 집해한 본으로
해석되고 있으며, 『천자문』은 魏나라 鍾繇(151～230)가 찬한 것으로 이
해되고 있다.77)

아직기가 일본에 간 것은 아신왕 13년(404) 혹은 14년경으로 해석되
고 있다. 아직기는 『古事記』에는 阿知吉師로 되어 있다. 아직기와 왕인
은 각각 阿直岐史와 書首 等의 시조라고 하니 일본에 귀화한 것으로 이
해된다.78) 왕인은 『속일본기』에 한 고조의 후손으로 백제에 귀화한 사
람이라고 하였으므로 낙랑이나 대방군에서 귀화한 중국인으로 다시 일
본에 귀화한 사람으로 생각된다. 왕인을 백제인으로 해석하고 있는 견해
도 있으나79) 이에는 논리적 타당성이 부족하다.

그리고 백제의 근구수왕(375～384) 때에는 백제의 왕손 辰孫이 일본
에 가서 유학사상을 보급하였다고 한다. 백제가 공주로 남천한 이후에는
백제에서 오경박사, 曆博士, 醫博士, 瓦博士 등이 일본에 빈번히 파견하
였다. 박사란 원래 중국 한 나라 때에 설치된 제도로서 경학에 밝은 사
람으로 태학에 두었던 관직이었는데 백제에서는 이뿐만 아니라 특수기
술의 전문가를 박사로 칭했다. 특히 무령왕 13년(513)에는 오경박사 段
楊爾가 일본에 파견되었고, 동왕 16년에는 오경박사 高安茂가 파견되었
다. 성왕 32년(554)에도 오경박사 王柳貴를 보내 馬丁安과 교대하였다
하여 백제의 유학자의 이름이 전하고 있다. 특히 근구수왕의 후손이라고
전하는 王辰爾는 비다쓰 천왕(敏達天王, 572～585) 때의 사람으로 일본
에서 당대 제일의 유학자로 알려졌으나 이를 백제인이라 할 수는 없다.

---

77) 崔英成, 1994, 『한국유학사상사』-고대 고려편-, 아세아문화, 100쪽.
78) 김현구 외, 2000, 앞의 책, 187쪽
79) 최영성, 1994, 앞의 책, 99쪽.

일본의 고대국가를 완성한 성덕태자에게 유학을 가르쳤다는 박사 覺哿도 백제인으로 추정하고 있으나 확실한 근거는 아직 발견되지 못하고 있다.

이처럼 일본에 유학을 선한 학자의 이름이 밝혀지고 있으나 그들의 저술이 전혀 밝혀지고 있지 않고 있을 뿐만 아니라 일본 측 자료의 불확실성으로 인하여 백제 유학의 성격을 이해함에는 아직 한계에 다다르고 있다.

7. 맺음말

이상에서 백제의 유학에 대한 시기별 성격을 살펴보았다. 한성시대인 전기 백제에서 유학의 수용은 한사군인 낙랑과 대방으로부터 전수받았을 가능성이 높다. 백제는 지리적으로 이들과 가까웠던 관계로 중국 본토에 사신을 보내 직접 문물을 수용하기 전부터 백제는 한자를 배웠고, 중국인의 귀화도 이루어진 것으로 짐작된다. 이를 통해 유교적 지식이 정치에 활용될 수 있었다. 건국 초기의 하늘과 땅에 대한 제사와 동명왕 사당 및 시조의 국모 사당을 세워 제사지낸 것을 유학적 영향으로 비롯된 것으로 보아서는 안 된다. 이는 백제의 왕실이 부여, 고구려 계통으로 종래의 습속이라 보아야 할 것이다. 철학을 연구하는 학자들이 모든 것을 유교문화와 연결지어 서술하는 것은 역사적 이해로서는 온당하지 못한다.

유교적 지식이 정치적으로 이용된 것으로는 고이왕대의 좌평제도의 설치를 들 수 있다. 중국의 통치제도와 통치방법의 수용은 마한의 한 성읍국가였던 백제가 강역국가인 고대국가로 발전할 수 있는 기본적인 힘이 되었다. 유학을 수용한 예로는 한나라의 박사제도의 수용을 들 수 있다. 근초고왕 때에 일본에 유학을 전해준 박사 왕인이나 『서기』를 편찬한 박사 고흥이 중국계의 귀화인일 가능성이 있다. 근초고왕 때에는 중국과 사신 파견을 통하여 유교경전과 천자문 등이 전래되었다고 한다. 백제 전기의 유학은 국가의 법전과 국가 조직에 적극 활용되고 외교문서 작성과 역사서 편찬에 활용된 점에서 유학이 통치제도에 활용되었다고 할 수 있다.

또한 이 시기부터 백제는 국제문화를 적극 수용하여 해양국가로서 발전하였다. 수도에는 고구려인, 신라인, 왜인, 중국인이 활보하고 있었음을 통해 백제는 개방적인 국제문화를 수용한 나라였고, 이에 유학도 그런 국제적 성격을 강하게 띠었다고 할 수 있다.

고구려의 남하정책으로 장수왕에게 수도 한성을 함락당한 후 백제는 문주왕과 동성왕이 측근 권신에게 살해되는 비운을 맞이하였으나 무령왕 대에 이르러 정치적 안정을 되찾았다. 『양서』에는 무령왕이 고구려와의 전쟁을 통하여 잃었던 강역을 확보함으로써 다시 강국이 되었다고 서술되어 있다.

1971년에 무령왕릉이 발굴됨으로써 왕릉의 구조가 밝혀지고, 108종 2906점의 완전한 유물이 수습되어 백제사와 백제문화의 실상을 알려주는 중요 자료가 되고 있다. 시신을 봉안한 현실은 사방의 벽이 연화문, 인동문, 그물망 무늬의 벽돌로 장식되었고, 현실은 살아 있는 사람들의 생활공간과 아주 흡사함을 알 수 있다. 그 뿐만 아니라 벽면에는 보주형의 등잔받침대가 5개가 설치되어 어두운 밤을 밝힐 수 있도록 형상화되었다. 여기에서 죽은 사람도 산 사람과 같이 대우하려는 뜻을 읽을 수 있다. 그리고 유물 중 특히 무령왕의 지석, 묘역도, 매지권, 그리고 왕비의 지석이 나와 백제문화의 성격을 밝히는 새로운 자료가 되었다.

지석의 내용을 통해 27개월의 삼년 상제의 실시 등 생활의식의 면에 유교가 작용하였음을 확인할 수 있고, 지석이 왕과 왕비의 부모를 언급하지 않는 점으로 보아 왕의 혈통관계를 당시에 중시하지 않았음을 알 수 있다. 그리고 시호를 기록하지 않는 점을 통하여 시호제가 수용된 초기 형태를 추측할 수 있는 단서를 제공해준다.

또한 무령왕릉 현실의 앞에 설치된 연도에서 묘를 지키는 돌로 만든 짐승이 나왔는데, 실존의 동물이 아니라 상상의 동물이다. 이는 중국의 영향을 받은 것이지만 백제인의 독창적인 발상이 가미된 것이다. 뿔의 모습, 두 날개 표시, 그리고 형상은 돼지와 비슷하지만 이는 당시 공주의 토착적인 곰 토템의 영향을 받은 것으로 보아 필자는 이를 곰을 형상화한 것으로 생각한다. 경우에 따라서는 시신의 영혼을 싣고 하늘로 날을 수도 있고, 마귀가 나타나면 한 발도 물러서지 않고 막을 수 있는 있는 외뿔로 장식하였다. 그리고 뿔의 모습은 세 가지의 뿔 가지와 끝이 둥근 원형으로 처리된 점이라든가, 주둥이가 뾰족하지 않게 조각된 점, 날개가 마치 꽃문양 또는 당초문양 같이 처리 된 점을 통하여 이 진묘수는 무서운 짐승의 상이 아니라 귀신도 생전에 보지 못한 괴이한 동물이면서도 백제인의 온화하고 부드럽고 다정한 상을 하고 있음을 확인할 수 있다. 이 곰 형태의 진묘수는 비단 능의 시신을 지킬 뿐만 아니라 시신의 친구와 같은 다정함을 느끼게 한다.

공주시대의 백제는 중국 남조 문화를 적극적으로 수용하여, 풍수지리학, 점복, 책력 등의 생활 유학이 백제에 수용되었음을 무령왕의 지석 등을 통해 확인할 수 있다. 그리고 1만문의 돈을 주고 지신으로부터 묘터를 사기 위해서 양나라에서 만든 오수전 100잎을 수입한 것은 백제인이 사후 세계를 얼마나 중시하였으며, 실제 생활의 연장으로 파악한 내세관을 엿볼 수 있게 하여준다. 요컨대 백제 중기의 유학은 실제 생활에 대한 유학이 중시되었음을 확인할 수 있고, 또한 국제적인 개방적인 문화의 속성을 읽을 수 있다.

백제의 마지막 부여시대는 중국이 남북조 및 왜국과 친선관계를 유지하고 중국이 수·당의 통일국가를 달성함에도 사신을 보내 친선관계를 유지하면서도 주적을 고구려에서 신라로 삼음으로써 평화외교의 중요함을 인식하지 못하여 결국 망하였다. 무왕 때인 640년 고구려, 신라와 함께 당나라 국학에 유학생을 보내 교육을 받는 조처가 있었다. 그러나 이때에 몇 명이나 입학을 했는지 그리고 그들이 몇 년이나 수학을 했는지 확인할 수 없으나, 이후 10여 년 간 교육을 받은 것으로 이해된다. 또한 백제의 유학자로 알려진 인물이 없는 점은 자료가 전하지 않는다는 데에도 이유가 있겠지만, 아직 백제의 유학이 교육과 정치, 생활 등 현실의 필요에 의하여 유학사상이 이해되고 수용되었음을 의미한다고 할 수 있다.

부여시대의 유학의 성격은 도덕적 효와 충이라는 성격으로 확장되었음을 지적할 수 있다. 그러나 국가 정치의 기본적 성향이 이전의 왕실 중심적 운영을 한 점, 능력 있는 인물을 발탁해 쓰지 않은 점, 국제간에 평화와 전쟁을 조절하지 못한 점 등은 시대적 한계였다고 할 수 있다. 국가의 충성심은 삼국 가운데 유례가 없는 끈질긴 부흥운동을 일으키게 하였는데 이는 후기 백제의 도덕적 충성심의 발로라고 할 수 있다.

종래 백제의 유학을 서술하면서 일본에 대한 전파를 대단히 강조하고 있는데, 이는 『일본서기』를 통해 백제의 학문을 이해하는 이상으로 지나치게 강조됨은 옳지 않다고 생각한다. 이는 우리가 중국으로부터 유학을 수용하였고, 당시 왜는 백제를 통하여 선진문화를 수용한 것이므로 이는 일본사를 이해할 때에 서술되어야 할 것으로 생각한다.

요컨대 백제의 유학사상은 백제전기인 한성시대에는 낙랑과 대방을 통하여 유학을 수용하였다. 그 내용은 통치에 필요한 법전과 외교문서의 작성에 필요한 문장중심의 典章儒學이라 할 수 있다. 이에 공주로 천도한 이후 중국 남조로부터 유입한 음양학, 풍수학, 역학, 의학 등의 생활유학이 발전하였고, 부여로 천도한 후에는 국가를 유지를 위한 도덕유학으로서의 충효유학이 발전하였다고 할 수 있다.

백제의 유학자로서는 역사를 편찬한 고흥과 의자왕의 사부 성충, 그리고 충신 흥수 등의 짧막한 기록이 남아 있다. 성충은 왕에게 극간을 하다가 감옥에 갇혔고, 홍수는 유배를 갔지만 그런 상황에서도 왕과 국가에 충성하는 마음은 변치 않았으니 이들에게서 유학을 실천으로 옮긴 실례를 발견할 수 있다. 이런 국가와 왕에 대한 충성을 바치는 유학적 효용은 백제가 멸망한 후 5년간 고구려나 신라에서는 찾을 수 없는 끈질기고 치열한 부흥운동을 벌인 점으로 확인된다.

제3절 『삼국사기』의 원전 자료

1. 머리말

『삼국사기』는 신라가 멸망한 후 239년이 되는 고려 인종 23년(1145)에 김부식(1075~1151)이 8명의 도움을 받아 편찬하여 바친 가장 오래된 사서이다. 이는 광종(재위 950~975) 대에 편찬된 것으로 추정되는 『삼국사』의 편찬80)에 이어 고려조에서 두 번째 편찬된 삼국시대 역사서이다. 본기 28권, 연표 3권, 잡지 9권, 열전 10권 총 50권이다. 광종 대에 편찬된 『삼국사』를 학계의 통설에 따라 『구삼국사』로 칭하겠다. 이는 『삼국사기』를 『삼국사』로 칭한 예도 있으므로 구분하기 위함이다.

한국의 근대 사학을 최초로 이룩한 단재 신채호(1880-1936)에 의하여 『삼국사기』가 사대적인 사서로서 평가되어 그 가치가 극도로 절하되어 왔고, 또 일제시대 사학의 주류는 『삼국사기』의 초기 기록을 조작으로 보아 불신하는 풍조였다. 또한 현재에도 『삼국유사』에 비하여 사료적인 면에서 그 중요성이 높이 평가되지 않고 있다.81)

---

80) 보주: 정구복, 1999, 「고려초기의 삼국사」 『한국중세사학사』 I, 집문당, 189~226쪽 참조

81) 보주: 최남선의 『삼국유사』 해제에서 처음으로 두 사서를 비교하여 『삼국사기』를

그러나 『삼국사기』에서 다루고 있는 내용은 천문, 자연현상, 정치, 경제, 외교, 국방, 교육, 문화 전반을 다룬 사서이고, 그 표현 중 일부가 오늘날 우리의 정서에 맞지 않는 것이 있다고 하여 이를 제쳐 두고 한국 고대의 역사와 문화 그리고 사회를 연구할 수 없다. 또한 비록 김부식이 사료 수집에 『삼국유사』 편찬자인 일연(1206~1289)처럼 많은 노력을 기울이지 않은 것은 사실이지만, 『삼국사기』는 국가 전체의 역사서라는 견지에서 『삼국유사』에 견줄 수 없는 중요한 사서라는 점은 부정할 수 없다.

현재 한국사학계에서 『삼국사기』의 사료적 성격을 구체적으로 연구한 업적으로는 이강래 교수의 『삼국사기 전거론 연구』라는 박사학위 논문이 있을 뿐[82] 그 이외에는 별다른 연구가 없는 실정이다. 그에 반하여 일본의 한국사 연구자들은 『삼국사기』의 사료적 성격에 대하여 많은 성과가 있다. 이는 한국사학계에서 반성하여야 할 문제이다. 역사학 연구에 있어서 사료적 성격에 대한 검토는 가장 기초적 단계의 과업이며, 이는 사학사 연구에 있어서도 중요한 과제라고 생각한다.

본고에서는 『삼국사기』에서 인용한 자료와 김부식이 새로이 기술한 내용을 검토하겠다. 이를 통하여 『삼국사기』의 성격을 좀 더 새롭게 이해하려 한다. 본 연구가 『삼국사기』의 자료 이용에 도움이 되었으면 한다.

2. 『삼국사기』 편찬에 이용된 기본자료

『삼국사기』 편찬에 이용된 기본 자료는 무엇이었을까? 『삼국사기』 원전 문제에 대하여 해방 이후 일본학계에서는 비교적 정치한 논문이 여러 편이 발표되었으나,[83] 국내학계에서는 다소 소홀했다.[84] 『삼국사기』

비판하였다(최남선, 1927, 『新訂 三國遺事』 해제, 계명구락부).
82) 李康來, 1993, 『三國史記 典據論 硏究』, 고려대학교 박사학위논문.

에는 그 편찬 시에 이용한 원전에 대한 정보를 구체적으로 제시하고 있는 곳도 있으나 대부분의 자료는 언급하고 있지 않으며, 또한 김부식이 『삼국사기』를 편찬하여 인종에게 바치면서 올린 글에서 우리나라의 역사서를 통칭하여 '고기'라고 하였을 뿐 구체적으로 언급하지 않았다. 그러나 다음과 같은 표현을 통하여 고기의 정체를 파악할 수 있다.

> '고기'는 문장이 거칠고 졸렬하며, 역사 기록이 빠져 있어 임금의 선악, 신하의 충 불충, 국가의 안위, 백성의 다스려짐 여부 등 모두를 들어내어 교훈을 주기에 부족하다.85)

위의 인용문을 통하여 '고기'는 단편적인 사실을 기록한 문서이거나

---

83) 三品彰英, 1953, 「三國史記高句麗本紀の原典批判」『大谷大學硏究年報』6.
  末松保和, 1966, 「舊三國史と三國史記」『靑丘史草』2.
  末松保和, 1966, 「三國史記の經籍關係記事」『靑丘史草』2.
  井上秀雄, 1968, 「三國史記の原典をもとめて」『朝鮮學報』47 ; 1974, 『新羅史基礎硏究』, 東出版.
  井上秀雄, 1974, 「三國史記地理志の史料批判」『新羅史基礎硏究』, 東出版.
  田中俊明, 1977, 「三國史記撰進と舊三國史」『朝鮮學報』83.
  田中俊明, 1980, 「三國史記板刻と流通」『東洋史硏究』39-1.
  田中俊明, 1982, 「三國史記中國史書引用記事の再檢討－特にその成立の硏究の基礎作業として」『朝鮮學報』104.
  中尾敏郎, 1985, 「'三國史記'三國相互交涉記事の檢討－原典探求のための基礎作業として」『史鏡』10.
  坂原義種, 1975, 「'三國史記'百濟本紀の史料批判－中國諸王朝との交涉記事を中心に」『韓』38 ; 1978, 『百濟史の硏究』.
  高寬敏, 1991, 「三國史記の國內原典について」『朝鮮學報』139.
  高寬敏, 1993, 「三國史記高句麗本紀の國內原典」『朝鮮學報』146.
84) 李弘稙, 1959, 「三國史記 高句麗人傳의 檢討」『史叢』4 ; 1971, 『韓國古代史의 硏究』.
  申瀅植, 1981, 『三國史記 硏究』, 일조각.
  李丙燾, 1977, 『譯註 三國史記』, 을유문화사.
85) 『東文粹』卷1, 進三國史記表. "又其古記 文字蕪拙 事迹闕亡 是以 君后之善惡 臣子之忠邪 邦業之安危 人民之理亂 皆不得發露 以垂勸戒"

삼국 중 어느 한 나라만의 기록을 의미하는 것이 아니고 우리나라의 역
사를 총체적으로 다룬 하나의 역사책으로 편찬된 것임을 지칭한다고 할
수 있다. 그러므로 여기서의 고기는 바로 고려 초에 편찬된『구삼국사』
를 지칭하였음이 거의 틀림없다고 생각한다. 그러나 불행하게도『구삼
국사』는 이규보(1168~1241)의「동명왕편」의 주에 인용된 자료 이외에
는 현재 전하는 자료가 없다.

　『삼국사기』에는 고기라는 문헌을 원문과 주에 인용한 것이 적지 않게
발견된다. 단순히 '고기'라고 인용된 것이 있는가 하면 '해동고기', '본
국고기', '삼한고기', '신라고기' 등으로 구체적인 명칭을 붙여 다양하게
언급되어 있다. 이들 고기류는『구삼국사』가 아닌 별도의 자료로 현재
이해되기도 하고86) 또는『구삼국사』일 것으로 추정되고 있어87) 서로 상
이한 결론에 다다르고 있다.『삼국사기』에는 인용전거를 밝히지 않은
거의 대부분의 자료가『구삼국사』로부터 원용되었음은 상식적으로도 추
측할 수 있다.88)

　또한『삼국유사』에는 '三國史' 또는 '國史'로 인용된 자료가 여러 군
데에 보이고 있다. 그런데 국내학계에서는 이를 서로 달리 이해하고 있으
며,89) 북한학계에서는 이들을 모두 고려 초기에 편찬된『구삼국사』로 파

---

86) 李康來, 1989,「三國史記와 古記」『龍鳳論叢』17·18 합집 ; 1992,「三國史記 分
　　註의 性格 - 新羅本紀를 중심으로」『韓國古代史硏究』5.
87) 김영경, 1984,「삼국사기와 삼국유사에 보이는 고기에 대하여」『력사과학』1984
　　년 2호.
88) 鄭求福, 1993,「高麗 初期의 三國史 編撰에 대한 一考」『國史館論叢』45 ;『한국
　　중세사학사』I. 재수록.
89) 李康來는 다음 논문에서『삼국유사』에 인용된 '삼국사'와 '국사'를『삼국사기』로
　　이해하였다.
　　李康來, 1990,「三國遺事에 있어서 '舊三國史'論에 대한 批判的 檢討」『東方學
　　志』66 ; 1992,「舊三國史論에 대한 諸問題-특히 三國史記와 관련하여」『韓國古
　　代史硏究』5 ; 1992,「三國遺事 引用 古記의 性格」『書誌學報』7.
　　한편 洪潤植은 삼국사와 국사를 같은 책으로 보아 모두 舊三國史로 이해하였고

악하고 있다.[90]

『삼국사기』에 이용된 『구삼국사』의 자료는 어떤 방식으로 나타났을까? 『삼국사기』에서 특별한 전거를 제시하시 않고 기술한 국내 측 자료는 거의 대부분 『구삼국사』에 의존하였다고 생각한다. 이런 추측은 막연한 감을 준다. 그러므로 『삼국사기』 중 『구삼국사』에서 이용되지 않은 자료로 새로이 참고한 자료는 어떤 것들이었을가를 살펴보는 방식을 통하여 좀 더 구체적으로 이를 밝혀 볼 수 있다.

그러나 김부식이 『구삼국사』 자료 이외에 새로이 보충한 모든 자료를 구체적으로 찾아내는 일은 『구삼국사』의 원문과 일일이 대조할 수 없는 현재의 상황으로는 불가능한 것이다. 확실히 김부식 등이 보충하였다고 판단되는 자료는 다음과 같다.

1) 고려 초 이후에 편찬된 자료는 김부식이 새로이 보충한 자료라고 단언할 수 있다. 송나라 사마광(1019～1086)이 편찬한 『자치통감』의 자료, 1005년에 편찬된 『册府元龜』를 인용한 『삼국사기』 雜志 제사조의 백제 기록과[91] 고구려 악조의 기록,[92] 직관지 고구려조 등의 기록,[93] 1060년에 편찬된 『신당서』가 이용된 부분[94]을 들 수 있다. 비록 고려

(1987, 「三國遺事에 있어 舊三國史의 諸問題」 『韓國思想史學』 1), 鄭求福은 삼국사와 국사가 다른 책으로서 그 중 '삼국사'만을 원 삼국사로 파악하였다(1993, 앞의 논문).

90) 김석형, 1981, 「구삼국사와 삼국사기」 『력사과학』 1981년 4호.
     김영경, 1984, 앞의 논문.
     강인숙, 1985, 「구삼국사의 본기와 지」 『력사과학』 1985년 4호.

91) 『三國史記』 권32, 雜志(1) 祭祀條 참조.

92) 『三國史記』 권32, 雜志(1) 樂條.

93) 『册府元龜』는 1005(목종 8년)에 1,000卷으로 편찬된 책인데, 이 책이 고려에 입수된 때는 그보다 훨씬 후일 것이다. 언제 이 책이 고려에 들어왔는지에 대해서는 정확한 기록이 없다. 『고려사』에 처음 보이는 기록은 의종 5년(1151)에 출판하면서 교정을 보았다 것으로, 고려에 이 책이 들어온 것은 예종에서 인종 연간으로 이해된다. 따라서 이 책의 자료를 이용한 것은 『삼국사기』에서 비롯되었다고 판단된다.

이전에 간행된 책이지만 당나라 杜牧(803~852)의 문집인 『樊川集』의 장보고 정년 전95)을 그대로 전재한 '장보고 정년전' 등도 김부식이 보충하였다고 이해된다.

2) 김부식의 표현으로 잡지의 서문이 있다. "高句麗百濟 祀禮不明 但古記及中國史書所載者 以記云爾"라 표현한 雜志의 서문에 서술된 것처럼 한 가지 단일 기사가 아니라 한 항목에 대한 자료를 이어지는 자료에서 뽑아낸 것이다. 즉 고구려의 국모 버들 꽃 柳花의 神廟에 대한 왕의 행차기사를 각 왕별로 열거하고 있으므로 여기에 언급된 고기는 『삼국사기』 고구려 본기의 대본이 된 자료를 뜻한다. 백제의 경우 제천 기록에서 역대왕의 기사를 열거하고 있어 이는 『삼국사기』 백제본기의 원자료가 고기임을 의미한다고 할 수 있다. 職官志에 고구려·백제 직관명을 나열하고 '이상은 본국고기에 보이는 것'이라96) 한 본국고기도 『구삼국사』를 지칭한다. 따라서 이에 보충한 중국 측 기록은 김부식이 새로이 이용한 자료임이 분명하다.

3) 고려 초 이후의 사건임이 명백한 다음과 같은 자료는 김부식이 보충한 것이다. 그 예를 들면, 고려 현종 14년(1023)에 최치원(857~?)에게 내사령 內史令을 증직하고 文昌侯라는 시호를 내린 기사,97) 현종 13년(1022)에 설총의 시호를 弘儒侯로 내렸다는 기사,98) 설총 전 중 마지막

---

94) 『삼국사기』 장보고전의 사론에 『新唐書』에 쓰인 사론을 그대로 실었고, 최치원전의 말미에 최치원의 저술을 『신당서』 예문지를 인용하여 열거하고 있다. 또한 志에서도 『신당서』가 여러 차례 인용되어 있다.

95) 문연각 『四庫全書』 集部20, 別集類의 『樊川集』 권3, 참조. 이 문집이 출간된 연대는 852년 이후라고 생각되지만, 고려 초기에 그의 문집이 전해졌을 가능성은 극히 희박하기 때문이다.

96) "右見本國古記"라고 밝히고 있다.

97) 『三國史記』 卷46, 崔致遠傳. "顯宗在位 爲致遠密贊祖業 功不可忘 下敎贈內史令 至十四歲太平壬戌五月贈諡文昌侯" 여기서의 太平二年은 三年, 壬戌五月은 癸亥二月의 잘못이다. 李丙燾, 1977, 『原文 三國史記』, 을유문화사, 431쪽 참조.

98) 『三國史記』 卷46, 薛聰傳에 "至我顯宗在位十三歲天禧五年辛酉追贈爲弘儒侯"라

부분에 "但今南地或有聰製碑銘 文字缺落不可讀 竟不知其何如也"라는
구절, 金生의 열전기록 중 "崇寧中 學士洪灌隨進奉使入宋"이하,[99] 잡지
지리지 중 각 군현에 대하여 '今因之', '今未詳', '今 … 州, 郡, 縣', '今
合屬 … 州, 郡, 縣', '今復古', '今某郡, 縣'으로 표현된 자료,[100] 雜志(2)
의 色服條 서문 중 "臣三奉使上國[101] 一行衣冠與宋人無異"의 글, 신라
본기 景德王 15년 2월조의 "王聞玄宗在蜀 遣使入唐"의 말미에 "宣和中
入朝使臣金富儀 將刻本入汴京"[102]이라는 기사와 그 앞에 인용한 당나
라 현종이 경덕왕에게 내려 주었다고 하는 5言 10韻詩의 인용, 新羅樂에
대한 서술에서도 최치원 문집에서 인용한 鄕樂雜詠 5수[103] 등을 들 수
있다.

　4) 현재 『삼국사기』에서 전거를 대어 주의 형식으로 붙인 것은 『삼국
사기』 편찬 시에 붙였다고 생각한다. 그 예를 들면 장보고 전기 말미의
"此與新羅傳記 頗異 以杜牧立傳故 兩存之"라는 附註와 연표 서문에서
삼국의 傳世 王代數와 歷年數를 말한 다음의 말미에 附註로 붙인 "당나
라 賈言忠이 말한 高麗[104]는 漢나라 때부터 나라를 유지함이 지금까지

하였다. 여기서의 天禧五年辛酉는 乾興元年壬戌로 정정되어야 옳다. 李丙燾,
1977, 『原文 三國史記』, 을유문화사, 432 참조.
99) 『三國史記』 卷48, 金生傳 참조. 崇寧은 1102년에서 1106년 까지 사용된 송나라
　　徽宗의 연호이고 洪灌(?~1126)은 예종 인종대의 유명한 학자이고 명필가이기
　　때문이다.
100) 『삼국사기』 卷50, 궁예전의 태봉국 관제에 대하여 '今某職'으로 주를 달은 자료
　　도 포함된다.
101) 여기의 '三'은 '二'의 오각으로 보인다. 정구복, 1985, 『高麗時代史學史硏究』,
　　서강대학교 박사학위논문, 84 주 15 참조.
102) 『三國史記』 卷9, 신라 본기. 宣和는 1119년에서 1125년까지 사용된 宋 徽宗의
　　연호이고 金富儀는 김부식의 동생이다.
103) 『三國史記』 卷32에 "崔致遠詩有鄕樂雜詠五首 今錄于此"라고 쓴 점에서 알 수
　　있다.
104) 이는 고구려의 후기 국호이다. 이에 관하여는 鄭求福, 1992, 「高句麗의 '高麗'
　　國號에 대한 一考 - 三國史記의 기록과 관련하여」 『荷西鄭起燉敎授 停年紀念論

900년이 되었다고 한 것은 잘못이다"라는 기록[105] 등이다.

5) 사론의 대부분은 김부식이 썼다. 그 중 몇 편은 뚜렷한 근거를 댈 수 있다. 즉 신라 멸망 사론 중에 "貞和中 我朝遣尙書李資諒入宋朝貢 臣 富軾以文翰之任輔行"이라는 표현과[106] 고구려 보장왕 8년의 사론 말미에 "而新舊唐書及司馬公通鑑不言者 豈非爲國諱之者乎"에서『자치통감』이 언급된 점, 백제 멸망기사에 붙여 쓴 사론에서 "新羅古事云 天降金櫃 故姓金氏 其言可怪而不可信 臣修史以其傳之舊 不得刪落其辭"[107]라 한 점을 통하여 확인된다. 그뿐만 아니라 대부분 다른 사론도 같은 古文 體[108] 문장으로 씌어졌기 때문에 김부식이 직접 쓴 것으로 이해된다.[109]

6) 김부식이 새로 이용한 자료로서 금석문을 들 수 있다. 금석문은 여섯 번 인용되었으나 종류는 다섯 가지이다. 金庾信碑文(2회), 我屠和尙碑文, 鸞郎碑序文, 三郎寺碑, 貞苑碑이다. 이 중「난랑비서문」은 최치원 문집을 통하여 이용하였다고 여겨지며, 아도화상비문은 그가 직접 확인한 것인지, 아니면『해동고승전』을 참조한 것인지 분명하지 않다. 그는 연대의 고증, 성씨의 고증, 내용의 설명 등에 금석문을 활용하였다. 그가 금석문에 대하여 보다 깊은 관심을 가졌더라면 보다 많은 자료를 입수할 수 있었을 것이다.『삼국사기』에 이용된 금석문을 통해서 그가 이를 적

叢 湖西史學』11·12합집 참조.

105)『三國史記』卷29, 年表 上. "唐賈言忠云 高麗自漢有國今九百年 誤也"
그리고 이 표현은『삼국사기』卷22, 고구려 본기 보장왕 27년 조에 侍御史 賈
言忠이 황제와의 대화에서 高句麗秘記를 인용한 것을 언급하고 있다. 그러나 김
부식이 이를 연표의 서문에서 언급한 것은 다른 뜻이 있었던 듯하다. 이에 대하
여는 후술하겠다.

106)『三國史記』卷12, 경순왕 9년조 '論曰' 이하 참조

107) 위의 책, 卷28, 백제본기 의자왕 20년조 사론

108) 고문체는 고려 중기부터 이전의 변려문체부터 바꾸려는 金黃元·李軌·金富軾 등
의 노력이 있었다. 이에 관해서는 정구복, 1985, 앞의 논문, 1985, 83쪽 참조.

109) 高柄翊, 1969,「三國史記에 있어서의 歷史敍述」『金載元傳士回甲紀念論叢』;
1976,『韓國의 歷史認識』上, 創作과 批評, 37쪽.

극적으로 수집하여 이용하였다고는 할 수 없다. 그러나 김유신 비문과 삼랑사 비문에 대하여는 그 찬자를 밝히고 있으며 특히 후자는 글씨를 쓴 사람까지 부기하고 있다.

三國史記에 引用된 金石文 資料 一覽表

金庾信碑 (新羅博士 薛仁宣撰), 卷28 義慈王 論 分註
金庾信碑, 卷41 列傳1 金庾信 上 本文
鸞郎碑序(崔致遠撰), 卷4 眞興王 37년 봄 本文
三郎寺碑(朴居勿撰 姚克一書), 卷28 義慈王 論 分註
我道和尙碑(韓奈麻金用行所撰), 卷4 法興王 15년 分註
貞菀碑, 卷8 聖德王 22년 3월 本文

7) 김유신 열전은 대폭적으로 고쳐 썼다고 생각한다. 이는 김유신전 말미에 3卷으로 쓴 김유신의 열전 자료를 다음과 같이 쓰고 있다.

> 庾信의 현손인 신라 집사랑 金長淸이 지은『행록』10卷이 세상에 전해지고 있는데 꾸민 말이 너무 많아서 대폭 줄이고 가히 쓸 수 있는 내용만을 취하여 열전을 지었다.

이는 김부식 등『삼국사기』의 편찬자가 직접 쓴 글로 이해된다.『구삼국사』에서 김유신전이 어떻게 서술되었는지 정확히 알 수 없지만 이 글을 통하여『삼국사기』편찬 시에 김유신의 현손이었던 김장청이 서술한「金庾信行錄」[110]을 새로이 구하여 쓴 것임을 말해준다고 생각한다. 이 풍부한 자료를 새로이 입수하였기 때문에 10卷의 열전 중에 김유신전 3권을 쓸 수 있었다고 생각한다. 그는 풍부한 자료를 바탕으로 하여 고문체의 유려한 문체로 열전을 흥미진진하게 서술하였다. 그리고 김부식은 김유신 비문자료를 참고자료로 보충하였음은 이미 앞에서 언급한

---

110) 이에 대해서는 李基白, 1987,「金大問과 金長淸」『韓國史 市民講座』1, 참조.

바 있다. 신라가 삼국통일을 하였음을 강조함과 동시에 고려는 신라의
영토를 기초로 건국되었음을 입증하기 위한 서술이라 할 수 있다. 따라
서 이 열전에서 새로이 강조된 의식은 경순왕 조에 고려 왕실의 혈통이
신라 왕실의 혈통과 연관된다는 사론과 함께 고려가 신라를 계승하였다
는 역사의식을 보여주는 것이라 할 수 있다.

3. 김부식의 서술로 파악되는 자료들

『삼국사기』의 기사 서술 다음에 붙인 다음과 같은 표현은 김부식이
책을 편찬할 때에 쓴 것이라 생각한다.

1) "이 때에 비롯된 것"이라는 표현을 붙인 다음 자료를 일부는 김부
식이 써 넣었다고 생각한다. 이렇게 추정하는 근거는 김부식이 지은 「進
三國史記表」에서 인종의 말로 인용하고 있는 "지금의 학사대부들은 五
經, 諸子의 글과 秦漢 이래의 역대 중국역사에는 두루 통하여 자세히 말
하는 자가 있으나 우리나라의 일에는 도리어 그 시말을 전혀 모른다"고
통탄한 것을 역사서에서 반영한 것이 주로 이런 사항이라고 생각되기 때
문이다.[111]

> 가) 始製兜率歌 此歌樂之始也, 卷1 신라본기 유리니사금 5년조
> 나) 國人立味鄒 此金氏有國之始也, 卷1 신라본기 미추니사금조
> 다) 軍主之名 始於此, 卷2 신라본기 伐休尼師今 2년조
> 라) 軍主之名 始於此, 卷4 신라본기 智證王 6년조
> 마) 新羅諡法 始於此, 卷4 신라본기 지증왕 15년조
> 바) 始行中國正朔, 卷31 연표(下) 眞德王 4년조
> 사) 眞德王五年 春正月朔 王御朝元殿 受百官賀正 賀正之禮 始於此, 卷5 신
>   라본기 진덕왕 5년조

---

111) 정구복, 1993, 앞의 논문에서는 이들 자료가 거의 김부식의 서술일 것이라는 견
해를 피력하였으나, 여기서는 그 일부로 수정한다.

아) 改左右輔爲國相 始於此, 卷16 고구려본기 新大王 2년조
자) 上大等官始於此 如今之宰相, 卷4 신라본기 法興王 18년조
차) 拜餘信爲上佐平 上佐平之職 始於此 若今之冢宰, 卷25 백제본기 腆支王 4년조
카) 此海東佛法之始,[112] 卷18 고구려본기 소수림왕 5년조
타) 佛法始於此, 卷24 백제본기 침류왕 원년 9월조

여기에서 위의 모든 기사가 김부식이 『삼국사기』를 편찬하면서 써 넣은 것으로 단정할 확실한 근거는 없다. 그러나 마), 바), 사)항은 김부식이 새로이 써 넣었다고 생각한다. 그 이유는 諡法이나 중국연호의 사용, 賀正之禮 등은 유교적 예절로서 중시된 것이므로 이는 유교적 이념에 철저한 사람의 의식이 반영된 것으로 이해할 수밖에 없기 때문이다. 또한 이들 사항은 김부식의 사론에서 예를 강조한 성향과 일치하고 있기 때문이다. 특히 자주적 성향이 강하여 스스로의 연호를 사용하고 있던 광종조에 편찬된 『구삼국사』에서는 바)항을 썼다고는 생각할 수 없기 때문이다. 아), 자), 차)항의 국상이나 상대등, 상좌평의 시작을 밝히고 지금의 재상이나 총재와 같다는 설명은 당시 문하시중으로서 국상의 지위에 있었던 김부식과 관련이 있는 듯하다.

다)와 라)항의 기사는 세 가지로 생각할 수 있다. 첫째는 두 기사를 모두 『삼국사』에 쓰였다고 볼 수 있고, 둘째는 이 중 하나는 『삼국사』나 『삼국사기』 편찬 시에 쓰였다고 생각할 수도 있으며 셋째는 그 모두가 『삼국사기』 편찬 시에 쓰였다고 풀이 할 수도 있다. 이 중 필자는 세 번째의 관점으로 해석한다. 이 밖에 다른 항의 경우도 비록 『삼국사기』 편찬 시에 써 넣었다고 할 근거를 정확히 댈 수는 없으나, 우리나라 사람의 역사인식을 제고시키려는 노력의 결과임에는 틀림이 없다. 이는 『삼국사기』를 편찬한 동기가 우리나라 학사대부들로 하여금 우리나라 역사에

---

112) 『三國遺事』에 인용된 『三國史』의 '高麗佛法之始'로 표현되었던 것을 이렇게 고쳤다.

대한 지식을 갖게 하려 한 것과 유관하다고 생각한다.

2) 밑줄을 그은 다음과 같은 서술형은 삼국사기 편자들의 서술이라고
생각한다.

가) 古記云 百濟開國已來未有文字記事 至是 得高興始有書記 <u>然高興未嘗顯</u>
<u>於他書 不知其何許人也</u> (卷24, 백제본기 근초고왕 말년)

나) 二十一年 築京城 號曰金城 是歲 <u>高句麗始祖東明立</u> (卷1, 신라본기 시조)

다) 三十八年 春二月 遣瓠公聘於馬韓 馬韓王讓瓠公曰...前此 中國之人苦秦
亂 東來者多 處馬韓東 與辰韓雜居 至是寢盛 故馬韓忌之有責焉 <u>瓠公者</u>
<u>未詳其族姓 本倭人</u>… (卷1, 신라본기 시조)

라) 四十三年 秋七月 王遣使大唐朝貢方物 (卷4, 신라본기 진평왕)

마) 新羅古記云... 其餘聲遺曲 流傳可記者無幾 <u>餘悉散逸 不得具載</u> (卷32, 雜
志1 樂志 玄琴)

바) 新羅古記曰 文章則 强首帝文守眞良圖風訓骨番 <u>帝文以下事逸 不得立傳</u>
(卷46, 열전 强首)

사) <u>庾信玄孫新羅執事郞長淸作行錄十卷 行於世 頗多釀辭 故删落之 取其可</u>
<u>書者 爲之傳</u> (卷43, 열전3 김유신)

가)에서 고흥에 대한 의문 표시는 고기에서 인용한 내용으로 볼 수
없으므로 이는 『삼국사기』 편찬자의 견해라고 생각되며, 나)와 같이 삼
국의 역사를 대조하여 쓴 사례는 이 밖에도 전쟁기사 등 수없이 들 수
있다. 각 본기에 전하는 자료의 원 사료가 어느 것인가를 단정적으로 말
할 수 없는 경우도 있지만 한 가지 자료를 연대를 계산하여 관련국의
본기에 기록한 듯한 자료도 많이 보이고 있다. 다)에서 "이때에 이르러
…" 표현은 『삼국사기』 편찬자의 해석이며 "瓠公의 族姓을 알 수 없다"
는 표현은 열전에 부기한 서술형태와 유사하다.

라)의 기사처럼 당나라를 大唐으로 칭한 예는 『삼국사기』 중 신라본
기에만 유독 많이 발견된다. 고구려본기나 백제본기에서는 '遣使入唐'
또는 '遣使如唐'으로 표현되었다. 그런데 신라본기에서도 '大唐'으로

표현하지 않고 '唐'으로 표현한 예를 많이 발견할 수 있으므로 이 기사처럼 표현한 것은 누군가에 의하여 고쳐진 것임을 확인할 수 있다. 또한 실제 당나라를 大唐으로 칭한 것은 당나라 말기의 용어인데, 당 초기부터 소급하여 대당으로 칭한 것은 신라 말기에 신라인의 서술에서 비롯된 것으로 볼 가능성이 있다. 그러나 이렇게 볼 경우 신라본기에서 당나라를 모두 '대당'으로 표현되어 있어야 할 것이나 실은 그렇지 않다.113) 따라서 고려 초에 편찬된 『삼국사』의 자료를 김부식 등이 다시 편찬하면서 '당'을 '대당'으로 수정한 것으로 이해함이 온당할 듯하다. 그 이유는 『삼국사기』의 사론에서 말한 지성으로 중국을 섬긴다는 성격과 일치하기 때문이다.

　　마)와 바)항의 표현은 내용적으로 보아 위에서 인용한 자료가 아니라 이는 편찬자의 표현임을 알 수 있다. 이런 종류의 자료는 지와 열전에 일일이 열거할 수 없을 정도로 많다. 사)항은 전을 쓴 근거 사료와 이를 발췌한 내용을 적고 있어 『삼국사기』 편자의 글로 이해된다. 이에 대하여는 앞에서 이미 언급한 바 있다. 그러나 이와 유사한 표현은 장보고전의 말미에 주에도 보이며114) 그 밖에도 많은 유사한 표현을 찾을 수 있다.115)

　　3) 열전에 서술된 다음과 같은 표현도 원래 자료에는 없던 것을 김부

---

113) 신라본기에서 大唐으로 기록된 예는 다음과 같다. 진평왕, 선덕왕, 진덕왕조에 '遣使大唐'으로 기록되었고, 元聖王條에 한번 나오나 선덕왕과 진덕왕조에도 '遣使入唐'으로 기술된 例가 나오고 있다.

114) "此與新羅傳記頗異 以杜牧立傳 故兩存之"

115) 그 예를 들면 다음과 같다.
　　①『三國史記』卷44, 金仁問傳 末尾. "時亦有良圖海湌六入唐 死于西京 失其行事始末"
　　② 같은 책 卷45, 朴堤上傳 末尾. "今鄕樂憂息曲 是也"
　　③ 같은 책 卷46, 金大問傳. "朴仁範元傑巨人金雲卿金垂訓輩 雖僅有文字 史失行事 不得立傳"

식 등의 편찬자가 『삼국사기』를 편찬하면서 써 넣었다고 생각된다.

未詳其世係(乙支文德傳), 失其族姓 不知何所人也(居道傳), 但不知鄕邑父
祖(張保皐, 鄭年傳), 姓與字未詳(祿眞傳), 史失其姓(驟徒傳), 史失族姓(裂起
傳), 不知鄕邑族姓(丕寧子傳), 史失其氏族(聖覺傳), 不知何許人(百結先生傳),
父母微 不知其世係(金生傳), 所出徵 故不記其族係(率居傳), 母憲安王嬪御 失
其姓名(弓裔傳)

이들 자료를 김부식 등이 써 넣었다고 보는 이유는 삼국시대에는 성
을 가진 신분은 주로 왕과 왕비족 그리고 기타 귀족 신분에 해당하는
일부의 사람에 해당한다고 생각된다. 이 중에는 원 자료에 적힌 것도 전
혀 없다고 단정할 수 는 없으나, 가계나 족성을 밝히려는 의지는 유교사
상이 고려전기보다 더 투철해지고 문벌의식이 보다 더 강화된 인종조일
가능성이 높다고 생각되기 때문이다. 고려 초인 광종조에 고급관료가 된
사람의 경우 성씨를 가졌지만 삼국시대 일반 사람은 성씨를 가지지 않은
사람이 대단히 많았다. 그런데『삼국사기』열전에 수록된 사람은 반드
시 고급관료만은 아니다. 효자인 聖覺은 일반 평민이었고 화랑도의 낭도
들도 성을 가지지 않았을 가능성이 높다. 그리고 그들이 비록 성을 가졌
다고 하더라도 사용하지 않고 이름만으로 칭해졌을 가능성이 높다. 그러
므로 당시 기록에서는 성을 밝히려는 의식은 박약하다고 판단된다.

4. 『삼국사기』에 이용된 『고기』의 성격

『삼국사기』에 이용된 국내 자료 중 유일하게 전거 명칭을 단 종류로
는 古記類를 들 수 있다. 이의 성격에 대하여 남북한 학계에서는 이 중
일부를 고려 초에 편찬된『삼국사』로 이해하는 견해와 이는 원 자료 명
일 것이라는 견해가 대립되어 있다. 그러므로 이에 대한 필자의 견해를

밝혀 보고자 한다. 『삼국사기』에 인용된 고기류에는 이강래 교수의 연구에 따르면 '古記'가 인용된 회수는 15번이고,[116] 「三韓古記」가 1번, 「海東古記」가 2번, 「本國古記」가 2번, 「新羅古記」가 1번 인용되어 있다.[117]

우선 이들 고기들의 명칭이 달리 표현되었다고 하여 이를 각각 별개의 자료로 보아서는 안 된다는 점을 유의할 필요가 있다. 이런 결론에 대한 반증 자료는 『삼국사기』 편찬에서 새로이 이용한 사서임이 확실한 중국 사서의 인용방식에서 확인 할 수 있다. 즉 『資治通鑑』을 『資理通鑑』,[118] 『通鑑』, 『司馬公通鑑』으로 다양하게 표현하였고, 『新唐書』를 『新唐書』, 『宋祁新書』, 『新書』, 『宋祁唐書』로 표현하였다. 이는 『삼국사기』 편찬에 참여한 8명의 참고들이 이를 달리 표현하였다고 생각한다. 그러므로 국내 자료라고 하여 한 책을 일정하게 같은 표현으로 썼다고 할 수 없다. 이미 '古記'는 '海東古記' '三韓古記'[119] '本國古記'[120]의 약칭으로 쓰인 예가 실증되기도 하였다.[121] 즉 海東, 三韓, 本國이라는 표현은 중국

---

116) '諸古記' 중에도 고기가 포함되었다고 보면 16번이다. 이강래, 1989, 「삼국사기와 고기」 『龍鳳論叢·人文科學研究』 17·18합집, 85~86쪽의 <표 2>에서는 이를 포함시켜 16회로 파악하였다.

117) 李康來, 1989, 위의 논문 참조

118) '治' 자는 고려 成宗의 諱이므로 이를 같은 의미인 '理'자로 바꿔 쓴 것이다.

119) 삼한이라는 용어가 삼국을 지칭하는 의미로 사용된 것은 신라 후기이지만, 이를 우리나라 또는 원 삼국을 지칭으로 널리 사용된 때는 고려초기이다. 고려태조가 후삼국을 통일하는데 공을 세운 공신을 삼한공신으로 책봉한 것은 그 대표적인 예라 할 수 있다. 특히 '삼한고기'라는 명칭이 붙여졌다면 이는 삼국의 기록을 종합적으로 정리한 기록을 뜻함으로 이는 신라가 멸망하기 전에는 나올 수 없다고 생각한다. 이는 해동고기의 경우도 마찬가지이다.

120) 李康來, 1989, 앞의 논문, 101~103쪽에서, 이 개념은 중국에 대한 우리나라라는 뜻으로 사용될 수도 있었고, 또 고구려와 백제를 구체적으로 가리켜 사용되었을 가능성을 모두 고찰하였다. 그리고 내용상으로는 각국의 고기를 지칭한다고 결론지었다.

121) 李康來, 1989, 앞의 논문, 88~89쪽에서, 卷15 고구려 태조대왕 94년조 인용에서 앞에서는 '해동고기를 살펴보면'이라고 쓰고 같은 문장의 뒤에서는 '고기'로 쓴

사서와 비교할 때에 표현되었다고 하는 견해는 타당하다. 다시 말하면 古記라고 표현된 자료와 海東古記, 三韓古記 또는 本國古記를 명칭만을 가지고 다른 것이라고 보기에는 문제가 있다. 그러나 삼국의 역사를 海東, 三韓으로 통칭한 예는 고려 초 이후 일 가능성이 높다고 생각하며, 이는 고려 초의 『삼국사』를 지칭할 가능성이 충분히 있다고 생각한다. 이를 검토하기 위하여는 보다 면밀히 검토되어야 한다.

古記라는 표현도 단순히 '옛 기록'이라는 뜻인지 아니면 구체적인 책을 의미하는 지를 검토하여야 할 것이다. 인용된 내용이 개별적인 사건에 分註로 붙여진 경우는 이를 정확히 알 수 없다. 그러나 고기의 인용이 왕에 관계된 기록으로서 삼국의 왕들에게도 분주로 붙여졌다는 점과 그 시기가 삼국의 초로부터 헌강왕 5년(879)까지 붙여진 점을 통하여 대체로 이 고기는 삼국의 역사와 통일신라의 말기까지 다루어졌던 기록으로 이해된다. 또한 『삼국사기』(권32) 잡지의 제사조 고구려 기록에 고기를 통하여 졸본에 있는 시조 사당에 왕들이 행차한 기록을 국초로부터 榮留王 2년(619)까지 싣고 있는 점을 통하여 고구려 초기로부터 멸망 시까지의 역사가 다루어졌음을 확인 할 수 있다. 이런 근거로 추정한다면, 고기의 작성 시기는 삼국통일 이후 신라 말 또는 그 이후 고려 초까지도 생각할 수 있다.

그런데 신라 왕조기에 편찬된 자료라면 고기라는 명칭에 삼한 또는 해동이라는 표현이 붙여졌을 가능성은 희박하다고 생각한다. 그러므로 이는 고려 초에 편찬된 『삼국사』를 지칭한다고 생각한다. 그렇다고 하더라도 『구삼국사』에 이용되지 않은 고기류도 있었으며 이를 김부식 등이 참조하였다는 것은 비록 정확히 어떤 자료인지는 밝힐 수 없지만 '諸古記'라는 표현에서 간접적으로 이해 할 수 있다. 이처럼 『삼국사기』에서 새로이 이용한 고기는 新羅古記인 듯하다. 신라고기는 樂志 중 거문

바를 지적하였다. 또한 본국고기의 경우에도 이와 같은 예를 지적하였다.

고의 전래과정[122]과 가야음악 관계사실에 보이고 있으며[123] 열전에는 강수전에 신라의 문장가로서 이름만이 전하고 있다[124]고 한 점으로 보아 왕실관계의 자료를 언급한 고기와 성격을 달리하는 것이다. 이 점에서 신라고기는 삼한고기, 해동고기, 본국고기와는 성격을 달리하는 자료로 이해된다.

김부식 등이 『삼국사기』를 편찬한 주 자료는 말할 것도 없이 「진삼국사기표」에서 언급한 '고기'임은 주지의 사실이다. 앞에서 살펴본 바 있듯이, 김부식이 분명히 새로 이용한 자료 이외의 거의 대부분의 기사는 '고기'에 의존했다고 할 수 있다. 그런데 중국측 기록이 우리나라의 기록과 달리 전하는 이설이 있는 경우에 그 잘못을 설명하는 근거로서 고기를 언급하고 있을 뿐이다. 즉 이는 상이한 내용이 전하는 경우 중국측 자료보다는 국내 측 자료에 보다 신빙성을 두었고, 그 차이를 언급하기 위하여 고기를 인용하고 있다. 따라서 주에서 인용된 고기는 본문의 서술과 다름이 없다. 요컨대 고기의 인용 서명이 다르다고 하여 이들 자료가 각자 다른 자료가 아니고 하나의 사서일 가능성은 이미 앞에서 중국자료의 인용방식을 언급한 바에서 유추할 수 있다.

5. 『三國史記』에서 삭제된 기사와 개서된 기사들

『구삼국사』에서 기록을 원전자료로 인용하면서 삭제된 기사로 보이는 자료는 정확히 알 수 없다. 그러나 분명한 것은 궁예가 철원에 도읍

---

122) 『三國史記』 卷32, 雜志1. "新羅古記云 初 晋人以七絃琴送高句麗 … 共 一百八十七曲" 이하의 글은 김부식이 편찬시 작문하여 넣은 것으로 생각한다.
123) 『三國史記』 卷32, 雜志1. "羅古記云 '加耶國嘉悉王 見唐之樂器而造之 … 共一百八十五曲"
124) 『三國史記』 卷46, 列傳 强首傳. "新羅古記曰 文章則 强首帝文守眞良圖風訓骨番"

을 정하고 왕을 칭하였을 때의 초기 국호 기사를 삭제하였다. 이는『삼국유사』왕력에는 후고려로 국호를 정한 것으로 기록되어 있는데『삼국사기』에서 견훤의 국호를 후백제로 칭한 것이『고려사』와『고려사절요』를 통하여 '백제'였음을 알 수 있으므로 궁예의 초기 국호도 '高麗'였다고 생각된다. 김부식이 이를 기록하지 않은 것은 기록이 없어서가 아니라 고구려본기에서 후기 고려125)를 고구려로 개칭한 것을 기록하지 않은 정치적 목적과 유관하다고 짐작된다.

정치적 목적이라 함은 삼국의 역사에서 고려가 고구려를 계승하였다는 고려 초기의 역사인식에서 신라계승으로 바꾸려는 것을 말한다.『삼국사』에서는 고구려본기를 신라본기보다 앞세워 실었다고 생각되며 그 본기 이름도 '高麗本紀'로 하였음은『삼국유사』의 기록을 통하여 확인할 수 있다. 이와 관련하여 고구려의 국호를 고려로 개칭한 기사도 삭제한 듯하다. 국호의 개칭기사가 의도적으로 삭제된 것이 아니라면 김부식이나 참고들은 응당 중국문헌을 인용하면서 고구려를 고려로 칭하고 있는데, 고구려의 국호 개칭이 언제부터인지 알 수 없다는 주를 붙일 성질의 것이라고 생각되기 때문이다.

김부식은 용어를 개서하였음을 확인 할 수 있다. 장수왕 이후 중국으로부터 국왕이 책봉된 기사에서 '高麗王'을 모두 '高句麗王'으로 개서하였고, 고구려 본기에서는 고려라는 국호를 철저히 고구려로 개서하였다126). 그러나 신라본기와 연표에서는 미처 고치지 못한 기록을 발견할 수 있다. 군주를 大王으로 칭한 기록을 본기에서는 모두 왕으로 개서하였음을 열전기사를 통하여 확인 할 수 있고, 신라 혁거세의 죽음을 '昇遐'로 개서하였고, 혁거세와 동명성왕을 제외한 모든 왕의 죽음을 제후

---

125) 鄭求福, 1992,「高句麗의 '高麗'國號에 대한 일고」『湖西史學』19·20합집, 60~63쪽에서, 고려는 고구려의 약칭이 아니라 정식으로 국호가 개칭된 것을 밝히고 그 때는 장수왕 11년 이후라고 보았다.

126) 정구복, 1992, 앞의 논문, 51~58쪽 참조

의 용어인 薨으로 개서하였다. 삼국시대에 왕의 죽음을 '崩'자로 표시한 것은 금석문의 사례[127)와 『삼국유사』의 왕력조에서 확인되므로 황제를 칭한 고려 초기의 분위기로 보아서 『구삼국사』에서는 모두 崩으로 기록 했을 가능성이 높다.[128)

6. 『三國史記』 열전의 특성

한국사 서술에서 중국의 정사체제인 기전체가 수용된 것은 이미 고려 초에 편찬된 『구삼국사』에서였다. 그런데 『구삼국사』에서 열전이 어떻게 서술되어 있는지에 대하여 알 수 있는 자료가 거의 없다. 비록 열전 부분은 본기나 지와 달리 김부식이 그 서술을 많이 다듬고 새로운 문장으로 고쳐 쓴 대표적인 부분이라고 생각되지만, 자료부분에서는 열전에서도 『구삼국사』의 열전 서술로부터 많은 자료를 원용하였다고 본다.

『삼국사기』 열전의 표제에 언급된 사람은 『삼국사기』 권두에 실린 총 목차[129)에 의하면 열전 각권의 목차에 오른 52명과 34명의 附隨人 총 86명이 기술된 것으로 기록하고 있다.[130) 그러나 실제의 내용에는 부수인의 경우 附傳으로 볼 수 없는 경우가 총 목차에 다수 실려 있다. 즉 김유신전의 三光은 자녀를 열거하는 항목에서만이 언급되어 있을 뿐이고, 卷44 김인문전의 良圖는 김인문이 7번 입당하였는데 6번 입당하였다는 기록뿐이므로 부전이라 할 수 없으며, 卷46 말미의 박인범 이하 5명은 이름만 나열하였을 뿐 기록이 없어 입전하지 못한다고 쓰기까지 하였는데 총 목차에서는 부전인물로 기록하고 있다. 이런 개인기록으로 볼

---

127) 百濟武寧王陵誌石 참조.
128) 1993년 발표원고에서는 고구려의 연호도 삭제되었을 것으로 서술하였으나 이강래씨의 반론을 받아 들여 이를 수정하였다.
129) 이는 각 卷의 목차내용과 다른 바, 수정될 필요가 있다.
130) 신형식, 1981, 『三國史記研究』, 339쪽.

수 없는 자는 모두 18명에 달하여[131] 68명이 열전에 실렸다고 할 수 있다.[132] 이들 68명의 기록은 1,000년의 역사를 움직인 개인에 대한 기록으로서는 우선 수적으로 매우 소략하다고 할 수 있다.

그러면 『삼국사기』 열전 체재 상의 특징을 살펴보자.

1) 중국의 기전체 역사에서의 열전과 다른 점은 우선 종실과 왕비들의 친족에 대한 열전이 실리지 않았다는 점이다. 『삼국사기』를 쓰면서 『사기』『한서』로부터 『당서』, 『신당서』까지를 유념하면서 이를 배려하지 않았을 리가 없으나 이를 싣지 않은 중요한 이유는 우리나라의 역사의 특수성에 기인한다고 여겨진다. 즉 삼국의 종실은 중국과는 달리 모두 정치권력에 깊숙이 개입하여 왕의 동생이나 조카들이 모두 관료로 임용되었다는 점을 들 수 있겠다. 이는 왕비족에게도 마찬가지이다. 특히 왕비 족은 왕족과 같은 족내혼이 주로 이루어졌던 상황이 이들을 열전에서 배제한 중요한 이유라 할 수 있다,

2) 『삼국사기』 열전에서 지적되어야 할 점은 시대적인 배열이 아니라 김부식의 판단에 따라 순서가 정해졌다는 점이다. 김유신전을 서두에 3권으로 실은 것도 이를 말해주며 각 권 내에서도 시대적 순서가 무시되었고, 나라별의 배려도 전혀 하지 않았다. 즉 권44는 을지문덕을 제일 앞에 내세웠고, 거칠부는 거도와 이사부를 제치고 앞에 서술되었으며, 흑치상지와 장보고도 사다함보다 앞세워졌다. 이런 예는 열전 각권에서 발견된다. 특히 권49의 반역열전에는 고구려인 창조리와 개소문 두 사람만이 다루어졌다. 이와 유사한 반역인물을 신라와 백제인물은 싣지 않은

---

131) 이들 7명 이외에 개인열전으로 볼 수 없는 자는 다음과 같다. 卷47, 金令胤傳의 祖 欽春과 父 盤屈 ; 동권, 丕寧子傳의 子 擧眞과 奴 合節 ; 卷49, 盖蘇文傳의 男建과 男産 ; 卷50, 甄萱傳의 子 神劍, 龍劍, 良劍, 金剛, 壻英規 등이다.

132) 신형식은 1981, 앞의 책에서 이런 인물을 69명으로 파악하였는데, 입전인물로 볼 수 없는 사람을 구체적으로 언급을 하지 않아 한 사람의 차이가 누구인지를 확인 할 수 없다.

이유를 이해할 수 없다.

3) 祖, 父, 孫을 다룬 金令胤傳(卷47), 삼형제를 다룬 驟徒傳(卷46)의 기록에서 한 사람만을 표제로 내걸은 경우에도 김부식의 의도가 강하게 작용하였음을 확인할 수 있다.

7. 열전 자료의 원전

현재까지 열전의 기본 자료에 대하여 알려진 것은 다음과 같다.

가) 권41~43 김유신전: 김장청의 김유신행록 10권을 줄이면서[133] 금석문 자료인 김유신비문을 인용하였다.[134]

나) 본기 기사를 그대로 가지고 와 전재하고 중국 측 자료를 참조한 것으로 권44의 居道, 異期夫, 권45의 乙巴素, 密友, 紐由,[135] 明臨答夫, 昔于老傳과 권49의 倉助利傳을 들 수 있다.

다) 중국측 자료를 인용한 열전. 을지문덕전은 『資治通鑑』과 『隋書』의 于仲文傳을 참고했고, 흑치상지전은 『신당서』와 『구당서』 열전을, 장보고, 정년전은 두목의 『번천집』과 『신당서』를, 개소문, 남생, 헌성전은 『신당서』를 참고하여 썼다.

라) 문집자료 : 최치원전은 고운선생문집을 새로이 이용하였다.

마) 열전만의 자료로 본기에 보이지 않는 자료에는 권45의 온달전, 卷48의 薛氏傳 및 都彌傳을 들 수 있다. 이들 설화적인 전기자료는 『구삼

---

133) 『三國史記』 卷43. "金庾信行錄十卷 行於世 頗多釀辭 故刪落之 取其可書者爲之傳"

134) 김유신비문을 두 차례 인용하였는데, 하나는 父名이 逍衍으로 되었다는 점, 다른 하나는 姓氏가 軒轅之裔 少昊之胤로 기록되었다는 점이다.

135) 이는 열전 자료가 원전이고 고구려본기가 이에서 원용되었다는 설이 이미 발표되었다(李弘稙, 1959, 「三國史記 高句麗人傳의 檢討」 『史叢』 4 ; 1971, 『韓國古代史의 研究』, 253쪽 및 259쪽 참조).

국사』열전으로부터 이용한 것으로 생각된다.

　바)『화랑세기』로부터 얻는 자료 :『삼국사기』에는 여러 명의 화랑에
대한 기록이 나오고『화랑세기』가 두 차례나 이용되고 있다.『삼국사기』
편찬자들은 직접『화랑세기』를 보았다고 생각한다.

8. 열전 자료에 보이는 특수자료

　열전 자료는 고관인 경우에 본기에서도 관련 기록을 찾을 수 있다. 그
러나 본기에서는 다루어질 수 없고 오직 열전에서만 다루어진 자료는 다
음과 같은 사료들을 발견할 있다. 이를 조목별로 나열하면 다음과 같다.

　1) 씨족에 관한 사항 : 모든 열전에서는 그의 할아버지 아버지와 어디
출신인가를 밝히고 있으며, 단 자료가 없는 경우에는 不知何許人(卷41
首露王, 권48 百結先生), 不知鄕邑父祖(권45 張保皐), 失其族姓(권44 居
道), 不知何所人 및 未詳其世系(권44 乙支文德), 史失其姓(권47 聚徒),
史失族姓(권47 裂起), 不知鄕邑族姓(권47 丕寧子), 史失其氏族(권48 聖
覺), 不知其世系(권48 金生), 不記其族系(권48 率居)라고 쓰고 있다. 이
점은 씨족의 개념이 고려 초보다 김부식 때에 더욱 발달하였음을 보여주
는 것이다.『구삼국사』에서는 이런 점은 중시되지 않았다고 이해된다.

　2) 享年의 기록 : 열전에는 그가 언제 죽었으며 죽을 때의 나이가 몇
살이라는 기록이 몇 군데 보이고 있다. 이는 본기 자료에는 나오지 않는
자료이다. 죽을 때의 나이를 적고 있는 경우는 11명이다.[136]

　3) 대왕의 칭호와 연호의 사용 : 본기에서는 모든 왕을 단지 왕으로만

---

136) 金陽(50), 金昕(47), 金仁問(66), 居柒夫(78), 斯多含(17), 明臨答夫(113), 居柒夫
　　(78), 官昌(16), 金生(80 이상), 金庾信(79), 南生(46). 괄호안에 적은 수자는 그들
　　의 享年이다. 단 김유신은 열전에는 70세 이상의 기록이 보이고 있을 뿐이나 생
　　졸년이 분명하므로 그의 향년은 79세이다.

칭하고 있으나 열전에서는 당시 칭호가 대왕이라 칭하였음을 보여주는
자료가 풍부히 나오고 있다. 이는 당시의 금석문을 통하여서도 대왕을
칭하기도 하고 그냥 왕으로 칭한 사례가 확인된다.137) 『구삼국사』에서
는 대왕이라는 칭호를 본기에서도 그대로 썼는데, 김부식이 이를 모두
왕으로 통일시켰다고 생각한다. 열전에는 대왕이라는 칭호와 함께 독자
적인 연호에 의하여 연대가 기술되었음은 김유신 열전에 보이고 있다.
이는 본기에서는 전혀 찾아볼 수 없는 자료이다.

  4) 字의 기록 : 열전에는 이름 이외에 자를 기록하고 있는 예를 발견
할 수 있다. 삼국시대 字의 사용은 통일전쟁을 전후하여 당 문화의 영향
을 받은 것으로서, 주로 문인계층이 사용하였으나 向德의 아버지와 金陽
의 자에 대한 기록은 특이한 예이다. 통일 이전 사람의 경우에는 자가
사용되지 않았다.138)

  5) 결혼기사 : 열전에는 결혼기사가 몇 군데 전하고 있다. 이는 특이
한 관계로 결혼한 기록을 적은 것이므로139) 정상적인 결혼에 대하여는
언급되지 않았다.

9. 餘言

  『삼국사기』의 사료적 검토를 하는 방법으로 고고학적 발굴결과와의
비교, 금석문 자료와의 비교 연구, 인용된 원 사료와의 문헌고증적인 방
법 이외에 다른 한 가지 방법을 언급하고자한다.

  통일신라 및 고려 조의 피휘법에 대한 연구를 통한 방법이 있다. 『삼

---

137) 그 구체적인 예로 고구려에서는 추모왕, 儒留王, 大朱留王, 永樂太王으로 기록하
    고 있으며, 백제의 武寧王이 금석문에 보이고 있다.
138) 김인문의 자는 仁壽, 김양은 魏昕, 설총은 聰智, 최치원은 孤雲, 향덕의 부 善은
    潘吉, 남생은 元德이다.
139) 김유신의 아버지 서현과 강수, 온달, 설씨녀 등이 대표적이다.

국사기』판본으로서 가장 오래된 조선 중종 때의 판본 卷3의 본문에서
는 '炤知'로 기술하고 있으나[140] 권의 목차와 총 목차에서는 '照知'으로
기술하고 있고, 卷8의 본문에서는 孝昭王으로 기록되어 있다. 이는 광종
의 휘가 '昭'이므로 이를 明자로 고쳐 썼고 '昭'자와 같은 운의 '炤'자도
사용할 수 없었기 때문으로 생각한다.[141] 그러나 卷10의 昭聖王은 본문,
권의 목차, 그리고 총목차에서 일치하게 '昭'자를 사용하고 있다. 이러한
차이는『삼국사기』편찬 시에도 피휘법을 정확하게 지킨 부분과 지키지
않은 부분이 있음에 기인한다고 판단된다.『삼국사기』편자가 고려조의
국왕의 휘와 관련된 글자를 같은 뜻의 글자로 대치한 경우도 있으나[142]
인명이나 직명 등 고유명사를 기록하는 경우 결필법을 사용한 것으로 나
타나고 있다. 고려 초간본인 것을 추정되는 성암본에서는 태조의 '建',
혜종의 '武', 정종의 '堯' 및 同韻의 '燒', '驍', '曉', '撓', 성종의 '治'[143]
선종의 '運'자 등이 마지막 획이나 마지막에서 두 번째 획을 긋지 않고
있다.[144] 그러나 이들 모든 자가 결필된 것도 아니다. 이들 결필법은 중
종간본에서는 결필법이 많이 퇴화하고 있으나 武자의 결필법은 그대로
답습하고 있다. 중국연호인 建武를 고구려 본기 태조왕 말년 기사의 주
에서는 피휘법으로 기록하고[145] 태무신왕 15년 12월 "光武帝 復其王號

---

140)『三國史記』卷3.
141) 고려조에 피휘법령이 내려진 것은 광종 16년 전후이며 왕휘와 同音字를 사용할
    수 없도록 명령이 반포된 것은 13대 宣宗 즉위년이다(『高麗史』卷10, 世家10.
    "十一月 丁卯 翰林院奏 凡內外州府郡縣 寺院 公私門館號 及臣僚以下 名犯御諱
    者 及同音者請改之 制從之"). 숙종 즉위년 이후에는 어휘와 同韻자도 사용할 수
    없도록 조처되었고 숙종 6년에는 피휘자를 秘書省에서 판각하여 반포하였다.
142) 성종의 휘인 '治'자는 대부분 '理'자로, '建'자는 '立'자로 대치되었다.
143) '治'자는 다스린다는 뜻의 경우에는 모두 '理'자로 대치하여 썼고, 고유명사를
    쓸 경우에는 결필법을 사용하였다.
144) 千惠鳳, 1982,「새로 발견된 古板本 三國史記에 대하여」,『大東文化硏究』15 ;
    1991,『韓國書誌學硏究』, 삼성출판사 부록 '三國史記文字異同對校表' 참조.
145) 고전간행회본『삼국사기』卷15 참조.

是立武八年也"라 하였다.[146] 그런데 중종판본의 이 면에 해당되는 부분은 복각본인 바, 태조왕조에서는 건자만 결필하고 있으나 고려의 초간본에서는 두 자 모두 결필로 처리되어 있을 가능성이 농후하며, 태무신왕의 立武는 武자가 결필로 처리되었는 바, 위의 밑줄 그은 부분은 김부식이 보충하여 넣은 기사임을 확인할 수 있다.

고려에서의 피휘법은 광종 16년경부터 사용하였음이 밝혀졌고, 광종조에 『삼국사』가 편찬된 것은 광종 15년 이후일 것으로 추정한 바 있다. 그리고 『삼국사기』에는 『삼국사』의 피휘법의 영향을 받은 흔적을 찾을 수 있음도 밝혀졌다.[147]

또한 中宗壬申本 『삼국사기』의 목차에는 본문의 기록과 달리되어 있거나 잘못된 부분이 있다. 이 목차를 각 권의 서두에 쓴 목차를 옮겨 놓은 것으로서, 이를 작성할 때 본문에서 뽑을 때의 실수로 인한 것이다. 그러나 각 권 서두의 목차나 『삼국사기』 卷首의 총목차보다 본문의 기록이 일차적인 사료임을 췌언을 요하지 않는다.

본문에 의하여 정정되어야 할 총목차의 부분은 다음과 같다.

卷3. 照知麻立干 → 炤知麻立干
卷13. 琉璃王 → 瑠璃明王
卷19. 文咨王 → 文咨明王
卷20. 建武王 → 榮留王
卷21. 寶藏王 → 寶臧王
卷22. 沙伊王 → 沙伴王
卷22. 分西王 → 汾西王

---

146) 위의 책, 卷14 참조.
147) 鄭求福, 1994, 「高麗朝의 避諱法에 관한 연구」 『李基白先生古稀紀念 韓國史學論叢』 상 참조.

卷32~40. 志　→　雜志

卷47. 驟徒　兄逼實　弟夫果　→　兄夫果　弟逼實

卷47. 金令尹　→　金令胤

제4장

고대사료의 비판과 인식

제1절 『삼국사기』의 원전 자료와 사료비판

1. 머리말

『삼국사기』는 김부식이 왕명을 받고 1145년에 찬진한 역사서이다. 이 사서는 일본인 학자들에 의하여 그 편찬시기가 늦다고 하여 사료적 신빙성을 낮게 평가되기도 하였고, 근대사학을 창립한 신채호에 의해서는 사대주의의 사서로서 일고의 가치도 없는 것으로, 최남선에 의해서는 표현의 문장력이 번지르 하다는 점으로 폄하되었다. 그리고 김철준에 의해서도 윤색과 날조가 되었다는 평가를 받았다.

그러나 『삼국사기』는 한국고대사를 연구함에 있어서 가장 중요한 사서임에는 의심의 여지가 없다. 현재 『삼국사기』의 초기 기록을 불신하는 일본학자들의 영향을 받아 이를 믿을 수 없다는 불신론과 이를 그대로 믿을 수 있다는 취신론으로 나뉘고 있으나, 현재의 학계의 분위기는 취신론에 근거하되 사안별로 비판을 하자는 태도가 일반적인 경향이라고 할 수 있다.

『삼국사기』의 사료를 비판할 때에 그 원전을 연구하여야 함은 가장 기초적인 작업이라 할 수 있다. 이에 대한 학계에서 공동 연구하는 작업은 본 학술대회가 두 번째 작업으로 알고 있다.[1] 이런 자료에 대한 공동 학술회의는 자주 더 열려야 한다고 생각한다. 이 학술대회가 한국고대사 연구에 중요한 학적 발판을 마련할 것으로 믿어 의심치 않으며 좋은 연구 성과에 기대를 건다.

---

[1] 첫 번째는 한국정신문화연구원에서 1995년에 학술대회를 가졌고, 그 결과가 『삼국사기의 원전검토』로 간행된 바 있다.

2. 『삼국사기』의 원전자료

김부식이 『삼국사기』를 편찬할 때의 원전 자료는 자료의 수집처로 구분하면 왕실 궁내에 보관된 자료와 자기 자신이 수집한 자료로 크게 나눌 수 있으며, 나라별로 보면 국내자료와 국외 자료로 나눌 수 있다. 그러나 고려 왕실의 궁내에 보관된 자료가 어떤 것인지 그 목록을 확인할 수 없다. 단지 그가 새롭게 보충한 자료는 추정이 가능하다. 이는 김부식이 인용한 자료에는 그가 구체적으로 언급한 내용이 실려 있음을 통하여 추정할 수 있다.[2]

그러나 그가 새로이 이용한 자료가 왕실에 보관되어 있던 것인지, 아니면 그가 개인적으로 수집한 것인지를 엄밀하게 파악할 수도 없다. 그리고 그가 이용한 외국의 자료 주로 중국 측 자료는 현재에도 비교가 가능함으로써 확인할 수 있다. 원전의 비교가 어려운 부분이 국내 자료이다. 이는 현재 『삼국사기』 이전의 국내 자료가 거의 전하지 않기 때문이다.

그가 『삼국사기』를 찬진할 때에 사용한 국내 자료 중 가장 중심이 되는 자료로서는 '古記'라는 자료를 이용하였음을 「진삼국사기표」에서 밝히고 있다. 이 고기는 "문장이 졸렬하고 소략하여 정치의 교훈을 줄 수 없다"고 평하였다. 이 점을 고려하면 '古記'는 구체적으로 일부의 기록을 적어 놓은 자료가 아니라 체계적으로 전체의 역사를 다룬 자료임을 의미한다고 판단된다. 따라서 『삼국사기』를 편찬하였을 때에 대본의 자료로 이용한 '고기'는 『구삼국사』일 것으로 짐작된다. 그럼에도 불구하고 이 『구삼국사』에 대한 언급은 『삼국사기』에 전혀 언급되지 않았다.

---

2) 예컨대 김유신열전 자료인 김장청이 쓴 『김유신행록』, 김대문의 『화랑세기』 등을 들 수 있다(정구복, 1995, 「삼국사기의 원전자료」 『三國史記의 原典 檢討』, 한국정신문화연구원).

이는 김부식이 사가로서 온당한 처사라고 할 수 없다.

그리고 잡지의 여러 곳에서 언급된 '本國古記', '海東古記'가 이용되고 있음을 밝히고 있으나 그 다룬 시기와 내용으로 유추할 때에도 국초로부터 멸망까지에 해당함으로 그 古記들도 『구삼국사』일 것으로 판단된다. 그렇다면 그가 이용한 중요 '古記'는 『구삼국사』일 것으로 판단할 수밖에 없다.

『구삼국사』는 이규보의 문집인 『李相國集』에 실린 「東明王篇」에 고구려본기로부터 주몽신화의 기록을 부주하고 있다.³⁾ 기전체의 『구삼국사』가 편찬되었다는 기사는 『고려사』나 『고려사절요』 등에 나오지 않고 있다. 그러나 이를 편찬할 수 있는 시기는 고려조에 사관이 설치되어 국사의 기록을 남겼던 고려 광종대로 추정된다.⁴⁾

『삼국사기』의 국내 원전을 검토하려면 『구삼국사』의 원전을 언급할 필요가 있다. 이는 현재 『구삼국사』가 전하지 않고 있기 때문에 어려운 점이 있지만 김부식이 자료의 출처를 별도로 언급하지 않고 쓴 서술 중 국내의 자료는 『구삼국사』라고 보아 거의 틀림이 없을 것이라고 생각한다. 그렇다면 『구삼국사』에서 이용한 삼국사기 초기 기록에 대한 국내 원전은 어떤 것이었을까를 생각해볼 필요가 있다.

이중 삼국시대의 역사편찬의 자료를 언급하고 있는 것을 검토할 필요가 있다. 즉 고구려에서는 영양왕 11년(600)조에 태학박사 이문진에게 명하여 옛 역사를 요약하여 『新集』 5권을 편찬하게 하였다는 기록 다음에 "國初始用文字時 有人記事 一百卷 名曰 留記"라 하였는데 이 문장은

---

3) 『구삼국사』와 『삼국사기』의 내용의 차이를 확인할 수 있는 것은 동명왕편 뿐이다. 그 차이에는 앞으로 구체적인 분석이 요구되지만 신화적 내용의 일부 삭제 이외에도 주몽을 『구삼국사』에서는 天孫으로 『삼국사기』에서는 천제의 아들로 기술하고 있다. 이에 대하여는 후고로 밝혀볼 생각이다.

4) 정구복, 1993, 「고려 초기의 삼국사 편찬에 대한 일고」 『국사관논총』 45, 국사편찬위원회 ; 1999, 『한국중세사학사』 Ⅰ, 집문당에 재수록.

다음과 같이 해석하여야 한다고 생각한다.

"국초에 처음 문자를 사용할 때부터 어느 사람이 일을 기록하기 시작하여 이때까지(영양왕대) 쌓인 기록이 100권이 되었다. 그 이름을 『留記』(남겨진 기록)라고 칭하였다"로 해석하여야 할 것이다. 물론 문자로만 보면 한 사람이 쓴 것처럼 해석되고 또 이를 서술한 사람이 그런 뜻으로 썼다고 하더라도 그 문맥을 세밀하게 읽을 필요가 있다.

그리고 국내 학계에서는 이를 한 사람의 편찬물로 보아 여기의 국초를 태학이 설치된 소수림왕대로 보지만 이는 수정되어야 한다고 생각한다. 우선 문맥으로 보아 이를 한 사람의 편찬물이 아니란 점을 들 수 있다. 즉 그 권수가 100권에 달하며, 그 이름이 남겨진 기록이라는 점을 유의할 필요가 있다.5)

그리고 역사기록은 한자문화의 이해를 전제로 할 때에만 가능하다. 고구려에서 한문자를 사용한 시기는 신라와 견줄 수 없을 정도로 빨라서 표현 그대로 국초로부터라고 이해해도 좋을 것이다. 즉 고구려인은 한군현과의 왕래를 통하여 한자문화를 상당히 이른 시기에 배워 알고 있었을 것이다. 그리고 여기서 고구려의 국초라 함은 늦어도 태조라는 중국적인 왕호가 사용된 태조대왕대 이전일 것이다. 고구려가 한나라와의 교류 기사로는 왕망과의 관계가 서기 전 12년(유리명왕 31)부터 나오고 있고, 태조대왕 57년(109)에는 후한에 사신을 보내 安帝의 즉위를 축하하는 대외 교섭을 하였기 때문이다.6) 중국과의 교섭에 한자를 모르고는 불가능하였다고 생각한다. 이후 후한과의 사신파견은 계속된다는 점을 유의할 필요가 있다. 그리고 100권이라 함은 어느 한 사람이 편찬한 기록으로 해석하기에는 너무나 방대한 분량이며, 그 이름이 남겨진 기록(留記)이

---

5) 정구복, 1998, 「삼국의 유학과 역사학」 『한국사』 8, 국사편찬위원회, 123~125쪽 참조.
6) 『삼국사기』 권15, 태조대왕 57년 춘정월. "遣使如漢 賀安帝 加元服"
   『후한서』 권5, 안제본기 영초 3년 정월 "高句驪遣使貢獻"

라는 점을 유의할 필요가 있다. 이렇게 볼 때『유기』가 담고 있는 내용
은 영양왕 이전까지로 상정할 수 있다.

그런데『구삼국사』의 편찬 때에『유기』의 자료를 직접 이용하였는지
아니면『신집』자료만을 가지고 있었는지는 분명히 확인할 수 없지만
『유기』가 그대로 전해졌다고는 생각하기 어렵다. 왜냐하면 고구려가 멸
망될 때에 고구려 수도의 지배층을 포함한 평양 사람들이 거의 대부분
당나라에 포로로 잡혀갔기 때문이다. 고구려 멸망 시에 고구려의 역사와
문화가 당나라에 의하여 철저히 파괴되었다. 따라서 고구려의 멸망기사
를 포함하여 후기의 자료는 거의 중국 측 자료에 의하여『삼국사기』에
서 보완된 것이다.

그럼에도 불구하고 일본학자들의『삼국사기』지리지 중 이름만 전하
고 그 위치를 알 수 없는 지명을 나열한 권37, 지리4의 자료에 의하여
『신집』으로부터 인용된 것과『유기』로부터 인용된 것을 구별하고 있는
데7) 이 논의 과정을 면밀히 검토할 필요가 있다.

어떻든『삼국사기』에 전하는 고구려의 전기 기록은 대체로 광개토대
왕까지의 기록은 국내 자료를 이용하여 생생한 국가발달사의 귀중한 자
료를 보여주고 있는데, 이는 이런 국초로부터의 역사기록이 있었고 이에
의거한 결과라고 할 수 있다.8)

백제의 경우 근초고왕(346~375)이 죽었다는 기사 뒤에 고기를 인용
하여 "백제는 개국 이래 문자로 일을 기록한 일이 없었는데 이 때에 이
르러 박사 高興을 얻어 비로소『書記』를 갖게 되었다"고 쓰고 있다. 그
러나 이 내용은 다음과 같이 읽어야 한다고 생각한다. 개국 이래의 역사
를 편찬한 일이 없다가 이때에 박사 고흥이 역사를 편찬하였다고 하여야

---

7) 高寬敏, 1996,『三國史記の原典的研究』및 井上秀雄, 1974,『新羅史の基礎研究』.
8) 신동하, 1994,「三國史記 高句麗本紀의 引用資料에 관한 연구」『三國史記 元典
   檢討』.

할 것이다. 물론『書記』를 책으로 해석하지 않는 견해가 있으나 이는『日本書紀』의 명칭의 선례가 되었다는 점에서 서명으로 보아야 할 것이다. 또한 당시까지 중국에서 사마천의『史記』와 반고가 쓴『漢書』, 진수가 편찬한『三國志』의 역사책이 전해져 읽혔다고 생각되고 서명을『서기』라고 한 것은 이런 전통과 관련이 깊다고 생각한다.

백제는 낙랑, 대방과 인접해 있음으로 초기부터 한자의 사용을 알고 있었으며 한사군으로부터 귀화인이 들어왔을 것을 짐작 할 수 있다. 근초고왕대의 박사 고흥이나 일본에 천자문을 전해주었다는 박사 왕인은 그런 귀화인이었을 것으로 짐작한다. 그리고 백제에서는 고이왕대에『周禮』에 의거하여 병관좌평 등을 설치한 점으로 보아9) 문자로 일을 기록하는 일이 근초고왕 이전에 이미 있어왔다고 할 수 있다. 백제의 경우도 백제의 멸망과 함께 백제의 귀족세력이 당나라 군대에 의하여 포로로 다수 압송되어 가서 백제 후기의 기록의 전래에 어려움이 있었음을 짐작할 수 있다.

신라의 경우 진흥왕 6년(545년) 이사부의 건의에 의하여 거칠부가 문사를 모아『國史』를 편찬하였다. 신라에서의 한자의 사용법은 고구려나 백제에 비하여 상당히 뒤졌다고 생각한다. 신라 초기의 금석문인 5세기 말의 영일 냉수리 신라비나 법흥왕대의 울진 봉평 신라비문의 문장이 아주 서툰 한문체로 써진 점에서 이는 확인된다. 나물왕대(356~402)에 중국의 秦나라에 사신을 보낸 점으로 보아 신라에서의 한자의 사용은 2세기 이전으로 올려 잡기가 어렵다. 그렇다면『국사』에 실린 내용 중 초기의 역사는 구전되어 오던 기사가 상당 수 실렸던 것이 아닐까 한다. 삼국에서는 이런 내용 이후에도 역사를 기록한 문헌이 더 있었을 것임은 의심의 여지가 없다.

『구삼국사』에서 위에서 언급한 삼국의 역사편찬물이 그대로 이용되

---

9)『周禮』의 "夏官 司馬 以佐王 平邦國"에서 병관좌평이란 명칭이 유래하였다. 이기동, 1990,「백제의 정치이념에 대한 일고찰」『진단학보』69 참조.

었다고 보기는 어렵다. 아마도 이들 자료 또는 이들 자료를 이용한 편찬물을 통일 한 후에 재정리한 것이 『구삼국사』에서 활용되지 않았을까 한다. 이때의 정리는 이런 삼국시대의 역사편찬물 등이 주 자료로 활용되었을 것으로 이해된다. 『삼국사기』 초기의 기록은 이들 사서나 아니면 이들 사서에 의거하여 재편찬된 자료가 이용되었을 것이라고 추정할 수 있다. 비록 원전자료라 하더라도 그 자체가 모두 사료적 신빙성을 담보하지 않는다고 할 수 있다.

『삼국사기』에는 본문에서 이용된 자료는 국외 자료이건 국내자료이건 간에 출처를 밝히지 않고 있지만 그 내용으로 보아 구별되며, 중국 측 자료를 현재 확인할 수 있으므로 그 구별은 가능하다. 국외의 자료일 경우 비록 문헌자료라 하더라도 그 신빙성을 보장하는 것은 아니다. 특히 중국사의 경우 열전 자료에 실린 우리 측 기록은 연대가 분명하지 않을 뿐만 아니라 착오에 의하여 뒤바뀐 서술도 있을 수 있기 때문이다.

김부식은 『삼국사기』를 편찬하면서 중국측 자료보다는 국내의 자료에 더 신뢰를 두었음은 이미 밝혀진 사실이다. 중국측 기록과 차이가 나는 내용에 대하여는 세주를 붙여 중국측 기록이 잘못임을 일일이 논하고 있다. 『삼국사기』를 편찬하면서 국내기록 중 관련사항이 나오면 후대의 기록을 편찬자 자신이 추가해 실은 것을 확인할 수 있다.[10] 이런 경우 모든 자료를 그대로 신뢰할 수 없다. 이에 『삼국사기』를 올바로 이해하려면 사료 비판이 필요하다.

3. 사료비판

김부식이 편찬한 『삼국사기』는 현재는 한국고대사의 원전 자료로 이

---

10) 예컨대 신라의 6부의 사성이나 17관등의 기사, 백제 고이왕대의 관복제도 등을 들 수 있다.

용되고 있다. 그러나 이는 엄밀히 말하여 원전 자료적인 성격과 김부식이 편찬한 서술이라는 두 가지 성격을 함께 지니고 있다. 『삼국사기』는 『고려사』와 비교하여 볼 때에 원전자료적인 성격이 낮게 평가되고 있다. 이는 본기의 자료 및 열전 지 등에서 고대의 자료를 그대로 전하지 않고 자신의 문장으로 서술한 예가 있기 때문이기도 하지만 원전 자료가 몇 차례 재정리된 자료를 이용하였기 때문이다. 예컨대 삼국의 본기에서 빈민의 구제에는 거의 예외 없이 鰥寡孤獨을를 구제하였다고 서술하고, 중국의 고전 내용을 인용한 대화체가 나오고 있는 점 등을 들 수 있다. 그리고 왕에 오른 모든 사람의 계보를 밝히려 하였으나 그중에는 그 계보를 전하지 않은 경우도 있을 것이다. 삼국의 왕의 계보를 빠짐없이 모두 기술하였다는 것은 그 계보를 의심스럽게 하는 경우가 있다. 특히 백제의 왕실 계보에 그 문제가 두드러지고 있다. 그러나 모든 사료가 이처럼 윤색되었다고 볼 수 없는 경우도 많을 것임은 말할 것이 없다.

『삼국사기』의 사료비판에는 다음과 같은 점이 고려되어야 할 것이다. 지금까지의 사료 비판이 주로 문헌실증적인 비판에 너무 의존하고 있다는 생각을 지울 수 없다. 문헌실증은 역사학에서는 가장 기본적인 방법임을 부정할 사람은 없다. 그러나 문헌실증적인 비판을 넘어서는 문맥을 검토하는 사료 비판이 가해져야 할 경우도 있다. 문헌실증사학과 문맥이 서로 상충하는 한 예를 들어보면 다음과 같다.

즉 백제 성왕 26년(548년)조에 나오는 "春正月 高句麗王平成 與濊謀 攻漢北獨山城"이라는 자료를 통하여 문헌실증사학과 문맥을 통한 사료비판을 검토하여보자.

이 독산성 전투기사는 고구려본기에 의하면 양원왕 4년 춘정월에 濊의 군사 6,000명이 동원되었고, 신라본기에 의하면 진흥왕 9년 2월조에 백제의 구원 요청에 따라 장군 朱玲(朱珍)으로 하여금 3,000명의 정예병을 보내 싸운 전투이었다,[11] 하루 이틀 만에 끝난 전투가 아니라, 적어도 1, 2개월간 지속된 치열한 전투였던 것을 알 수 있으며 백제가 국운을 걸고 싸운 전투로 이해된다.

이 경우 이병도의『국역 삼국사기』에서 문헌실증적인 사료 비판이 이루어졌다. 이어서 한국정신문화연구원의『역주 삼국사기』에서도 이와 유사한 사료 비판을 하였다. 즉『일본서기』欽明紀 9년조(548) 정월 신축(9일)에 "高麗卒衆圍馬津城"이라는 기사와 일치함으로 독산성 공격은 마진성 전투와 동일한 내용을 다룬 것으로 판단하였다. 그리고 馬津城은 지리지(4)의 백제 支潯州九縣 조에 "馬津縣 本孤山"이라 나온다. 그런데 김정호가 편찬한『大東地誌』에 의하면 孤山은 충남 예산의 古名이고 당에 의해 마진현으로 개칭되었다고 함으로써 이는 현재의 충남 예산으로 비정한다고 주석을 내었다. 이는 문헌실증학으로서는 일견 타당한 듯하다.

그러나 이 경우 마진성은 백제가 멸망한 후에 일시적으로 붙여진 기록인데『일본서기』에 어떻게 마진성이란 기록이 나올 수 있는지, 더구나 백제가 멸망하기도 전에 마진성이란 칭호를 쓸 수 있는지 문제가 남아 있다고 할 수 있다.[12] 그리고 본 문헌실증에서 결과적으로 漢北이란 기록을 버리게 되었다. 그에 대한 이병도의 견해는 당시 부여로 남천한 백제가 한북을 지배했다는 것은 말이 안 된다고 무조건 단정해버리고 있다. 이 경우 만약『삼국사기』의 문맥을 중시한다면 漢北이라는 점에서 독산성은 절대로 충남 예산이 될 수 없다.

그런데 漢北이라는 말을 김부식이 고의로 넣었다고는 생각할 수 없음으로 이는 원전 사료에 의존한 기록으로 생각할 수밖에 없다. 이 경우

---

11) 백제본기에도 신라구원병 3,000명이 동원되어 밤낮으로 달려 와 구원하여 크게 파했다고 쓰고 있으나 이는 신라측 기록을 가지고 백제사를 기술하면서 밤낮으로 이하는 윤색 보충한 기록으로 생각된다.

12) 이에 대하여 이병도의『국역 삼국사기』에서는 마진성이란 칭호는 백제시대부터 칭해졌을 것이라고 해석한 바 있다.

백제에서 위급한 상황으로 신라에 구원을 요청한 점으로 보아서는 일견 한북 이북의 성일 가능성이 희박하고 수도 부여를 위협하는 급박한 상황이었다고 생각할 수도 있다.

그러나 이를 그처럼 단순하게 보아서는 안 된다. 왜냐하면 5년 후인 554년(진흥왕 15년, 성왕 32년)에 백제의 성왕이 신라와의 관산성전투에서 전사하는 원한의 전쟁을 일으켰는데, 그 원인은 바로 전해인 553년에 신라의 진흥왕이 백제의 동북지방을 취하여 新州를 설치하였기 때문이다. 위에서 추론한 바와 같이 예산지방의 구원에 도움을 받은 백제라면 동북지역인 지금의 남한산성 지역에 신주를 설치했다고 하여 신라에 대하여 보복전쟁을 일으킨다는 것이 문맥으로 이해되지 않는다. 그리고 성왕의 아버지 무령왕은 고구려를 공격하여 옛 강국의 지위를 되찾았다는 것을 염두에 둘 때에 위에 인용한 獨山이 漢北이란 표현과 무관할 수 없다.

이 위 인용문 중에 나오는 '漢北 獨山城'의 漢北이란 표현은 김부식이 써넣었을 가능성도 농후하다. 한북이라 함은 한강 북쪽이라는 뜻으로 당시 김부식이 알고 있는 獨山이라고 써넣었을 가능성이 있다. 지명의 위치를 한북 독산이라 하였음은 여러 지방에 이런 명칭을 가지고 있지만 이 경우 독산은 한강 이북의 것임을 알려주려 한 것이다. 이는 한강 이북의 독산이 있음을 알고 있는 사람의 서술로 이해되기 때문이다. 또 고려시대 독산은 양주에 있었음은 『고려사』 김취려전에 나오고 있다[13]. 조선시대 경기도 고양군에 있었던 禿山烽燧가 설치된 산성과 일치할지도 모른다.[14]

---

13) 『高麗史』 권103, 열전16 金就礪傳. 고려 고종 3년(1216) 8월에 원나라 군대에 쫓긴 거란병이 침입하였다. 그들의 군대는 수만명으로 정규군의 조직적인 침입은 아니었으나 그들은 기병이었기 때문에 이동이 대단히 민첩하였다. 그들의 위협은 원주, 제천 임진 장단에까지 이르렀다. 이들 군대를 격멸하기 위하여 5군이 동원되었다. 김취려전에 나오는 독산은 이 때 아군에 주둔하였던 곳이다.

14) 서울대 규장각편, 『조선후기 지방지도』 경기도편 양주군조 참조.

비록 『삼국사기』의 편찬자가 서술해 넣은 부분이라 하여 모두 믿을 수 없다고 단정할 수 없다. 따라서 문헌실증과 문맥의 내용을 통하되 이 지역에 대한 유적지가 조사되어 고고학적으로 입증되어야 할 것이다. 역사학자의 답사와 지표조사를 통해서도 확인이 가능할 수도 있다. 어떻든 이 漢北의 독산은 한강 북쪽 가까운 지역이어야 하고, 또한 한성을 지킬 수 있는 백제의 요새지였다고 이해하여야 전체의 문맥이 시원스럽게 풀릴 수 있다. 진흥왕이 신주를 설치한 지역이 백제에서 확보한 강역으로 확보된 상황이 아니고서는 신라가 신주를 설치하였다고 하여 5년 전에 신라의 은혜를 입은 백제가 갑자기 적대관계로 돌변하였다고 이해할 수가 없다.

4. 맺음말

이처럼 문맥은 단순 기사만이 아니라 전체의 문맥을 읽고 사료를 비판하여야 할 것이다. 그리고 김부식이 윤색하거나 보충하였을 가능성도 검토하되 그 진실성 여부는 단순 문헌 고증에 그칠 것이 아니라 문맥의 검토도 거쳐 『삼국사기』를 독해하여야 할 것이다. 단순 문헌실증사학의 단계를 벗어나려면 문맥을 비판하는 태도가 절대적으로 필요함을 강조하여 둔다. 『삼국사기』 편찬에 이용했던 원전자료 중 국내 측의 자료가 전혀 전하지 않는 상황에서 문헌실증사학의 한계를 벗어나기 위해서 문맥에 의한 사료 비판이 요구된다고 할 수 있다. 그리고 이런 문맥에 의한 사료비판에는 고고학적인 조사나 현장조사 등이 부수적으로 행해져 그 자료가 보강되어야 한다. 그러나 이런 현장조사나 고고학적인 입증이 많은 변화를 가져온 현재의 상황에서 용이하지 않은데 문제가 있다. 그러나 어떻든 안이한 단순 문헌실증의 단계를 넘어서 문맥에 의한 사료비판을 하는 원전 비판학이 개발되어야 할 것이다. 이는 한국고대사학의 큰 과제라고 할 수 있다.

이런 사료 비판은 고대사만이 아니라 한국사학계 전시대에 요구되고 있는 실정이다. 앞으로 좀 더 과학적인 고대사를 구축하기 위해서 사료 비판이 철저히 이루어지고 현장의 연구를 통하여 확정되어야 할 것임을 강조하여 둔다.

(추고)

또 하나의 문맥의 검토가 필요한 예를 든다면『한서』와『후한서』지리지 현토군조에 고구려현이 있다는 것을 들어 현토군이 설치될 때에 이미 지금의 고구려와 다른 고구려가 있었다는 설이 있다. 그러나『한서』와『후한서』의 지리조를 문맥으로 보면 이는 설치 당시의 기록이 아니라 왕망대의 기록임을 확인할 수 있다. 이는 왕망이 9주제를 표방한 것과 깊은 관련을 가지고 있다. 즉『한서』와『후한서』의 지리지 현토군조의 기록은 왕망대의 기록을 중심으로 서술한 것이라 하지 않을 수 없다. 그런데 이들 지리지의 문헌비판을 거치지 않고 이 자료를 고구려 유국 有國 800년 또는 900년설을 들어 김부식이『삼국사기』연표에서 賈言忠의 말이 틀렸다는 것을 부정하고 있음을 신뢰하지 않고 있다. 그래서 고구려의 역사의 시작을『삼국사기』의 기년보다 올려 잡는 학설이 북한 학계의 정설이 되고 있다. 그러나 고구려의 건국이『삼국사기』대로 기록된 것은 김부식의 조작이 아니고 고구려 측의 기록에 근거한 것임을 최근에 출토된 고자의 묘지명을 통해서도 확인된다.[15] 이런 문맥을 통한 사료검토는 비단『후한서』에만 국한되지 않는다. 예컨대『삼국지』위서 동이전에 대한 자료도 그대로 신빙할 수 없는 부분이 많이 있다. 이를 가려내어 사료로서 이용되어야 할 것이며 이에는 문맥을 통한 비판이

---

15) 노태돈, 1999,『고구려사연구』, 사계절, 43~44쪽, 876.

요구된다고 할 수 있다.

또한 삼국시대의 연구에는 당시의 언어학적인 연구가 더 깊이 연구될 때에 많은 문제가 풀릴 수 있다고 생각한다.

제2절 高句麗의 高麗 國號개칭

1. 머리말

『삼국사기』에는 高句麗라는 국호를 칭하게 된 사실이 오직 한 군데에만 언급되어 있다. 주몽이 卒本川에 이르러 미처 궁실을 짓지 못하고 沸流水가에 거처하였는데, 나라 이름을 고구려로 하였다는 것이다. 즉, 시조인 동명성왕의 즉위와 함께 국호가 정해진 것이다. 『삼국사기』에는 장수왕 이후의 고구려본기에서 중국 측으로부터 책봉받은 직명을 모두 '고구려왕'으로 기록하고 있으며, 기타 멸망 때까지 고구려라는 국호를 계속 사용한 것으로 기술하고 있다. 그러므로 『삼국사기』에 의하면 고구려라는 국호는 국초에 정해진 후 개칭되지 않고 멸망할 때까지 일관되게 사용된 것이 된다.

그러나 중국 측 기록이나 일본 측 기록에는 '高句麗'를 '高麗'로 서술하고 있음을 쉽게 발견할 수 있고, 남북조의 역사서에서는 고구려와 고려가 함께 사용되다가, 수·당 이후의 역사서에서는 고구려라는 국호는 찾기 어렵고 오직 '高麗'라는 국호가 널리 사용되었음은 주지의 사실이다. 그뿐만 아니라 『삼국사기』에도 고구려본기에서 중국 측 자료를 인용하면서 '고려'라는 표현을 모두 '고구려'로 고쳤지만16) 신라의 백제의

---

16) 고구려의 국호개칭에 대해서는 이미 필자가 1985, 『고려시대의 사학사상연구』,

기록에서도 고구려로 쓰기도 했지만 고구려를 고려로 칭했던 흔적을 신라 문무왕 11년 기사에 실인 설인귀의 편지와 문무왕의 답신에 무려 5번이나 '고려'로 표현되었다. 그리고 『삼국유사』에서도 고구려를 고려로 기록한 예는 총 82건 중 69회에 달하고 있다.

그런데 지금까지 학계에서는 고려는 고구려의 약칭으로 가볍게 보아 넘겼다.[17] 그러나 고려라는 국호는 일정한 시기 이후에만 사용하였고 후기의 원 기록에는 고구려라는 국호는 보이지 않고 있다. 더구나 국내의 금석문에서도 高麗라는 국호명이 기록된 것을 발견함으로써 이는 단순히 약칭이 아니라 국호의 개칭이라 볼 수 있는 확실한 근거가 되었다.

그렇다면 김부식이 중국 측 기록을 옮기면서 고려를 거의 모두 고구려로 고쳐 놓은 것은 어떤 의도에서인가에 대해 검토해 보는 것은 김부식의 사학사상 이해에도 중요한 문제이다. 본고에서는 김부식이 중국 측 자료를 이용하면서도 그대로 기술하지 않고 고쳐 쓴 것을 구체적으로 확인하고자 한다. 이 과정에서 중국 역사서의 본기와 열전 사이의 엄정한 사료비판을 통하여 원 사료의 인용에 신빙성이 높은 본기 자료를 중시하였다. 보통 중국의 25사 중에서 동이열전을 주로 인용하고 있으나 열전은 편찬자의 문학적 윤색이 가해지는 것이 통례이므로 그 사료의 신뢰성이 본기보다 한층 떨어진다는 점에 유의하였다.

그리고 또한 국내 자료에 의하여 고려라는 국호가 사용된 용례를 『삼국유사』와 국내에서 발견된 금석문의 자료를 통하여 검토해 보고자 한다. 고려로 국호가 개칭된 시기와 그 배경을 살펴보고자 한다.

서강대학교대학원 박사학위논문과 한국의 역사가 金富軾, 1991, 『한국사시민강좌』 9에서 언급한 바 있다.

17) 이에 관한 연구로는 李丙燾, 1956, 「高句麗國號考」『서울대학교인문사회과학논문집』 3 ; 1976, 『韓國古代史研究』, 博英社와 金在鵬, 1975, 「高句麗國號釋義」『朝鮮學報』 74가 있다. 그 논지는 주로 고구려라는 국호의 어원적 의미를 천착하였을 뿐이다.

고구려의 국호가 고려로 개칭되어 사용되었다고 하더라도 오늘날 고구려를 고려라고 부를 수는 없을 뿐만 아니라 김부식이 이를 고구려로 고쳐 쓴 것도 부당하다고 할 수는 없다. 다만 김부식이 고구려의 국호 개칭에 대하여 전혀 언급하지 않고 있을 뿐만 아니라, 한편으로는 고구려라는 표현으로 고쳐 씀으로써 국호 개칭을 숨겼다는 사실을 지적하는 바이다.

고구려의 후기 국호가 고려였다는 것을 밝혀내는 것은 우리나라 역사에서 간과할 수 없는 중요한 문제이며, 이는 또한 우리나라의 전통적인 국호사용의 관례를 이해하는 데에도 중요한 의미를 가진다.

2. 고구려 전기의 국호

『삼국사기』권13, 고구려본기1의 유리명왕 33년조 8월 기사에서는 고구려가 한의 현토군 하의 고구려현을 탈취하였다고 기록되어 있고, 그것은 고구려의 강역을 설명하는 『삼국사기』권37, 雜志 地理4의 서문에서는 『통전』을 인용하여 주몽이 국호를 '句麗'라고 하고 성을 고라 칭하였다고 하고 현토군의 소속된 3현 중에 고구려가 있는데 이는 주몽의 고구려가 아닌가 하였다.[18] 그럼에도 불구하고 고구려본기에는 주몽이 국호를 고구려로 하였다는 단순기사 외에 전혀 언급이 없다.

그러나 김부식은 중국인들이 흔히 별칭으로 사용한 '高句驪'라는 표현은 피하고 있다. '高句驪'라는 표현은 『漢書』·『後漢書』·『三國志』등에 '高句麗'라는 칭호와 함께 쓰였고 이후의 중국의 역사서에는 이렇게

---

18)『三國史記』권37, 雜志6 地理4 高句麗. "漢書志云 遼東郡距洛陽三千六百里 屬縣 有無慮 則周禮北鎭醫巫閭山也 大遼於其下 置醫州 玄菟郡 距洛陽東北四千里 所 屬三縣 高句麗是其一焉 則所謂朱蒙所都紇升骨城卒本者 蓋漢玄菟郡之界 大遼國 東京之西 漢志所謂 玄菟屬縣高句麗是歟"

표현된 예가 많다. 그리고 중국인들이 흔히 약칭으로 사용한 '句麗' 또는
'句驪'라는 표현19)도 김부식은 거의 인용하지 않고 있다.20) 4세기 말 5
세기 초까지의 국호가 고구려인 것은 의심의 여지가 없다. 이는 『한서』·
『후한서』·『삼국지』 등에 실린 외이전과 본기 기록의 조공 관계기록에
서 확인할 수 있다.

5세기 초까지 편찬된 중국의 자료에는 고려라는 국호를 전혀 찾아볼
수 없다. 그러므로 초기에 정해진 고구려라는 국호가 4세기 말까지 그대
로 사용되었다는 것을 확인할 수 있다.

3. 고구려 국호에 대한 중국 측 자료의 검토

중국의 역사서에 외국의 국호가 기록된 부분은 본기와 열전을 들 수
있다. 본기에는 어느 나라에서 사신을 파견하여 조공을 하였다는 기록이
많이 수록되어 있고, 열전 중 외이열전에서는 중국과 교섭을 가졌던 나
라에 대한 총체적인 설명이 가해져 있다. 그런데 두 기록이 다를 때에
어느 쪽 기록을 따라야 할 것인가가 문제이다. 일반적으로 본기의 기록
은 연과 월 또는 날짜까지 적고 있으므로 사료의 사실성에 대한 신뢰도
가 열전보다 높다고 할 수 있다. 이는 조공해 온 국가의 국호에 대한 기
록에 있어서도 마찬가지라고 생각한다. 왜냐하면 본기의 기사는 구체적

---

19) 句麗는 고구려와 종족을 달리하는 이웃 종족명이라는 설이 있으나(鄭早苗, 1978,
「漢書·後漢書·三國志 高句麗 句麗名稱」『朝鮮學報』89 참조), 이는 『後漢書』에
그렇게 볼 수 있는 근거가 약간 있을 뿐 이후 사서의 동이전 등에서 사용된 句麗
또는 句驪는 고구려에 완전히 합치되는 약칭으로 사용되었음이 확실하다. 그런데
杜佑의 『通典』에서는 주몽이 건국한 나라의 원래 국호가 구려이고 고씨를 칭하
였다고 기술하였다. 그러나 이는 잘못된 서술이다.

20) 고구려본기에서는 권13, 유리명왕 31년조 王莽의 고구려토벌 기사에 붙인 註의
단 한 군데 인용된 자료 속에서 쓰고 있다.

인 기록 자료에 의한 것이고 외이열전 기사는 그 왕조 전체의 일 또는 그 이전 시기의 역사까지를 묶어서 한꺼번에 서술하므로 사료적 사실성이 본기의 기록보다 떨어진다고 할 수 있기 때문이다.

중국 측 자료에 '高麗'라는 기록이 처음으로 보이는 것은 552년에 편찬된 『위서』21)와 478~479년에 편찬된 『송서』22)에서다. 이 두 사서는 왕조가 멸망한 직후에 편찬된 점에서 사료적 신빙성이 높으나 후대에 빠진 것을 보충해 놓은 한계점을 가지고 있다. 高麗라는 국호를 기술하고 있는 자료로서 『晉書』·『南齊書』·『梁書』·『陳書』·『南史』·『北史』·『北齊史』·『周書』23)·『隋書』 등의 본기와 열전 자료를 검토에 필요한 경우에 이용하였다. 그리고 『資治通鑑』·『十六國春秋補』와 『翰苑』의 注도 이용하였다. 단지 너무나 명백한 당나라 이후의 자료는 일일이 검토하지 않았다.

고구려가 중국에 사신을 보내어 적극적인 외교관계를 가지게 된 것은 장수왕대 이후로서 중국왕조로부터 계속적으로 책봉을 받아왔다. 『삼국사기』에는 이러한 책봉기사를 거의 빼지 않고 싣고 있다. 이에 나타난 국호를 중국 측 원전과 대조하여 살펴보면 다음과 같다.

   1) 長壽王 元年(413): 遣長史高翼入晉奉表 獻赭白馬 安帝封王高句麗王樂安
      郡公(『삼국사기』 권18, 고구려본기)

이는 『남사』 동이 고구려전에서 옮긴 것인데, 원문에는 '高麗王樂浪

---

21) 이 책은 386년으로부터 549년까지의 위나라 역사를 魏收(505~572)가 편찬한 책으로 총 130권에 달하였으나 완본이 전하지 않았다. 현전하는 본은 趙宋 초에 館閣에서 빠진 부분을 補充한 것이다.
22) 『宋書』는 420년으로부터 479년까지 존속하였던 남조 중의 宋나라 역사를 梁나라의 沈約에 의하여 478~479년에 편찬되었다. 100권으로 된 이 『宋書』도 북송 초에 이미 완전히 전하지 않고 많은 부분이 산일되었다. 현전하는 본은 『南史』 등을 이용하여 보완된 것이다.
23) 『晉書』에는 고구려전이 없으며, 『周書』에는 외이열전이 쓰이지 않았다.

公'으로 되어 있다.[24] 그러나 이해『晉書』권10, 본기 安帝 義熙 9년 (413, 장수왕 원년)조에 '是歲 高句麗倭國及西南夷銅頭大師並獻方物'이 라 하여 고구려라는 국호가 기록되어 있으므로,[25] 이는『남사』의 편찬 자가 이전 왕조의 사건을 기록하면서 당시에 고려로 칭해진 국명에 따라 소급하여 기록한 것으로 생각된다. 그러므로 이 책봉기사는 樂浪公高句 麗王이 원형에 맞다고 생각된다.

> 2) 長壽王 23년(435): 夏六月 王遣使入魏朝貢… 世祖… 遣員外郎散騎常侍李 敖 拜王爲都督遼海諸軍事征東將軍領護東夷中郎將遼東郡開國公高句麗王 (『삼국사기』권18, 고구려본기)

이 기사는『위서』권100, 동이열전 고구려 편에서 따온 것이다.[26] 열 전에서 책봉기사는 이후 모두 고구려왕으로 쓰고 있다. 그러나『위서』 본기의 太延 원년(436) 기록에서는 高麗에서 사신을 파견한 것으로 기록 되어 있고 이후의 모든 본기 기록은 高麗, 高麗王[27]으로 기록되어 있어 이 封號는 高麗王으로 되어야 사실에 가깝다고 판단된다. 왜냐하면 앞에 서도 이미 언급한 것처럼 본기의 기사가 사실을 그대로 썼을 가능성이 높고 열전은 구체적 사료의 신빙성이 떨어지기 때문이다. 더구나 장수왕 23년의 경우는『위서』만이 아니라『북사』의 본기,『남사』의 본기 및『晉

---

24)『南史』는 당나라의 李延壽가 편찬한 역사서이다. 원래의 책봉기사는 高麗王 앞에 "持節都督營州諸軍事征東將軍"이라는 책봉기사가 더 붙여져 있다. 그러나『三國 史記』에서는 이를 생략하였다.

25)『晉書』의 東夷傳은 부여국, 마한, 진한만을 기록하여 진나라 당시보다 훨씬 이전 의 한반도 사정에 대한 일부 기록으로 채우고 있으며, 당시 고구려에 대하여 전혀 기술하지 않는 두찬을 범하였다.『晉書』권97 참조.

26)『資治通鑑』권122의 이 기사에는開國公의 開國 두 자가 빠져 있다.

27)『魏書』권7, 下의 본기에는 太和 15년 12월 癸巳에 "帝爲高麗王璉擧哀於城東行 宮"이라는 기록이 있다. 동 16년 3월 辛巳에 "以高麗王璉孫雲爲其國王"이라 책 봉한 듯한 기사에서도 고려왕으로 기록되어 있다.

書』의 본기 등에서 모두 고려 또는 고려국으로 기록하고 있기 때문에
고구려에서 당시 국호를 고려로 써서 외교문서를 보냈다고 생각된다. 그
러나『자치통감』의 이 시기 기록은 취한 자료에 따라 고려 또는 고구려
를 혼용하고 있어 마치 고려가 고구려의 약칭인 듯한 인상을 강하게 주
고 있다.

> 3) 長壽王 51년(463): 宋世祖孝武皇帝 策王爲車騎大將軍開府儀同三司(『삼국
>   사기』권18, 고구려본기)

이 기록은 '策'자를 '進'자로 바꿔야 올바른 표현이다. 책봉기사에는
高麗王이라는 직함까지 갖추어 써야 하기 때문이다. 이 원문은『宋書』
권6 본기, 및『南史』권2 본기, 大明 7년(463) 7월 을해조에 '征東大將軍
高麗王進號車騎大將軍開府儀同三司'에서 취한 것이다. 이는 이미 받은
중국 관직 체계상의 진급을 의미하기 때문이다[28]

> 4) 長壽王 79년(491): 冬十二月 王薨 … 魏孝文帝聞之 … 策增車騎大將軍太
>   傅遼東郡開國公高句麗王 …(『삼국사기』권18, 고구려본기)

이 기록은『위서』열전 동이전 고구려 기사에서 옮긴 것이다. 그런데
『위서』본기 太和 15년(491) 12월 계사조에 '帝爲高麗王璉擧哀於城東行
宮'이라 하여 분명히 고려왕으로 기술하고 있어 위의『삼국사기』책봉
기사도 고려왕으로 표기되어야 옳다고 본다.

> 5) 文咨明王 원년(492): 春三月 魏孝文帝 遣使拜王 爲使持節 … 高句麗王(『삼
>   국사기』권19, 고구려본기)

---

28) 이러한 동일한 예는 장수왕 68년조의 기사에도 똑같이 적용된다.

이 기록도『위서』동이열전 고구려전에서 인용하였거나 이를 이용하여 편찬된『자치통감』의 자료에 따른 것이라 생각한다. 그러나 이는 직접적으로는『자치통감』으로부터 인용해 왔다고 판단된다. 그 이유는 3월이라는 기록이『위서』열전에는 기록되어 있지 않고『자치통감』에는 기록되어 있는 점에서 확인할 수 있다.29) 그러나『위서』본기 太和 16년 (492) 3월 辛巳조에는 '以高麗王璉孫雲爲其國王'이라 하여 高麗王이 정식 책봉명칭임을 분명히 보여주고 있다.

> 6) 文諮明王 13년(504): 夏四月 遣使入魏朝貢 世宗引見其使芮悉弗於東堂 悉弗曰 小國係誠天極 … 世宗曰 高句麗 …(『삼국사기』권19, 고구려본기)

『삼국사기』의 위 기록은『위서』고구려전에서 인용된 것으로 이 기록은『자치통감』에는 보이지 않고 있다. 그런데 위 인용문 중 '悉弗曰' 바로 다음의 小國은 원문에는 高麗로 쓰여 있고 世宗이 말한 고구려도 원문에는 고려로 쓰여 있다. 이는 분명히 김부식이 고려를 고구려로 고쳐 쓴 것임이 분명하다. 그런데『위서』의 고구려전은 고구려 안장왕 (519~531)까지의 사건이 기록되어 있는데 이에서는 거의 모두 고구려라는 국호로 기록하고 있다. 단지 원문을 인용하여 쓴 고구려 사신 芮悉弗과 위나라 世宗과의 대화 내용에서만 高麗라는 기록이 보일 뿐이다. 이는 이 책의 고구려전을 쓴 사람이 고구려라는 국호 하에 열전을 쓰면서 원문을 인용하는 자료에서는 그대로 高麗로 쓴 것으로 판단된다.

> 7) 文諮明王 17년(508): 梁高祖下詔曰 高句麗王 …(『삼국사기』권19, 고구려본기)

이 기사는 월의 표시가 없는 점으로 미루어 보아『양서』동이전의 고

---

29)『資治通鑑』권137, 齊紀3 永明 10년 3월조.

구려전에서 인용한 자료이다. 그런데 『양서』의 고구려전에는 '高驪王雲 …'으로 기록하고 있으며, 같은 책 권2의 무제 본기 天監 7년(508) 춘2 월 을해조에는 '以車騎大將軍高麗王高雲爲撫東大將軍開府儀同三司'로 기술하여 고려라는 명칭으로 기록하고 있다. 『양서』의 고구려전에는 高 句麗, 句驪, 高麗라는 용어가 함께 사용되고 있다. 특히 '王莽初 發高驪 兵以伐胡'라 하여 표제명칭과는 달리 高麗라는 용어를 사용하고 있으며, 그 뒤의 기사에서는 高句麗라는 용어를 섞어서 사용하고 있다. 다시 말 하면 이는 高麗가 고구려의 약칭으로 한대부터 사용된 것처럼 기술하였 으나 이는 『양서』의 열전 편찬자의 착오로 이해해야 할 것이다. 그러므 로 국호에 관한한 다른 열전도 마찬가지지만 이 열전 자료도 원 사료를 충실히 인용하여 쓴 것이 아님을 이에서 확인할 수 있다. 이 기록은 『자 치통감』에는 보이지 않고 있다.

   8) 安臧王 2년(520): 2월 梁高祖封王爲寧東將軍都督營平二州諸軍事高句麗王
      (『삼국사기』 권19, 고구려본기)

   이 자료는 『양서』 고구려전에서 따온 것으로 생각되나 이 열전에서는 高句麗王이라는 기록은 보이지 않고 앞에서 '詔安纂襲封爵'이라 하여 생 략되어 있다. 그러나 앞에서 아버지의 직함이 '高驪王樂浪郡公雲'[30]이라 한 것을 그대로 이어 받았음을 확인할 수 있다. 그리고 『양서』 본기 武帝 下 普通 원년(520) 조의 기사에서는 高麗王으로 기록하고 있다.[31] 『자치 통감』 권149에서는 이 기사를 '寧東將軍高句麗王'으로 기록하고 있다. 이는 『자치통감』에서 국호 변경의 초기 기술에서 자료에 따라 고려와 고

---

30) 남조의 열전 기사에서는 왕호와 공호를 바꾸어 쓴 예를 종종 발견할 수 있으나 이는 열전 편찬자의 착오로 판단된다. 그러므로 이는 樂浪郡公高驪王이 원래 명 칭이었다고 이해된다.

31) "以高麗王世子安爲寧東將軍高麗王"(『梁書』 권3, 普通 元年 2月 癸丑條).

구려를 혼용하고 있는 많은 사례 중의 하나라 할 수 있다.[32]

    9) 安臧王 2년(520): 2월 … 魏封王爲安東將軍領護東夷校尉遼東郡開國公高
       句麗王

이는 『위서』 고구려전에서 인용된 자료이다. 원문에서도 고구려왕으
로 기록되어 있다. 그러나 『위서』 권9, 본기의 519년조 기사에는 高麗
王[33]으로 기록하고 있다. 열전보다 본기 자료가 더 신빙성이 있음은 위
에서 이미 서술한 바 있다.

    10) 安原王 2년(532): 春三月 魏帝詔策使持節散騎常侍領護東夷校尉遼東郡開
       國公高句麗王(『삼국사기』 권19, 고구려본기)

이는 『위서』 고구려전에서 인용한 자료로 이에 대한 자료적 성격에
대해서는 위에서 설명한 바와 같다.

    11) 安原王 15년(545): 註 梁書云 安原以大淸二年卒 以其子爲寧東將軍高句
       麗王樂浪公(『삼국사기』 권19, 고구려본기)

이는 『양서』 권3, 本紀의 자료를 인용한 것이다. 『양서』 본기에는 高
句麗王이 高麗王으로 되어 있다. 이를 김부식이 인용하면서 고려를 고구
려로 고쳐 쓴 것이다.

    12) 陽原王 6년(550): 秋九月 北齊封王爲使持節侍中驃騎大將軍領護東夷校尉
       遼東郡開國公高句麗王(『삼국사기』 권19, 고구려본기)

---

32) 이러한 사례는 여러 곳에서 보이고 있는 바, 이는 열전 기사를 그대로 원용한 것
    에서 생긴 2차적인 착오로 판단된다.
33) 『魏書』 권9, 본기 正光 2년(520)조에는 기사가 없고 전년 기사에 "是歲 高麗王雲
    死 以世子安爲其國王"으로 기록하고 있다.

이 자료는『북사』고구려전34)에도 실려 있으나 9월이라는 것을 밝힌 점에서『北齊書』권4의 본기에서 인용한 자료로 확인되며 이에는 高麗 王으로 되어 있다.35) 이 자료는『자치통감』에는 실려 있지 않다.

13) 平原王 2년(560): 春二月 北齊廢帝封王爲使持節領護東夷校尉遼東郡公高 句麗王(『삼국사기』권19, 고구려본기)

이 자료도 12)의 자료와 마찬가지 이유에서『北齊書』에서 인용한 것 으로 판단된다.36) 그런데 여기서도 고려왕을 김부식이 고구려왕으로 고 쳐 쓴 것임을 확인할 수 있다.

14) 平原王 19년: 王遣使入周朝貢 周高祖 拜王爲開府儀同三司大將軍遼東郡 開國公高句麗王(『삼국사기』권19, 고구려본기)

이 자료는『周書』高麗傳37)에서 인용한 것이다. 그런데 高句麗王은 遼東王으로 기술된 것을 바로 잡은 것이다. 그러나 원 명칭은 高麗王으 로 해야 옳을 것이다.

---

34)『北齊書』의 고구려전에서는 책봉 기사에서 고구려왕과 고려왕을 혼용하여 쓰고 있다. 그 예를 들면, 長壽王은 高句麗王, 文咨明王과 安臧王은 高句麗王, 高麗王 으로, 安原王은 高句麗王으로, 陽原王과 平原王은 高麗王으로 기록하고 있다. 그 러나 책봉된 해만 밝히고 있고 달은 명시하지 않았다. 고구려전이라 함은 권94의 표제명에서는 高麗 로 되어 있으나 원 기술에서 고구려로 起文되어 있음으로 고 구려전이라 하였다.

35)『北齊書』권4, 天保 元年(550) 9月 癸丑조에 실려 있다.『北齊書』에는 외국을 다 룬 열전이 없다.

36)『北齊書』권5, 乾明元年 2월 乙巳條.

37) 이 傳은 高麗者로 起文되어 있다. 그리고 현전하는 본에서는 開府儀가 上開府儀 로 되어 있고, 同三司는 三司가 결락되어 있으나 이를 넣는 것이 바르며, 국호를 요동왕으로 기술한 것은 사실인지 잘못인지를 문헌상으로 확인할 길이 없으나『隋 書』권46, 高麗傳에서도 요동군 요동왕으로 기록하고 隋 高祖가 高麗王으로 改 封하였다고 기술하고 있다.

15) 平原王 32년(590): 隋高祖 … 且曰 … 高句麗之人

이 자료는『隋書』高麗傳에서 인용한 것으로 그 원문에는 '高句麗之
人'이 '高麗之人'으로 되어 있다.『수서』에서는 본기 및 열전에 모두 고
려로 기록하고 있다. 그리고 이는『당서』에서도 마찬가지이다. 그러므로
이후 멸망까지『삼국사기』본기의 모든 고구려라는 칭호는 고려로 기록
되어 있음으로 일일이 검토할 필요가 없다. 중국 측 자료가 고구려를 고
려로 기록한 것은 고구려에서 외교문서에 국호를 이렇게 썼기 때문으로
판단된다.

이상에서 살펴본 것처럼 고구려의 초기 국호는 高句麗였다는 것에 이
론이 없다. 중국인이 멸칭으로 려자에 말마변을 붙인 '驪'자로 표기하기
도 했다. 王莽 때에는 高句驪를 下句驪로 칭하기도 하였다는 기록이 있
으며,38)『한서』·『삼국지』·『후한서』등에서는 고구려의 표기를 高句麗
또는 高句驪로 하기도 하고 또는 약칭인 句麗 또는 句驪를 사용하기도
하였다. 그러나 초기의 고구려를 다룬 중국사서에 고구려를 고려로 서술
한 예를『삼국지』와『후한서』등에서는 전혀 찾을 수 없다. 句麗 또는
句驪가 高句麗 또는 高句驪의 약칭임은 다음 자료에서 명백하다.

1) 沃沮 東濊皆屬焉 又有小水貊 句麗作國 依大水而居 西安平縣北有小水南
流入海 句麗別種 依小水作國 因名之 爲小水貊 出好弓 所謂貊弓是也39)
2) 正始中 儉以高句驪 數侵叛 督諸軍步騎萬人 出玄菟 從諸道討之 句驪王宮
將步騎二萬人 進軍沸流水上40)

1)의 자료에서 이 문장을 보통 '… 皆屬焉'에서 끊어 해석하고 있으나
내용으로 보아 다음의 '又有小水貊'도 고구려에 속한 국가로 소수맥이

---

38)『三國志』권30, 魏書 東夷傳.
39)『三國志』권30, 魏書 東夷傳 高句麗條.
40)『三國志』권28, 魏書 毌丘儉傳.

있었다고 해석해야 할 것이다. 이 문장의 주어는 고구려이기 때문이다. 이 이하의 문장을 번역하면 다음과 같다. "句麗가 나라를 건설하여 대수 근처에 살았고 시안평현의 북쪽에 소수가 있는데 이 내는 남쪽으로 흘러 바다로 들어간다. 구려의 별종이 소수에 의지하여 (근처에서) 나라를 세웠으므로 그 물이름을 따서 소수맥이라 하였다. 좋은 활을 만들어 내니 소위 맥궁이 그것이다."

여기에서 句麗作國은 고구려의 건국을 의미함에 의심의 여지가 없다. 이들이 대수가에 살았고, 고구려의 별종인 일파의 종족이 소수가에 살면서 나라를 세웠으니 소수맥이라고 칭하였다는 사실을 말해주고 있다. 즉 이는 고구려 초기의 현상을 설명해주는 자료라고 할 수 있다.

이와 비슷한 자료가 『後漢書』 東夷傳에도 보이고 있다. 이에는 '沃沮 東濊皆屬焉 句驪一名貊 有別種依小水爲居 因名曰小水貊 出好弓 所謂貊 弓是也'[41]라고 쓰여 있는데, 현재의 중국에서 나온 인쇄된 판본에서는 '皆屬焉' 뒤에 주석을 인쇄하여 句驪 이하가 별도의 문장으로 起文된 것을 보고 이 자료를 이용하여 고구려와 句驪를 두 나라로 이해하는 견해가 있으나,[42] 원래의 본에는 두 문상이 연달아 썼을 것임이 분명하기 때문에 이 설은 잘못으로 판단된다. 고구려의 종족은 맥족이라고 하면서 그 맥족의 일파가 세운 나라가 小水貊이라고 할 수는 있다. 구려를 맥족의 별종이 세운 고구려와 구별되는 나라라는 해석은 잘못된 것으로 판단한다.

2)의 자료는 관구검이 고구려 정벌을 한 사실과 句驪王 宮이 고구려 태조를 지칭한 점에서 句驪가 고구려를 가리킴에 의심의 여지가 없이 확실하다. 북한에서 고구려 이전에 구려라는 국가가 있었다는 설이 최근 제기되고 있다. 이는 위의 사료의 잘못된 해석에 근거한 것이다. 문헌자

41) 『後漢書』 권85, 東夷列傳 高句驪條.
42) 鄭早苗, 1978, 앞의 논문 이후 句麗라는 칭호가 고구려를 지칭한 예를 후대의 사서에서 많이 들 수 있다. 그러나 초기에 이 명칭이 어떻게 나왔는지는 본고의 관심이 아니므로 논하지 않는다.

료로서 검토를 위하여 초기 자료인『漢書』와『後漢書』에 나오는 고구려
와 구려는 같은 문장 속에 나오므로 그 기사를 열기하면 다음과 같다.

高句麗·句麗 記錄

1. 『漢書』권6, 武帝紀 第六 元朔元年秋 薉君南閭等口二十萬降爲蒼海郡 後
   漢 服虔曰 穢貊辰韓之北高句麗沃沮之南

2. 『漢書』권28下, 第八下 玄菟郡 武帝元封四年開 高句驪 莽曰下句驪... 縣
   三 高句驪 上殷台 西蓋馬 玄菟樂浪武帝所置 皆朝鮮濊貊句驪蠻夷

3. 『漢書』권99中, 王莽傳 … 其東出者 至玄菟樂浪高句驪夫餘 … 高句驪侯騶

4. 『後漢書』권1下, 光武帝紀 建武八年十二月 高句麗王遣使朝貢

5. 『後漢書』권1하, 光武帝紀 建武二十三年冬十月 高句麗率種人詣樂浪內屬

6. 『後漢書』권85, 東夷列傳 高句驪條 建武二十三年冬 句驪蠶支落大加戴升
   等萬餘口 詣樂浪內屬

7. 『後漢書』권5, 孝安帝紀 永初三年 正月 高句驪遣使貢獻

8. 『後漢書』권5, 孝安帝紀 元初五年夏六月 高句驪與穢貊寇玄菟

9. 『後漢書』권5, 孝安帝紀 建光元年春正月 幽州刺史馮煥率二郡太守討高句
   驪穢貊 不克

10. 『後漢書』권5, 孝安帝紀 建光元年十二月 高句驪馬韓穢貊圍玄菟城 夫餘
    王遣子與州郡幷力討破之

11. 『後漢書』권5, 孝安帝紀 延光元年春二月 夫餘王遣子將兵救玄菟擊高句驪
    馬韓穢貊破之

12. 『後漢書』권5, 孝安帝紀 延光元年 六月 高句驪降

13. 『後漢書』권85, 東夷列傳 夫餘條 … 南與高句驪

14. 『後漢書』권85, 東夷列傳 高句麗條 高句麗 … 武帝滅朝鮮以高句驪爲縣

15. 『後漢書』권85, 東夷列傳 高句麗條 王莽初 發句驪兵以伐匈奴 … 誘句驪
    侯騶入塞

16. 『後漢書』권85, 東夷列傳 高句麗條 後句驪王宮生而開目

17. 『後漢書』권85, 東夷列傳 東沃沮條 東沃沮在高句驪蓋馬大山之東 … 言
    語食飲居處衣服有似句驪 … 武帝滅朝鮮 以沃沮爲玄菟郡 後爲夷貊所侵
    徙郡於高句驪西北 … 至光武罷都尉官 後皆以封其渠首 爲沃沮侯 其土迫
    小 介於大國之間 遂臣屬於句驪 句驪復置其中大人

18. 『後漢書』권85, 東夷列傳 濊條 北與高句驪 … 濊及沃沮句驪本皆朝鮮之
    地也 … 玄菟復徙居句驪 … 無大君長 其官有侯邑君三老 耆舊自謂與句驪
    同種

위에서 열거한 자료 중 5와 6은 같은 사건을 다룬 것으로 열전기사가 본기보다 상세하지만 본기에서는 10월이라는 달을 밝히고 있으며 고구려로 표현한 것을 열전기록에서는 구려로 기록하였다. 3과 15의 자료도 같은 사건을 다룬 기록으로서 『漢書』 王莽傳에서는 高句驪侯騊로, 『後漢書』 東夷列傳에서는 句驪侯騊[43])로 기록되어 있어 구려가 바로 고구려의 약칭임을 분명하게 보여주고 있다. 16의 句驪王宮은 고구려왕 태조의 이름이므로 이 구려도 고구려임은 앞에서 이미 언급한 바 있다.

또한 句驪는 본기의 기사에 나라 이름으로 나오지 않고 있으며 열전기록에서도 반드시 고구려라는 기록이 앞에 나오고 중복하여 나올 때에 구려로 쓰고 있음을 14, 15, 16과 17, 18의 자료가 확실하게 보여주고 있다.

중국의 正史 중 고구려를 다룬 열전의 序頭에 국호를 高麗로 표기한 사서를 들면 다음과 같다. 蕭子顯(489~537)가 편찬한 『南齊書』, 令狐德棻(530~590)이 편찬한 『周書』·『隋書』·『舊唐書』·『新唐書』 등이며 660년에 편찬된 『翰苑』에서도 高麗로 기술하였다. 그리고 비록 序頭 명칭을 고구려로 하였으나 그 내용 중에는 장수왕 이후의 기사에서는 고려로 쓰고 있는 사서는 『梁書』·『周書』·『北史』·『南史』 등을 들 수 있다. 요컨대 5세기 후반에는 본기 자료에 고려국으로 표기되었고 열전에서는 고구려로 표기되었으나 이는 이전 자료를 이용한 데에 그 이유가 있다고 이해된다.

6~7세기 중국에서 고구려는 고려로 칭해졌고 고구려로 불린 기록을 발견하기가 어렵다. 이처럼 고구려를 고려로 칭한 것은 高麗 인종 때 사신으로 온 송나라 사신 徐兢이 돌아가 자기네 국내자료를 사용하여 편찬한 『高麗圖經』에서 왕건 태조의 고려의 역사를 고구려사와 깊이 연관

---

43) 句驪侯騊는 『三國史記』 권13, 琉璃明王 31년조에 '我將 延丕'로 기록되어 있음을 이병도가 이미 지적하였다(이병도, 1956, 앞의 논문 참조).

시켜 서술하고 있는[44] 것도 이와 혼동한 것이라고 본다.

이밖에도 519년에 慧皎에 의하여 편찬된 『梁高僧傳』에도 고려 국호[45]와 고구려 국호[46]가 함께 쓰여 있다. 고구려 국호가 쓰인 것은 376~396년간의 기사에서이고 고려 국호가 쓰인 것은 5세기 후반의 기사이다. 그리고 당나라 吉藏이 편찬한 佛敎經論에도 고려로 기록한 자료들이 보이고 있다.[47]

또한 『일본서기』에는 후기 고구려에 관한 기록이 상세히 전하고 있다. 이 책에는 고구려라는 칭호는 단 한 번도 쓰지 않고 '高麗' 또는 '貊'으로 쓰여 있다. 그런데 '高麗'와 '貊'을 모두 일본식으로 훈독하여 koma로 읽는다.[48] 이는 『일본서기』의 고구려 측 자료가 모두 국호가 개칭된 이후에 전해졌음을 뜻하는 것이라 할 수 있다.

4. 고구려 국호에 대한 국내자료의 검토

『삼국사기』의 고구려 본기 및 신라본기 백제본기에서는 고구려의 국호를 모두 고구려로 고쳐 쓰고 있으나 미처 이를 다 고치지 않고 高麗로 기록하고 있는 것을 찾을 수 있다. 즉 『삼국사기』 권6, 신라본기 문무왕 9년조 및 권7 문무왕 11년조의 설인귀의 편지와 문무왕이 보낸 그 답서, 권33 잡지의 색복조, 권34 지리지, 권46 최치원전 등에서 고려로 기록하고 있음을 발견할 수 있다. 이 기록들 대부분은 중국 측 사서를 인용하

---

44) 그러한 예를 몇 가지 들면, 이 책의 권3 國城條와 권7의 令官服條에 고구려의 기사를 상당히 많이 싣고 있다.

45) 『梁高僧傳』 권4, 竺潛 法深傳.

46) 『梁高僧傳』 권4, 釋曇始條. "晉孝武大元之末 … 高句麗聞道之始也"

47) 吉藏 撰, 『大乘玄論』 권1, 僧朗傳과 『法華玄義釋籤』 권19에 朗公의 이야기 가운데 기록하고 있는 바, 전자는 양무제 직전의 이야기이고 후자는 齊建武末(494~498)이라는 연대의 기록과 함께 보이고 있다.

48) 일본에서 왕건 태조의 高麗는 Korai로 읽고 있다.

면서 미처 바꾸지 못한 것으로 이해된다. 그러나 권7, 문무대왕이 薛仁貴의 편지에 회답한 글 가운데 나오는 6번 나오는 高麗는 문무왕이 직접 쓴 자료이며, 최치원전의 '馬韓則高麗'라는 기록도 순수한 국내자료라 할 수 있다.

그리고 더욱 직접적인 자료로는 경남 의령에서 1963년에 발견 수습된 국보 119호인『延嘉七年銘佛像」의 광배에 새겨진 "延嘉七年歲在己未高麗國樂良東寺" 고려국이라는 국호이며49), 충주에서 1979년에 발견된「中原高句麗碑」의 첫줄에 '五月中 高麗大王祖王'이란 구절이 보여 고구려의 당시의 국호가 고려였음을 확인할 수 있다. 이 불상과 비석은 고구려에서 직접 만든 것으로서 고구려인들이 고려라는 국호를 직접 사용하였음을 알려 준다. 그리고 개인이 만든 불상과 국가에서 공식적으로 세운 비석에서 **高麗**라고 쓴 것은 고구려의 약칭이 아니라는 단적인 증거이다. 이는 고구려의 국호가 언젠가 고려로 개칭되었음을 말해 준다.「중원고구려비」는 문자왕 때에 세워진 것으로 이해되고 있고50)「연가칠년명불상」의 '歲在 己未'의 기미년은 현재 539년(안원왕 9)으로 비정되고 있다.

『삼국유사』에는 고구려라는 기록은 단지 7번 나오고 있는 데 반하여 고려라는 표현은 70회 정도로 압도적으로 많이 보이고 있다.51) 우선 연표인 王曆조에서 삼국의 명칭이 신라, 고려, 백제로 표시되어 있고, 자주 인용된 高麗本記라는 표현 등에서『삼국유사』의 자료는 고려 국초에 편찬된『구삼국사』의 영향을 많이 받고 있다는 인상을 짙게 풍기는 바52),

---

49) 황수영, 1993,『韓國金石遺文』242쪽.
50) 변태섭은 481년 장수왕 69년설을 주장하였고, 이병도는 문자명왕대설을 주장하였으나 大王祖王의 기록으로 문자명왕대로 봄이 타당하다고 생각한다.
51) 김용옥 편, 1992,『三國遺事引得』(통나무)을 참조하였다.
52) 그 한 예를 들면『삼국유사』기이2 고구려조에서도 국사고려본기를 인용해 서술하고 있다.

이에 대한 상세한 고찰은 추후의 과제로 미루겠다. 이렇게 인용된 자료만이 아니라『삼국유사』찬자인 일연 자신이 고구려를 高麗로 표기한 예도 있다.53) 오직 고구려라는 표현은 고구려 초기의 기사 특히 국호를 이렇게 정하였다는 표현과 김부식의 사론을 인용한 부분에서 사용되고 있다.

오히려『삼국유사』에서 고려라는 국호는 "東夫餘條 地皇 三年 壬午(22) 高麗王 無恤(太武神王)이 부여 국왕을 죽임으로 동부여를 멸망시켰다"는 초기 기록에도 보이고 있다.54) 이 기사는『삼국사기』에도 상세히 기록되어 있는데 이는『구삼국사』로부터 옮겨 적은 것으로 이해된다. 이로 미루어 보아 국초에 편찬된『구삼국사』에서는 고구려의 모든 역사를 '고려본기'라고 기술한 것이 아닌가 생각된다.『삼국유사』에서는 高句麗의 약칭으로 句麗라는 표현이 몇 군데 보이고 있다.

그런데『고려사』와『고려사절요』등에는 고구려라고 기록하고 있고55) 前 高麗라는 식의 표현이 보이지 않고 있는 바 그 이유에 대하여는 앞으로 좀 더 세밀한 연구가 요구된다. 그리고『大覺國師文集』중『海東三國史』를 인용한 부분에서는 句高麗로 기록되어 있어56) 이것이 고구려의 오각인지 아니면 '舊高麗'의 오각인지 단정하기 어렵다.

요컨대 국내자료를 통하여 보아도 고구려 후반기로부터 통일신라 그리고 고려 초까지도 고구려를 고려로 불렀음을 확인할 수 있다. 그리고 고구려 후기의 당시 금석문에서 국가가 공식적으로 쓴 비문이나 민간에서 국호를 고려로 쓴 점을 통해 이는 국호의 개칭이 있었음을 분명히 보여주는 것이라 할 수 있다.

---

53)『三國遺事』권3, 興法 寶藏奉老 普德移菴條.
54) 이 밖에도 고구려 초기 기사에 高麗로 표현된 것은 기이편 3 弩禮王조에 建武 18년(42) '高麗兵來侵'이라는 기사를 더 들 수 있다.
55)『高麗史』권1, 世家 태조 8년조 ; 같은 책, 권71, 地理志 및 권94, 徐熙列傳.
56)『大覺國師文集』권17.

5. 국호 개칭의 시기와 배경

그러면 중국 측 사료에 고구려 국호를 고려로 기록된 것은 언제부터
인가를 살펴보자. 고려라는 국명을 최초로 적고 있는 역사책은 『魏書』
와 『宋書』이다. 『송서』는 5세기 말, 『위서』는 6세기 중엽에 편찬된 사
서로서 국가의 멸망 직후에 편찬된 점에서 고구려 국호에 관한한 사료적
신빙성이 높다. 단지 그 완본이 일찍이 유실되어 후에 補闕된 점이 흠이
다. 그 자료는 다음과 같다. 우선 『위서』본기의 고구려 관계기록을 살
펴보자.

> 1) 天興 元年 正月 辛酉 車駕發自中山 至于望都堯山 徙山東六州民吏及徒何
>   高麗雜吏三拾六萬 百工伎巧十萬餘口 以充京師(권2, 帝紀 태조도무제)
> 2) 太延 元年 六月 丙午日 高麗鄒善國 竝遣使朝獻(권4, 帝紀 세조태무제)

이들 기사는 모두 본기에 나오는 기록이다. 『위서』본기에서는 고구
려를 모두 고려로 기록하고 있다. 天興 元年은 廣開土大王 8년(398)년이
고 太延 元年은 435년 長壽王 23년이다. 천흥 원년의 기록은 처음 수도
를 만들 때의 기록으로 위나라 측 견지에서 쓴 기록으로 이를 그대로
신빙하기 어렵다. 또한 이 자료는 고구려측의 직접적인 자료에 근거하여
쓴 것이 아니다. 어떻든 고구려라는 국호가 처음으로 고려로 기록된 자
료이다.[57) 고려 雜吏 등을 경사에 이주시켰다는 기록은 당시의 국호를

---

57) 廣開土大王 때에 고려라고 쓴 기록에는 『十六國春秋補』에 한 가지 기록이 더 보
   이고 있다. 즉, 이책 권62, 南燕錄(五)에는 광개토대왕 18년에 "戊申 太上 四年
   高麗使至獻千里十人千里馬一匹"이라는 기록이 있다. 이 『十六國春秋』는 趙宋의
   崔鴻이 편찬하였고 그 補는 후대의 것이어서 의심스러운 바가 있으나 다른 자료
   가 앞으로 더 발견되면 국호의 개칭을 광개토왕대로 올려 볼 수 있는 자료이다.
   그러나 뒤에서 논술하는 것처럼 『宋書』의 본기에 장수왕 8년에 고구려에서 사신
   을 파견하였다는 기록이 보이므로 국호 개칭의 시기는 우선 장수왕 연간으로 보

그대로 썼다고 보기가 어렵다. 다시 말하면 이는 언제 어느 나라의 사신
이 와서 조공을 바쳤다는 기록처럼 국호를 정확히 기술하였다고 볼 수가
없다. 太延 원년 이후에는 거의 매년 本紀에서 高麗의 사신파견 관계기
사를 기술하고 있다.

다음으로 『宋書』의 자료를 검토하여 보자.

> 1) 권3, 武帝下 永初元年七月 甲辰 征東將軍高句驪王高璉 進號征東大將軍[58]
> 2) 권4, 景平 元年 三月 是月高麗國遣使朝貢[59]

1)의 자료는 고구려라는 기록이 마지막으로 보이는 기사로서 永初 元
年(420)은 장수왕 8년인 바, 이때 고구려왕의 책봉직함을 정동장군에서
진동대장군으로 승진 시킨 내용이다. 이 자료에 의하여 앞에서 언급한
『위서』의 광개토대왕대의 국호개칭 문제는 다른 자료가 더 나올 때까지
보류하여 둘 수밖에 없다. 2)의 자료는 국호가 고려로 칭해진 것을 보여
주는 빠른 시기의 자료이다. 景平 元年은 423년으로 장수왕 11년에 해
당한다. 그러나 이는 혹 남송대에 補闕한 결과가 아닐는지도 모르므로
확실하다고 하기 어렵다. 그러나 이후 다음해의 사신왕래 기록에도 본기
에서는 모두 고려로 기록하고 있다. 그리고 『북사』와 『남사』에서도 본
기의 기록은 대체로 장수왕 이후에는 모두 고려로 기술하고 있다.

『위서』의 본기에 보이는 최초의 고려라는 기록은 권2, 太祖紀 天興
元年(398, 광개토대왕 8) 정월 신유조의 "車駕發自中山 至于望都堯山
徙山東六州民吏及徒何高麗雜夷三十六萬餘口 以充京師"라는 기록이다.
그러나 이 자료는 서울의 건설을 위하여 인구를 충당하였다는 위나라 내
부 문제를 서술한 것으로 여기의 고려라는 표현을 그대로 믿어야 할지는

아야 옳다고 생각한다.
58) 『宋書』 권3, 본기 武帝 下.
59) 『宋書』 권3, 본기 武帝 下.

문제가 있다.60) 어떻든 이 자료는 고려국에서 사신을 보냈다는 기록처럼 당시의 국호를 그대로 적은 것으로 보기는 어렵다. 더구나 앞에서 이미 서술한 것처럼 『위서』의 원본이 그대로 선하지 않는 점을 고려한다면 이를 수용하기에는 어려움이 있다.61)

그러나 『위서』 본기에는 장수왕 23년(435)부터 고려국에서 사신을 보내어 조공하였다는 기록이 보이고 있으며62) 이는 그대로 『자치통감』에도 보이고 있다. 그런데 『자치통감』에는 고구려와 고려라는 기록이 섞여 나오고 있는 바 이를 정밀하게 분석할 필요가 있다. 이를 『북사』와 『남사』, 『위서』와 『송서』의 본기 기사와 관련지어 살펴보고자 한다.

『자치통감』에 고구려와 고려라는 국명이 함께 나오는 것은 장수왕 23년(435년) 元嘉 12년의 기록이다. 이를 구체적으로 인용하면 다음과 같다.

> 1) 元嘉 12年 6月 丙午 高句麗王 璉入貢于魏 且請國諱 魏主使錄帝系及諱以與之 拜璉都督遼海諸軍事征東將軍遼東郡公高句麗王 璉釗之曾孫也63)
> 2) 同年 11月 魏人數伐燕 燕日危蹙 上下憂懼 太常楊崏復勸燕王 速遣太子入侍 燕王曰 吾未忍爲此 若事急 且東依高麗 以圖後擧 崏曰 魏擧天下 以擊一隅 理無不克 高麗無信 始雖相親 終恐爲變 燕王不請 密遣尙書陽伊 請迎於高麗64)

1)의 자료에서 다룬 것은 위나라의 역사이면서 元嘉라는 송나라의 연호를 사용한 것은 『자치통감』에서 남조의 국가를 정통국가로 다루었기

---

60) 광개토왕 때의 국호를 고려로 기록한 자료에는 『십육국춘추보』 권62 남연록5에 태상 4년(408, 광개토왕 18)의 기록이 있으나 이 자료도 후대에 보완된 것이므로 사료적 신빙성이 의심스럽다.
61) 이 자료와 똑같은 기사가 『北史』 魏本紀 제1, 천흥 원년 정월 신유조에 실려 있다. 그러나 이들 중 어느 것이 기본 자료인지 객관적으로 분별할 수는 없다.
62) 『위서』 권4, 太延 원년(435) 6월 丙午. "高麗鄯善國竝遺使朝獻"
63) 『資治通鑑』 권122, 宋紀四 435년조.
64) 『資治通鑑』 권122, 宋紀四 435년조.

때문이고 이 해는 위나라 연호로는 太延 원년(435, 장수왕 23)에 해당한
다. 그런데 그 첫줄의 '入貢于魏'라는 기사는 『魏書』 권4, 상의 본기에
서 인용한 것인데 『위서』 원문에 고려로 된 것을 사마광이 뒤의 자료에
고구려왕으로 책봉하였다는 기록 때문에 고구려로 고쳐 썼다고 판단된
다. 입공 이하의 자료는 『위서』 고구려전과 『북사』 고구려전에 나오는
자료를 이용한 것으로 판단된다.[65]

2)의 기사는 『자치통감』에만 보이는 자료로서 어디서 인용한 것인지
를 알 수 없다. 그러나 이는 원래 위나라 역사서를 편찬하였던 자료를
취한 듯하다. 이에서 고려로 나오고 있음은 믿을 수 있다고 판단된다.
왜냐하면 『위서』의 본기에서 다음해부터 조공이나 사신파견의 기사는
모두 고려로 기록되었기 때문이다.

이상에서 검토하여 본 것처럼 고려라는 국호가 중국문헌에 나타난 것
중 확실한 시기는 장수왕 8년 이후 11년과 23년(435)이지만 국호의 개칭
시기는 정확히 말할 수 없다. 대체로 장수왕 10년대에 국호의 개칭이 있
었다고 할 수 있다.

국호의 개칭은 혹 장수왕 15년의 평양천도와 관련이 있을지도 모르겠
으며 고구려의 대외적 문화적 발전의 결과라고 판단된다. 고구려에서 국
호를 개칭한 연대조차 정확히 알 수 없지만 그러한 개칭의 배경을 신라
와 백제의 경우를 통해 유추할 수 있을 것이다. 신라에서의 국호 개칭은
국가의 비약적인 발전과 한자 문화의 수용이라는 두 가지 측면을 고려할
수 있다. 즉 지증왕 때에는 경주 중심의 국가에서 영역적으로도 크게 확
대된 국가로 발전하였으며, 이를 기념하기 위하여 국호를 새로이 정하였
다. 그러므로 국호의 개칭은 중대한 국가의 일과 관련이 있다.

---

65) 그러나 위의 두 책 열전의 책봉기사는 약간 다르게 기록되어 있다. 『위서』에는
"征東將軍領護東夷中郎將 遼東郡開國公高句麗王"이라 하였으나, 『북사』에는 이
기록에서 '開國公'이 빠져 있다.

또한 국호를 처음으로 정할 때에는 전통적으로 음을 비교적 그대로 표기하였으나 후일에 뜻이 좋은 한자로 바꾸는 경향을 신라와 백제의 경우에 생각할 수 있다. 백제의 경우 마한 54국 중의 하나인 伯濟에서 百濟로, 신라의 경우 '徐羅伐', '斯羅'[66]에서 新羅로 바꾸었다. 『삼국사기』에서는 신라의 국호 개칭 기사에 "德業日新 網羅四方"이라는 뜻이라고 하고 있지만 이는 김부식의 해석인 것으로 추측된다. 오히려 이때의 국호 개칭은 한자문화 수용이 발전하였음을 뜻하는 것으로 생각된다. 백제 성왕은 공주에서 부여로 천도하면서 남부여로 개칭하였는데, 이는 국가의 개념을 새롭게 하려는 의도가 있었다고 할 수 있다.

고구려의 경우는 이 두 가지를 모두 적용할 수 있다고 생각한다. 광개토대왕 이후의 비약적인 발전과 한자문화의 성숙된 이해가 바탕이 되었다고 풀이된다. 고구려라는 국호는 원래 "높은 성"이라는 고구려 말에서 유래하였다.[67] 구루는 성을 뜻했다. 그러나 천도를 한 이후 이 뜻을 그대로 칭할 필요는 없었다. 이는 국내성으로 천도할 때에도 적용될 수 있지만 그 뒤에 높은 환도성과 연계되어 있었다. 평지의 평양으로 천도함을 계기로 높은 성이라는 의미는 이제 큰 의미를 가지고 있지 않았다. 또한 한자적인 의미가 없는 句자를 고구려에서 생략시켜 高麗라는 국호로 개칭함으로써 한자의 일반적 의미로 풀어 좋은 의미를 갖는 국호가 되었다고 할 수 있다.

---

66) 이는 신라냉수리비문에 이렇게 기록되어 있다.

67) 노태돈, 1991, 「고구려의 역사와 사상」『한국사사상사대계』, 한국정신문화연구원, 12쪽. 白鳥庫吉은 '高'을 크고 높다는 '高大'의 뜻으로 풀이하였고, 이병도는 이를 높고 신성하다는 뜻의 수리, 솟등의 훈역으로 풀이한 바 있다. 구려는 홀, 골 등의 성읍을 뜻한다고 보았다(이병도, 1956, 「고구려 국호고」『서울대논문집』3, 1976, 『한국고대사연구』, 박영사 재수록).

6. 김부식의 고구려사 편찬태도

김부식은 중국 측 사료를 이용하여 장수왕 이후의 고구려 본기를 채웠으며 중국 측 자료에 고구려의 칭호가 고려로 기록되어 있는 데에도 전혀 관심을 깆지 않고 이를 고구려로 고쳐 썼다. 그가 지금의 역사학자들처럼 고려는 고구려의 약칭으로 쓰인 것으로 생각했기 때문인지, 아니면 왕건의 고려와 고구려의 고려를 구별하기 위하여 고친 것인지, 또는 이는 전혀 문제로 삼을 만한 문제가 아니라고 생각했기 때문인지 그 이유를 분명히 알 수가 없다.

그러나 그는 중국 측 자료에 고구려를 고려로 칭한 것에 대해 단 한 자의 주를 붙이지 않고 있다. 이는 그가 다른 경우에 의심이 나는 곳에 주를 붙인 것과 너무나 다른 점이다. 그뿐만 아니라 그가 신라나 백제의 국호에 대하여 보인 관심에 비추어 본다면 고구려의 국호에 대해서는 별 관심을 보인 근거를 찾기가 어렵다. 백제와 신라의 경우에는 국호의 뜻에 대한 주석을 달고 있으나 고구려에 대하여는 일언반구의 설명이 없다. 그리고 중국 측 자료에서 고려라고 칭한 것을 고구려 본기에서는 모두 고구려로 고쳐 기록하면서도 이에 주를 하나도 붙이지 않았다. 이런 국호의 개칭 기사가 고구려사에 분명히 언제라고 기록된 것이 없는지도 확인할 길이 없다. 아마 중국의 사서에 국호개칭의 사실의 기록이 없는 점으로 보면 고구려에서 국호 개칭에 대하여 중국에 공식적으로 알리지 않았다고 이해된다.

그러나 궁예가 철원에 도읍을 정하고 왕을 칭했다고 김부식이 기술하면서도 나라 이름을 고려로 한 것을[68] 삭제였다. 이는 그의 우연의 실수라기보다는 의도적인 삭제로 여겨진다. 새로이 왕을 칭하고 도읍을 정했

---

68) 이는 『三國遺事』의 왕력조에 국호를 후고려로 한 기록으로 확인할 수 있다.

는데 국호를 기록하지 않음은 오히려 어색하다고 할 수 있다. 이는 고구려의 국호가 고려로 칭해진 것을 개서한 것과 연관이 있을 것으로 여겨진다. 고구려의 국호 개칭 사실을 고의적으로 삭제한 것인지 아니면 원래 그 기사가 전하지 않아서 못 적은 것인지를 정확히 알 수 없지만, 이는 국가와 관련된 가장 중요한 기사의 하나이기 때문에 전하지 않았다고 생각하기는 어렵다. 비록 정확한 자료가 전하지 않았다고 하면 중국 측 기록에 처음 고려로 나오는 곳에 국내의 문헌에는 이 사실이 전하지 않는다는 주를 붙였어야 함이 『삼국사기』 서술의 일반적 관행과도 걸 맞는다.

그러므로 김부식이 고구려의 국호가 고려라는 것을 개서하고 그 개칭을 숨기려 한 것은 고려왕조가 고구려의 국호를 그대로 계승한 것임을 은폐하려는 목적에서 나온 것이 아닌가 한다. 이는 그가 고려왕조는 신라에서 반란을 일으킨 궁예의 계승자였지만 실제로는 왕실의 혈통이나 강역, 문화 등에서 고려는 신라왕조의 계승국가라는 것을 강조한 그의 사상과 맥을 같이한다. 경순왕의 귀부, 신라 진평왕의 옥대의 헌납, 고려 현종의 어머니가 경순왕의 형의 딸이라는 점 등이 『삼국사기』 서술에서 강조되고 있다. 그리고 그 후 신라의 원효와 의상이 국사로서 추존되고, 설총과 최치원의 시호가 추증되어 국자감의 문묘에 배향됨으로써 고려의 신라문화 계승은 더욱 확고한 기반을 마련하였다.

고려 초기에 고려는 고구려의 계승국가로서 삼국(고구려·신라·백제)을 통일한 왕조라는 역사의식을 김부식이 변혁시키려는 기본 의도를 가지고 고구려사를 쓴 것을 국호의 개서를 통해서도 알 수 있다.

7. 맺음말

이상에서 『삼국사기』 고구려본기에 인용된 중국문헌의 고구려 국호를 원전과 비교 검토한 요지는 다음과 같다.

1. 중국 측 자료 중 열전 기사보다 연월일을 밝히고 있는 본기의 기록이 사료적 신뢰성이 높다. 『위서』와 『송서』의 본기에 의하면 고구려의 국호는 장수왕 10년대에 고려로 고쳐져 말기까지는 완전히 고려로 칭해졌다. 그리고 6~7세기에는 고구려라는 국명이 전혀 쓰이지 않고 고려로 칭해졌음을 중국과 일본의 역사서를 통해 확인할 수 있다. 최근에 알려진 高慈의 묘지명에서도 확인된다.[69]

2. 김부식은 이들 자료를 인용하면서 고구려본기에서 고려라는 칭호를 모두 고구려로 고쳐 썼다. 그러나 신라본기 열전 등에서 남기고 있음은 편찬자의 의도와는 달리 실수에 의한 것으로 여겨진다.

3. 국내자료인 「延嘉七年銘佛像」의 광배나 「中原高句麗碑」에서 개인과 국가에 의하여 국호를 高麗로 쓰고 있어 국호의 정식 개칭이 있었음을 확인할 수 있다. 또한 『삼국유사』 왕력조에서 高句麗 연표를 고려로 표기하고, 초기 기록도 고려로 표기하였으며, 일연이 직접 쓴 글에서도 고려라고 한 것 등은 고려 초기에 편찬된 소위 『구삼국사』에서 고구려사를 高麗本紀로 쓴 것을 반증해 주는 것으로 이해된다.

4. 고구려의 국호 개칭은 장수왕의 평양천도와 관련이 있거나 영토의 확장 등 국가적 발전과 문화적 발전의 결과였다고 할 수 있다. 국가 초기에 고유한 음을 그대로 표기하려 한 명칭에서 음을 살리면서도 좋은 뜻을 가지고 많이 사용되는 쉬운 자로 고쳐 국호를 개칭하는 것은 삼국의 공통된 현상이었다.

5. 고려라는 국호는 고구려의 후기의 국호이었으며, 궁예의 고려, 왕건의 고려 등 세 나라가 있었는데, 역사적 전통을 계승하려는 의지가 있을 때에 국호를 그대로 계승하여 썼음을 이에서 확인 할 수 있다. 고려에서 발해사를 등한시한 이유는 고려가 바로 고구려의 계승국가로서 삼

---

69) "自高麗初立 至國破以來 七百八年 三十餘代"(1992, 『역주 한국고대금석문』 I, 가락국사적연구원, 510쪽).

국의 진정한 통일국가라는 의식의 결과였다고도 할 수 있다.

6. 고려라는 고구려 후기 국호를 김부식이 개서한 것은 왕건의 고려를 신라의 계승국가로 보려 한 김부식의 역사의식의 편린을 보여주는 것이라 할 수 있다.

제3절 고대인의 정신세계-김유신을 중심으로-

1. 머리말

김유신(595~673)은 7세기 삼국간의 영토분쟁, 통일전쟁, 가야의 멸망, 신라 신분제의 변동 등 우리 역사에서 가장 격동기에 살았던 인물이고, 삼국통일의 원훈으로서 이미 잘 알려진 인물이다. 그의 전기는 이 시기에 살았던 사람들 중 가장 상세한 자료를 전해주고 있다.『삼국사기』열전 10권 중 김유신의 열전은 서두의 3권을 차지하고 있고, 그 내용이 아주 소상하다 이 열전 자료는 8세기 말에 김유신의 현손인 金長淸에 의하여 쓰인 10권의『金庾信行錄』[70]이 이용되었음이 확인되고 있다.『김유신행록』은 현전하지 않으나 열전에 없는 일부의 사료가『삼국유사』에도 일부 실려 있다.[71]

『김유신행록』은 혜공왕 6년(770) 金融의 난에 김유신의 후손이 참여하였다고 하여 사형에 처해졌다가 사면되어 신원 되자 이를 위해 만든 자료로 이해되고 있다.[72] 그러므로 김유신의 공로가 대단히 미화되었을

---

70) 이기백, 1987,「김대문과 김장청」『한국사시민강좌』1, 일조각.
71)『三國史記』기이2 김유신조. 호국신인 세 여신이 출현하여 고구려 첩자에게 유인되어 가던 김유신을 풀어주었다는 설화가 전하고 있다. 이기백, 1987, 앞의 논문 참조.

것임을 짐작할 수 있다.

『삼국사기』는 12세기 고려조의 유학사상이 풍미하던 시기에 김부식에 의해 저술되었다. 그가 이용한 자료가 고대의 것이라 할지라도 유교적인 관점에 의거해서, 그리고 고문체의 문장으로 서술함으로써 원 사료에 많은 윤색이 가해졌다. 비록『삼국사기』가 유교적 관점에서 많은 산삭이 가해진 것으로 주장되지만 상세하게 서술되어 있는 김유신 열전3권은 고대인의 정신세계를 이해하는 데 많은 정보를 전하고 있다. 그 열전에는 고대인의 정신세계를 파악할 수 있는 요소가 부분적으로 남아 있다. 따라서 그의 열전을 통해서 김유신 자신만이 아니라 당시 한국 고대인들의 삶과 사상 및 사유체계에 대한 생생한 모습을 파악할 수 있을 것이다.

본고의 주목적은 김유신 개인에 대한 이해보다는 7세기 전후에 살았던 사람들의 인간상과 그들의 정신세계를 조명하는 데에 있다.『삼국사기』열전에서 다루고 있는 69명 중 34명이 7세기에 활동한 인물이다.[73] 예를 들면 강수전, 설총전, 그리고 화랑들의 전기가 이에 해당한다.

김유신의 일생[74]의 정신세계를 재구성하기 위해서는 그의 출생과 신분·활동·인간관계·정치적 상황·국제관계·당시의 학문과 사상 경향 등이 함께 설명될 것이다. 그리고 그의 정신세계에 반영된 그 이전시대부터 전해온 무적·점복적·불교적·도교적·유교적·신라의 전통적인 고유의 사상적 요소가 어떻게 작용하였는가를 분석하겠다.

---

72) 이기백, 1987, 앞의 논문.
73) 申瀅植, 1983,「金庾信家門의 成立과 活動」『梨花史學研究』13·14 합집 ; 1984,『韓國古代史의 新研究』, 일조각, 340쪽 참조.
74) 丁仲煥, 1985,「金庾信論」『歷史와 人間의 對應』, 고병익화갑기념사학논총 - 한국사편.
   申瀅植, 1983, 앞의 논문.

2. 김유신의 성장기

인간의 출생은 직접적으로는 부모의 결혼으로부터 시작되고, 좀 더 간접적으로는 선조로부터 유래하는 가문의 영향을 받는다. 그 영향은 사람에 따라 크게 다르다. 그러나 가문의 영향이 크든 작든 작용하고 있었음을 부정할 수 없다. 근대 이전의 인간에 있어서 특히 한국 고대에서는 가문의 영향은 신분과 주거지역이 크게 관련되었다고 할 수 있다.

김유신 가문은 법흥왕 19년(532)에 신라가 가야를 흡수함으로써 멸망한 가야국 왕족의 후손으로 신라의 귀족으로 편입되었다. 흔히 이런 세력은 얼마 후 곧 도태됨이 보통이지만 그의 가문은 이를 극복하기 위해서 무던 애를 썼다. 즉 할아버지 武力 대에 신라에서 무장으로 활약하였고, 그의 아버지 舒玄의 끈질긴 노력으로 지배층으로서의 기반을 구축하였다.[75] 그의 할아버지 대에 沙喙部, 즉 沙梁部에 살게 되었다.[76] 그러나 그의 선대로부터 물려받은 정신세계에는 두 가지의 상반된 요소가 잠재적으로 남아 있었다.

하나는 새로이 편입된 신라 사회에서 능력을 인정받아야 한다는 점이었다. 이를 달성하기 위해서 그들의 가문은 국왕에게 충성을 해야 했고, 있는 힘과 모든 능력을 다 바쳐야 했다. 그의 할아버지 무력이나 아버지 서현, 그리고 김유신의 활동에서 이 점이 일관되게 작용하였음을 확인할 수 있다.

다른 하나는 비록 진골신분에 편입되었지만 원 신라 왕실의 진골신분들로부터 차별을 당할 수 있다는 우려가 깊게 깔려 있었다는 점이다. 이에 대한 해결책으로 결혼을 통해 극복해야 한다는 의식이 잠재적으로 깔려 있었다.

---

75) 이에 대해서는 申瀅植, 1984, 앞의 책, 245~249쪽 참조.
76) 그의 아버지 무력이 사탁부 출신이었다. 이 점에 관해서는 丹陽赤城新羅碑 참조.

국왕에게 충성을 바치는 일은 다음과 같은 일이 있었다. 할아버지 김무력이 진흥왕대에 죽령을 넘어 고구려 영토를 확보한 것은 김유신 열전과 단양적성비에 보이고 있고, 아버지 서현과 김유신도 일생동안 국가와 왕에게 충성을 바쳤음이 열전에 상세하게 실려 있다. 이들이 국가와 국왕에게 충성을 바친 것은 가야 왕족의 후손으로써 이국인 신라에 온 이상 이런 이방인의 문제점을 극복해야 한다는 의식이 그들 개인의 마음속에 있었던 것과 무관하지 않을 것이다.

또한 그의 가문의 신분을 향상시키려 한 점은 결혼을 통해서였다. 이러한 노력은 아버지 서현과 어머니 萬明의 결혼, 김유신의 누이와 김춘추의 결혼, 김유신과 생질녀와의 결혼 등 특이한 결혼을 통해서 나타났다. 그런 결혼은 당시 사회에서 예외적인 특이한 것으로 야합으로 윤색되기도 하였고, 특별한 일화를 낳게 한 것이다.

김유신의 아버지 서현은 왕경인으로서 사탁부에 속해 있었다. 이는 아마도 할아버지 대에 신라 왕실의 배려로 이곳에 살게 되었다. 사탁부는 신라의 6부 중 왕족이 주로 살고 있는 탁부 다음으로 관료 진출을 가장 많이 한 부임은 신라의 고비를 통해 확인할 수 있다. 신라는 왕경인만이 고위 관직을 맡을 수 있었던 상황이었다.

김유신의 아버지 서현이 결혼을 한 것은 아마 20세가 넘어서라고 생각된다. 왜냐하면 그가 萬弩郡 (현재의 충북 진천) 태수로 나간 후에 결혼이 이루어졌기 때문이다. 그런데 그가 이미 탁부에 살고 있던 왕족의 처녀인 肅訖宗의 딸 만명과 눈이 맞아 사랑을 속삭이고 결혼을 약속하였다. 숙흘종은 진흥왕의 동생이었다. 숙흘종의 가문은 신라 왕실에서 최고가는 왕실가문이었다. 만명이 서현과의 결혼을 아버지로부터 승낙받지 못하자 두 사람은 가출이 금지된 상황에서 탈출하여 결혼을 이루었다고 하는 설화 같은 이야기는 이들의 결혼이 순탄한 것이 아니었음을 뜻한다. 이를 『삼국사기』 열전에서는 '야합'으로 표현하고 있다. 이들의 결혼에 이런 문제가 생긴 이유는 두 사람의 신분적·가문적 지위가 달랐기 때문이다.

만명은 당시 왕이었던 진평왕의 당고모이고 전 임금인 진지왕의 사촌동생이었다. 아버지의 견지에서는 딸이 자기보다 지체가 낮은 서현과 결혼하는 것을 반대했을 것이다. 당시의 왕족은 근친간의 족내혼이 하나의 불문율이었고 관습이었다. 만명은 진평왕의 왕비로 들어 갈 수 있는 가장 유력한 지위에 있었다.[77] 아버지의 뜻과 당시의 관습에 어긋난 일을 저지른 만명을 아버지 숙흘종은 달갑게 받아들이지 않았다.

만명이 이런 아버지의 뜻을 어기고 가출하여 결혼하기에 이르게 되었다. 서현과 만명의 결혼은 극적인 사랑을 전해주는 설화로 기술되어 있지만 이를 서현의 견지에서 보면 신분 확보에 도움을 준 것임에 틀림없다.

또한 김춘추와 김유신의 여동생 문희와의 결혼도 『삼국유사』에 언니의 꿈을 산 이야기, 김춘추의 옷고름을 꿰맨 이야기, 선덕여왕이 불에 태워 문희를 죽이려는 김유신의 처형을 구해 주었다는 이야기가 설화적으로 재미있게 기술되어 있다.[78] 이는 김춘추 가문과 김유신 가문의 신분적 차이를 넘어서게 통혼하게 된 가문적 배경의 차이가 그들 사이에 깔려 있었음을 뜻한다. 그리고 이들의 결혼은 김춘추와 김유신의 인간적 유대가 더욱 긴밀해지고, 김춘추가 왕위에 오르는 데 중요한 배경이 되었음은 이미 밝혀진 바 있다.[79]

김유신은 595년(진평왕 17년) 충북 진천에서 태어났다. 출생에 대한 설화에는 세 가지가 전하고 있다. 그 중 하나는 열전에 실려 있는 아버지의 꿈이다. 경진일에 형혹성과 鎭星이 내려와 서현의 품에 들어왔다는

---

77) 진평왕의 어머니는 萬明의 언니인 萬呼(일명 萬內)였고 진평왕의 부인은 이보다 촌수가 먼 福勝文王의 딸이었다.

78) 『三國遺事』 권1, 기이편 太宗春秋公條.

79) 신형식, 1983, 앞의 논문에서 김춘추 가문과 김유신 가문의 관계를 소상히 밝히고 있다.

꿈 이야기이다. 여기에서 형혹성과 진성이라는 표현은 윤색일 가능성이
높다. 김유신의 열전에는 특히 별과 관련된 이야기를 많이 전하고 있다.
김유신은 태어나자 七星의 무늬가 등에 있었다거나[80] 당 고종이 태자
때 '하늘에서 33천 중 하나가 신라에 내려 김유신이 되었다고 하는 외침
을 들었다'고 한 이야기[81]등이 그것이다. 이는 인간의 운명을 별이 주관
하고, 특히 무인에게 별의 설화가 관련된 것은 충분히 이해할 수 있다.
이는 靈星숭배에 대한 관념을 보여주는 것이고 여기에 28수의 이름을
붙이거나 어느 별이라는 표현은 윤색된 것으로 이해된다. 이 별에 대한
설화는 도교적 영향이 있었음을 뜻한다고 할 수 있다.

그의 출생에 대한 설화로 어머니 만명이 남편보다 20일 후에 꾼 태몽
이야기가 열전에 전하고 있다. '동자가 금으로 된 갑옷을 입고 구름을
타고 집으로 들어오는 꿈을 꾸고 임신하였다'는 이야기는 우리의 전통적
인 태몽이야기라고 할 수 있다. 서현의 태몽이야기는 『김유신행록』을
기록하면서 부회된 이야기가 아닌가 한다. 이는 그가 무장으로 성공한
후에 이를 예견하는 징조로 태몽의 이야기로 서술된 것이 아닐까 한다.

또한 고구려 사람들에게는 신라의 김유신은 고구려의 유명한 점장이
로 억울하게 죽은 楸南이 환생했다는 설도 있었다고 『삼국유사』에 전하
고 있다.[82] 이는 고구려 멸망 후에 생겨난 설화로 생각된다. 추남이 사
형장에서 '후에 태어나 고구려를 멸망시키겠다'는 의 말이 인용되었기
때문이다. 그리고 이 설화는 김유신의 고구려 정벌에 대단히 중요한 역
할을 하였다는 것을 강조하는 설화라고 생각한다. 김유신은 실제로는 고
구려를 멸망시키는 평양성 전투에는 연로해서 참여하지 못했음으로 이
는 신라의 국운을 세운 김유신에게 빗대어 지은 한 승려의 작이 아닐까

---

80) 『삼국유사』 권1, 기이편 金庾信條.
81) 『삼국유사』 권1, 기이편 太宗春秋公條 참조.
82) 『삼국유사』 권1, 기이편 金庾信條.

한다.

그리고 김유신은 어머니가 임신한 지 20개월 만에 태어났다고 열전에 기술하고 있다. 실제 그럴 리는 없다. 그리고 이전의 우리나라 역사에서는 이런 예는 보이지 않는다. 이는 아마도 대기만성이라는 유교적 개념의 소산이 아닐까 한다. 오히려 위대한 인물은 10개월이 다 되지 않아 낳았다는 설화가 많았던 것에 비하면 좀 특이한 설화라고 할 수 있다. 이는 그가 원래 뛰어난 용맹과 자질로 큰 인물이 된 것이 아니라 각고의 노력으로 성공한 인물임을 설명하기 위해서 이런 설화가 나온 것이 아닐까 생각한다.

그는 유년기를 진천에서 보내고, 아버지가 경주로 돌아옴에 따라 경주에서 자랐을 가능성이 높다.[83] 아버지가 만노군 태수로 부임했다가 다른 직으로 바뀐 때가 언제인지는 확인 할 수 없으나 태수로 재임한 것은 몇 년간에 불과하다고 생각한다. 당시 김유신의 가족은 6명이었다. 부모와 동생인 欽純(또는 欽春), 여동생인 보희와 문희였다.

그가 경주에서 성장한 것은 그의 일생에 중요한 영향을 미쳤다. 그는 할아버지 무력이 사탁부에 거주한 이래 그곳에서 살았을 가능성이 높다. 김유신은 어려서부터 문자공부와 유교·불교·도교의 공부를 하는 한편 무술연마를 하였을 것으로 생각된다. 이런 교육을 받았던 것은 그가 서울에 살았기 때문에 가능한 것이었다. 신라인의 교육에 관한 기록으로 김인문 전에 다음과 같은 기록이 보이고 있어 참고가 된다. '김인문은 어려서 학문을 시작하여 유가의 책을 많이 읽었고, 겸하여 장자·노자·불교의 책을 많이 읽었다. 또한 예서와 활쏘기 말 타기 향악을 잘하였다.'[84] 이 교육내용은 왕족인 김인문의 열전에 실린 것이므로 사람에 따

---

83) 정중환은 그가 화랑이 될 때까지 진천에서 자란 것으로 설명하고 그를 열전에서 왕경인이라고 한 것은 김유신이 김춘추의 추천으로 벼슬길에 오르게 되어 왕경에 저택을 마련한 후로 보고 있으나(1985, 앞의 논문, 16쪽), 이는 잘못이다.
84) 『三國史記』 권44, 김인문전.

라 차이가 있겠지만 이 무렵의 귀족층 청소년의 교육내용을 전해 주는
것으로 생각해도 좋을 것이다. 따라서 김유신도 15세가 되기 전에 이런
문자와 각종 경전에 대한 교육을 끝낸 것으로 생각할 수 있다. 그리고
말 타기, 활쏘기, 검술 등을 익혔을 것으로 추측해도 좋을 것이다.

그가 15세(609, 진평왕 31)에 화랑이 되어[85] 龍華香徒를 이끌었고,
17세 때에는 중악석굴에, 18세 때에는 경주 동남쪽의 열박산에 들어가
검술을 익힌 것은 그가 화랑으로 무술을 연마하였다. 그의 낭도 이름이
용화향도라고 한 점에서 미륵불을 신앙한 흔적으로 이해되고 있다. 그뿐
만 아니라 당시 신라의 왕은 석가불, 화랑은 미륵불이었다고 생각하였
다.[86] 그리고 김유신이 이 산에서 수련한 것은 성읍국가 이래 무속적인
산신사상의 영향으로 이해되고 있다.[87] 그가 중악에서 만난 노인 難勝
은 바로 산신의 顯現으로 이해되고 있다. 그러나 화랑도에 딸린 정신적
지도자인 승려로부터 불교 교리를 습득하고 신앙으로 가질 수 있었던 것
에 대한 이야기는 보이지 않는다. 이는 생략된 것으로 보인다. 아니면
이런 내용이 이처럼 윤색된 것은 혹 아닐런 지도 모르겠다.

그가 중악석굴에서 재계하고 하늘에 고하여 맹세하였고 4일 만에 난
승이란 노인이 나타나 方術을 알려 달라고 애원하였더니 비법을 일러주
면서 '삼가 망녕되게 전하지 말라! 만약 이를 불의에 사용하면 오히려
그 재앙을 받을 것이다'는 기록이 있다. 방술이라 함은 도술이라고도 하
는데 이는 인간의 일을 미리 안다든가, 징조를 미리 알아내거나 질병을
치료함에 특이한 기술 등을 말한다. 『후한서』에 방술열전이 실려 있다.

---

85) 『삼국유사』에는 18세에 국선이 되었다고 하며 화랑과 국선이 다른 것으로 이해하
　　는 경우도 있으나 현재 이는 동일한 것으로 이해되고 있다. 이기동, 1990, 『신라
　　골품제사회와 화랑도』, 일조각, 340쪽. 화랑의 수련 기간은 3년이었던 것으로 추
　　정된다.
86) 이기동, 1984, 앞의 책, 306~308쪽 참조.
87) 이기동, 1984, 앞의 책, 316~318쪽.

김유신의 경우 방술은 그 내용이 무엇인지 구체적으로 기술되지 않았지만 일을 미리 알 수 있는 능력을 뜻하는 것으로 생각된다. 이는 무당에게 신이 내림과 같은 것이라고 할 수 있다.

그후 그는 열박산에 들어가 향을 태우면서 하늘에 기도를 하였다. 그랬더니 虛星과 角星의 빛이 검에 내렸다는 기록이 있다. 이 두 번의 하늘에 대한 기도의 원인은 백제와 고구려, 말갈의 침입을 막아 국가를 보전하게 해달라는 것이었다. 허성과 각성의 빛이 그의 칼에 내렸다 함은 도교의 영향일 것으로 생각한다.

이에서 우리는 개인도 하늘에 기도를 하였으며 이 하늘은 중국의 상제개념이 아니고 단순히 우주를 지배한다고 믿는 최고의 신으로서 민간이 이해했던 최고의 신이었음을 확인할 수 있다. 이는 국가에서 교제 등을 지내는 신과 같으나 민간에서 최고 신통력을 갖춘 존재로 신앙되고 있었음을 알 수 있다. 중악에서 만났다는 난승이 노인으로 표현되어 당시 사회에서 노인은 지적 경험이 많은 사람으로 이해되었음을 확인할 수 있다. 난승이 김유신에게 주었다는 방술, 비법이 구체적으로 어떤 것인지를 알 수 없지만 그의 정신세계가 나른 사람이 따라 올 수 없을 정도의 지혜 또는 신통력일 것으로 이해된다.[88] 검에 허성과 각성의 빛이 내렸다는 표현은 중국적 관념이 표출된 것이고, 특히 '大官에게 신령을 내려달라'고 기도를 올렸다는 표현은 아마 윤색일 가능성이 높다.

또한 그는 어머님으로부터는 행동에 대한 엄한 가르침을 받았다고 생각된다. 이는『파한집』에 전하는 天官女의 일화를 통해 확인된다.[89] 천관녀는 신라에서 신궁의 제사를 맡은 여자로 이해되고 있다. 천관녀와 관련된 자료로는 남해왕 때 시조의 사당에서 4계절 제사를 담당한 사람

88) 김열규, 1977,「巫俗的 英雄考」『진단학보』43 참조. 여기서 그는 이를 신비체험으로 파악하였다.
89) 정중환은 이 설화를『동국여지승람』과『동경잡기』로부터 인용하고 그가 화랑이 된 후의 일로 이해하고 있다. 정중환, 1985, 앞의 논문, 20~21쪽.

은 왕의 친 누이동생 阿老가 주관하였다[90]고 하여 높은 신분의 여자로 이해된다. 정치와 제사가 분화되고, 왕권이 강화된 7세기 초에 천관녀의 신분적 성격은 정확히 알 수 없지만 전보다 낮은 신분이었음을 생각하기 어렵지 않다. 천관녀와의 사귐을 김유신의 어머니가 반대했다면 그 이유는 신분적 차이가 있었기 때문이 아닐까 한다.

이 자료는 『삼국사기』와 『삼국유사』에는 보이지 않는 자료이다. 그러나 김유신이 국가의 안위를 지키기 위해서 일념으로 기도하였다는 사실은 당시 천지신을 봉안한 신궁[91]에 들러 기도를 하지 않았을 리가 없다. 시조의 탄생지인 나을에 신궁은 소지왕 때 세워졌다. 이에 모셔진 신이 비록 천지신이었다고 하더라도 조상신으로 알영과 혁거세의 신이 함께 봉안되었을 가능성을 충분히 상정할 수 있다. 그리고 선덕왕과 진덕왕대에 국가의 어려운 일을 당하여 신궁에 왕이 친히 제사를 올리곤 하였음을 확인할 수 있다.

신궁의 설치에 대해서는 두 가지 기록이 있다. 하나는 본기에 소지왕대에 설치되었다는 것[92]과 다른 하나는 제사지에 지증왕대에 설치되었다는 것이 있다. 두 가지 모두 의미 있는 것으로 이해되고 있다. 지증왕대의 신궁은 소지왕대의 설치와 그 의미가 다르게 해석되고 있다. 지증왕 때에는 지방인의 신앙을 통합하여 천신과 지모신을 융합한 것으로 해석되고 있다.[93] 신궁은 신라 중대의 사람들이 신성시하고 신비하게 여겼던 곳임에 틀림없다. 비록 7세기를 살았던 김유신이 천강신화나 지신

---

90) 『삼국사기』 권33, 잡지1 제사조 참조.

91) 종래 신궁에는 박혁거세를 모셨다는 설, 김씨의 시조인 김알지·미추왕·내물왕을 모신 곳이라는 여러 설이 있었고, 박씨이건 김씨시조이건 시조신이 아닌 천지신을 모신 곳이라는 설이 있다. 최광식, 1983, 「신라의 신궁 설치에 대한 신고찰」 『한국사연구』 43 ; 1994, 『고대한국의 국가제사』, 한길사, 205~209쪽 참조.

92) 『삼국사기』 권3, 신라본기 소지왕 9년조.

93) 김두진, 1994, 「新羅 金閼智神話의 形成과 神宮」 『이기백선생고희기념 한국사학논총』 상.

신화 등을 그대로 신빙하지 않았다고 하더라도 당대인들이 가졌던 사회통념으로부터 그만이 자유로울 수는 없었기 때문이다. 그가 진덕왕 2년(648)에 백제와의 전쟁에서 승리한 원인을 김춘추에게 말하면서 나라의 위령의 힘을 받은 것으로 설명하고 있음[94]을 통해 그가 신궁의 위력을 소홀히 했다고 생각할 수 없다. 더구나 국가의 안위를 위해서 지극한 기도를 올렸던 김유신이 신궁에 참배하지 않았다고는 생각할 수 없다.

이처럼 김유신은 신궁을 자주 들려 자신에게 신통력을 내려달라고 기원하는 동안 신궁에 근무하는 미모의 천관녀와 애정을 느꼈다고 생각할수 있다. 그런데 김유신열전에 신궁에 대한 이야기가 빠진 것은 천관녀와의 애정관계를 그의 어머니의 반대로 이루지 못했기 때문이 아닐까 추측할 수 있다. 이는 그가 61세에 태종의 딸과 결혼을 할 때까지의 그의가정문제가 누락된 것과도 관련이 있다고 생각한다.

나물왕대(356~402)에 왕자를 인질로 고구려에 보내야 했던 신라는이후 고구려의 비호 하에 국가를 유지해 올 수 있었다. 그러나 그 결과신라는 북방으로 영토를 확장할 수 있는 길이 막혀 있었다. 그것은 죽령이북이 고구려의 지배하에 들어갔기 때문이다. 지증왕대(500~514)에 국호를 '斯盧'에서 '新羅'로 개정함과 동시에 대왕이라는 칭호를 사용하여왕의 권위를 신장하고, 신궁을 설치하여 지방인들의 신앙을 국가신으로통합하였고,[95] 우경의 보급을 통한 생산의 증진, 지방제도의 정비, 상복제도의 정비, 순장제의 금지 등을 통해 국가체제의 강화가 있었다.

그 후 법흥왕대(514~540)에는 병부를 설치하여 군제를 개혁하였고, 율령제도를 실시하여 국가기강을 확립하였으며, 불교의 신앙과 공인을통한 새로운 사상의 수용이 있었다. 특히 진흥왕은 법흥왕이 창건한 절이 다 이루어지자 '大王興輪寺'라고 사액하였다.[96] 또한 법흥왕은 자기

---

94)『삼국사기』권41, 김유신전(상) 및 권5, 진덕왕 2년조.
95) 김두진, 1994, 앞의 논문, 77~79쪽.

자신을 부처님에게 노예로 팔아 신하로 하여금 보상금을 지불하고 다시 사오도록 하는 捨身 행위가 있었다고 생각된다.[97] 그리고 양나라 왕과 직접 통교하여 외국문물을 수용하였으며, 가야세력을 흡수하는 등 비약적인 발전을 하였고, 연호를 제정하여 국가의 자주성을 강조하였다.

그 후 진흥왕대(540~576)에 이르러 대가야를 멸망시켜 영토를 확보하고, 백제와 협력하여 죽령을 넘어 한강까지 영토를 확장하였다. 그뿐만 아니라 진흥왕 27년(566)에는 진나라에서 불경 1,700여 권이 들어오고 황룡사가 세워졌으며, 동왕 29년(568)에는 전몰장병의 위령제로 팔관회가 개최되었다. 그리고 화랑제도에 대한 국가적인 공인이 있었다. 그러나 김유신열전에는 그의 불교신앙에 대한 기록이 당시의 분위기와 맞게 서술되지 않았다. 이는 김부식에 의해 생략된 것으로 이해된다.

또한 신라는 백제와 협력하여 빼앗은 한강지역을 독점함으로써 고구려와 백제의 공격을 당하지 않을 수 없었다. 그 결과 진평왕(579~632)대 이후 선덕왕(632~647), 진덕왕(647~654)대는 신라에서 가장 전쟁이 많았던 시기이다. 백제는 위덕왕(554~598) 이후 신라와 공동으로 탈취한 한강 하류의 땅을 신라가 독차지한 데에 대한 원한과 관산성 전투[98]에서 성왕이 전사한 데에 대한 통한으로 신라와의 전쟁에 주력하였다. 이 신라와의 전쟁은 무왕(600~641)과 의자왕(641~660) 대에 계속되었다.

이 무렵 고구려와 백제의 신라 공격 기사는 거의 매년 나오고 있다. 진평왕은 내치를 다지기 위해서 중앙관서를 정비하였다. 관리 인사를 담당하는 位和府, 해운을 담당하는 船府, 조세징수를 담당하는 調俯, 말과 수레를 관장하는 乘府, 교육과 의례를 담당하는 禮部, 외국사신을 접대하는 領客部 등을 설치하였다.

---

96) 『三國遺事』 興法3 原宗興法厭髑滅身條.
97) 신종원, 2001, 「신라 불교공인의 실상」 『신라초기불교사연구(증보판)』 민족사.
98) 진흥왕 15년(554)에 일어난 이 전투에는 김유신의 할아버지 무력이 공을 세웠으며 이는 신라와 백제가 원한을 풀 수 없는 계기가 되었다.

또한 진평왕 24년(602)에는 고승 원광에게 세속오계를 받은 귀산과 취항이 백제와 남원 아막성 전투에서 전사하였고, 33년(611)에는 고구려의 침입으로 경기도 안성 죽산의 가잠성 전투에서 현령 찬덕이 전사하고 성을 빼앗겼다.[99] 진평왕 30년(608)에 고구려 군대의 잦은 침입에 대해 수나라에게 군사 지원을 요청하는 출사표를 원광에게 쓰게 하는 일이 있었다. 이 해에 고구려는 신라의 북부 변경을 침략하여 8,000명을 포로로 잡아갔다.

이 무렵 신라의 문한을 담당하고 지적 종교적 지도자는 바로 불교 승려였다. 특히 원광의 활동이 컸다. 35년 원광은 황룡사에서 백고좌회를 개최하여 100여 명의 승려를 모아 놓고 호국경인 인왕경을 설법하였다.

이 무렵 김유신은 15세로 화랑이 되어 국가를 위해 헌신할 것을 다짐하였다. 이런 상황에서 김유신은 17세(611, 진평왕 33) 때에 중악 석굴에 가서 국가의 존립을 위해 자신에게 방술의 신통력을 내려줄 것을 산신에게 기원하였다고 열전에서 기술하고 있다. 다음 해(612)에는 열박산에 가서 검에 신통력을 내려달라는 간절한 소망을 하여 산신을 만나는 신비적 체험을 하였다. 이를 김열규는 무속적 체험으로서 제1차적 신비체험·제2차적 신비체험으로 이해하였다.[100] 이는 엄청난 위기 상황에서 지극한 정성으로 절실히 간구해 얻은 결과로 생각된다. 이 무렵 김유신이 불교신앙에 대한 언급이 없지만 그에게도 불교적인 영향력이 없을 수 없었을 것이다. 단지 자료의 윤색으로 삭제되었을 뿐이라고 생각한다. 당시 신라인이 정신적으로 부처님의 가피력에 의지했음은 일반적 추세였기 때문이다.

611년에는 수양제가 고구려 침입을 대대적으로 준비하여 612년 정월에 113만 군대를 동원하여 고구려를 침입했다가 고구려 을지문덕 장군

---

99) 찬덕의 아들 해론도 진평왕 40년(618) 가잠성 전투에서 전사하였다.
100) 김열규, 1977, 앞의 논문, 92쪽.

에게 참패를 당하고 돌아갔다. 그 결과 수나라는 반란에 의해 617년에 망하고 새로운 당나라가 건국되었다. 당나라는 체제를 정비하는 시간을 벌기 위해 고구려에 친선정책을 썼다. 도사를 보내어 도교를 전파한 것은 친선정책의 일환이었다.

그러나 신라에 언제 도교가 들어왔는가에 대해서는 정확한 기록이 없다. 이 무렵 신라에서 당나라에 사신을 파견하여 친선정책을 쓰면서 도교가 수용되었을 것으로 이해된다. 신라에서 견당사는 621년(진평왕 43)으로부터 2년에 한 번씩 파견되다가 선덕왕 이후 매년 파견되었고 태종대 이후는 1년에 두세 번 파견되기도 하였다.[101] 진평왕(579~632) 대의 김후직이 노자의 말을 빌려 왕의 사냥을 경계하였다는 이야기나 앞서 언급한 김인문이 노장의 서적을 읽었다는 점 등을 통해서[102] 김유신 대에는 이미 노장의 신비술이 존숭되고 있었다고 할 수 있다. 그가 중악 석굴에서 수련을 할 때에 난승으로부터 방술을 받았다는 것이나 열박산에서 천관에게 빌어 검에 인간의 수명을 관장하는 별인 角星과 전쟁을 담당하는 별인 虛星의 빛이 내렸다고 하는 것은 바로 도교적 영향을 뜻하는 것으로 이해된다.

이러한 상황 속에서 김유신의 청년기는 국가에 몸을 바쳐 싸우기 위한 훈련에 마음과 몸을 가다듬는 시간이 되었다. 신라는 고구려와 백제의 공격으로부터 심각한 위기에 처했다. 특히 선덕왕대에는 경주 주위까지 백제의 공격을 받는 위기의 상황이었다.

김유신은 20세를 전후하여 결혼했을 것으로 생각되나 그 기록이 누락되었다. 단지 그가 61세(655) 때 태종무열왕의 셋째 딸인 지소부인과 결혼한 기록이 있을 뿐이다. 그러나 이를 초혼으로 볼 수는 없다. 아마 서자[103]로 표기된 軍勝의 어머니가 초취 부인으로 생각된다.[104] 공주와

---

101) 권덕영, 1997, 『고대한중외교사 – 견당사연구』, 일조각, 32~42쪽.
102) 양은용, 1998, 「신라의 도교」 『한국사』 8, 국사편찬위원회, 100~101쪽.

재혼한 후에 첩을 두었다고 생각하기 어렵기 때문이다. 김유신의 큰 아들 삼광은 지소부인의 소생으로 당나라의 요구에 의하여 12살에 숙위학생으로 보내졌다.[105] 이는 인질적인 성격을 띤 것이었다.

김유신과는 달리 이 무렵 구도의 뜻을 키우고자 한 청년 대세 大世의 이야기는 당시 불교문화가 차지하는 비중을 가늠하게 해준다. 대세는 나물왕의 7세손 이찬 冬臺의 아들이었다. 그는 세속을 떠날 생각이 있어 평소에 승려 淡水에게 다음과 같이 말하였다.

> 이 신라의 산골에 살다가 일생을 마친다면 못 속의 물고기와 새장의 새가 푸른 바다의 넓음과 살림의 너그럽고 한가함을 모르는 것과 무엇이 다르겠는가? 나는 장차 뗏목을 타고 바다를 건너 오월에 이르러 차차로 스승을 찾아 명산에서 도를 물으려 한다. 만약 평범한 인간에서 벗어나 신선을 배울 수 있다면, 텅 비고 넓은 허공 위를 바람을 타고 훨훨 날 터이니 이것이야말로 천하의 기이한 놀이요, 볼 만한 광경일 것이다.(『삼국사기』 권 4, 신라본기 진평왕 9년조)

대세는 진평왕 9년(587)에 이에 동조하는 仇柒과 함께 배를 타고 떠나 그 후 소식을 알 수 없다. 이는 불교의 출가수행에 대한 이야기를 듣고 젊은이로서 구도수행을 떠난 것으로 해석할 수 있다. 아직 구도 수행

---

103) 서자는 김춘추의 경우에도 급간 개지문·차득·영공·아간 마득·병 남녀 5인으로 기록되어 있다. 『三國遺事』 기이편 김춘추공조. 그런데 김춘추(602~661)는 김유신보다 나이가 7살 아래이고 59세에 죽었다. 김유신의 막내 누이동생인 문회와 결혼을 한 것은 25세경으로 추산된다. 이 사이에서 법민·인문·문왕·老旦(삼국사기에는 老且)·지경·각간 개원을 낳았다. 김춘추가 진덕왕 2년(648)에 문왕과 당나라에 청병하러 사신으로 갔을 때 그에게 아들 7명이 있다고 한 점에서 이 중에는 서자 한 명을 두었다고 생각한다. 그리고 서자들의 관등이 낮은 점으로 보아 어렵다고 생각된다. 문회 왕비가 죽은 후 얻은 부인의 소생을 서자라 한 듯하다.

104) 열전에서는 군승의 어머니는 누구인지 알 수 없다고 기록하고 있다.

105) 태종 2년(655) 10월에 김유신은 지소와 결혼하였고 문무왕 6년(666)에 삼광은 나마로서 入唐 宿衛하였다고 한다.

에 대한 철학적 견해는 미약하나 속세를 떠나 해방의 자유를 얻으려는 의지를 읽을 수 있다. 이는 법흥왕과 진흥왕대의 중국 남조불교의 영향을 받은 분위기를 반영해주는 한 사례라 할 수 있다. 왕과 왕비가 불교에 깊숙이 귀의하는 일 등의 신앙심은 불교 수용 후 커다란 인생관의 변화가 일어나고 있다. 그리고 대세가 신선술을 배우겠다는 것은 바로 도교의 영향이라고 할 수 있다. 이는 지역과 국가, 현생에 얽매이는 것으로부터 자유를 찾으려는 한 단면을 보여주고 있다.

이 무렵의 불교는 사상계에 커다란 변화를 가져왔으니 왕명이 불교식으로 지어지고, 王卽佛, 즉 왕을 전륜성왕의 위치로 승화시키는 변화가 있었다. 이런 변화의 예로 왕이 죽을 때에는 자연적 변이가 나타나 그 왕의 천명이 다했다고 설명되어 오던 현상으로부터 이제 불교적인 변이, 예컨대 불상이 눈물을 흘렸다든가 사찰에 변고가 나타나는 것으로 서술되어 가위 불교시대라 할 징조가 나타났다.106) 그러나 김유신은 이를 불교적 방식으로 해결할 수 없다고 생각하고 보다 현실적이고 실제적인 방식을 구한 것이 유교와 도교의 영향을 입은 것으로 이해된다.

이처럼 김유신의 청년기는 국가적 위기 상황을 당하여 유교와 불교, 도교의 사상을 접하게 되었고, 유교는 문자와 학식을 위해서 배웠을 것이고, 용화향도를 거느린 점에서 불교의 영향을 받고 있었다. 특히 그에게 수련을 통한 방술의 체득 등 신비적 체험은 도교적 영향을 강하게 받았음을 뜻한다.

---

106) 진흥왕 36년에는 봄과 여름에 가물었다는 기사와 황룡사 장륙상이 눈물을 흘려 발꿈치까지 이르렀다는 변고가 기술되어 있다. 이듬해 8월에 진흥왕이 죽었으며, 진평왕 36년(614)에 영흥사의 흙으로 만든 불상이 저절로 무너지더니 얼마 안가서 진흥왕비 비구니가 죽었다. 태종무열왕이 죽을 징조로 대관사의 우물물이 피가 되었고, 금마군 땅에 피가 흘러 그 넓이가 다섯 보나 되었고, 그 달에 태종이 죽었다.

3. 김유신의 장년기

김유신이 35세 되던 해인 진평왕 51년(629)에 아버지 서현과 함께 낭비성(청주) 전투에 참가하여 공을 세우기까지 전투[107])에 참가한 기록이 결여되어 있다. 즉 17년간의 공백이 있다. 그 동안에 611년(진평왕 33)에는 백제와의 가잠성(안성지방) 전투에서 상주·하주·신주의 군대가 동원되어 지원하였으나[108]) 마침내 성주 찬덕이 죽고 성이 함락되었으며, 616년에는 8,000명의 백제 군사가 모산성(현재 함양의 아막산성)을 공격해 왔다. 618년에는 신라 북한산주의 邊品이 가잠성을 탈환하려다가 찬덕의 아들 해론이 전사하였다. 623년에는 백제가 늑노현(충북 괴산지역)을 공격하려 왔고, 624년 백제는 다시 함양·산청·합천의 6성을 공격하여 3성을 함락시켰다. 이 전투는 왕이 상주·하주의 군대와 중앙의 귀당·법당·서당의 5군을 동원하여 지원한 대전투였다.[109]) 이때 눌최가 전사하였다. 627년에도 백제가 서쪽 두 성을 탈취하였고, 628년(진평왕 50) 가잠성 전투가 다시 있었다.

이 시기에 신라에서는 당나라에 사신을 파견하여 백제의 침입사실을 보고하고 구원을 요청하였다. 이런 전투는 전방의 국지전이었으나, 특히 가잠성 전투와 함양지역의 6성 전투는 전군을 동원하여 대응한 대전투였다. 이런 난국을 당하여 김유신의 활동이 전혀 밝혀지지 않고 있다.

신라의 청장년이 전투에서 용감히 죽는 것은 화랑도 정신이나 세속오계만으로는 설명할 수 없다. 신라에서 진흥왕 이후 죽은 자나 전공을 세

---

107) 629년(진평왕 51)의 이 전투에는 김춘추의 아버지 龍春과 김유신의 아버지 서현, 그리고 김유신이 참여하여 김유신가와 김춘추가의 밀접한 관계를 보여주고 있다. 이전에 김춘추(602~661)는 김유신(595~673)의 누이동생인 문희와 결혼을 하였으므로 용춘과 서현은 사돈간이었다.
108)『삼국사기』권47, 亥論傳 참조.
109)『삼국사기』권47, 눌최전.

운 자에게 그 자손을 포상하고 생계를 유지하게 해주는 적극적인 정책이
일관되게 시행되었음을 유의해야 한다. 단양적성신라비를 보면 적성을
고구려의 침입으로부터 지키다가 전사한 也尒次의 유가족에게 포상을
하고 이를 국왕에게 보고한 사람까지 포상하게 하는 명을 전국에 반포했
으며,110) 실제로 열렬히 전사한 사람에게 관직을 높여줄 뿐만 아니라 자
식들을 특진시켜 주었다.

찬덕의 아들 해론은 20세에 아버지가 전사한 공으로 대나마가 되었고
가잠성(안성군 죽산면) 탈환전투에서 전사하였다.111) 또한 전사한 대나
마 눌최에게는 급찬의 관등이 증직되었다. 이 당시 신라의 청장년들에게
는 전사가 가장 명예로운 삶으로 인식되었다. 눌최의 종도 주인과 함께
전사할 때까지 열심히 싸웠다. 국가에 공훈을 세운 사람에게 상을 내는
관서인 賞賜署가 진평왕 46년(624)에 설치된 것112)은 이런 포상이 국가
정책으로 일관되게 이루어진 것임을 명확히 입증해준다.

태종대왕의 때의 취도의 열전은 이런 상황을 가장 극명하게 설명해주
고 있다. 즉 그는 이미 승려가 되어 실제사라는 절에 머물고 있었는데
"내가 들으니 승려가 된 자로서 상등은 도에 정진하여 본성을 깨닫는
것이고, 그 다음은 도를 실천하여 남을 이롭게 하는 것인데, 나는 어느
것도 하지 못하니 차라리 종군하여 죽음으로써 나라에 보답하겠다"고
하고 입대를 자원하여 삼형제가 모두 전사하였다. 삼형제 모두에게는 사
찬의 관등이 내려졌다. 이런 예는 일일이 열거할 수 없을 정도로 많이
기록되어 있다.

---

110) 鄭求福, 1978,「丹陽赤城碑의 內容에 대한 一考」『史學誌』12, 30~131쪽 참조.
111) 찬덕의 죽기 전에 귀신이 되어 백제군을 물어 죽이겠다고 하는 서원을 하였다고
한다.
112) 이는 상서사가 이전에 있었던 관서인데 이때 大正 1명을 둔 것으로 기록되어 있
다. 직관지에는 상서사는 倉部에 속했다고 한 점에서 국가의 재정지출과 밀접한
관련을 가진 것을 짐작할 수 있다(『삼국사기』권38).

물론 고구려에서도 공을 세운 사람에게 포상하는 기록이 보이고 있으
나 법제화되어 지속적으로 시행되지는 않은 듯하며, 백제에서는 공로에
대한 포상 기록이 별로 보이지 않는다. 신라는 전사자에게 직급을 높여
주었을 뿐만 아니라 그들의 영혼을 위로하는 위령제를 지내고 그 복을
비는 팔관회를 성대하게 개최하였으며 그 후손의 생계를 보장해 주었
다.113) 이는 젊은이들로 하여금 국가와 왕실을 위해 죽음을 바쳐야 한다
는 이데올로기를 만들었다고 할 수 있다.

김유신은 처음으로 낭비성전투에서 용맹을 떨쳤다. 그러나 그는 맹장
이라기보다는 지혜로운 장수이었다. 그는 당시의 속설이나 관념을 뒤집
어 해석하는 지혜가 있었으며 군중을 감동시킬 수 있는 뛰어난 지략을
가졌다. 예컨대 비담의 난에 공중 안에 별똥이 떨어지자 일반사람들은
관군이 패배할 징조로 믿고 실망을 할 때 밤중을 연을 날려 떨어진 별이
다시 하늘로 올라갔다는 말을 퍼뜨려 군중심리를 역전시킨 일 등을 들
수 있다.

선덕여왕 대에 그는 압량주 군주로서 백제의 합천지역을 공격하여 밀
양 근저까지 쳐들어온 백제군을 막아내는 데에 동분서주하였다. 선덕왕
11년(642)에 대야성을 지키던 김춘추의 사위 품석이 죽고 딸과 사위의
시신을 백제에서 돌려주지 않자, 김춘추와 김유신은 격분하였다.114) 김

---

113) 이런 예로는 『삼국사기』 권47의 비령자와 아들 거진, 그리고 노 합절이 647년
(진덕왕 원년) 김천지역 전투에서 전사하자 왕을 예를 갖추어 장사지내고 그의
처자 9족에게 은혜로운 상을 풍부히 내려주었으며, 선덕왕 11년(642)의 대야성
이 함락되었지만 죽음을 바친 죽죽과 용석에게 급찬과 대나마직을 추증하고 처
자에게 상을 내리고 합천에서 서울로 옮겨 살게 하였다. 무왕왕 2년(655) 9월 조
천성(영동군 양산면) 전투에서 김흠운이 전사하자 그 부하였던 예파와 적득, 보
용나도 함께 전사하였는데, 이들에게도 일길찬과 대나마의 관등을 추증하였다. 백
제와 고구려를 멸한 후인 무열왕대와 문무왕대에 전공에 대한 포상이 있었다.
이처럼 전사자에 대한 포상기록은 진흥왕 이후 각 왕대에 개별적으로 기록되어
있으나 계속 보이는 점에서 신라의 한 법률로서 성립된 것이 아닌가 한다.
114) 김춘추는 딸과 사위가 죽었다 소식을 듣고 궁중 앞에 서 있을 때에 사람이 앞을

춘추가 고구려에 화친정책을 논의하고 백제의 공격을 고구려 힘에 의해
격파하려는 칙사로 고구려에 갔다가 연개소문에게 감금되었다. 이때 김
유신은 3,000명[115]의 결사대를 조직하여 그를 구하려고 움직였다. 결사
대에게 죽을 각오로 싸운다면 한 사람이 백 사람을 당해낼 수 있다는
자신감을 군사들에게 심어주었다. 선덕왕 11년 김유신은 상장군으로 선
덕왕에게 가장 신임을 받는 장수로서 활약하였고, 그는 선덕왕대에 경주
주위를 떠나지 않음으로써 친위세력으로서의 역할을 하였다.

선덕왕 14년(645)에 상대등에 임명된 비담은 선덕왕 말년(16)이며 동
시에 진덕왕 원년인 647년 정월에 염종과 함께 여왕은 능히 잘 다스릴
수 없다는 명분을 내걸어 새로 여왕을 세우는 것에 반대하여 반란을 일
으켰다. 비담의 난의 성격은 국왕세력에 대한 귀족세력의 반발, 혈족 집
단간의 대립, 정치세력의 대립으로 보는 세 견해로 요약된다. 이 중 가장
설득력이 있는 정치세력의 대립으로 보는 설만을 소개하면 다음과 같다.

이 설은 진평왕대의 왕권강화로 상대등이 임명되지 않던 상황에서 구
귀족세력을 대신에 임명하여 상대등으로 하여금 대신회의를 관장하게
한 타협의 균형이 무너진 것으로 파악한다.[116] 김춘추와 김유신 세력이
선덕왕이 죽고 새로이 여왕인 진덕왕을 옹립하자 응당 새 왕위를 옹립하

지나가는 것을 몰라볼 정도로 실심하였고, 고구려에 청병을 자원하여 갔다. 이
일이 뜻대로 되지 않자 진덕왕 2년(648) 아들 문왕과 함께 당나라에 건너가 청병
하였다. 돌아오는 길에 고구려 순라군에 의해 죽을 번 하였으나 부하 온군해의
기지로 간신히 모면하였다. 진덕왕 2년 압량주 군주로 있었던 김유신은 백제의
침입을 기도하였다가 대야주 전투에서 패배하는 척하여 옥문곡까지 후퇴 작전을
하여 미리 매복시켜 둔 군사에 의해 백제의 여덟 장군을 생포하여 이들과 김품
석 부부의 해골과 맞바꾸었다. 김인문이 백제의 수도 부여에서 왕자 융의 항복
을 받았을 때 그의 얼굴에 침을 뱉으면서 너의 아버지가 나의 누이동생을 죽여
너의 궁중에 묻은 적이 있는데 20년간 나의 마음을 아프게 하였다.

115) 『삼국사기』 권5, 선덕왕 9년조에는 1만명으로 서술되어 있다.
116) 주보돈, 1994, 「毗曇의 亂과 善德王代의 政治運營」 『이기백선생고희기념 한국
사학논총』 상, 222~223쪽.

는 데에 주도권을 가졌던 상대등 비담이 반란을 일으켰다고 이해한다.
즉 비담 세력은 선덕왕의 종교적 권위와 성골신분을 내세워 왕권을 강화
하려는 정책과 당나라와 고구려의 이중 외교로 실리를 취하려는 외교정
책에 반대한 세력의 반란이었다고 파악한 것이다. 진덕왕을 옹위하는 정
치세력은 전통사상과 연결되고 종교적이며[117] 외교 노선에서는 고구려
와 당나라와의 등거리 외교를 정치적 목표로 하는 세력이고, 또 다른 세
력은 유교적이고 현실적이며, 남성 우위의 가부장적 가족윤리에 보다 철
저한 친당 외교를 추구하는 정치세력으로 파악하였다. 이 두 세력이 왕
권 하에서 잠복하여 공존하면서 선덕왕 통치 단계에 일정한 정치적 역할
을 하다가 정치적 전환 국면을 맞은 것으로 파악한 것이다.[118]

　사상적으로 그리고 외교 노선에서의 대립이 반란을 가져오게 하였다는
것은 차치하더라도 선덕왕이 불교에 의지하려는 종교적 집념을 강하게 표
출시킨 것은 사실이다. 이 난은 새로 구축된 김춘추와 김유신 세력이 성장
하고 그들이 진덕왕을 추대하자 구귀족 세력으로 왕위를 넘보던 비담이
왕위의 장악에 실패하여 일으킨 반란으로 보는 것이 타당할 듯하다.[119]

　비담의 반란군은 명활성에 주둔하고 있었으며, 김유신과 왕은 월성에
있었는데 밤에 월성에 별이 떨어져 인심이 왕당파의 패배로 간주하였다.
이에 김유신은 불안해하는 왕에게 정의와 덕이 반드시 승리하며 자연의
재앙은 오직 사람이 부르는 것이라고 설득하여 왕을 불안하지 않게 안심
시켰다. 그리고 밤에 허수아비에 불을 붙여 연에 매달아 날리고는 떨어
진 별이 다시 하늘로 올라간다는 소문을 퍼뜨리게 하고 백마를 잡아 하
늘에 제사를 지내면서 다음과 같은 축문을 지어 읽었다.

---

117) 선덕왕대에는 분황사·영묘사·황룡사가 건축되었다.
118) 정용숙, 1994,「新羅 善德王代의 정국동향과 毗曇의 亂」『이기백선생고희기념
　　한국사학논총』상, 265쪽.
119) 이 점은 주보돈 및 정용숙의 논문이 일치하고 있다. 앞의 논문 참조.

　　지금 비담 등이 신하로서 군주를 해치려고 하니 아랫사람이 윗사람을 침
　　범한 것입니다. 이는 난신적자로서 사람과 신이 함께 미워하고 천지가 용납할
　　수 없습니다. 지금 하늘이 이에 무심한 듯하고, 도리어 왕의 성안에 별이 떨
　　어지는 변괴를 보이니 이는 제가 의심하고 깨달을 수 없는 바입니다. 생각컨
　　대 하늘의 위엄은 사람의 하고자 함에 따라 착한 이를 착하게 여기고 악한
　　이를 미워하시어 신령으로서 부끄러움을 짓지 않도록 하십시오.

　　이에서 김유신은 인간의 이치가 하늘의 이치와도 일치함을 전제하고
그런데도 도리어 왕성에 별이 떨어진 변괴를 원망하고 하늘의 신령이 잘
못하는 경우가 없도록 하라고 하였으니, 한편으로는 하늘을 원망하고 다
른 한편으로는 하늘 신령의 책임을 추궁하는 당돌함을 보인 것이다. 이
는 전통적인 **천도사상**의 반영으로도 볼 수 있다. 그러나 그가 허수아비
를 만들어 불에 붙여 연으로 하늘에 올려 보내고 떨어진 별이 하늘로
다시 올라갔다는 소문을 퍼뜨렸다는 일이나 또한 인간으로서 하늘의 책
임을 추궁한 자주적인 태도는 유교적 천도사상이 이데올로기로서 아직
정착되지 않았던 고대사회의 풍토에서나 가능한 일이었다고 해석할 수
있다.

　　진덕왕 2년(648) 김춘추가 당나라에 건너가 군사 지원을 요청하는 외
교를 벌이고 돌아오는 동안 김유신은 합천 지역의 옥문곡 전투에서 대승
을 거두고 백제의 장군 8명을 생포하여 이들과 품석 부부의 유골과 교환
을 요청하여 유골을 돌려받았다. 이때 김유신은 8명의 장군을 돌려보내
면서 **"한 잎이 떨어진다고 하여 무성한 수풀이 줄어들지 않으며 티 끝
한 점이 쌓인다고 하여 큰 산이 불어나지 않는다"**[120]고 한 말은 그가
본체의 견지에서 현상을 보는 혜안,[121] 즉 불교적 신앙관을 가졌음을 잘
보여주는 것으로 생각한다.

---

120) 『삼국사기』권41, 김유신전 상. "一葉落茂林無所損, 一塵集 大山無所增"
121) 이는 불교의 "萬里風吹 山不動 百年水績 海無量"이라는 불교문자와 비슷하다.

4. 김유신의 노년기

진덕왕이 즉위 8년만에 죽자 상대등 알천이 왕으로 추대되었다. 알천이 이를 사양하였다고 하나 이는 김춘추와 김유신 세력을 의식하여 김춘추에게 왕위를 양보한 것으로 해석되고 있다.[122]

태종무열왕의 즉위로 지금까지 여왕들이 신궁·불교·혈통 등 전통적 권위에 의존하던 정치형태에서 벗어나게 되었다. 국왕이 직접 전투에 참여하고, 국제적인 군사작전을 직접 펼치는 등 그 활동이 적극적이었고 대담해졌다. 태종의 이러한 활동적인 모습을 『삼국유사』에서는 그가 하루에 식사량이 쌀 세 말, 꿩 9마리를 먹었다고 과장해 표현하고 있다.[123]

신라 사회에서는 태종대 이후 커다란 변화가 일어났다. 즉 국제화가 적극적으로 추진되었다. 이는 당나라 문화와 유교문화가 적극적으로 수용되는 계기가 되었다. 신라에서 사용하던 연호의 사용을 폐기하면서도 왕의 자주권은 철저히 지켜졌다. 태종의 시호가 참람하다는 당나라 측의 항의가 있었으나 이를 자주적으로 항변하였다. 당나라 복제가 관료들에 의해 착용되었고, 중국 연호가 공식적으로 사용되었다. 태종과 문무왕은 신궁에 친사했다는 기록이 보이지 않는다. 이는 국가의 정치를 현실적으로 해결하려 한 의지의 표현이 아닐까 한다.

---

122) 이에 대하여 『三國史記』 권5, 태종무열왕 조에서는 "저는 늙고 이렇다 할 덕행이 없습니다. 지금 덕망이 높기는 춘추공만한 이가 없으니, 실로 세상을 다스릴 뛰어난 인물이라 할 만합니다"고 하였고, 김유신 열전(권42)에서는 654년 진덕대왕이 죽고 후계자가 없자 유신은 재상 이찬 알천과 논의하여 이찬 춘추를 맞이하여 즉위하게 하였다고 하였고, 『삼국유사』 기이편 진덕왕조에서는 화백회의에서 알천이 수석이었다고 한 점에서 진덕왕 원년에 상대등에 임명된 후 8년간 상대등이었다. 김유신은 화백회의에 대등으로 참석하였음을 알려주고 있다(이기백, 1962, 「大等考」 『歷史學報』 17·18 합집 ; 1962, 「上大等考」 『歷史學報』 19 ; 1974, 『新羅政治社會史硏究』, 일조각, 80~82쪽 및 94~95쪽 참조).

123) 『三國遺事』 紀異 2 太宗春秋公條.

태종은 즉위한 후 2년에 셋째 딸을 61세 되는 김유신에게 출가시켜 이중적인 인척관계를 만들고, 동 7년(660)에는 김유신을 상대등에 오르게 함으로써 귀족세력을 대변하게 하여 자신의 정치적 입지를 강고하게 하였다. 이러한 상황은 다음 문무왕대까지 계속되었다.

태종은 강수와 같은 천하의 명문장을 쓰는 유학자 문신을 우대하였고, 지금까지 불교 승려가 담당하던 선진 문화의 수용 역할을 이제 숙위 학생이 하게 되었다. 비록 의상과 원효 같은 고승의 역할이 있었지만 양도와 김인문과 같은 유학생들의 역할이 크게 증진되었음이 주목할 만하다. 그 결과 당군과 공조하여 백제와 고구려를 멸할 수 있었다. 그리고 마지막에는 당나라 군대와 싸워야 하는 결단을 내리게 하였다.

이 무렵 김유신의 활동은 국가의 원로로서 백제의 멸망, 백제 부흥군의 진압, 당군과의 협력 등 막대한 공로를 거두었다. 그는 떨어진 군의 사기를 올리는 방법을 적절히 사용하였고, 간첩의 활용도 잘하였음을 보여주고 있다.[124] 백제를 멸함에 김유신은 대장군으로 출정하였다. 황산 벌싸움에서 떨어진 사기를 진작시키기 위하여 동생 흠순의 아들 반굴로 하여금 죽음을 바치게 하였고, 대장군 품일의 아들 관창이 어린 나이에 죽음을 바치게 하였다. 그리고 백제의 집정자인 任子에게 첩자를 보내 내통하는 수단도 강구하였다. 이는 고도의 정치술을 사용한 것이라고 하겠다.

김유신은 당군과의 약속을 어겼다고 자신의 부하를 소정방이 처벌하려 하자 당군과 일전을 불사하겠다는 의지를 표명할 정도로 자주정신이 투철하였으며, 백제를 멸한 후 소정방이 김유신·김인문·양도에게 백제 땅을 식읍으로 주겠다고 하는 약속을 거절할 정도로 국가의식이 투철하였다. 그리고 당군이 신라를 쳐 없애려 하는 뜻을 보이자 당나라 군대와

---

124) 간첩을 적절히 이용한 예는 진덕왕 태화 2년 추8월 전투에도 보인다(정구복 외, 『역주 삼국사기 - 감교원문편』, 한국정신문화연구원, 410·412쪽 참조).

일전을 할 각오를 하였다. 이때 **"개는 주인을 따르지만 주인이 그 다리를 밟으면 무는 법인데 어려움을 당하여 스스로를 구하기 위해서는 의리를 따질 계제가 아니다"**고 하였다. 이도 대단히 현실적 상황판단이었음을 의미한다. 또한 흠순이 아들 반굴에게 "신하된 자로서 충성만한 것이 없으며, 자식으로서는 효도만한 것이 없다. 나라의 위급함을 보고 목숨을 바치면 충과 효가 모두 갖춰진다." 고 하여 아들이 전투에서 죽기를 바랐다는 것은 고대인다운 정신이라 할 수 있다. 김유신도 당군과의 석문 石門전투에서 패배하고 살아온 자신의 아들 원술의 목을 베라고 국왕에게 요구한 점은 당시 장군들의 전쟁관과 인간관을 보여준다고 할 수 있다.

660년 태종무열왕은 백제의 서울이 함락되었다는 소식을 접하고 부여에 가서 의자왕으로 하여금 술을 따르게 하였다. 그리고 선덕왕 11년(642)에 신라인으로 백제가 대야성을 함락할 수 있도록 자국을 배반하고 백제로 도망간 모척과 검일을 사형에 처하면서 다음과 같이 죄를 헤아렸다.

> 네가 대야성에서 모척과 모의하여 백제 군사를 끌어들이고, 창고를 불질러 온 성안에 식량을 모자라게 하여 싸움에 지도록 한 죄가 하나요, 품석 부부를 옥박질러 죽였으니 그 죄가 둘이요, 백제와 더불어 본국을 공격하였으니 그것이 세번째 죄이다.

검일은 자기 부인을 품석에게 농락당한 분풀이로 반기를 든 신라 군인이었다. 그들의 죄를 헤아린 것이 시간 순으로 나열하였다고도 해석할 수 있으나, 통상 죄를 헤아릴 경우 가장 큰 죄부터 헤아림이 원칙이라고 한다면 여기에서 태종무열왕의 가치관을 읽을 수 있다. 자신의 딸과 사위를 죽인 것이 본국을 공격한 죄보다 앞서 지적되고 있다는 점이다. 즉, 국가의식의 표출인 세 번째의 죄목보다 혈족주의적 복수를 우선하고 있음을 알 수 있다. 실제로 태종무열왕은 품석 부부의 죽음에 대한 복수를 하겠다는 일념으로 일생을 살았다고 해도 과언이 아니다. 왕이 죽자 그 묘호를 신라사에서도 유례없이 '**태종**'이란 시호를 올린 것도 김유신의 주장이 아니었나한다. 그 이유는 당시 김유신처럼 자주적인 사상을 가진 사람이 없었고 김유신은 시호 결정에 가장 중요한 지위에 있었기 때문이다.

문무왕 2년(662) 겨울에 평양에 와 고구려를 공격하던 소정방의 급한 요청에 신라에서는 고구려 경내를 통하여 군량을 보내주어야 했는데, 이때 김유신이 그 책임을 맡았다. 그는 현고잠의 동굴 속에 있는 불전에 가서 재계를 하였다. 영실에 들어가 여러 날 밤을 분향 기도하고 나와서 이번 걸음에 자신이 죽지 않을 것이라는 확신을 얻었다고 하였다. 이는 어려운 일을 당하여 불교의 영험을 체득하는 신앙심을 가지고 있었음을 보여준다. 이런 점 등을 들어 김유신의 정신세계는 무속적인 것보다 불교적이었다고 파악한 견해도 있다.[125]

그리고 장색에 이르러 눈이 쌓인 길을 통하여 소정방에게 구원병으로 가고 있다는 소식을 알리는 전령을 보내야 했다. 이때 김유신은 일찍이 자신의 낭도였던 열기를 불러 그의 절의를 믿는다고 칭찬을 하고 이를 전령으로 보냈다. 열기는 힘센 군사 구근 등 15명을 데리고 임무를 수행하였다. 이처럼 김유신은 용병술에 천부적인 재능을 가지고 있었다. 그리고 김유신은 문무왕 3년 백제 부흥군이 집결한 현재 청양군 정산면의 두릉윤성을 토벌하여 포로를 석방하는 임기응변을 보이기도 하였고 절에 나가 단을 쌓고 기도를 올렸다고 표현하고 있다. 그는 이제 전쟁에서는 부처님의 가호에 의지할 수밖에 없었다.

문무왕 6년(666)에는 당나라 황제의 칙명으로 김유신의 장남 삼광을 당나라에 보내어 숙위하게 하였다. 이는 인질적인 성격을 띤 것이었다.

---

125) 김진영, 1990, 「김유신전」『한국고전소설작품론』, 집문당.
    김진영, 1978, 「문헌소재 김유신설화고」『한국소설 문학의 탐구』, 일조각, 250~258쪽.

668년 6월 27일 문무왕은 서울을 떠나 출정의 길에 올랐다. 고구려 정벌에는 김유신은 나이도 많았고, 문무왕이 김흠순, 인문과 더불어 세 사람이 나라의 보배인데 만약 셋을 다 잃게 된다면 나라가 염려된다고 하여 경주에 머물게 하였다고 열전에서는 기술하고 있으나, 실은 그가 풍병이 나서 출정에서 제외되었음을 본기 기록에서 확인할 수 있다.126) 이때 흠순과 인문은 출정하기 전에 김유신으로부터 가르침을 받았다. 위로는 '천도를 얻고, 아래로는 지리를 얻으며, 중간으로는 인심을 얻은 후에야 성공할 수 있다'는 말하였다고 한다. 이는 지극히 원론적인 이야기라고 할 수 있으나 전쟁에서 장군으로서 명심하여야할 요지를 간명하게 이야기 한 것이라고 할 수 있다.

문무왕 13년 봄에 요상한 별이 나타나고 지진이 있어127) 대왕이 걱정하니 유신이 아뢰기를, '지금의 변이는 그 재앙이 노신에게 있고 국가의 재앙이 아닙니다.'고 하였다. 이는 음양을 조섭하는 책임이 재상에게 있었던 한대의 사상과 일치한다. 당·송에 이르러서는 황제권이 크게 강화되어 이를 황제의 책임으로 파악하였다. 이런 말이 통할 수 있었던 것은 바로 아직 신라의 왕권이 전제화 되기 이전이었으며 당나라의 정치사상이 수용되기 이전이었음을 뜻한다. 이는 그가 자연현상을 미리 예견하는 방술을 가지고 있었음을 뜻한다. 그리고 그의 집으로부터 군복을 입고 무기를 가진 수십 명이 울며 떠나가는 것을 사람들이 보았다고 하자, 김유신은 자신의 음병이었는데 나의 복이 다한 것을 보았기 때문에 떠난 것이라 하였다. 이에서 음병은 그가 생의 최후까지 무속적 신앙심을 강하게 지니고 있었음을 의미한다고 할 수 있다. 그 후 10일에 그는 일생을 마쳤다.

---

126) 『三國史記』 권6, 문무왕 8년 6월 29일조,
127) 본기에는 673년에 봄에 요상한 별이 황룡사와 재성 사이에 떨어졌다는 기록이 있고 호랑이가 도성 내에 들어와 죽었다는 이번의 기록이 있을 뿐 지진 기사는 보이지 않는다.

그는 노년기에 국정의 자문에 응하는 등 신라의 정신적 지도자였다. 그가 일생동안 국가로부터 받은 포상은 다음과 같다

문무왕 원년(661)	7월 17일 검을 받음.	본기
문부왕 2년(662)	2월 본피궁의 재화와 토지 및 노비를 양분하여 유신과 김인문이 받음.	본기
문무왕 3년(663)	토지 500결을 받음.	열전
문무왕 4년(664)	왕이 案席과 지팡이를 받음.	본기
문무왕 6년(666)	당 고종이 봉상정경 평양군 개국공 식읍 2,000호를 봉하고 큰 아들 삼광을 좌무위익부중랑장에 임용하여 숙위하게 함.	열전
문무왕 8년(668)	10월 22일 태대각간 식읍 500호.	열전
문무왕 13년(673)	7월 1일 죽음. 문채비단 1,000필, 租 2,000섬, 군악의 고취 수 100명, 立碑, 수묘인을 두어 묘를 지키게 함.	열전

그는 백제의 정복과 고구려의 정복에 대한 포상으로 신료 중 가장 후한 상을 받았다. 그가 죽자 왕과 같은 장례를 치르게 조처되었다. 아마도 김유신은 신문왕대에 신라의 종묘제도가 실시되었을 때 태종이나 문무대왕의 묘실에 배향되었을 것을 상상하기 어렵지 않다.128) 그리고 당나라 고종으로부터 책봉 받는 특전을 입기도 하였다. 그는 태종과 함께 삼국통일을 주도한 인물로 적극적인 평가를 받았으며, 특히 중국 측에도 위대한 인물로 알려지게 되었다. 즉, 그는 33천 중 하나인 천신이 화신한 존재로 인식될 정도였다.

김유신의 부인인 지소부인은 김유신이 죽자 당시 법흥왕비·진흥왕비·강수의 부인처럼 출가하여 비구니가 되었다. 이는 당시 지배층의 일반적 신앙형태였음을 보여주고 있다.

---

128) 『三國史記』 권32, 제사지에 신라에서 종묘제도가 설치되어 5묘제도로 정립된 것은 혜공왕대로 설명되어 있으나 신문왕대에 종묘가 설치된 것으로 이해되고 있다.

그의 묘소 곁 재매곡에는 그의 원찰인 송화방이 있었다고 『삼국유사』에 전하는데 이는 그의 **神社**일 것으로 추정된다. 흥덕대왕 때에는 **興武大王**이라는 신하로서는 분에 넘치는 특상의 시호로 추존되었다.

5. 맺음말 - 김유신의 정신세계

위에서 그의 활동을 몇 시기로 나누어 살펴보았다. 『삼국사기』에서 그의 열전이 많은 윤색이 가해져 고대인의 정신세계가 중세적 유학자의 관점으로 쓰인 점을 감안하면서 위에서 살펴본 그의 정신세계를 요약하면 다음과 같다

김유신은 일생동안 강렬한 **국가의식**을 가지고 있었다. 자신의 국가가 외적의 침입을 막아서 성공해야 국가가 유지할 수 있음을 뼈저리게 느꼈다. 이는 자신의 조국 가야가 멸망하여 신라에 투항한 사실과도 관련된 것이다. 특히 그가 살았던 7세기는 삼국의 영토가 서로 맞닿아 국가의 영토 확장을 위해서는 이웃나라와 전쟁을 벌여야 하였다. 이런 국토 확장의 전쟁은 삼국이 보복전쟁으로 이어져 삼국 간 전쟁이 가장 치열하던 때였다.

이 당시 국가는 바로 왕실이었다. 따라서 국가에 대한 충성은 바로 왕실에 대한 충성이었다. 그가 선덕왕 대에 친위군으로서 충성을 바친 것과 진덕왕 원년 비담의 난 진압에서 왕에게 충성을 바친 것 등에서 확인할 수 있다.

또한 김유신에게는 어려서부터 **혈족의식**이 강하게 작용하였다. 그는 할아버지·아버지로부터 물려받은 가야왕조의 혈족과 어머니로부터 신라왕족의 혈통을 받았지만 아직도 신분이 안정적인 것은 아니었다. 그의 가문이 혈연적 관계를 통해 신분을 향상시킨 것은 아버지가 왕족의 친족인 만명과 결혼한 것과 김유신이 김춘추 가문과의 맺은 이중적인 혼인관

계라고 할 수 있다.

김춘추와 김유신 두 사람은 7세기 중반 신라의 정치상황을 풀어나가는 데서 항상 공동의식을 갖고 친밀한 관계를 유지하였다. 김춘추는 딸 고타소랑과 사위 품석이 대야성 전투에서 사망하고 유골조차 돌려받지 못한 백제에 대한 원한이 지극하였다. 이를 해결하기 위해 김춘추가 고구려에 교섭을 하러 떠날 때 김유신과 맺은 혈맹, 김유신이 백제의 8명의 포로장군과 품석부부의 유골을 교환한 것, 태종을 왕으로 추대한 것, 김유신에게 지소공주를 내려준 것, 김유신을 상대등에 임명한 것 등은 태종 김춘추와 김유신이 혈족적 유대에 기초한 동지자로서 군신으로서의 친밀한 관계를 유지한 것을 보여준다. 김유신의 국가에 대한 충성이나 왕에 대한 충성도 이런 혈족적 유대 위에서 이해해야 그 의미를 제대로 이해할 수 있다.

또한 김유신은 **자신을 무한히 신뢰하는 마음**을 가지고 있었다. 그는 15세에는 화랑으로서 그리고 31세 때의 낭비성전투에서는 충효를 자신의 인생관으로 자임했으며, 비담의 난을 진압하는 과정에서 자신의 승리를 확신하였으며, 평양에 와 있던 소정방에게 군량을 보내주는 어려운 일을 맡았을 때도 자신이 죽지 않을 것이라는 확신을 가졌고, 그가 죽을 때에 음병이 보호해 주었다고 생각하였다.

물론 큰일을 이루기 위해 **하늘님과 부처님**에게 기원을 드렸다. 17세 때에 중악 석굴과 18세 때에 열박산에서 방술을 신으로부터 전수 받기 위해서, 검에 신의 영험이 내리기를 위해서 하늘님에게 치성을 드렸다. 또한 그는 하늘님의 신을 모신 국가수호의 상징인 신궁에 기도를 드렸고, 또 경우에 따라서는 부처님에게 기도를 드리기도 하였다. 그가 신궁과 부처님에게 기원을 드린 기록은 비록 누락되었지만 당시의 정황을 분석해보면 충분히 상정할 수 있는 일이다. 그에게는 부처님과 하늘님의 기능이 구분되지 않고 다 같이 신비력을 줄 수 있는 초월적 존재로 인식

되었다. 하늘님에 대한 기도는 전지전능한 최고의 신으로서 왕실의 시조
신화를 비롯하여 고대인들이 믿었던 신앙의 한 조류였다. 이를 무속적
신앙으로 칭하기도 한다. 신궁에서의 제사도 하늘님에 대한 신앙과 관련
이 있다. 부처님에 대한 신앙은 질병의 치료, 부처가 초인적 신비력을
가졌다는 신앙으로서의 기능이 있었다. 이는 당대에 무속을 통합하는 기
능으로 크게 전파되고 있었다. 그리고 그는 도교적 신앙도 가지고 있었
다. 그에게는 유교, 불교, 도교, 무속이 함께 신앙되었다. 이는 한국 고대
인의 참모습이라 할 수 있다.

　그는 '자연적 변이는 오직 사람이 부르는 것'이라고 합리적으로 해석
하였다. 별이 자기 진영에 떨어지자, '길흉화복은 오직 사람이 부르는
것'이라고 해석하고 떨어진 별을 다시 하늘에 올라가게 하는 일을 조작
하기도 하였다. 또한 '군사의 승부는 군사의 많고 적음에 달린 것이 아
니라 인심이 어떤가에 달렸다'고 해석하였다. 그는 현상을 자신에게 유
리하게 해석하는 종래의 지적·심적 태도를 모두 견지하였다. 따라서 그
는 고정된 이데올로기나 신앙으로부터 자유로웠음을 발견할 수 있다. 이
에서 현실적으로 균형감각을 느낄 수 있다.

　이러한 그의 정신세계는 **자주성과 주체성**이 강하였다. 이 점은 당 군
에 대해서도 당당하게 자주성을 보여준 것과 깊은 관련이 있다. 백제를
멸망시킨 후 신라까지 완전히 지배하려는 음모를 차단하였고, 고구려를
멸망시킨 후 그 영토를 완전히 지배하려는 당나라 군대를 축출하는 전투
를 벌인 것은 높이 평가해야 할 자주성이라 할 수 있다.

　당시 7세기 후반 당나라의 문화가 밀려들어오는 영향을 김유신은 적
극적으로 수용하였다고 생각된다. 자신의 아들을 인질로 숙위학생으로
보내는가 하면 한편으로는 당나라의 회유정책을 거부하기도 했다. 이는
그의 정치적 지위, 왕실과 밀착된 관계, 그의 자주적인 정신세계가 함께
이해되어야 한다. 그의 가문이 소호김천씨의 후손이라는 가계의 윤색은

후에 이루어진 당문화 수용의 한 결과라고 할 수 있다.

그의 열전 자료에는 그의 61세기까지의 가정생활이 숨겨져 있다. 이는 7세기 당시가 혈족 중심적 신분사회였기 때문에 61세에 공주와 결혼한 결과가 반영된 것으로 생각한다. 또한 그의 불교적 신앙, 신궁에서의 신앙 등이 열전에 은폐되어 있음을 확인할 수 있다. 요컨대 그는 당시의 사회적 신분체제로부터는 자유롭지 못하면서도 어떤 이데올로기로부터도 자유로웠음을 확인할 수 있다.

이런 김유신의 정신세계는 무속, 유교, 불교, 도교, 병가 등의 여러 사상이 혼합되어 서로 충돌됨이 없이 현실적, 자주적으로 운용된 것은 고구려 을지문덕, 연개소문이나 백제의 계백 등에게도 공통되는 것이었다고 생각한다. 이를 단적으로 **천도사상**의 실체를 여기서 확신할 수 있다.

제5장

금석문과 역사해석

제1절 丹陽新羅赤城碑 內容에 대한 一考

1. 머리말

단양신라적성비는 진흥왕대의 비석으로 다섯 번째 발견된 것이나, 다른 네 개의 순수비에서 찾을 수 없는 값진 내용을 전해주고 있다. 무엇보다도 이 비문은 지방인에 대한 사정을 알 수 있게 하는 많은 정보를 제시해 준다는 점에서 그러하다. 더구나 비문의 주 내용이 지방인에 대한 포상이 중심이 되어 있기 때문에 진흥왕 12년 전후 중앙정부의 지방통제에 대한 구체적인 사례를 얻을 수 있다는 점에서 중요한 가치를 가지고 있다.

이 비석은 오랫동안 땅 속에 묻혀 있었던 관계로 풍우 등에 의한 마멸이 심하지 않아, 남아 있는 부분의 글자를 대부분 정확히 해독할 수 있어 여간 다행스럽지 않다. 그러면서도 상단부가 파손되어 떨어져 나가 없어짐으로써 전문의 내용을 파악할 수 없는 아쉬움도 있다. 단국대학교 박물관에서 비석 주위를 정밀하게 발굴 조사한 결과 17개의 비석 조각을 수습하여 귀중하기 짝이 없는 22자를 얻어내었음에도 불구하고 큰 덩어리로 떨어져 나갔을 것으로 생각되는 부분이 끝내 발견되지 않았다. 그래서 현재로서는 알려진 자료를 가지고 그 내용을 추정할 수밖에 없다.

본고에서는 비문 전체 내용 중에서, 특히 '節敎事' 이하 부분의 내용을 살피는데 주력하였다. 佃舍法 내용 등에 대한 구체적인 검토는 현재 필자 식견으로는 행할 수 없기 때문에 앞으로 문제점으로 남겨 둔다. 논리전개에 있어서 혹시 지나친 억측으로 무리가 있을까 두렵다. 아울러 이 연구는 전적으로 선학들의 연구를 바탕으로 한 것임을 밝혀둔다.[1]

2. 碑文의 인물 분석

이 비문에 나오는 인물은 그 출신지에 따라 왕경인과 지방인으로 크게 나눌 수 있다. 왕경인은 비문 앞부분의 伊史夫智 이하 10人과 비문 뒷부분에 나오는 비식 건립 관계자 大舍 □部 奈弗□郝失利, 書人 喙部 □□□智, 部名과 人名을 알 수 없는 大烏之의 官等을 가진 3인을 포함해서 총 13인이다.[2] 그러나 이들 왕경인에 대한 분석은 이미 행해졌으므로[3] 본고에서는 이들에 대한 분석을 생략한다.

이 비문 중에 나오는 지방인은 節教事 이하 부분에 8人과 후단의 비석 건립에 관계한 사람의 기록 가운데 4人 등 모두 12人이 보이고 있는데, 완전한 비문을 얻는다면 한 두 사람 정도 추가될 가능성도 없지 않다. 이들 12人을 비문에 나오는 순서대로 일람표를 만들면 다음과 같다.

단양신라적성비에 나오는 지방인물 일람표

	번호	官職名	出身地	人名	官等
A	1	없음	赤城	也尒次	?
	2	〃	〃	其妻	?
	3	〃	〃	(小女) 師文	?

---

1) 이 논문은 필자가 西江大學校 大學院에서 1978년 1학기 李基白 교수의 韓國金石文研究 강의를 받고 제출하였던 리포트로서 지도를 받아 다시 고쳐 쓴 것이다. 李 교수님의 지도에 감사를 드린다. 아울러 비문의 탁본과 사진 그리고 碑片 등의 자료를 아낌없이 제공해 주신 단국대학교 鄭永鎬 博物館長께도 감사를 드린다.

2) 檀國大學校 박물관의 발굴과정에서 습득된 碑片 중에 阿干, 城在 등의 것이 나왔는 바, 阿干은 阿干支일 것이다. 이는 書人喙部 □□□智의 官等을 가진 人物이 더 나옴을 시사해 준다. 후자의 추리가 맞을 경우에는 왕경인 한 사람이 더 추가될 수 있다.

3) 李基白, 1978, 「丹陽新羅赤城碑 王教事部分의 檢討」『丹陽赤城碑座談抄錄』, 檀國大學校博物館, 53~57쪽.
邊太燮, 1978, 「丹陽眞興王振境碑의 建立年代와 性格」『丹陽赤城碑座談抄錄』, 檀國大學校博物館, 65~71쪽.

B	4	公 兄	추文村	巴珎婁	下干支
C	5	?	?	(子) 刀只	撰干支
	6	?	?	(小女)烏禮兮	撰干支
D	7	?	?	(□弗兮女)道豆只	?
	8	없 음	없 음	(悅利巴小子)刀羅兮	?
E	9	추文村 幢主使人	?	?	?
	10	勿思伐城幢主使人	那 利 村	?	?
	11	?	?	勿 支 次	阿 尺
	12	石書立 人	非今皆里村	?	?

　(1)번의 **也尒次**는 人名으로 보인다. 왜냐하면 次는 신라 지방인의 이름 끝 자에 흔히 붙이는 여러 사례가 입증되었기 때문에[4] 의심할 바 없다. 也尒次는 이 비문 내용의 장본인이라 할 수 있다. 즉 비문 제7행의 '作善□懷懃力使'의 주어이다. 也尒次 다음인 제7행 상단은 읽어지지 않지만, 也尒次 앞에 관직이 보이지 않는 점으로 보아 그가 外位를 가지고 있었을 가능성은 거의 없다. 따라서 也尒次의 사회적 신분은 일반 백성이었다고 생각된다.

　(2)번의 其妻는 문맥으로 보아 망실된 제7행 상단에 그 이름이 나올 것으로 생각된다. 이 경우 '其妻' 다음의 '三'을 妻의 이름 가운데 한 자일 것으로 생각할 수 있으나, 제14행의 □弗兮[5]의 처, 悅利巴의 처, 제12행의 刀只나 烏禮兮의 父의 처에 대한 기록이 나오지 않는 점으로 보아 '其妻' 다음의 '三'은 숫자일 가능성이 높다. 其妻 다음의 三자가 숫자를 지칭한다고 할 때, 妻들의 이름은 언급되지 않았을 가능성이 짙다. 이러한 추측대로 也尒次의 처를 포함한 처들로서 이름이 나오지 않는다

---

4) 李鍾旭, 1974,「南山新城碑를 통해서 본 新羅의 地方統治體制」『歷史學報』64, 12쪽.

5) 南豊鉉氏는 제14행에서「兮」자 앞을 공란으로 남겨 두었는데, 필자는 이 앞의 글자를「弗」로 읽었다. 그러나 이 글자는 인명이므로 내용 파악에는 관계가 없다(南豊鉉, 1978,「丹陽赤城碑의 解讀試攷」『丹陽赤城碑座談抄錄』, 檀國大學校博物館, 27쪽).

하여도 그들이 포상대상에 들어 있으므로 비문에 나오는 지방인으로 다룰 수 있다고 생각하여 (2)번으로 난을 만들었으며, 其妻의 거주지는 赤城임에 틀림없으므로 출신지를 적성으로 표기하였다.

(3)번의 小女 師文은, 비문 제9행의 상단을 읽을 수 없기 때문에, 그 이름이 두 자인지 그 이상인지 단정적으로 말할 수 없으나 우선 師文으로 읽어 둔다. 비문 제8행에서 小女 師文은 앞의 '四年'을 인명으로 읽는 견해도 있으나[6] '許利之四年'으로 끊어 읽어야 옳다.[7] '許利之四年' 앞의 다섯 자가 남아 있지 않아 완전히 읽을 수 없으나, 무엇을 이용토록 허락해 주는 기간이 4년으로 생각되기 때문이다. (3)번의 小女 師文은 也尒次의 小女라고 보아야 할 것이다. 왜냐 하면 비문의 문장구조가 小女, 小子, 女의 경우에 누구의 小女, 小子, 女인가를 밝혀야 하는데 師文은 그 중에서 '누구의'가 생략되었다. 그 이유는 也尒次의 이름이 바로 앞에 나왔으므로 생략해도 뜻이 통할 수 있기 때문이다. 그리고 師文의 출신지 역시 언급되어 있지 않으나 적성임에 틀림없다고 생각하여 출신지 난에 보충 기록하였다. 이상에서의 (1), (2), (3)은 也尒次의 가족에 대한 것으로 생각되어 A群으로 묶었다.

(4)번으로 巴珎婁는 節敎事 부분에 나오는 지방인물 중에서는 유일하게 관직, 출신지, 관등이 알려진 인물이다. 公兄은 고구려의 영향을 받은 관직으로 생각되는데, 조선시대의 公兄이 지방행정의 사무를 관장하는 향리를 지칭한 점으로 유추하면, 巴珎婁가 소지한 공형은 그 지방에서 지방행정을 담당하는 것이 직무가 아니었을까 한다. 巴珎婁의 출신지는 鄒文村이고 公兄은 鄒文村의 公兄일지 赤城일지 알 수 없다. 추문촌이란 오늘날 어느 지명인지는 아직 단정할 근거가 없으나, 앞의 王敎事 부분에도 鄒文村幢主가 나오고 있고 비석 건립에 관계한 사람 중에도 鄒

---

6) 南豊鉉, 1978, 앞의 논문, 41쪽.
7) 車文燮의 敎示에 의함.

文村幢主使人이 보이고 있는 점으로 보아 赤城과 밀접한 관계를 가지고 있는 인근지역으로 생각된다. 王教事 부분에 赤城幢主의 직명이 보이지 않는다는 점으로 보아 적성의 통치 수비가 잠정적으로 추문촌당주나 勿思伐城幢主의 관할 하에 있었던 것으로 생각된다. 적성이 새로이 확보된 성이기 때문에 이러한 유추는 그다지 무리라고 생각하지 않는다.

이런 추론이 옳다면 公兄은 추문촌 공형으로서 적성을 통치 수비하는 데 필요한 여러 가지 사무를 담당한 직책을 띠고 있었다고 생각할 수 있다. 지방의 사무를 담당하고 있는 公兄이기 때문에 下干支[8] 관등은 그가 소지하고 있던 것이라 생각된다. 이 경우 공형인 파진루는 일반 백성보다는 높은 사회계층에 속하는 인물이었다. '巴珎婁 下干支' 다음에 같은 公兄職에 있던 勿思伐城의 인물명이 나올 가능성도 있다. 발굴 조사에 의해 수습된 비편에 '勿'자와 '城' 자가 들어 있는 바, 이 글자들은 바로 勿思伐城으로 연결되지 않는다 하더라도 '勿'자만으로도 勿思伐城을 생각할 수 있다. 그러므로 이곳에 勿思伐城이 들어갈 수 있을 가능성이 있다고 생각한다. 물론 이러한 추론은 글자 수가 문제가 되기 때문에 약간의 무리도 없지 않다. 다시 말하면 公兄이 생략되었다고 하더라도 勿思伐城□□□下干支[9]의 열 칸이 필요하고, 다음의 '者'자가 앞에 붙을 한 두 글자가 있을 것으로 생각되므로 실제는 열한 칸 내지 열두 칸이 필요한데 비문 제10행 상단부의 缺字는 아홉 자에 불과하기 때문이다. 이 문제는 그 가능성을 제시하는 정도로 그친다. 여기서는 추문촌 공형 파진루만 특수성을 고려하여 별도로 B항으로 묶었다.

(5)번의 子 刀只와 (6)번의 小女 烏禮兮는 남매 관계로 생각되고 子

---

8) 下干支는 『三國史記』 권40, 職官志 外位條의 '干'에 해당되며, 이 비석이 下干支 라는 명칭이 나온 유일한 비라는 점은 李基白 교수가 앞의 논문(1978, 46쪽)에서 이미 示唆한 바 있다.

9) 이 경우에 外位가 반드시 下干支라 단언할 수는 없다. 下干支가 아닐 가능성도 충분히 있기 때문이다.

앞에는 '小'자가 올 가능성을 생각할 수 있다. 그러나 제14행에 분명히 '女'라는 글자가 나옴으로[10] 이와 상반되는 개념으로 '小子'가 아닌 '子'를 생각할 수도 있기 때문에 우선은 '子'로 파악하겠다. 그런데 '子 刀只' 앞에 올 단어는 이 남매의 父名일 것으로 추정된다. 그것은 이들이 也尒次의 子女가 아니라면 분명히 그 아버지의 이름이 있을 것이라는 것은 제14행의 □弗兮의 女 道豆只와 悅利巴의 小子 刀羅兮의 실례에서 유추할 수 있다. 그런데 이 경우 也尒次의 子·女라고 생각하기에는 무리가 따른다. 즉 그의 小女 師文에 대한 은전이 내려졌는데 같은 아들과 딸을 달리 대우하였을 가능성은 희박하기 때문이다.

따라서 이들이 也尒次의 자녀가 아니라면 그들의 父名이 나올 것인 바, 이렇게 추리하면 제12행은 상단부 다섯 내지 여섯 글자의 칸이 남는다. 그런데 제11행 하단에 '雖然'이라는 反轉副詞가 나오므로 문장구조로 보아 그에 관련된 서술어가 몇 자가 있어야 할 것이다. 이렇게 추리할 때 刀只와 烏禮兮의 父가 어떤 일을 하였기에 恩典을 베푼다고 하는 설명이 들어갈 欄의 여유가 없다. 이러한 설명은 也尒次의 공로에 대한 설명에서 함께 서술되었을 가능성을 생각할 수 있다.

이들의 출신지는 그들 아버지 이름 앞에 나올 가능성이 있으나 확실치 않다. 단지 앞에 추리한 상단부 결락 부분의 글자 수로는 출신지명이 들어갈 칸의 여유가 없을 것으로 생각된다. 출신지가 생략되었다면 이들도 赤城人일 것이다.

그런데 이들의 이름 다음에 기록된 外位의 다섯 번째 관등인 撰干支는 어떻게 해석해야 할 것인가? 이 撰干支는 刀只와 小女 烏禮兮의 外位로 생각하여야 할 것인 바, 그들의 원래 신분이 찬간지였는지 아니면 찬

---

10) 이 경우 石工의 실수로 '小女'에서 小자를 빠뜨렸을 가능성도 생각할 수 있다. 실제 昌寧眞興王巡狩碑 제16행에서 沙尺干의 '干'자가 빠진 예도 있다. 그러나 본고에서는 이 문장을 그대로 사실로 믿고 논리를 전개하겠다.

간지를 은전의 하나로 받은 것인지를 검토해 볼 필요가 있다.

신라에서 外位를 은전으로 준 저명한 사례로는 백제와 고구려를 멸망시킨 후에 그 전쟁에 공을 세운 사람들에게 외위를 내려준 경우를 들 수 있다.[11]

> [例 1] 二十二日 王來自百濟論功 以罽衿卒宣服爲級湌 軍師豆迭爲高干(『三國史記』 卷5, 新羅本紀 太宗武烈王 7年 11月)
> [例 2] 二十二日 賜庾信位太大角干 仁問大角干 已外伊湌將軍等並爲角干 蘇判已下並增位一級 大幢少監本得 蛇川戰 功第一 漢山州少監朴京漢 平壤城內 殺軍主述脫 功第一 黑嶽令宣極 平壤城大門戰 功第一 並授位一吉湌 賜租一千石 誓幢幢主金遁山 平壤軍營戰 功第一 授位沙湌 賜租七百石 軍師南漢山北渠 平壤城北門戰 功第一 授位述干 賜粟一千石 軍師斧壤仇杞 平壤南橋戰 功第一 授位述干 賜粟七百石 假軍師比列忽世活 平壤少城戰 功第一 授位高干 賜粟五百石(『三國史記』 卷6, 新羅本紀 文武王 8年 10月)

위의 두 사례는 전공을 세운 군사에게 외위를 준 구체적인 예로서 [例 1]에서는 '爲高干', [例 2]에서는 '授位述干', '授位高干'으로 기술되어 있어 단양적성비와는 표현에 차이가 있다. 그런데 위에 든 기록은 『삼국사기』에 기술된 내용이기 때문에 금석문의 표현과 약간의 차이를 인정해야 할 것이다.[12] 위의 예에서 일반 백성인 軍師에게 外位의 제2위와 3위가 주어진 점으로 미루어 보아, 撰干支가 이들에게 주어진 외위로 생각하여도 큰 무리가 없을 것 같다. 이 외위가 烏禮兮 뿐만 아니라 앞의 刀只에게도 똑 같이 주어진 것으로 생각된다. 따라서 같은 등급의 포상

---

11) 村上田男, 1954, 「新羅の外位考」 『史潮』 51.
12) 也尒次의 小女 師文의 경우에도 외위가 주어졌다고 할 때 이곳에서도 人名 다음에 그냥 외위를 썼을지 아니면 '贈'이나 '授位'라는 말을 하였는지 알 수 없다. 師文의 경우에 후자처럼 표기되었기 때문에 제12행에서는 이렇게 처리하였는지도 알 수 없다. 그러나 이러한 추측보다는 師文의 경우에도 제12행처럼 기록되었을 가능성이 크다고 생각한다.

을 받은 남매를 C群으로 묶었다.

　(7)번의 道豆只와 (8)번의 刀羅兮의 경우는 □弗兮의 女 道豆只와 悅利巴의 小子인 刀羅兮로 읽었다. 그것은 그들이 아직 성인이 아닌 小子 또는 女이고 그들의 관직이 없기 때문에 관직을 쓸 자리에 대신 그들의 아버지를 써서 소속관계를 밝혔다고 생각되기 때문이다.

　이들의 출신지도 생략된 것으로 생각된다. 그렇게 생각하는 이유는 □弗兮 女의 상단에 네 글자 내지 다섯 글자가 들어 갈 수 있는데, 그 윗줄의 하단에 '賜'자가 있으므로 무엇을 주었다는 목적어가 들어가야 하므로 출신지가 씌어졌을 칸이 없다고 생각하기 때문이다. 그렇다면 이들의 출신지도 赤城인 것으로 생각되며, 이들의 父인 □弗兮와 悅利巴가 세운 공로를 서술한 부분도 제14행에는 있을 수 없기 때문에 이 설명 또한 也尒次의 공로 설명에 포함되었다고 추론해야만 문장구조상 타당하다. 刀羅兮 다음에는 앞의 (5)번, (6)번에서 추정한 것처럼 그들에게 준 외위가 씌어있지 않았을까 생각된다. 이렇게 추정할 때 (3)번의 師文 다음에도 그에게 준 외위가 기록되어 있을 것으로 추정되는 바, 이 경우에는 撰干支 또는 그 이상의 外位가 주어졌을 것이다. 이상의 (7)번과 (8)번에게는 동일한 은전이 주어진 것으로 생각되어 D群으로 묶었다.

　E群은 이 비석을 건립하는데 관계한 지방인물로서, 여기서 한 가지 주목할 만한 것은 勿思伐城 幢主使人과 鄒文村 幢主使人이 나온다는 점이다. 당주사인은 당주가 부리는 전속인으로 고구려의 使者와 유사한 性格의 관직으로 생각되며,[13] 이는 왕경인이 아닌 지방인으로 충당되었다. 그러한 사실은 (10)번 인물이 那利村 출신인 점에서 시사받을 수 있다.

　이상에서 살펴 본 지방인물 중에서 A, B, C群 인물의 성격을 좀 더 상세히 음미하여 보자. 첫째, 이미 살펴본 바와 같이 A, B, C群의 인물들의 출신지는 모두 적성으로 판단된다. 그리고 也尒次는 원래 신분이 일

---

13) 李基白 교수의 敎示에 의함.

반 백성인 것처럼 (5), (6), (7), (8)번의 父들도 也尒次와 같은 신분으로
생각된다. 그뿐만 아니라 이들 父의 공로는 也尒次의 공로 설명에 포함
된 것으로 생각되어 이들은 적어도 두 명 이상의 형제 관계가 아닌가
생각된다. 이들 父가 형제일 것이라 추리하는 근거는 별교 부분의 제17
행에 '兄第耶'에서 시사를 얻을 수 있다. 別敎 부분의 요지는, 이후 나라
안에서 也尒次와 같은 공로를 세우면 이와 같은 은전을 베풀어질 것이
라는 내용이다. 그런데 별교의 '兄第耶'는 也尒次처럼 형제가 연달아 죽
은 경우에는 더 말할 필요가 없다는 뜻으로서, 별교의 형제라는 말은 也
尒次를 지칭한 것이라 생각되기 때문이다.

둘째, (3), (5), (7), (8)번의 인물에 小女, 小子, 子・女의 구분이 나오는
점이 주목된다. 이 경우 子, 女라고 명기된 사람은 아직 丁, 丁女가 되기
이전의 연소자일 것으로 생각된다. 그것은 별교에서 也尒次처럼 '懷懃力
使'한 경우에 만약 그들이 낳은 子와 女子(딸)가 연소한 경우에는 은전
을 내려주겠다고 한 점에서 위에 은전을 받은 子・女의 경우에도 아직
丁과 丁女가 되기 이전의 연소자이었음을 알 수 있다. 이를 景德王 때의
西原京 부근의 村籍에 나오는 연령구분과 대조하면 다음 표와 같다.

단양적성비와 서원경 부근 촌적의 연소자 파악방식 대조표

丹陽赤城碑	西原京 附近 村籍
子(?), 女 小子, 小女	助子, 助女子 追子, 追女子 小子, 小女子

위 표에서 적성비의 小子와 小女의 명칭이 서원경 부근 촌적의 小子,
小女子와 합치되나 연령구분에 있어서는 일치하였는지 알 수 없다. 여기
에서는 진흥왕 12年(551)경의 인구파악 방식이 丁, 丁女 아래에 子・女와
小子, 小女의 두 단계로 나누던 것이 경덕왕 때에는 보다 세분되어 세

단계로 나누어졌다고14) 하는 이외에는 다른 결론을 내기가 어렵다.

그런데 은전의 급여에 있어서 子·女 사이에 전연 차등을 두지 않았다는 사실을 간취할 수 있다. 아직 생계를 스스로 해결할 수 없는 연소자에게 내려주는 은급이기 때문에 차별을 두지 않는 것이 당연할 지도 모른다. 그러나 女子의 경우에도 똑같이 外位를 수여하였다는 점은 흥미로운 사실로서, 이러한 사료로는 유일한 것이라 할 수 있다.15) 외위는 관직이 아니고 신분을 결정해 주는 위계에 불과하였기 때문에 女子에게 수여하는 것이 불가하다고는 생각할 수 없다. 이들에게 준 외위 撰干支는 中央位階 곧 京位로는 奈麻에 대비되므로 5두품에 준하는 대우를 받은 것으로 생각된다.

셋째, (A), (C), (D)群의 구분은 은전의 차등을 의미하는 바, 이러한 차등은 그들 아버지의 공로의 차등에 기인하는 것으로 생각된다. 그들 아버지의 공로에 차등이 있음에도 불구하고 공로자의 妻에 대하여는 일괄하여 같은 은전이 지급된 것으로 추정된다. 그리고 은전은 공로자의 처보다 연소한 자녀들에게 더 치중되었음을 알 수 있다.16) 뿐만 아니라 공로자의 부모에 대한 배려가 보이지 않는 바, 이는 당해 공로자들의 부모가 없었기 때문인지 아니면 아예 부모에 대한 배려가 없었기 때문인지 증명할 만한 자료가 없다. 그러나 별교에서 조차 부모에 대해 전혀 언급

---

14) 旗田巍는 1972,「新羅の村落」『朝鮮中世社會史の硏究』에서, 경덕왕 때의 村籍에 나타나는 인구의 6등급 구분이 唐令의 丁·中·小·黃·老의 5등급 구분과 관계가 있는 것이 명백하다고 보고, 5등급을 6등급으로 고친 점이라든지 구분 명칭상에 차이가 있는 점에서 양자간에 커다란 차이가 있음을 명백히 하였다. 그런데 赤城碑에 나오는 인구 파악방식을 통하여 6등급의 파악방식의 기반이 唐令이 아닌 전통적인 신라의 인구파악에 있었음을 알 수 있게 되었다.

15) 골품제도에서 여자도 골품을 가지고 있다는 증거는 『三國史記』 권33, 色服條에 眞骨女, 六頭品女, 五頭品女 등이 나오는 점에서 확인된다.

16) 제15행의 別敎 부분에서 妻에 대하여 포상하겠다는 기록이 보이지 않고 子·女의 연소자만 언급한 점으로 미루어 알 수 있으며, 也尒次 가족에 대한 포상에서도 이러한 추측이 가능할 것 같다.

이 없는 것은 당시 통치자들의 관심이 연노한 부모보다 젊은 자녀에게
더 두어졌음을 볼 수 있는 것이 아닐까 생각한다.

3. 비문의 내용

비문의 구조는 李基白 교수가 밝힌 것처럼, 비문 맨 첫머리의 年·月
을 기록한 年記部分, 그 다음의 본문, 맨 끝에 비석을 건립하는데 참여한
사람들을 기록한 부분으로 나눌 수 있다.[17] 본문은 형식에 따르면 王敎
事, 節敎事, 別敎의 세 부분으로 나눌 수 있을 것 같으나,[18] 내용에 따르
면 두 부분으로 나누어야 한다고 생각한다. 별교 앞부분에는 적성지방
야이차 등의 공로에 대한 은전을 내려주는 구체적인 내용이 담겨 있고,
별교 부분은 앞으로 전국에 실시하겠다는 恩典法 포고 내용으로 볼 수
있기 때문이다. 그리고 王敎事 부분은 왕이 왕경 출신의 고관과 적성 지
방 담당행정관에게 명하여 적성지방의 유공자에게 은전을 베풀도록 한
사람들의 명단으로, 술어가 없는 문장이므로 독립된 내용의 부분으로 나
누기 곤란하기 때문이다.

우선 節敎事 이하의 내용은 다음과 같이 여섯 개의 문단으로 나눌 수
있다.

첫째 문단은 제6행의 '赤城也尒次'에서부터 제7행의 '是以' 앞까지,
둘째 문단은 '是以'로부터 제8행 '許之四年'까지,
셋째 문단은 '小女 師文'으로부터 제12행 상단부 缺落된 부분까지,
넷째 문단은 제12행 결락된 부분에서부터 제14행 상단부분까지,
다섯째 문단은 제14행 상단부 결락부분부터 제15행 상단 결락부분까지,

---

17) 李基白, 1978, 앞의 논문, 47쪽.
18) 본문을 王敎事, 節敎事, 別敎로 나누어 보아야 할 것이라는 견해는 車文燮 교수의
   敎示임.

여섯째 문단은 제15행 상단 결락부분부터 '合五人之'까지이다.

첫째 문단에서 南豊鉉氏가 제7행의 力使作人으로 해독한 作자를[19] 필자는 탁본에 의하여 '死'자로 읽었다. 이는 글자 형태로 보아도 '死'로 읽을 수 있으며, 내용으로 보아도 그렇게 읽을 때 무리가 없이 순조롭다. 그 이유는 앞으로 살펴볼 바와 같이 也尒次 자신에 대해 베풀어진 은전이 전혀 없고 그의 공로에 대한 포상이 그의 처와 자녀에게 주어졌다는 점이다. 이는 그가 죽어 생존하지 않았기 때문에 취해진 조처로 생각되기 때문이다.

이 문단에서 적성 也尒次 다음의 제7행 상단의 缺字는 앞 節에서 이미 언급하였듯이 제12행 刀只와 烏禮兮의 父, 제14행 道豆只의 父, □弗兮와 刀羅兮의 父, 悅利巴에 대한 언급이 있어야 할 것이다. 전술하였듯이 야이차와 이들과의 관계는 형제의 관계로 보이고,[20] 이러한 추론이 맞는다면 형제 앞에는 三이나 四의 숫자가 있어야 할 것이라고 생각된다. '作善□'의 □字는 무슨 글자인지 알 수 없으나,[21] 作은 善□의 동사로서 쓰인 것이 확실하다. 懷懃力使死人은 "정성스럽게 힘써 일하다가 사망하였다"고 해석 될 것 같다. 也尒次의 형제들이 모두 사망하였다는 것은 형제 자신들에 대한 포상의 내용이 본문에 전연 보이고 있지 않음을 통해 유추할 수 있다.

삼국시대 일반 백성으로서 사망한 자에 대한 포상이 어떻게 되었는가를 살펴보자.

---

19) 南豊鉉, 1978, 앞의 논문, 27쪽.
20) 발굴조사에 의하여 습득된 碑片 중 主, 八弟次의 것은 '主'자가 제6행 위에서 셋째 칸에 해당될 듯한 느낌이 드는데, 제7행에 해당되는 '第' 자 앞에서 字片만이 보이는 바 이는 '兄'자와는 다른 것 같아 이러한 추정이 무리함이 있지 않나 하는 생각마저 든다. 그러나 논리적으로 缺字를 추정해보는 시도를 감행하였다.
21) 南豊鉉, 1978, 앞의 논문, 40쪽에서 庙字는 城의 일부 명칭이 아닐까 추정하였는데, 이는 좀더 깊은 書體學的인 연구가 필요하다.

단양적성비 전경

단양적성비 탁본

[例 3] 丕寧子 不知鄕邑族姓 眞德王元年丁未 百濟以大兵 來攻茂山甘勿桐岑
等城 … (丕寧子) 突賊陣 格殺數人而死 … (擧眞)奔入敵中戰死 …
(合節)亦交鋒而死 … 大王聞之涕淚 以禮合葬於反知山 恩賞妻子九族
尤渥(『三國史記』卷47, 列傳 丕寧子)

[例 4] 二十二日 王來自百濟論功 以鬪衿卒宣服爲級湌 軍師豆迭爲高干 戰死
儒史知未知活寶弘伊屑儒等四人 許職有差(『三國史記』卷5, 新羅本紀
太宗武烈王 7年 正月)

위의 두 경우는 일반 백성으로 보이는 사람이 전사한 경우에 국가에
서 은전을 베풀어 준 사례이다. 진흥왕대 보다 다소 후대의 사례이지만
신라 귀족이 사망한 경우에 죽은 당사자에게 추증해 준 예는 驟徒, 訥催.
金令胤, 金歆運, 竹竹, 匹夫 등에서 많이 발견되지만, 일반 백성의 경우는
위에 든 예를 제외하고는 별로 없다. [例 3]은 丕寧子 자신에게 추증하지
않고 처와 자손에게 恩賞을 지급한 점이 也尒次의 경우와 유사하다.

[例 4]의 사료는 일반 백성이 사망한 경우에도 태종무열왕 이후에는
본인에게 추증하였음을 보여주는 기록이다. 鬪衿幢의 卒과 軍師라는 군
직을 갖고 있는 자들은 일반 백성이기보다 名望軍制 하의 귀족출신군으
로 볼 수 있을 것 같으나,[22] 豆迭에게 외위가 주어지고 있기 때문에 지
방출신임에 틀림없다. 이 기록의 '戰死'를 위로 끊어 붙여 해석하는
설[23]도 있으나, 『삼국사기』(권6) 문무왕 8년 10월 22일조의 포상 기록
에서 漢山州少監 金相京의 추증기사를 맨 뒤에 쓰고 있는 점에서 필자
는 '戰死'를 아래로 붙여 해석하였다. 이렇게 하면, 군직이 명기되지 않
은 4명의 전사자에게 직위가 주어졌음을 알 수 있다.

---

22) 李基白 교수는 『韓國의 傳統社會와 兵制』(1977, 『韓國學報』 6, 봄호, 7~8쪽)에
서 신라 軍士의 기본단위인 幢을 구성한 병사의 신분을 귀족출신과 평민(특히 王
家의 평민)의 召募兵으로 설명하고 있다. 그러나 백제를 멸하기 위한 총력전에는
왕경인의 평민만이 아니라 지방의 평민도 소모병으로 징집되었을 가능성을 충분
히 상정할 수 있다.

23) 李丙燾, 1977, 『國譯 三國史記』, 乙酉文化社 88쪽.

제2 문단은 그들의 처들에게 은전을 내려준 내용이라 할 수 있다. 앞에도 이미 언급한 바 있으나, '其妻三'에서 '三'이 3人일 가능성은 제1문단이 야이차의 형제에 관한 기사라 하면 더욱 커진다고 할 수 있다. 위에서 父는 야이차를 포함하여 4명이 나오는데, 처는 왜 3人인가? 이는 한 사람의 처가 이미 사망하였을 가능성을 시사하는 정도의 문제로서 처리해 둔다.

其妻들에게 포상한 내용은 許利之 위에 5자가 片字로 남아 있어 이를 해독할 가능성은 충분히 남아 있다. 그러나 필자의 식견으로는 해독할 수 없으므로 이 문제는 다음 연구자에게 기대할 수밖에 없다.[24] 이 다섯 글자가 해독되면 許利之의 목적어를 파악할 수 있다고 생각된다. 그런데 '許利之四年'의 문장에서 일생동안 주어진 은전이 아니라 4년이란 기간에 한정된 은전이라는 점이 주목된다. 왜 하필 4년이냐의 문제는 許利之의 내용이 파악되어야 해결될 것이다.[25]

제3 문단은 也尒次의 小女 師文에 대한 은전을 내려주는 규정으로, 그가 받은 첫째 은전은 앞에서 언급했듯이 외위를 받은 것으로 생각할 있다. 師文에게는 외위 제 5등급인 撰干支나 그 이상의 貴干支 또는 高干支 가운데 하나가 주어졌을 것이다. 師文에게 주는 은전의 내용이 다음 등급의 은전을 받는 사람들보다 특별히 우대 받은 점으로 보아 撰干支보다 높은 등급의 외위를 받았을 가능성이 크다고 생각된다.

師文이 받은 두 번째 은전은 제10행의 '更赤城烟去使之' 구절로 생각되는 바, 여기서 更은 更戌과 같은 뜻으로 생각된다.[26] 이렇게 해석할

---

24) '許利之' 위의 5자의 字片은 다음과 같다. '四心妾□所'로서 心 자는 은 완전한 글자 같으나 妾에는 왼쪽 변이 있는지 모르겠으며, 다음 글자는 전연 보이지 않으며 '許'의 위 글자는 所자 비슷하다.

25) 이 문제에 대하여 추정할 수 있는 것은 법흥왕 5년에 喪服法이 만들어진 내용과 유관한 것이 아닐까 한다.

26) 南豊鉉 교수는 '更'자를 吏讀式으로 풀이하여 '또 다시'로 해석하였다(1978, 앞의 논문, 41쪽). 본고에서 更字를 '更戌'의 뜻으로 풀이한 이유는 후대의 자료이지만

때 '更赤城烟'은 赤城을 番으로 지키는 烟戶, 즉 赤城의 更烟이라는 말로 해석되며 이때 烟은 광개토왕비문에 보이는 看烟, 國烟과 西原京 地方의 村籍에 나오는 計烟 또는 9등급의 烟과도 관계가 있으며,[27] 따라서 이는 力役編成의 기본단위가 아닌가 한다. '去使之'라는 말은 吏讀式의 문장으로는 짐작되는 바, 그 정확한 의미는 확언할 수 없으나 "完全히 면제케 한다"의 뜻이 아닐까 생각한다. 이렇게 추정하면 위의 내용은 적성을 지키는 更烟의 役을 면제토록 한다는 의미라 할 수 있을 것이다.[28]

그런데 제9행의 鄒文村 公兄 巴珎婁의 직책과 관련해, 당시 적성은 새로 확보된 성이고 통치체제가 아직 마련되지 않았기 때문에 이 성을 지키는데 적성의 호구만으로는 어려웠을 터이므로 役의 징발과 통제는 이웃의 鄒文村 幢主가 책임을 맡고 있었던 것이 아닌가 생각된다. 이렇게 추정할 때 이러한 일의 사무를 직접 관장한 사람이 바로 公兄이었을 것이다. 따라서 공형은 이러한 役의 면제 조치와 관련 있는 것으로 생각된다. 그러나 이러한 추정은 역이 여자에게도 부과되었느냐 하는 점과 관련해 상당한 문제점을 내포하고 있다. 이 문제가 해결되지 않으면 也尒次의 가족 중 누구를 대상으로 부과되는 역인지를 설명하는데 어려움이 따르기 때문이다. 여기서는 추정으로부터 생길 수 있는 문제점을 제기해 두는 정도에서 그치고자 한다.

'京軍□更戌之勞'(『高麗史』 卷93, 列傳 崔承老)에서의 更戌의 뜻과 같은 것이 아닌가 하는 생각에서 그렇게 유추하였다. 조선시대에는 更자만이 番자로 바뀌어 '番次'로 쓰인 예를 들 수 있다. 『經國大典』 卷4, 兵典番次都目條 참조.

27) 南豊鉉 교수도 앞의 논문(1978)에서 이미 이 점을 밝혔다. 이 때 揭의 의미는 戶의 의미와 같다고 추정되고 있다(旗田巍, 1972,「新羅の村落」『朝鮮中世社會史の研究』426쪽).

28) '更赤城烟'은 力役의 편성을 말해주는 것으로서 赤城을 지키는 의미 외에도 각종 賦役의 부과대상으로 파악되었다고 생각된다. 그것은 이 更烟의 면제가 佃舍의 賜與라는 특혜보다 더 큰 恩典으로 생각되기 때문이다.

師文이 받은 세 번째 은전은 제11행의 '國法中分與 雖然伊 …'에서
찾을 수 있다. 이 구절은 "國法에 分與하도록 되어 있으나, 師文의 경우
에는 …"이란 뜻으로 해석될 수 있으나, 무엇을 누구에게 분여하도록 했
는지는 전후문장의 결락으로 알 수가 없다. 그러나 분여는 토지를 포함
한 모종의 재산을 분여한다는 것으로 추정된다. 이 때 분여하는 사람과
분여받는 사람은 也尒次가 이미 죽었기 때문에 그의 재산을 자손에게
분여함을 말하는 것 같다. 이 경우 師文은 특별 조처로서 특혜를 받은
것으로 이해할 수 있다.29)

제4 문단은 □□□의 子(또는 小子) 刀只와 小女 烏禮兮에게 준 은전
의 내용이다. 이들이 받은 은전의 하나는 외위 제5위인 撰干支를 받고
있다. 이들이 받은 또 하나의 은전에 대한 내용을 제13행의 '使法赤城佃
舍法爲之別官賜'에서 찾을 수 있다.

赤城佃舍法이란 이 지방에 통행되고 있던 佃舍法으로 생각되며, 이
제도는 적성이 이전에 고구려의 영토로 있었기 때문에 고구려 계통의 관
습법이 아닐까 한다.30) 이렇게 추론하면 使法이란 赤城地方에서 관행되
고 있는 佃舍制度를 국가에서 법으로 삼아 공인한다는 뜻으로 해석된다.
여기에서 爲之別官은 刀只와 烏禮兮를 別官으로 삼는다는 뜻으로 생각
되며, 別官은 佃舍를 관장하는 직책과 유관한 것 같다. 문장 구조상 '賜'
다음에는 목적어가 올 것인 바, 발굴에서 습득한 비편의 '佃舍'는 제14
행 상단에 붙어야 옳을 것으로 생각되며, 또 다른 비편 '六家'는 '佃舍'
의 위나 아래에 붙어야 순리일 것으로 생각된다. '佃舍'는 '佃舍法' 보다
앞의 행에 나올 수도 없고 이 등급의 은전 규정이 끝난 뒤의 행에서도

29) 이 경우 師文에게는 特惠이나 그와 관계있는 兄弟 등에게는 被害를 준 것인데 이
러한 무리를 감행하는 恩典이 실제로 행하여 졌을지 의문스럽다. 단지 문맥상으
로 이렇게 해석될 뿐이라고 추정할 뿐이다.
30) 任昌淳 선생이 이미 1978년 2월 檀國大學校 主催의 座談會에서 그러한 뜻을 말
한 바 있다.

나올 만한 행이 없기 때문이다.[31] 따라서 이들에게 佃舍六家가 주어졌다고 생각되며,[32] 佃舍는 佃戶와 같은 개념으로 쓰인 것 같으나 보다 구체적인 내용은 잘 모르겠다.

제5 문단은 □弗兮의 女 道豆只와 悅利巴의 小子 刀羅兮에 대한 은전 지급내용으로, 이들에게는 외위만이 주어진 것으로 생각된다. 외위를 획득하면 지방사회에서 사회적 신분이 지배계층으로 상승되며, 경우에 따라서 중앙의 골품으로 진출할 수도 있었다.[33]

제6 문단의 '合五人之'는 은전이 주어진 사람의 합계가 5인이라는 뜻이다. 이 5인의 명단과 은전 내용은 다음과 같이 생각된다.[34]

> (1) 也尒次 小女 師文
> ① 외위를 받음
> ② 赤城更烟
> ③ 父의 재산을 모두 물려받음
> (2)~(3) □□□ 子 刀只, 小女 烏禮兮
> ① 외위 撰干支를 각각 받음
> (4) □弗兮 女 道豆只 }
> (5) 悅利巴 小子刀羅兮 } ① 外位만 받음
> ② 別官이 되어 佃舍六家를 함께 받음

---

31) '佃舍'와 '六家'의 碑片은 筆者의 所見으로는 실재 연이어질 수 있다고 생각되나 石質의 文樣 등이 더 검토 되어야 할 것이라는 鄭永鎬 교수의 敎示를 받았다.
32) 佃舍六家가 각각에게 주어졌다면 '賜' 위에 '各'자가 나와야 하는데 이런 표시가 없는 점으로 보아 姉妹에게 함께 주어진 것으로 생각된다.
33) 이에 대한 구체적 사례로서 竹竹의 父 郝熱을 들 수 있다. 그는 撰干이었는데 善德王 때 京位의 舍知를 받았다 (『三國史記』卷47, 列傳 竹竹). 이때 그가 舍知를 받을 수 있었던 것은 撰干이라는 외위를 지니고 있었던 것이 바탕이 된 것으로 생각된다.
34) 別敎에 의하여 그들의 妻들도 은전을 받았으나, 妻는 '合五人之'에서 제외시키고 연소한 子·女만을 들었다.

따라서 여기서의 합계 5인은 也尒次 등 4인의 연소한 子·女에 해당된다.

別敎는 제15행의 '別敎' 이하로부터 제17행 끝까지 즉 '小人耶'까지
로 생각된다. 별교의 내용은 두 가지로 나눠 볼 수 있다. 하나는 '自此
後'로부터 제17행의 '兄弟也'까지와 다른 하나는 '如此白者大人耶小人
耶' 부분이다.[35] 전자는 앞으로 야이차처럼 자기 일이 아닌 국가의 일이
나 남의 일에 성실하게 헌신하다가 죽은 경우에 그의 연소한 자녀에게는
후상을 내려 줄 것이라는 내용이다. 앞으로의 일이기 때문에 죽을 경우
라는 말은 쓰지 않았으나 그가 낳은 연소한 子·女에 대한 배려는 죽었을
경우를 의미한다는 것은 분명하다. 그리고 兄弟耶의 부분은 앞 절에서
언급하였듯이 "형제가 함께 죽음을 바치는 경우에는 더 말할 필요가 없
다"는 뜻일 것으로 생각한다.

다음의 '大人耶小人耶'는 대인은 고관을 의미하고 소인은 하급관료를
말하는 것으로 해석된다.[36] 이렇게 해석할 때 也尒次와 같이 공로 있는
사람을 찾아서 왕에게 아뢰어 포상할 수 있도록 한 사람이 고관인가 하
급관료인가를 묻는 뜻이지만 이 말의 핵심은 앞으로 이러한 공로를 세운
사람을 찾아서 왕에게 아뢰어 달라는 관료에 대한 당부의 뜻이 담겨져
있는 고졸한 문장으로 생각된다.

제18행 상단 첫 글자부터 끝까지는 비석을 세우는데 관여한 사람들에
대한 기록이다.

---

35) 이 문장이 제18행까지 연속될 가능성도 완전히 배제할 수 없다.

36) 大人이 高官을 의미한다는 것은 『辭海』의 大人條에 "有位者之稱"이라 하고 『在
傳』의 註에 "大人公卿大夫也"를 인용해 쓰고 있다. 뿐만 아니라 『삼국사기』 권
49, 열전 蓋蘇文傳에 "其父 東部大人大對盧 … 諸大人與王室議欲誅"라는 例에
서 大人이 高官의 뜻으로 쓰인 사례를 찾을 수 있다. 아울러 이 大人은 『魏書』
권30, 東夷傳에 나오는 大家(高句麗條)나 大人(倭條)과 같은 例에서도 그 用例를
찾을 수 있다. 그러나 小人이 下級官僚의 뜻으로 쓰인 事例는 실제로 찾기 어렵
다. 그러나 '人耶小人耶'에서 대인과 소인인 상대적인 개념으로 쓰였으므로 소인
은 하급관리를 뜻할 것으로 추정할 수 있다.

4. 맺음말

이상에서 고찰한 단양적성비의 내용을 몇 개 항목으로 요약, 정리하면서 글을 마무리한다.

① 이 비문의 본 내용은 두 가시로 나눌 수 있으니, 진흥왕이 啄部 伊史夫 등 10명의 고관으로 하여금 적성의 **也尒次** 등의 공로를 포상케 한 내용과 별교 내용으로 되어 있다.

② 야이차 등의 공훈은 구체적으로 무엇인지 알 수 없으나, 목숨을 바칠 정도로 성실하게 일하다가 죽었다. 야이차의 형제들이 함께 목숨을 바친 것으로 보인다.

③ 그들의 처 3인에게는 무엇을 4년 동안 이용토록 허용하였다.

④ 야이차의 小女 師文에게는 포상으로서 撰干支 이상의 외위가 주어지고 赤城更烟을 면제시켜 주었으며 아버지의 재산을 혼자 전부 물려받도록 하였다.

⑤ □□□의 子인 刀只와 그의 小女 烏禮兮에게는 撰干支의 外位가 주어지고 이 지방에 관행되던 佃舍法을 공인하여 그들을 別官으로 삼아 佃舍 6家를 그들에게 내려주었다.

⑥ □弗兮의 女 道豆只와 또 悅利巴의 小子 刀羅兮에게는 撰干支 이하의 외위가 주어졌다.

⑦ 야이차, 이름을 알 수 없는 刀只와 烏禮兮의 父, □弗兮, 悅利巴는 모두 적성인으로 야이차와 형제관계인 듯하며, 그들의 신분은 일반 백성이었으며 이들이 모두 죽었기 때문에 본인 당사자에게는 전연 포상되지 않고 은전이 妻·子에게만 베풀어진 것으로 보인다.

⑧ 지방인물 중 추문촌 출신의 公兄 巴珎婁는 관직, 출신지, 이름, 관등이 모두 보이는 점에서 은전을 받은 사람과는 구별되고, 그는 赤城更烟 사무를 관장하는 鄕職의 관리로 파악하였다. 추문촌공형이 赤城更烟

을 관장한 것은 赤城의 통치 질서가 아직 정비되지 않은 결과로 보이며 온전한 비문에서는 勿思伐城公兄의 이름도 나올 가능성이 있다.

⑨ 진흥왕 때의 인구 파악방식은 丁 아래의 연소자를 子·女와 小子, 小女 두 계층으로 구분하였다.

⑩ 別教의 내용에는 두 가지를 담고 있다. 하나는 앞으로 전국에서 국가 일에 헌신하다가 생명을 바치는 자에게는 그 연소한 자녀에게 후한 은전을 내려준다는 것과 모든 관료에게 그러한 공로자를 찾아서 아뢸 것을 당부하는 내용이다.

끝으로 이 비문의 내용이 갖는 중요한 의미를 몇 가지 간략히 살펴보겠다. 이 비문은 신라 율령제도의 발달을 이해하는데 많은 새로운 문제를 시사해주고 있다.[37] 즉 更赤城烟 등 역역체제에 대한 율령과 재산분여에 대한 국법이 진흥왕 12년 이전에 이미 마련되어 있었음을 알 수 있고, 적성지방의 관습적인 佃舍法을 법으로 삼아 공인한 점을 통하여 법의 생성에 대한 새로운 사례를 알 수 있으며, 야이차 등의 공훈자에 대한 특수한 포상조처를 일반화하여 전국에 통용되는 국법으로 발전시켰음을 알 수 있다.

이 비문은 또한 신라 통치자들이 공이 있는 지방민을 조처하는 방책을 보여주고 있다. 첫째는 공이 있는 사람을 지배계층에 포함시켜 주는 정책이다.[38] 즉 이는 지방인이게 외위를 주는 것이다. 둘째는 역역에 대한 면제조처가 중요한 방법이었다. 셋째는 재산의 처분을 통한 조처를 들 수 있다.[39]

---

37) 이 점은 李基白 교수가 앞의 논문(1978)에서 이미 피력하였다.
38) 부족장 세력을 중앙귀족으로 편입하여 골품체제를 편성한 성격과 유사하게 이들 지방인은 지방의 지배층으로 편성되어 갔음을 볼 수 있다. 그러나 이들은 중앙귀족이 극히 폐쇄적으로 되었기 때문에 삼국통일 이후에는 점차 외위가 소멸되어가는 것으로 생각된다. 따라서 이들은 중앙의 귀족과 지방인 사이에 중간계층이라고 보아서 좋을지 모르겠다.
39) 이 조처는 후에는 穀을 賜與하는 방법으로 발전되어 간 것으로 보인다.

이 비석은 공훈포상의 비로서 진흥왕의 활발한 정복전쟁과 관련되어 복속시킨 지방민을 회유하려는 목적이 보이고 있으면서도 국가를 위하여 죽은 자에 대한 국가에 배려조처는 주목 되어야 할 것이다.[40]

신라에서 국가를 위해 목숨을 바친 사람에 대한 이러한 포상 정책은 문무왕대까지 130년간 지속적으로 유지되었다. 이는 신라가 3국을 통일하게 된 중요한 원인으로 생각한다. 고구려나 백제에서도 국가의 위기에 생명을 바친 사람을 포상한 사례는 간간히 보이나 신라처럼 지속적인 정책으로 추진되지 못한 듯하다. 신라에서 이런 정책을 지속적으로 추진한 이유는 이후 국가의 팽창과 위기가 지속되었던 역사적 배경도 있었겠지만 전통문화를 지속한 신라문화의 속성에도 기인한다고 할 수 있다.

제2절 武寧王陵 誌石 形態와 내용

1. 지석의 명칭 문제

무령왕릉의 발굴보고서인 『武寧王陵』에서는 이른바 무령왕릉 誌石을 '誌石', '陵券'이라고 부르면서도 지석의 내용이 소략하므로 그 이름을 '買地券'이라 해야 한다는 견해를 표명하였다. 즉 매지권이 主文이고 誌石文은 매지권의 서문격이라고 하였다.[41] 그러나 이후 이를 연구한 학자들은 모두 이를 총체적으로 매지권이라고 칭함이 부당하고 왕의 지석,

---

40) 이 비문의 성격에 대해서는 任昌淳, 李基白, 邊太燮 등 여러 분이 巡狩碑가 아니라 새로이 점령한 지역의 민심을 얻으려는 목적에서 포상한 것을 기념하기 위하여 세운 비석이라 이미 지적하였다. 진흥왕 때에 국가를 위해 생명을 바친 사람들에 대한 이러한 원호대책은 진흥왕 때 공인한 화랑에 대한 국가적 후원 정책과 연결하여 살펴 볼 필요가 있을 것으로 생각한다.

41) 任昌淳, 1973, 「買地券에 對한 考察」 『武寧王陵』, 51쪽.

왕비의 지석, 매지권 등으로 불러야 한다고 했다. 게다가 誌石文이 매지
권의 부수적인 前文이 아니기 때문에 이들을 통틀어 칭할 때는 誌石으
로 부르는 것이 합당하다는 견해도 제기된 바 있다.[42]

이처럼 혼란스러운 명칭의 이해를 돕기 위하여 당시 중국에서의 지석
에 대한 용어를 소개할 필요가 있다. 지석은 묘 속에 장례의 주체인 시
신이 누구라는 것을 밝히기 위하여 돌에 글을 새겨 함께 넣은 것으로,
이는 묘 위에 세우는 묘비와 내용이 크게 다를 바 없다. 그런데 지석에
는 산문체로 서술한 글을 誌文 또는 誌라고 하고 운문체로 칭송한 시를
銘이라 한다. 후일 지석이 정형화 되었을 때에는 지문과 명이 모두 갖추
어지는 것이 통례이며, 두 가지를 갖추었을 때 誌文을 銘의 서문으로 표
기한 사례를 흔히 볼 수 있다. 이는 묘비의 경우도 마찬가지였다.

그런데 중국의 초기 지석에는 誌文만 있고 銘을 쓰지 않는 것도 있고,
명만 쓰고 지문을 쓰지 않는 것도 있었다. 중국 지석의 역사를 네 시기
로 구분할 수 있는데, 제3기인 위진시대(265~316)에는 산문체의 지문으
로 된 지석이 출현하였다. 그러다가 산문체의 지문과 운문체의 명이 함
께 씌어지고 2매의 정방형의 판석으로 된 전형적인 지석이 출현한 것은
劉宋時代(420~749) 이후로 이해되고 있다[43]. 지석은 墓誌 또는 묘지명
이라고도 칭하여졌지만,[44] 무령왕의 誌石文은 산문체의 지문만이 쓰여
있으므로 묘지명이라고는 칭할 수 없고 墓誌라고 칭할 수 있다고 하겠
다. 따라서 지문만을 지칭할 때에는 묘지라고 칭하겠으며 매지권 등을
합처 총칭할 경우에는 誌石이라는 용어를 사용하겠다.

---

42) 李丙燾, 1972,「百濟武寧王陵出土 誌石에 대하여」『學術論文大集』11 - 人文社
會科學篇 - ; 1973,『韓國古代文化와 社會』.

鄭求福, 1987,「武寧王誌石 解釋에 대한 一考」『宋俊浩教授停年紀念論叢』.

成周鐸, 1991,「武寧王陵 出土 誌石에 關한 研究」『百濟文化』21.

43) 張哲洙, 1989,「지석의 발생에 대한 一考察」『李杜鉉教授 停年退任紀念文集』참조.

44) 張哲洙, 1989,「지석의 명칭과 종류에 대한 一考察」『金宅圭박사회갑기념 문화인
류학논총』, 351쪽.

왕과 왕비의 墓誌는 그 내용이 매우 소략한 것은 사실이다. 그렇다고
하여 이를 誌石으로 볼 수 없다는 견해에는 찬동할 수 없다. 왕과 왕비
의 묘지에 대하여는 뒤에서 상세히 소개하겠지만 매장자의 직위, 이름,
사망년월일, 장례년월일, 묘지의 위치 등을 적고 있어 墓誌의 핵심적인
내용을 기록하고 있기 때문이다.

간지로 표시된 圖는 발굴보고서인 『武寧王陵』에서는 '方位表'라고
칭하였다. 그러나 이를 '陵域圖' 혹은 '位置圖'라고 칭한 설이 있는
바,[45] 단순한 방위표를 지석에 새길 이유가 없을 뿐더러 후술 하는 바와
같이 실제로 이것이 놓여져 있는 방위와 그것에 새겨진 방위가 일치하지
않기 때문에 '方位表'로 칭하는 것은 잘못이라고 생각한다. 비록 묘의 범
위가 구체적으로 표시되어 있지는 않지만, 이는 분명 묘의 위치와 매지권
에서 산 땅의 묘역을 기록해 두려는 의도가 있었다고 생각한다.

그러나 왕과 왕비의 墓誌 그리고 매지권에서 '大墓'라든지 '묘를 만들
었다[爲墓]'라는 등의 표현이 나오고 있을 뿐 陵이라는 표현은 보이지
않고 있으며, 왕과 왕비의 지석문을 墓誌라고 부르기로 하였으므로 '陵
域圖'라는 표현보다는 '墓域圖'라고 칭함이 옳을 듯하다.[46] 그러나 墓域
圖라고 단정할 수 없으므로 우선 干支圖로 지칭하겠다.

매지권은 여러 연구자들이 공통되게 사용하여 온 칭호이다. 단지 이
를 귀신[地神]들로부터 형식적으로 사들인 것이라 하여 '冥券'이라 칭한
연구자도 있으나,[47] 그 문기 내에 땅을 산 문서라는 말이 나오므로 이는
'買地券'이라 부르는 것이 타당하다.

---

45) 李丙燾는 앞의 논문(1972)에서 '陵域圖'라고 칭하였고, 成周鐸은 앞의 논문(1991)
   에서 '位置圖'로 칭하였으나 干支図로 개칭하기로 한다.
46) '墓' 자는 원래 봉분이 없는 것을 칭하였고, 廣開土王碑文에서도 왕릉을 묘라 하
   여 '守墓人'이란 기록이 보인다. 그러므로 고대에는 墓는 陵에 비하여 작은 무덤
   이라는 卑稱이 아니었음을 알 수 있다.
47) 瀧川政次郎, 1972, 「百濟武寧王妃墓陰の冥券」 『古代文化』, 24~25쪽.

2. 지석의 작성과 놓여 있던 상태

서기 523년에 무령왕이 죽자 3년상을 치루기 위하여 2년 3개월 동안 가매장하였다가 왕릉을 축조하여 정식으로 모실 때 왕의 墓誌와 干支圖, 買地券을 만들었다.[48] 그 후 526년에 왕비가 죽자 3년상을 치룬 후 이곳에 모실 때 매지권을 상하로 뒤집어 뒷면에 왕비의 묘지를 새겨 넣었다.

왕의 墓誌는 왕릉의 연도 입구 쪽의 동쪽 벽 편에 놓여 있었던 바, 발굴보고서에서는 그것이 놓인 방향을 전혀 언급하지 않았으나 실측도와 유물의 사진도판을 통해 보면[49] 왕의 시신 머리쪽(현실 안쪽)에서 읽을 수 있도록 놓아졌음이 확인된다. 그리고 출토 시 왕비의 墓誌도 왕릉의 입구 쪽에서 읽을 수 있도록 놓아지지 않고 시신 쪽에서 읽을 수 있도록 놓여졌다. 그러므로 干支圖의 비워둔 서방의 자리는 능의 입구 쪽을 향하여 뒤집혀 놓여 있었던 셈이다. 따라서 왕릉의 입구는 남향이므로 실제의 방위와 干支圖에 새겨진 방위와는 일치하지 않는다.[50]

무령왕릉 발굴보고서에서 매지권은 왕비의 장례 전에는 현실 쪽 (시신쪽)에서 읽을 수 있도록 글씨가 위로 보이게 연도의 서벽 쪽에 놓여졌을 것으로 추정하였으나[51] 왕의 장례가 치러졌을 당시에는 원래 왕의 묘지 위에 포개 놓았을 가능성도 배제할 수 없다. 3~4세기의 위진시대에는 이미 지석을 두 장으로 만들었는데, 그 중 하나는 덮개용의 개석이고 다른 하나는 묘지를 새긴 底石이라 하는 바 이를 포개 놓은 것이 관례였다.[52] 후대 우리나라의 지석이 개석과 묘지 두 장으로 만들어진 경

---

48) 뒤의 干支圖 내용 해석에서 상술하겠다.

49) 문화재관리국, 1973, 『武寧王陵』, 도판 27 및 97 참조.

50) 成周鐸은 앞의 논문(1991, 112쪽)에서 干支圖의 서방이 북방을 향한 것으로 보았다.

51) 문화재관리국, 1973, 『武寧王陵』, 13쪽.

52) 張哲洙, 1989, 앞의 논문, 97쪽.

우 이를 포개 놓았다.[53] 뿐만 아니라 합장 이전에는 왕의 시신 한 분을 모셨는데 誌石 두 장을 나누어 벌여 놓았다고 보기보다는 포개 놓았다고 보는 것이 타당하지 않을까 한다. 이런 점에서 무령왕릉의 지석과 매지권은 포개져 있었을 것으로 생각된다. 이러한 추론이 타당하다면 중앙의 뚫은 구멍을 맞추어 놓았을 것이다.

그런데 매지권의 글씨가 표면에 보이도록 놓아졌던 것인지 아니면 엎어 놓았던 것인지는 실제로 확인할 수 없다. 그러나 이를 개석으로 생각하여 왕의 묘지 위에 놓아졌다고 하더라도 아마 매지권의 글씨가 위로 나오도록 놓였던 것이 아닐까 한다. 이는 중국의 지석에서 표제를 적은 개석문과 달리 상당히 긴 내용이 적혀 있기 때문이다.

후일 왕비를 왕의 묘에 모실 때 매지권을 내려서 상하로 뒤집어 왕비의 묘지를 새기고 왕비의 시신 앞, 즉 왕의 墓誌 서편에 놓았다. 그런데 왜 방향을 상하로 뒤집어 새겼는지는 알 수 없다.[54] 어떻든 이를 좌우로 뒤집어 새기지 않고 상하로 뒤집어 새겼으므로 왕의 묘지와 왕비의 묘지 표면의 구멍의 일직선상에 있지 않고 엇갈려 있다. 그리고 왕의 장사 시에 왕의 지석, 즉 매지권 윗면에 올려놓았던 오수전 한 꾸러미(약100개)는 왕비의 장사를 치를 때 왕의 묘지 서편자리, 즉 발굴당시의 왕비의 墓誌 위에 옮겨져 놓아 둔 것으로 이해된다.

3. 誌石의 형태

왕의 墓誌와 매지권 곧 왕비의 묘지는 가로 41.5cm, 세로 35cm의 장

---

53) 11세기 鄭沆의 誌石이 두 장으로 되어 있고, 1484년의 趙義의 誌石이 두 장 포개져 있다(한국민속박물관, 1990,『韓國의 喪葬禮』, No. 67 사진 참조).

54) 任昌淳은 앞의 논문(1973)에서 그 이유를 왕비 묘지의 마지막 구절 "立志如左"에 맞추기 위한 목적에서라고 설명하고 있으나 찬동할 수 없다.

방형 청회색 閃綠岩에 새겼다. 단지 왕의 묘지 두께가 5㎝인데 비하여 매지권은 그보다 0.3㎝ 정도 얇다. 왕의 묘지는 세로로 일곱 줄을 음각으로 그어 7칸을 만들고 글씨를 새겼는 바, 글자 크기는 일정하지 않으나 한 글자의 직경은 2~2.5㎝이다. 한 줄에 일곱 글자 또는 아홉 글자를 새겨 글자 사이의 간격을 일정하게 맞추어 쓰지는 않았다.

『王의 墓誌』
寧東大將軍百濟斯
麻王年六十二歲癸
卯年五月丙戌朔七
日壬辰崩到乙巳年八月
癸酉朔十二月甲申安厝
登冠大墓立志如左
　　?

무령왕 지석

干支圖는 사방의 가로부터 2.5㎝를 들여서 직선을 음각하고 그 선 위에 방향을 가리키는 10干·12支를 세 변에 안 쪽을 향하여 새기고 서쪽을 가리키는 부분에는 干支(申·庚·酉·戌)를 쓰지 않고 비워 두었는데, 이 부분은 왕릉의 입구 쪽을 향하여 놓여 있으므로 실제 방위에서의 남쪽에 干支圖의 서방부분이 놓여 있다. 그리고 干支圖에 방위 간지를 쓰

지 않은 변으로부터 15cm 아래, 남
과 북의 간지가 쓰여진 변으로부터
20cm 되는 부분에 지름 1.1cm의 구
멍을 뚫었다. 그러므로 이 구멍의
위치는 세로로는 상단 쪽으로 치우
쳐 있고, 가로로는 한 중앙에 뚫었
다. 구멍은 완전히 관통하고 있으나
왕의 墓誌 구멍은 干支圖 쪽에서
다듬은 것 같다.

干支圖

```
『買地券』
錢一萬文 右一件
乙巳年八月十二日寧東大將軍
百濟斯麻王以前件錢詣土王
土伯土父母上下衆官二千石
買申地爲墓故立券爲明
不從律令
```

매지권

뒷면에 왕비의 墓誌가 있는 매지권을 새긴 지석은 왕의 墓誌石과 같
은 크기의 돌인데, 매지권은 8개의 세로 줄을 그었으나 바깥쪽 줄을 긋
지 않았으므로 7칸을 만들고 아래와 위에는 가로줄을 긋지 않았다. 칸
밖에 제목을 쓰고 다섯 칸 본문을 새겼는바, 한 줄을 가득 채운 것 중에
는 10 글자, 12 글자, 13 글자를 써 넣어 글씨의 자간이 맞추어지지 않았
다. 좌우의 중앙인 넷째 줄에 왕의 干支圖 구멍과 일치하는 상단 부분에
구멍을 관통하여 뚫었다. 매지권의 가운데 구멍도 매지권 쪽에서 뚫은

것이다. 구멍은 아래 위쪽의 크기가 같다고 하여도 이를 뚫은 의도는 墓誌와 관련이 있다기 보다는 오히려 干支圖와 매지권과 관련된 것이 아닌가 한다. 이 구멍이 갖는 상징적인 의미는 앞으로의 연구과제이다.

매지권 뒷면에는 세로로 14줄을 그어 13칸을 만들었으나 왕비의 묘지문은 네 칸에만 채워져 있다. 왕비의 墓誌는 왕비의 시신을 大墓에 모신 聖王 7년(계미년 529)경에 왕의 매지권에 추가하여 새겼다고 이해된다. 글씨가 왕의 묘지에 비하여 작게 쓰였고 가득 채운 줄의 한 줄에 12자 내지 13자가 새겨져 있으며 字徑은 1~1.5cm이다.

> 『王妃의 墓誌』
> 丙午年十二月百濟國王太妃壽
> 終居喪在酉地己酉年二月癸
> 未朔十二日甲午改葬還大墓立
> 志如左

무령왕비 지석

4. 誌石文의 내용 해석

1) 왕의 묘지 해석

가. 寧東大將軍 百濟斯麻王

이것은 王의 墓誌에 써진 첫 번째 구절로, 이 무덤의 주인공을 알려주는 귀중한 기록이다. 이 지석으로 인하여 무령왕릉은 삼국시대의 왕릉 중 주인공을 알게 된 유일한 예가 된 것이다. 그리고 삼국시대의 왕릉 중 지석을 만들어 넣은 것은 백제인들이 한문학에 대한 깊은 지식을 가

지고 있었음을 실증적으로 보여주는 것이며, 나아가 실제 생활에 한문을
이처럼 실용적으로 사용하였음을 보여주는 것이다.

寧東大將軍은 무령왕 21년(梁 普通 元年, 501) 梁에 사신을 보냈을 때
양 武帝로부터 받은 관작인 '使持節都督百濟軍事寧東大將軍'의 약칭이
고, 大將軍은 양나라의 第一品의 벼슬이었다.55) 사실 무령왕이 양나라로
부터 받은 관직은 앞에서 말한 영동대장군에 '百濟王'이라는 직함이 덧
붙여져 있었다. 그러므로 '寧東大將軍百濟斯麻王'은 책봉된 직함을 그
대로 쓴 것이 아니라, 이를 중심으로 당시의 칭호였던 자신의 이름인 斯
麻를 덧붙여 쓴 것이다. 중국으로부터 책봉을 받은 관직을 지석에까지
쓴 것은 사대주의 사상에서 나온 것이 아니냐고 할지 모르겠으나, 그때
관념으로서는 국가 간에 대등해야 한다는 관념이 오늘날과 달랐음을 보
여주는 것이다.56) 이 문제는 이것만으로 해석할 것이 아니라 誌石文에
나오는 전체적인 내용과 함께 곁들여 해석하여야 할 것이다. 오히려 이
는 당시 동아시아의 국제적 관행을 잘 보여준다고 하겠다.

斯麻는 무령왕의 이름으로 『삼국사기』에는 '斯摩' 또는 '隆'이라 쓰
고 있다. 隆은 中國 史書에만 보인다는 점에서 漢式 이름이고,57) 斯麻는
무령왕 생존 시에 백성들까지도 불렀던 칭호였으므로 묘지에서도 거리
낌 없이 斯麻王이라고 쓴 것으로 풀이하고 있다.58) 지석에 왕호인 '武
寧'을 사용하지 아니하고 이름인 '斯麻'를 쓴 것은 당시에 왕의 이름을
避諱하지 않고 그대로 불렀던 관습을 반영하나 것이며, 묘지가 장례를
치룬 다음 대의 聖王의 입장에서 써진 것이 아니라 죽은 당사자인 무령

55) 梁나라의 역사서인 『梁書』에는 관직을 서술한 志가 없다. 그래서 이를 이전 왕조
였던 劉宋의 역사를 기록한 『宋書』에서 찾아보면 大將軍은 第二品職이었다. 『宋
書』 권40, 百官 下 참조.
56) 李丙燾, 1972, 앞의 논문 참조.
57) 李丙燾는 위의 논문(1972, 554쪽)에서, 隆은 의자왕의 큰 아들의 이름과 같다고
지적하고 있다.
58) 鄭求福, 1987, 앞의 논문.

왕의 입장에서 씌어진 것이라 할 수 있다.[59]

斯麻王의 출자에 대해서는 두 가지 학설이 있다. 첫째는 『삼국사기』 백제본기에 근거를 두고, 武寧王을 東城王의 둘째 아들이라고 하는 주장으로 결정적인 다른 자료가 나오지 않는 한 그 결론은 쉽게 부정될 수 없다.[60] 둘째는 『日本書紀』 雄略天皇條와 武烈天皇條에 근거하여, 무령왕이 日本 筑紫嶋에서 출생해서 '斯麻王'이라고 하였고[61] 아울러 그의 계보는 동성왕의 異腹兄弟라는 주장이다.[62]

나. 年六十二歲

이것은 무령왕이 죽은 해의 연령을 보여주는 구절이다. 『삼국사기』 백제본기에는 왕의 연령이 기록되어 있지 않다. 무령왕의 壽가 62세임을 밝힌 것은 『삼국사기』의 결함을 보충할 수 있는 자료로서 즉위 시 왕의 나이가 40세였음과 다음에 설명하는 죽은 연대에서 나이를 빼면 462년 蓋鹵王 8년에 출생하였음을 알 수 있다. 이를 통해 무령왕이 동성왕의 아들일 수 없고 이복형제라고 보는 중요한 근거이다.

다. 癸卯年五月丙戌朔七日壬辰崩

이것은 무령왕이 62세 되던 癸卯年(523) 5월 초하루 일진이 丙戌이고 7일 壬辰에 죽었다는 기록이다. 계묘년은 백제 무령왕 23년(고구려 安藏王 5, 신라 法興王 10, 중국 梁武帝 普通 5)에 해당된다. 5월 朔日 丙戌과 7일 壬辰은 元嘉曆에 의거한 것임이 이미 밝혀졌다.[63] 『周書』 백제

---

59) 鄭求福, 1987, 앞의 논문.
60) 李基白, 1959, 「百濟王位繼承考」 『歷史學報』 11, 11~18쪽.
61) 『日本書紀』에 소개된 무령왕 출생설화에 의하면, 斯麻를 일본식으로 발음하면 '시마'인데 이것은 섬[嶋]의 일본식 발음인 '시마'와 동일하다. 그런데 무령왕을 斯麻라고 한 것은 그가 바로 섬에서 출생했기 때문에 붙여졌다고 한다.
62) 李道學, 1984, 「漢城末 能津時代 百濟王系의 檢討」 『韓國史研究』 54 참조.
63) 大谷光男, 1973, 「百濟 武寧王·同王妃의 墓誌에 보이는 曆法에 대하여」 『考古美術』 119, 2~7쪽.

전과 『隋書』 백제전에 의하면, 백제는 宋의 元嘉曆을 사용하여 寅月 곧 음력 정월로서 歲首를 삼았다고 기록되어 있다. 宋의 元嘉曆은 宋(劉宋) 文帝 元嘉 20년(443)에 御史中丞 何承元이 만들어 510년까지 65년간 사용된 曆法으로, 그것이 일찍부터 백제에 전래되어 널리 사용되었고 또한 백제를 통하여 일본에까지 전해져 사용된 것이다.[64)

무령왕의 죽음을 천자나 황제만이 사용할 수 있는 '崩'자를 사용하고 있다. 사람의 죽음을 표시하는 글자로는 死, 卒, 終, 薨, 崩 등이 있는데, 士庶人의 죽음에는 死, 卒, 終 등의 글자를 사용하는 것이 통례였고, 諸侯의 죽음에는 薨, 天子와 王后의 죽음에는 崩자를 사용하는 관례로 되어 있었다.[65) 그런데 무령왕의 묘지에는 황제가 죽었을 때 사용하는 가장 격이 높은 '崩'자를 사용하고 있어 당시 백제왕에게 황제에게 사용하는 글자를 쓰고 있음을 확인할 수 있다. 따라서 이는 위에서 언급한 바있는 양 武帝로부터 받은 '寧東大將軍'의 직함을 쓴 것이 사대적인 의식의 표출로 보아서는 안 되는 확실한 증거라 할 수 있다. 그렇다고 하면 '斯麻王'이라 하여 '王'자를 사용했으니 천자보다 격이 낮은 제후의 지위와 같지 않느냐고 하는 의아심도 있을 수 있다. 그러나 군주에 대한 고전적 최고 칭호는 본시 '王'이었으므로 하등 이상한 것이 없다고 판단된다.[66)

라. 到乙巳年八月癸酉朔十二月甲申安厝登冠大墓

乙巳年(525, 성왕 3년) 팔월 초하루 일진은 癸酉인데 12일 甲申에 이르러 장사지낼 때에 大墓[왕릉]에 모셨다는 기록이다. 安厝는 『中文大辭

李殷晟, 1984, 「武寧王陵의 誌石과 元嘉曆法」『東方學志』43, 39~65쪽.

64) 大谷光男, 1973, 앞의 논문, 2~7쪽.
　　李殷晟, 1984, 위의 논문, 39~65쪽.

65) 『白虎通』 권10, 崩薨條에는 "天子曰崩 大尊像崩之 爲言崩 崩然伏僵 天下撫擊失 神明 黎庶殞涕 海內悲涼"이라 하여 崩의 뜻을 설명하고 있다.

66) 李丙燾, 1972, 앞의 논문, 560~561쪽.

典』에 의하면 장례를 지낸다는 뜻으로, 귀천에 모두 함께 사용하는 단어로 설명되어 있다. 安厝의 '厝'자는 옥편에는 숫돌 '착'으로 설명되고 있으나, 중문대사전에는 이와 다른 뜻으로, 1) 둔다[置]는 뜻으로 措자와 통하는 것으로(『孝經』喪親條) "卜其宅兆而安措之"라 하여 安葬이라는 뜻으로 사용하였고, 2) "葬也置也"의 뜻으로 "謂安置柩於兆穴而葬之"라 하여 장사지내기 위하여 棺에 모셔 놓음을 뜻한다고 하였다. 그리고 『白虎通』에는 또 다른 뜻으로, 3) "停柩待葬者"[67]라 하여 棺에 모셔 장사를 기다리는 것으로 기록하고 있다.

安厝의 실례로는 劉備의 甘皇后 경우를 들 수 있다. 즉 왕비의 상여가 도착하기 전에 劉備가 죽어서 합장하기로 하였는데 유비의 능이 아직 완성되지 않았으므로 임시 가매장한 것을 安厝이라 하였다.[68] 그래서 무령왕릉 誌石에서의 安厝을 가매장한 것으로 보는 견해도 있다.[69] 그러나 빈소에 가매장한 것은 이 때가 아니라 왕이 죽은 직후일 것이므로 이 구절은 문맥에 따라 "빈소에서 입관하여 모셔져"라고 해석함이 좋을 듯하다. 이는 후술하는 바와 같이 왕비의 지석에서 '改葬'에 대한 對句로서 풀어도 위와 같이 해석함이 타당하다고 생각한다.

登冠을 직역하면 '관을 올렸다'는 것이고 大墓는 단순히 큰 묘라는 뜻이 아니라 王陵이라는 뜻으로 이해된다. 大墓는 大駕, 大輦, 大號, 大喪, 大朝라는 표현에서 '大'자가 천자라는 뜻을 가지므로 大墓도 이런 용례로 보아야 할 것이다. 그리고 大墓는 매지권에서 왕의 장사를 치른 날 地神으로부터 申地를 사서 묘를 만들어 놓았던 것을 지칭한다. 대묘에 관을 올렸다는 것을 '登冠'으로 표현한 용례를 찾기 어려우나, 이를 地名으로 볼 수 없으므로[70] 정식 장사를 지냈다는 뜻으로 표현된 것으

---

67) 『曲禮』에 "在床曰尸 在棺曰柩"라 함은 입관한 후 장례를 치르기까지를 말한다.
68) 『三國志』 권34, 蜀書 4 先主甘皇后傳.
69) 姜仁求 교수의 견해이다.
70) 任昌淳, 앞의 논문(1973)에서 이를 지명으로 파악하였다.

로 봄이 타당할 듯하다. 冠을 왕릉에 올렸다고 표현한 것은 왕관이 왕을 상징하는 대표적인 유물이기 때문이라고 생각한다. 지하 궁전인 왕릉에 관을 올림으로써 그 세계에서 새로운 삶을 영위한다고 여겼던 것이라 할 수 있고, 武寧王이란 시호도 이 때에 올렸다고 생각된다.71)

물론 선학들이 지석에 武寧이란 시호가 보이지 않으므로 왕비의 사후, 즉 성왕 7년 이후로 보고 있으나 시호를 올릴 수 있는 때는 大墓에 등관한 때가 가장 적절한 시기이다. 그런데 왕의 지석에 시호를 써 넣지 않은 이유로는 왕의 시호가 왕의 장례 때까지 아직 정해지지 않았을 것이라는 점과는 다른 각도에서 고려해 볼 수 있다. 즉 왕의 墓誌와 매지권에서 매장된 무령왕이 주체가 되어 있다는 점을 유의하여야 할 것이다. 생전에 부를 때에는 斯麻王이라 불렀고 大墓에 모신 후에는 武寧王이라고 부른 것으로 볼 수는 없을까 한다.

王이 죽은 523년 5월 7일부터 장사를 지낸 해인 525년 8월 12일 까지는 만 2년 3개월 5일이니, 27개월이 좀 넘는다. 이것은 뒤에 설명할 왕비의 居喪도 27개월이어서 장례기간이 일치함을 알 수 있다. 이것은 우연의 일치가 아니고 의도적이었음을 알 수 있다.72)

당시의 喪葬에 대한 문헌기록을 보면 『三國志』 東夷傳에는 우리나라 古代喪制에 대하여, 夫餘는 停喪이 5개월로 되어 있으나 오래 할수록 영광으로 생각하니 상주들은 停喪하기를 서두르지 않으므로 주위 사람들이 강제로 권해서 상을 마치도록 했고 喪中 풍습은 제반사가 부여와 더불어 같았고 백제의 前身이었던 韓社會도 또한 같았다고 한다. 이러한 기록으로 미루어 보아 부여, 고구려, 韓의 장례 풍습이 비슷했음을 알 수 있다.

---

71) 武寧이란 시호가 묘지에 적히지 않았다고 하여 武寧이란 시호를 올린 것을 성왕 7년 이후로 보는 설도 있다. 任昌淳, 1973, 앞의 논문, 54~55쪽 참조.

72) 成周鐸, 1991, 앞의 논문 참조.

삼국의 상장의 풍속을 가장 소상하게 전하고 있는 『周書』에 의하면, 고구려의 喪制에 대해서 부모와 남편상의 복제는 중국과 같으나 형제상은 3개월간으로 한정했으며, 백제에 있어서는 부모와 남편상에는 3년 동안 상복을 입었다고 한다. 이와 같이 부여, 고구려, 백제의 喪制가 비슷했는데, 이 상제는 또한 중국과 더불어 비슷하다고 하였다.

중국에 있어서 부모상의 경우 요순시대부터 3년 상을 입어 내려 온 것으로 알려져 있으며, 殷의 高宗(武丁)은 그의 아버지 小乙이 죽자 묘막을 짓고, 거기서 기거하면서 3년 동안 服喪한 사실이 『書經』에 전하고 있다. 이와 같은 사실에 근거를 두었음인지 孔子는 3년상의 복제가 이미 오래전부터 전해져 내려왔다고 하였고, 孟子도 부모상에 3년 동안 복상을 하는 것은 사람이 태어난 후 3년은 지내야 부모의 품을 면할 수 있기 때문이라 하였다. 그러나 3년 상에 대해서는 만 36개월을 의미하는 것인지 27개월이나 25개월을 의미하는 것인지 명확하게 밝힌 바 없다. 다만 3년 상이 끝났어도 그 달은 넘기고서 풍류를 즐기는 것이 도리라고 했을 뿐이다. 이에 근거를 두고 後漢 때 경전에 해박한 지식을 갖고 경전 주석을 낸 鄭玄은 27개월 설을 주장했으며, 25개월 설은 『春秋 公羊傳』에 처음으로 보이고[73] 魏나라 때 王肅이 25개월 설을 주장하여 두 설이 공존하여 오다가 宋代 朱熹(1130~1200)에 의하여 王肅의 25개월 설이 채택된 후 현재까지 전해 내려오고 있다.

중국의 3년 복상의 역사적 배경을 살펴보건대, 우리나라의 고대 喪制와 유사했음을 엿볼 수 있다. 특히 백제는 부모와 남편상에 3년 복상을 했었다고 하는 기록과 함께 무령왕과 왕비의 장례에 27개월 동안의 居喪을 마친 다음에 장사를 지냈다고 하는 것은 鄭玄의 27개월 服喪制를 채택 사용했음을 알 수 있다.[74] 그리고 왕의 장사 날짜는 仲秋 12일에,

---

73) 『春秋 公羊傳』 閔公 二年 夏五月. "三年之喪 實以二十五月"
74) 成周鐸, 1991, 앞의 논문 참조

왕비의 장사 날짜는 仲春 12일에 지낸 것도 우연의 일치가 아니고 택일
해서 장사를 지낸 것이 확실하다고 하겠다.[75]

마. 立志如左

立志如左에서 '志'는 기록한다는 '誌'와 통용되는 글자로 해석된다.
그러므로 '立志'는 기록하여 둔다는 뜻이다. 여기서 문제가 되는 것은
'左' 자의 문제이다. '左'는 우리가 지석을 보는 방향에서는 '다음의'라
는 뜻이 되어 왕비 지석 뒷면의 매지권을 가리킨다. 이것은 무령왕릉 發
掘報告書의 해석이다.[76] 그러나 이러한 해석에는 몇 가지 문제가 있다.
첫째, 王의 墓誌를 만들 때 매지권을 함께 만들었으나 왕의 묘지를 놓아
두었던 상태가 왕의 시신 쪽에서 읽도록 되어 있고 그 우측에 매지권을
놓아두었다 하더라도 매지권은 좌측이 될 수 없고 좌측을 문자 그대로
해석한다면 뒷면의 干支圖를 지칭한다고 보아야 할 것이다. 둘째, 왕비
의 묘지에서도 "立志加左"라 하였는데 이를 좌측으로 해석한다면 해당
되는 글이 없다. 만약 왕비의 墓誌文이라 한다면 이는 좌우로 돌려서 새
긴 것이 아니라 上·下로 뒤집어서 썼기 때문에 후면이라 할 수는 있어도
좌측이라 할 수는 없다. 셋째 墓誌의 '左'를 다음으로 해석한다면 매지
권의 "右一件"의 해석에 무리가 따르게 된다. 그러므로 이두 지석의 "如
左"를 충족시키는 해석은 "이상과 같다"라고 해야 할 것이다.[77]

"立志加左" 옆 줄인 일곱째 줄에 글자 한자가 새겨져 있다. 李丙燾는
이 글자에 대해서 분명치 않다고 한 바 있으나, 어떤 뜻을 가진 글자임
이 분명하다. 成周鐸은 王의 墓誌 위에 새겨져 있는 干支圖와 관련시켜
해석해서 무덤의 뜻을 가진 "穴"자나 "家"자가 아닌가 하는 견해를 밝힌

---

75) 鄭求福, 1987, 앞의 논문, 41쪽.
76) 李丙燾, 1972, 앞의 논문, 562쪽에서 如左를 '다음의'로 해석하여 買地券으로 본
     것 같다.
77) 鄭求福, 1987, 앞의 논문, 41~43쪽.

바 있다.[78] 발굴보고서에는 부적과 같은 표시로서 의미를 찾을 수 없는 글자로 풀이하고 있다. 이는 앞으로 더 연구가 되어야 할 문제이다.

2) 干支圖에 대한 해석

무령왕의 墓誌 뒷면에 앞의 그림과 같이 그은 선의 위에 10干·12支의 문자가 음각되었으나, 申·庚·酉·辛·戌의 5자 분과 서·남의 간방인 '戊'·'己'자는 缺字되어 있다. 그리고 墓誌 표면 오른쪽 끝에서 19.9㎝, 아래쪽 끝에서 20㎝되는 위치에 지름 1.1㎝의 구멍이 뚫려 있다.

任昌淳은 이를 方位表로 규정하고, 방위를 새겨 넣으면서 3면만을 기입하고 상부에 해당하는 서쪽 부위를 기입하지 않은 것은 석재 자체가 정방형이 아니기 때문이니, 24방위를 기입함에 있어서 정방형이 아니고서는 방위의 위치를 제대로 설정할 수 없기 때문이라 하였다. 즉 서방에 해당하는 부분을 적어 넣을 수 있다 할지라도 서북쪽과 서남쪽의 명칭을 기입할 자리가 없는 것으로 풀이하였다. 그러므로 서방 一面을 비워두지 않을 수 없다는 것이다. 다시 말하면 가운데 뚫린 구멍을 중앙으로 설정하고 이에 준하여 陵券의 위치가 능의 방향과 같이 놓이게 되어, 능의 방위가 전면이 東, 후면이 西가 되었는데 구멍을 위쪽으로 치우쳐서 뚫었기 때문에 서쪽 면의 표시를 비우지 않을 수 없게 되었다는 것이다. 그리고 처음부터 방위표시를 계산에 넣고 했었다면 정방형의 석재를 썼을 것이고 또 서쪽 면을 다 기입했겠지만, 이것이 미리 계획된 것이 아니고 이상히 여겨져서 왕비 陵券을 새긴 뒤에 이를 같이 追刻하였을 것이라는 견해이다.[79]

이와 같은 견해에는 두 가지 의문점을 남기고 있다. 첫째는 처음부터 방위표시를 계산에 넣지 않았다고 하였다는 점이다. 무령왕 지석에서 구

---

78) 成周鐸, 1991, 앞의 논문, 117쪽.
79) 任昌淳, 1973, 앞의 논문, 53쪽.

멍을 피하여 '崩' 자를 한 글자를 떼어 썼다는 점에서 지석의 구멍은 왕
의 墓誌를 새기기 전에 뚫은 것이 확실한데, 이 구멍을 장방형의 지석이
라 하더라도 상하의 중간을 취할 수 있는 데에도 좌우의 중간만 취하고
상하의 중간을 취하지 않은 것은 무엇 때문인가가 설명되어야 한다. 둘
째는 왕비의 묘지를 第2石의 후면에 새긴 뒤에 一面만을 비워두는 것이
이상히 여겨져서 왕비 陵券을 새긴 뒤에 追刻했을 것이라는 견해는 이
왕릉이 왕과 왕비의 합장이기는 하지만 무령왕이 중심이었다고 할 수 있
을 뿐만 아니라 무덤의 일은 예나 지금이나 가장 지엄한 금기가 있는데
왕의 지석 뒤편에 비워졌다고 하여 가볍게 追刻할 수 있겠는가 하는 점
이다.

따라서 干支圖는 처음부터 계획적으로 이루어진 陵墓 조성과 함께 이
것도 계획적으로 이루어졌으며, 이는 능의 위치를 표시하려는 의도로 왕
의 묘지를 작성할 때에 묘역도를 작성 명기한 것으로 보아야 할 것이다.

李丙燾는 이것을 능묘에 관한 방위도이면서도 일종의 능역도[地積圖]
를 겸한 것이라고 해석하고 있다. 즉 "이것이 만일 순전한 방위도라면
西方이 균형을 얻어야겠는데, 여기에는 일방이 절단(축소)되고 그 자리
에 선만 내려 긋고 방위 干支가 刻入되어 있지 않다. 그러나 이것은 다
른 세 방위와 같이 확실히 능역의 한계를 표시한 것이니, 중국 漢·魏,
六朝時代의 墓誌를 보더라도 거기에는 묘역의 각 한계를 기입한 예가
많다. 그 일례로는 光緒 丁酉(1897)에 중국 浙江省 平陽縣에서 발견된
晉 咸康 四年(338) 2月 朱買妻 薛氏 매지권을 들 수 있다. 그런데 무령왕
지석의 방위도에 있어서는 서쪽의 일부를 절단하여 그 한계선을 안쪽으
로 축소획정하고 있는데, 이것은 아마도 陰陽拘忌關係의 卜筮사상에서
연유한 것 같다. 또 두 개의 誌石에는 가운데 조그만 구멍이 뚫려 있는
데, 그것은 子·午의 중간에 위치하고 있으므로 만일 서쪽 한 선을 내키
어 제자리의 방위형성을 취하게 된다면, 여기에 구멍을 뚫은 것은 이 도

면의 중심이 되어 전체의 균형을 이룰 것이다. 그러나 이 중심점은 어디까지나 방위상의 중심이요 실제 획정된 능역이나 玄室의 중심을 의미하는 것은 아닐 것이다. 방위표시의 干支가 특히 匡郭線上에 걸쳐서 기입된 것을 보면, 이들 간지는 주위의 거리를 측정하는 척도를 兼示한 일종의 지적도와 같은 것"으로 판단하고 있다.[80]

이에 대하여 필자는 단순한 방위표가 아니고 묘를 축조하고 매지권을 만든 것과 관련이 있을 것으로 보고, 능역도와 같은 의미에서 墓域圖로 해석하는 것이 타당하다고 본다. 그러나 중앙에 구멍을 뚫은 것은 단순히 중심점으로 잡은 것이 아니라고 생각한다. 왜냐하면 중심점이라면 점을 찍어도 될 터인데 하필 완전히 관통하는 구멍을 뚫었다는 점이 첫째 이유이다. 또 같은 구멍이 매지권(왕비의 誌石)에도 같은 위치에 거의 같은 크기로 뚫은 것이 둘째 이유이다.

그래서 능역도 상에서 대각선을 그어보면 교차점으로부터 서방 쪽에 구멍이 있게 되며 장방형의 서방 쪽 4분의 1은 왕릉의 묘역을 의미한다고도 볼 수 있지 않을까 추측하여 본다. 그리고 서방의 방위 간지를 비워 둔 것은 혹 자기가 자신으로 산 땅이라는 의식에서 의도적으로 비워 둔 것이 아닐까 한다.

이렇게 보면 서방의(申·庚·酉·辛·戌)자리와 서·남의 간방에 써 넣어야 할 '戌己'를 비워 둔 것은 의도적인 것으로 보아야 할 것이다. 동·남간과 동·북의 간방에 '戌' '己'를 안쪽으로 들여 쓴 것은[81] 방위를 원으로 표시할 때와 달리 사각형으로 표시 할 때에는 귀퉁이 모서리에 적거나 안쪽으로 들여 써야 하는 바, 모서리 안쪽에 기록하는 방식을 취한

---

80) 李丙燾, 1972, 앞의 논문, 562~564쪽.
   한편 成周鐸은 1991, 앞의 논문에서 墓의 位置圖로 보았다.
81) 成周鐸은 1991, 앞의 논문에서 '戌己' 두 자를 안으로 들여 쓰고, 誌石 일면을 비워둔 데 대해서 이를 儒敎의 五皇極思想 및 中央土思想과 尊空思想으로 풀이하였다.

것이다. 또한 이 干支圖는 간지를 안쪽으로 향하여 새겼음으로 그 상·하
를 구별할 수 없다. 그런데 발굴보고서에서는 干支를 새기지 않고 비워
둔 부분을 上部로 기술하였으나, 매지권을 상·하로 뒤집어 왕비의 墓誌
를 쓴 것을 고려하면 비워둔 서방의 부분이 오히려 下端으로 볼 수 있
다. 어떻든 干支圖가 놓여졌던 상태는 비록 엎어진 상태이지만 서방의
干支를 쓰지 않은 부분이 능의 입구 쪽을 향하여 있었다. 이는 묘의 입
구가 남향이므로 실제의 위치와는 다르게 놓여졌다. 이는 왕이 산 서방
즉 申地의 땅이 입구에서 시작함을 뜻하는 것이 아닐까 추측하여 본다.
묘의 방위는 癸坐 丁向이므로 이 干支圖는 방위와 관계가 없다. 또한 공
간으로 남겨둔 일면은 干支로는 서방인데,[82] 놓여있는 상태는 남쪽이므
로 방위와는 직접적인 관련이 없다. 그러므로 이는 상징적인 의미가 있
는 것으로 여겨진다.

당시 干支圖가 놓여져 있었던 상태가 서방의 간지를 비워둔 부분이
왕릉의 입구 쪽으로 놓여져 있었으므로 이 묘역도 상에서만 본다면, 산
땅의 시작은 입구로부터이고 묘역의 가장 깊숙이 있는 구멍은 바로 왕의
시신이 놓여 있는 곳을 상징한다고 할 수 있다. 그런데 誌石에 구멍을
뚫은 예는 중국의 경우와 우리나라 후대의 지석에도 보이지 않는 특이한
것이므로 앞으로의 자료가 더 발견되어야 그 의미를 올바로 해석할 수
있을 것이다.[83]

---

82) 史在東은 1981,「武寧王陵文物의 敍事的 構造」,『百濟研究』12에서, 서방을 높
   이는 뜻에서 비워둔 것으로 해석하였다.
83) 成周鐸은 이 가운데 구멍을 왕의 위치를 표시한 것으로 해석한 바 있고, 鄭求福은
   이 왕릉의 中心點 곧 왕의 시신이 놓인 부분을 상징한 것으로 구멍을 뚫은 것은
   아마 지하궁전인 현실에서 왕의 혼과 지하의 지신이 서로 통하는 통로를 상징한
   것으로 '神道'라고 할 수 있는 것이 아닐까 하는 의견을 제시한다. '神道' 說은
   文明大氏가 武寧王陵 發掘 二十周年 학술대회 토론회에서 제시한 바 있다.

3) 買地券에 대한 해석

가. 錢一萬文 右一件

錢一萬文의 '文'은 원래 周圓方孔의 돈을 뜻하지만 여기서는 枚(잎)의 뜻으로 쓰였다. 그런데 무령왕릉에서 출토된 五銖錢은 백 개에 가까운 90여 개였으므로 매지권에서 一萬文이라 표현한 것은 실제와는 다른 것으로, 많은 돈이라는 뜻으로 표현한 것이다.[84] 그리고 여기에 놓여진 오수전은 무령왕이 죽은 523년(양 무제 보통 4년)에 주조되어 왕의 장사를 치르기 전에 양나라로부터 백제에 전하여졌음을 알 수 있다.

右一件은 "다음의 건"이라는 뜻으로 토지를 매입하는 문서 내용을 뜻한다. 즉 이는 다음의 문서내용을 총괄하고 있는 제목과도 같은 것이며, 또는 본 문서에서 말하고 있는 '申地'를 의미한다고 볼 수도 있다. '申地'의 구체적 표현은 干支圖에서 읽을 수 있는 장방형의 대각선으로 나눌 경우 서쪽부분이 아닐까 한다. 右一件에 대하여 이병도는 무령왕 지석 뒷면의 干支圖를 의미한다고 해석했고[85], 임창순은 錢一萬文을 가리킨다고 보았다.[86]

나. 乙巳年八月十二日寧東大將軍百濟斯麻王

乙巳年은 526년으로 왕을 능에 모신 해이고, 8월 12일은 바로 장례를 치른 날이며, 寧東大將軍百濟斯麻王은 이 문서의 주인공이다. 그런데 죽은 왕이 매매의 주체가 되었다는 점은 왕이 현실적으로는 죽었지만 영혼이 육체와 더불어 없어지지 않고 남아 있다는 당시인들의 사유관념을 보여 주는 것이라 할 수 있다.

---

84) 鄭求福, 1987, 앞의 논문, 43쪽.
한편 조선시대에는 千文이 一貫이므로 一萬文은 十貫이었으며, 一文을 '한 잎'으로 읽어 왔다.
85) 李丙燾, 1972, 앞의 논문, 56쪽.
86) 任昌淳, 1973, 앞의 논문, 59쪽.

다. 以前件錢詣土王土伯土父母上下衆官二千石買申地爲墓

前件錢이라 함은 위에서 제시한 錢一萬文을 가리킨다. 이를 통하여 任昌淳이 위의 "右一件"을 一萬文의 돈을 지칭한다고 본 견해가 잘못임을 확인할 수 있다. 중국에서는 漢代 이후부터 무덤 안에 돈을 넣는 풍속이 있었으니 이를 '瘞錢'이라 불렀다.[87] '錢' 자의 다음 글자는 정확히 해독할 수 없는 글자로 여러 가지 견해가 있는데, 訟, 詢, 유(言+有), 請, 詣자가 그것이다.[88] 그러나 자형과 문리로 보아 이는 '詣'자가 가장 타당하다.

"土王土伯土父母上下中官二千石"은 토지신들 중 지배자인 토왕, 그리고 그의 신하인 토백, 토부모 및 연봉 이천석 이상을 받는 상하급의 여러 관료라는 표현인 바, 이는 土中 곧 地下을 지배하는 神으로서 도교 경전에 나오는 토지신의 권속들과 그 명칭이 일치한다.[89] 이 당시 남조에서의 二千石은 秩二千石으로 연봉의 액수를 말하는 것으로, 이에 해당하는 관료에는 중앙의 고위관료와 지방의 태수가 포함된다. 이들 토지신들에 대한 명칭은 도교의 지신명으로부터 유래하였다고 할 수 있다.[90]

申地는 서쪽 땅을 지칭하는 바, 이를 24 방위로 나눈 방위도에서 정확히 말하면 서·남의 間方으로부터 서쪽으로 15도의 방향에 있는 땅이다.

---

87) 『中文大辭典』 참조.

88) 임창순은 '訟', 이병도는 '詢', 정구복은 '請' 또는 '유', 성주탁은 '詣'자로 보았다.

89) 瀧川政次郎은 '土王'을 '土公'이라 하여 지하를 지배하는 신으로 土王의 眷族 從子라 하였고, 李丙燾는 土王은 전체의 土地神, 土伯은 그 지역의 土地神, 土父母는 묘역의 토지신을 뜻하고, 上下衆官二千石은 天上 地下의 二千石秩(고급)官人이라는 뜻으로 풀이하였다. 그런데 도교의 『玉樞經』(唐 杜光延 撰)에 "土皇九루 其可千二百神 土候 土伯 土公 土母 土子 土孫 土家眷屬"이라 하여 이와 유사한 지신들의 명칭이 보이고 있다.

90) 成周鐸은 1991, 앞의 논문에서 이런 도교사상도 근원적으로는 유교의 中央土思想에 흡수되어 이루어진 것으로 그 원초적인 地神 관념은 유교의 崇土思想에서 연유한다는 설을 밝혔다.

그 중심점은 왕실이 있는 궁궐에서 서방이라고 생각한다. 그러나 여기서 申地가 의미하는 바는 干支圖에서 글씨를 쓰지 않은 申·庚·酉·辛·戌을 대표하는 글자로 씌어졌다고 추측된다. 그러므로 궁궐로부터 서방의 땅을 사서 묘를 만들었다.

이 구절은 "앞에 든 돈으로 토지신인 土王, 土伯, 土父母, 年俸 二千石 이상의 상하의 衆官에게 나아가서 申地를 사서 묘를 만들었다"라는 뜻이다.

라. 故立券爲明

故立券爲明은 "그러므로 문서를 만들어 증명으로 삼는다"라는 뜻이다. 이는 문서 형태를 취하고 있어 전래하는 한국 최초의 고문서의 형식을 보여주고 있다고 할 수 있다. 후대의 고문서에서 토지 또는 노비 등의 매매문기를 '明文'으로 칭하고 있는 것도 이와 관련이 있다고 생각된다. 그러나 당시 토지를 매매한 관습이 혹 있었는지는 알 수 없으나, 이를 가지고 당시 민간에서 토지를 매매할 때에 이런 문서를 만들었다고 단정할 수는 없다.

마. 不從律令

이는 문서의 본문이 끝난 다음에 쓴 단서조항으로 쓰인 것이다. 율령은 고대국가에서 지방마다 특수한 관습법을 국가적으로 획일화한 법제를 의미한다. 그러한 예로는 관리의 관품제도, 관품에 따른 복색제도, 토지제도, 조세제도, 호적제도, 형률 등등이 있다. 그런데 여기서의 율령이 이러한 율령에 해당된다면, 토지를 매매한 후에 이를 어긴 경우에 처벌하는 형률을 의미할 것이다.

율령의 의미에는 도교적인 또 다른 개념이 있는데, 이에는 두 가지 뜻이 있다. 하나는 律은 天律이고 令은 帝令으로 萬法之祖인 太上老君이 令으로 귀신을 부리는 것을 율령이라 한 것이고, 다른 하나는 번개보다

더 빨리 달리는 속성을 가졌다고 하는 雷部 귀신의 이름이다. 이는 도교
경전 및 그 부적에서 "急急如律令"이라는 경우가 이를 말한다.[91] 이 중
귀신의 이름인 율령의 개념은 이에 해당되지 않고 귀신을 부리는 것이라
는 뜻이다. 그래서 아주 빨리 하늘의 번개처럼 시행한다는 뜻이다.

　도교의 율령은 천제의 율령이므로 지하의 귀신도 천제가 명령한다고
는 하나, 여기에는 지신들만이 등장하므로 비록 율령이라는 말이 도교에
서 따온 것이라 하더라도 구체적으로는 자신의 율령으로 보아야 할 것이
다. 그런데 이는 계약문서이고 또한 문서가 종결된 다음에 쓴 단서 조항
이므로 합리적으로 말하면, 매수자와 매도자 양편에 적용되어야 할 것이
다. 그러나 이는 실제적인 계약 문서가 아니라 신앙적이고 의례적인 문
서이므로 이를 그대로 해석할 수는 없다.

　더구나 중국의 매지권 문서에 "만약 私約이 있으면 율령에 따라 처벌
한다[有私約如律令 有私約者當律令]"든가 "기타 사항은 천제율령에 따
른다[他如天帝律令]"와 같은 단서조항은 율령에 따른다는 것과 달리
율령을 따르지 않는다는 부정형으로 서술되어 있다. 그러므로 이를 武寧
王陵 발굴보고서에서는 "모든 것을 지배하는 율령도 묘소에 관한 미
치지 않는다는 성역화의 뜻으로 보고 이를 인간의 율령도 해당시킬 수
있으나 천제의 율령을 뜻한다"고 추론하였다.[92]

　이에 대하여는 여러 가지 설이 있다.[93] 그러나 또 다른 견해를 제시한
다면, 이는 계약 문서로서 마지막 단서조항이다. 이 약속을 어길 경우에
대한 단서조항으로 해석할 수 있지 않을까? 그렇다면 토지신이 후손이

---

91) 李叔環 編, 1979, 『道教大辭典』, 台北.
92) 任昌淳, 1973, 앞의 논문, 60~61쪽.
93) 李丙燾는 현행 율령에 따르지 않는다는 뜻으로 해석하였다, 그리고 鄭求福은 그
　　구체적인 내용이 매매를 물릴 수 없다는 뜻으로 이해하여, 지신들이 계약조건을
　　위반하여 지신들이 시신을 침범하거나 死者의 후손을 해칠 경우 不從律令罪로
　　처벌한다는 것으로 해석한 바 있다(앞의 논문, 1987, 「무령왕 지석해석에 대한 일
　　고」, 45쪽).

나 시신에게 이 약속을 어긴다면 율령을 따르지 않는 죄에 해당한다는
것으로 해석되어야 할 것으로 생각한다.

4) 왕비의 묘지 해석

가. 丙午年十一月百濟國王太妃壽終

丙午年(526, 聖王 4)에 百濟國王 太妃가 돌아가셨다는 내용으로, 이
기사는 『三國史記』에 기록되지 않은 무령왕비의 죽은 연대를 알려 주는
새로운 기록이다. '국왕의 太妃'라 한 기록에서 국왕을 무령왕으로 보아
야 할 것인가 아니면 왕비의 사망 당시의 왕, 즉 聖王을 지칭한 것인가
를 살펴보아야 할 것이다. 태비라는 용어가 전왕의 妃를 의미하므로 국
왕은 성왕을 지칭한다고 보는 편이 타당하다고 본다.[94] 이는 왕의 墓誌
에서 무령왕의 입장에서 쓴 것과는 다른 성격이라 할 것이다. 그리고 이
墓誌에서는 죽은 날짜를 생략한 점, 죽을 때의 나이를 적지 않은 점과
그 죽음을 왕의 경우에 '崩'이라는 용어를 사용한 것과 달리 '壽終'이라
는 표현을 쓴 것이 다른 점이라 할 수 있다. '壽終'이라는 말은 천수를
다하였다는 표현으로서 왕이나 왕비의 격에 맞는 용어가 아닌 문학적 표
현이다.

나. 居喪在酉地

居喪이라 함은 장례를 치르기까지의 기간을 말하며, 상중에 시신을
酉地 곧 왕궁으로부터 正西方의 땅에 두었다는 뜻으로 이는 가매장을
하였다는 것으로 풀이된다. 그런데 무령왕의 경우 가매장하였다는 표현
이 죽은 기사 다음에 바로 나오고 있지 않을뿐더러, 만약 가매장하였다
면 어느 곳에 가매장했는지도 기록이 없다. 이 점에서도 두 墓誌간의 차

---

94) 鄭求福은 1987, 앞의 논문에서 국왕을 무령왕으로 보아야 한다는 견해를 피력한
바 있으나 수정한다.

이를 보이고 있다.

다. 己酉年二月癸未朔十二日甲午改葬還大墓

己酉年(529, 聖王 7) 2월 초하루 일진이 癸未이며 12일(甲午)에 개장
하여 大墓에 모셨다는 내용이다. 大墓에 모신 것을 '還' 자로 쓴 것은
왕의 시신이 모셔진 곳으로 돌아왔다는 뜻으로 풀이된다. 정식으로 왕비
의 장사를 치른 것은 사망 후 27개월이 지나서이므로 3년상제가 시행되
었음을 보여 주는 또 하나의 자료이다.

라. 立志如左

이는 이미 왕의 묘지에서 설명한 바와 같이 이상과 같이 기록한다는
뜻이다. 이상과 같은 왕비의 墓誌는 왕의 지석에 추가된 것으로, 續誌的
성격을 띤다고 할 수 있다.

5. 지석의 성격

무령왕릉에서 발굴된 지석은 왕의 墓誌와 干支圖, 買地券을 갖추었고
왕비의 墓誌까지를 기록한 점에서 대단히 중요한 의미를 지니고 있다.
그리고 이는 우리나라의 지석 중에서 최초의 것일 뿐만 아니라 삼국시대
의 왕릉 중 매장주체를 분명하게 알게 해준다는 점에서도 중요한 의미를
가지고 있다. 干支圖의 干支를 빼면 이 誌石에는 총 152자가 새겨져 있
다.95)

그러나 이 기록의 의미를 완전히 해석하기에는 관련 자료가 너무 빈
약할 뿐만 아니라 유사한 誌石이 우리나라는 물론 중국에도 거의 없어

---

95) 왕의 墓誌에 53자, 買地券에 58자, 왕비의 墓誌에 41자가 새겨져 있고 干支圖의
글자까지를 합치면 169자가 쓰여 있다.

많은 어려움이 있는 것이 사실이다. 바꾸어 말하면, 이 지석은 중국 것과
도 여러 가지 점에서 특이한 형태와 내용 및 표현을 가지고 있다. 즉 중
국문화를 수용하면서도 그 특성이 강하였다고 할 수 있을 뿐만 아니라
백제의 喪葬制度와 풍습을 알려 주는 좋은 자료이다. 이 지석이 가지는
총체적인 성격을 들면 다음과 같다.

1) 형태적인 측면에서 誌石을 두 장으로 만들면서 정방형이 아닌 장
방향의 판석을 사용하였으며, 두 개의 지석에 가로로는 중앙 부분, 세로
로는 중앙보다 상단 쪽으로 약간 치우친 부분에 완전히 관통하는 구멍을
뚫은 점, 干支圖에서 서방의 간지와 서·북 間方 및 서·남 간방의 간지를
쓰지 않고 비워 둔 점 등은 현재까지 발견된 예가 없는 특이한 형태라
할 수 있다. 그러므로 왜 이러한 형태로 만들어졌는지에 대해서는 충분
한 근거를 대어 설명할 수 없다. 이러한 문제는 앞으로 유사한 자료가
더 출토되면 해결될 것이다.

2) 내용적인 면에서 왕과 왕비의 墓誌는 소략한 점에서 비슷하나, 왕
비의 경우는 왕과 대등하게 서술하지 않고 더욱 소홀히 한 점을 들 수
있다. 예를 들면, 글씨를 작게 새겼고 왕의 죽음을 '崩'이라고 한 것에
비하여 '壽終'이라고 표현했으며, 왕의 경우 죽을 때의 나이를 적었으나
왕비의 경우는 나이를 밝히고 있지 않고 죽은 달만 기록하고 날짜는 뺀
점 등이 그것이다.

그리고 이 誌石에서 『삼국사기』에 수록되지 않은 여러 가지 새로운
사실을 얻을 수 있다. 왕이 40세에 즉위하였다는 사실과 62세에 죽었으
며 462년 蓋鹵王 8년에 출생하였다는 점, 백제에서 3년상제를 실제로
치렀다는 중국사서의 기록을 확인하게 한 점, 3년상제는 後漢 鄭玄의 설
에 따른 27개월 설이 시행되었다는 점 등이다. 왕의 묘지와 매지권에서
寧東大將軍이란 칭호를 첫머리에 쓴 점에서 양나라와의 밀접한 관계를
알 수 있으며, 이는 사대적인 성향의 소치가 아님을 천자만이 쓰는 용어

인 '崩'자를 쓴 점에서 확인 할 수 있다. 그리고 斯麻王이라는 생시의 칭호를 그대로 기록한 점에서 왕의 이름을 당시에는 避諱하지 않았음을 확인할 수 있다.

또한 이들 자료를 통하여 백제에서는 宋 文帝 연간에 何承元이 만든 元嘉曆을 사용하고 있었다는 점을 확인할 수 있다. 이 당시 백제에서는 송나라에 사신을 보내 구해온 방위표가 들어 있는 『易林式點』이라는 책을 구입하였는 바, 干支圖에서 방위의 표시는 이 방식에 따른 것임을 확인 할 수 있다.96)

이 誌石에 나타난 내세에 대한 사유 형태는 사람은 죽어도 영혼이 신체에서 떨어지지 않고 지하에 함께 있다는 것을 강하게 보여 주고 있다. 죽은 무령왕 자신이 지신들로부터 땅을 사들인다는 표현이 그것이다. 이러한 사상은 글로 표현된 외에도 왕릉의 구조와 유물로서도 보완 설명이 가능하다. 즉 지하궁전형으로 현실을 방으로 지은 것이라든지, 어둠을 밝히기 위하여 현실의 양 벽에 등잔을 켜 놓은 것 등이 그것이다. 이는 유교에서, 죽으면 혼과 신체가 분리된다는 사상과는 다른 부여족 계통의 전통사상으로, 신라 왕릉에서 시신을 매장하고 그 위에 냇 돌을 많이 쌓아 놓은 수혈식 적석총을 만드는 韓族의 來世觀과 달랐음을 보여주고 있다.

지하의 세계에는 지신이 다스리고 있다는 것은 買地券에서 보이고 있는데, 그 표현이 비록 도교적인 것이 나오고 또한 誌石을 만든 발상이 중국으로부터 수용된 것임에는 의심의 여지가 없으나, 이는 중국적인 사상의 단순한 수용이라기보다 귀신에 대한 전통적인 사상이 이렇게 표출된 것이 아닌가 한다. 이전의 무덤에서 땅에 황색의 흙을 까는 것은 시신이 지신 등의 해를 입지 않게 하려는 것으로, 이런 사상이 문자와 誌石의 형태로 표출된 것으로 해석되어야 할 것이다. 또한 무령왕릉에는

---

96) 任昌淳, 1973, 앞의 논문, 58~59쪽 참조.

현실을 쌓은 벽돌을 연화문을 장식하여 현실을 장엄하게 꾸민 불교적인 색채를 강하게 보이고 있으나, 지석에는 내세를 佛力에 의존하거나 기원하는 표현이 전혀 보이지 않는다. 매지권은 우리나라 고문서의 최초의 형식을 보여주고 있다. 도교적인 내용을 포함하고 있으면서도 문서의 단서조항은 율령을 따르지 않는 죄에 적용된다는 점에서 인간적인 현실감각을 보여주고 있다.

誌石에서는 장례를 27개월의 3년만에 치루었다는 등의 유교적인 사상도 보이고 있다. 무령왕과 왕비의 장례를 3년상으로 치룬 것은 전통적으로 장사를 오래 동안 치루는 것이 풍속을 이루었던 부여족의 전통이 바탕이 되어 유교사상의 27개월을 택하게 된 것이 아닌가 한다.

誌石史的인 관점에서 이 誌石의 성격을 살펴보자. 무령왕 지석의 성격을 중국의 지석과 우리나라의 후대 誌石과 연계하여 유추해보면, 두 장의 판석으로 誌石을 만든 점은 중국의 誌石 방식을 수용한 것으로 생각된다. 매지권을 지석의 개석으로 볼 경우 구멍을 맞추어 포개 놓았을 가능성이 있고, 개석에는 표제가 쓰이는 바 매지권의 내용도 이렇게 볼 수 있는 소지가 보인다. 墓誌에 "寧東大將軍百濟斯麻王"이라는 매장 주체를 밝히는 글을 반복하여 매지권에서 쓰고 있는 점이 이렇게 유추를 할 수 있게 한다. 매지권의 중심어를 추려서 보면, 寧東大將軍百濟斯麻王이 申地를 사서 묘를 만들었다는 것으로, 표현을 달리 한다면 이는 영동대장군백제사마왕의 묘이고 왕궁에서 서쪽 땅에 위치한다고 바꿀 수도 있다. 이는 후일 誌石이 한 장으로 변하였을 때 개석에 쓴 글이 표제어로 나오고 있다[97]는 誌石발달사의 경향에 비추어 볼 때 이 같은 내용은 매지권이라 할 수 있지만 墓誌를 덮은 개석의 기능을 겸한 것이 아닌가 한다.

그리고 매지권과 墓誌의 내용 관계를 보아도 매지권에서 장사를 치른

---

97) 張哲秀, 1989, 앞의 논문, 355쪽.

날 왕이 지신으로부터 땅을 사서 묘를 만들었다고 씌어 있고, 산 땅에
만들어 놓은 大墓에 臨御하는 표현이 왕의 墓誌에 보이며, 후일 왕비가
죽자 왕비를 왕이 계신 곳 즉 大墓에 돌아왔다고 표현했다. 마치 자신의
집으로 돌아온 듯한 편안한 감을 주고 있다. 죽은 후에 다시 새로운 생
을 맞이한 기분을 주고 있다고 한 수 있다.

찾아보기

정구복 鄭 求 福

1943년 충남 청양 출생, 자호 낙암(樂庵)
서울대학교 사범대학 역사교육과 졸업
서울대학교 대학원 사학과 문학석사
서강대학교 대학원 사학과 문학박사
육군사관학교·전북대학교·충남대학교 사학과 교수
현재 한국학중앙연구원 한국학대학원 교수

저서

『韓國古代史學史』(경인문화사, 2008)
『韓國中世史學史 I 』(집문당, 1999)
『韓國中世史學史 II 』(경인문화사, 2002)
『韓國近世史學史』(경인문화사, 2008)
『고문서와 양반사회』(일조각, 2002)
『삼국사기의 현대적 이해』(서울대학교 출판부, 2004)
『보고픈 우리어머님』(지식산업사, 2008)

韓國古代史學史
A Historiography of Ancient Korea

값 19,000원

2008년 8월 11일 초판 인쇄
2008년 8월 20일 초판 발행

저　　자 : 정 구 복
발 행 인 : 한 정 희
발 행 처 : 경인문화사
편　　집 : 신 학 태
서울특별시 마포구 마포동 324 · 3
전화 : 718 · 4831〜2, 팩스 : 703 · 9711
이메일 : kyunginp@chol.com
홈페이지 : 한국학서적.kr / www.kyunginp.co.kr
등록번호 : 제10 · 18호(1973. 11. 8)

ISBN : 978-89-499-0578-5　94910